深蓝 渔业科技创新战略

刘永新　主编

中国农业出版社

北　京

内 容 简 介

　　本书以加快提升我国深蓝渔业科技创新能力为目标，针对当前深蓝渔业战略背景、科技现状及发展趋势，研究分析了深蓝渔业总体及各主要领域科技创新发展的重大需求，提出了未来我国深蓝渔业科技创新发展的总体思路、重点任务、保障措施和政策建议，为今后我国深蓝渔业科技创新工作的开展提供重要战略依据，支撑我国深蓝渔业绿色高质量发展。

　　本书旨在系统规划未来我国深蓝渔业科技创新发展蓝图，可供从事深蓝渔业的行业管理、科技、教学人员，以及相关专业学生和企业人员阅读参考。

序

　　海洋是人类获取高端食品和优质蛋白的"蓝色粮仓"。海洋渔业是农业和海洋经济发展的重要组成部分，已成为世界各国优质蛋白的重要来源和粮食安全的重要保障。我国海洋渔业以 10% 的滩涂与海域面积获取了 3 300 多万 t 海产品，海水养殖和捕捞的总产值达 5 800 亿元，占渔业经济总产值的 22%，成为重要的支柱产业和富民产业。海洋渔业资源作为可再生食物资源，目前已成为我国动物性蛋白的重要来源和改善膳食结构的重要战略性生物资源。

　　党的十九大报告明确提出"坚持陆海统筹，加快建设海洋强国"。以习近平同志为核心的党中央从实现中华民族伟大复兴的高度出发，着力推进海洋强国建设，提出一系列新理念、新思想、新战略，出台一系列重大方针政策，推出一系列重大举措，推进一系列重大工作，推动我国海洋事业的发展，取得了举世瞩目的成就。

　　当前，中国特色社会主义进入新时代，我国社会的主要矛盾已经转化为人民日益增长的美好生活需要和不平衡、不充分的发展之间的矛盾。发展不平衡不充分问题在渔业中的突出表现为水产品供给总量多、质量低；安全保障不足；过度依赖自然资源；影响生态环境；生产方式粗放。探索"量质并举"的渔业转方式、调结构的出路，是当今渔业科技工作人员和管理决策者面临的重要命题。在内陆水域、陆基和近海养殖面积不断受到挤压的大环境下，挺进深海、布局深蓝，是变蓝色海洋为"蓝色粮仓"的革命性生产方式转变。深蓝渔业可以成为我国国家海洋强国建设的基础性产业，催生海上工业化城市的诞生和巩固海洋经济在社会经济中的主体地位，开启人类进驻"蓝色新大陆"的新篇章。通过构建"养-捕-加"一体化、"海-岛-陆"相连接的陆海联通型优质水产品综合生产新模式，深蓝渔业也有望成为保障世界性粮食安全的蓝色增长经济产业。

"十二五"以来，深蓝渔业科技创新发展步伐显著加快，适宜深远海养殖的品种和对象不断开发，深蓝渔业核心装备研发和关键技术研究取得突破，大洋极地水域大宗小型生物资源利用紧跟世界前沿。但是，深蓝渔业整体工程体系建设尚不能满足产业发展需求，总体装备技术水平落后、总体生产能力明显不足、科研支撑保障能力较弱等问题成为深蓝渔业快速发展的主要瓶颈。因此，亟须提升未来深蓝渔业科技创新发展的能力和水平，建立"品种培优、养殖提质、捕捞增效、加工增值"为主线的深蓝渔业科技创新体系。

本书特点之一是系统阐释了深蓝渔业的定义、内涵和特征。聚焦深蓝渔业生物资源开发、深远海工业化养殖生产模式构建、大洋极地渔业资源高品质捕捞、海陆联动加工技术与装备升级、海上物流通道与信息网络保障等深蓝渔业科技创新的主要任务，推动深蓝渔业实现"绿色、优质、高效、健康、安全"的绿色发展目标。

本书特点之二是全面总结了深蓝渔业科技创新发展的战略背景、发展思路和总体目标。在综合研判国内外深蓝渔业科技创新发展现状与存在问题的基础上，提出了未来深蓝渔业科技创新发展的总体规划和工作要点，凝练出支撑深蓝渔业科技创新发展的保障措施与政策建议，描绘出"以游弋式大型养殖工船、定置式深海网箱设施和岛礁围栏养殖工程为核心，以全球海洋中上层渔业资源高效开发为重点，以海上物流安全保障和智慧渔业管理系统为基础"的深蓝渔业发展远景，为实现我国深蓝渔业的全面升级与可持续发展提供了重要参考。

作为一名长期从事海洋渔业科研与教学的工作者，我愿意向大家推荐此书，并向参与深蓝渔业科技创新发展战略研究和本书编写的中青年科学家致以崇高的敬意！

2021 年 5 月

前言

　　深蓝渔业是面向深远海和大洋极地水域，开展工业化绿色养殖、海洋生物资源开发和海上物流信息通道建设，构建"养-捕-加"一体化、"海-岛-陆"联动的全产业链渔业生产体系，实现"以养为主，三产融合"的战略性新兴产业。深蓝渔业作为一个具有探索性的新兴产业，是推进海洋强国战略、促进渔业升级转型、实现渔业可持续发展的重要方式，也是为人类解决提供充足优质动物蛋白供给的重要方案。

　　深蓝渔业是我国海洋渔业的延伸、拓展和升级，养殖、捕捞、加工、物流、资源开发等研究领域科技创新取得了十分显著的进展，为其打下了坚实的科学理论和技术研发基础。其中，深远海养殖装备研发势头迅猛，开展了大量深远海渔业养殖需求和装备性能研究，深远海大型养殖设施方面的研发和建设工作正逐步追赶国际先进水平，大型智能网箱和平台建设加快，深远海大型围栏式养殖设施投入生产；深远海捕捞技术进展显著，自主研发了南极磷虾拖网、南极磷虾拖网专用水平扩张装置、新型海洋哺乳动物释放装置等，并实现了国产化生产；船载加工和物流保障技术不断升级，南极磷虾加工产品研制、副产物综合利用水平优化提升；深蓝渔业生物资源挖掘利用和品种创制实现突破，推动适宜深远海养殖的品种和对象向多样化、优质化方向发展。但是，现有的理论和技术还存在低效化、局域化、研究与应用衔接差等问题，对于满足我国深蓝渔业健康发展的科学和技术需求还存在一定差距。

　　"十四五"时期是我国加快推进深蓝渔业产业建设、促进产业高质量发展、实现现代渔业强国目标的战略机遇期。加快深蓝渔业科技创新，对于支撑优质蛋白供给、保障国家食物安全、拓展渔业发展新空间、维护国家海洋权益具有重要意义。为做好中长期深蓝渔业发展的顶层设计和宏观布局，研究提出深蓝渔业科技创新的总体思路、发展目标和重点任务，提升深蓝渔业科技创新能力和水平，根据党的十九大提出的"坚持陆海统筹，加快建设海洋强国"的战略部署，贯彻十八届五中全会"创新、协调、绿色、开放、共享"五大发展理念，结合乡村振兴战略的工作部署，对应新时期国家科技体制机制改革的新要求和农业农村现代化建设对科学技术的新需求，聚焦"绿色、优质、高效、健康、安全"的深蓝渔业攻关目标，中国水产科学研究院联合国内深蓝渔业研究领域有关单位开展了深蓝渔业科技创新发展的相关研究，在深入调查研究和汇总分析的基础上形成本书。

本书是山东省重大科技创新工程专项"深蓝渔业"技术创新工程中项目深蓝渔业产业与科技创新战略研究（项目编号：2018SDKJ0301）的研究成果，重点阐述中国深蓝渔业发展的战略背景，系统分析了当前的科技现状和发展趋势，提出了深蓝渔业未来发展的科技重点与核心内容。共分三部分：第一部分为总体战略，包括战略背景与总体形势、发展理念和定义内涵、科技发展现状与需求、战略布局与主要任务等；第二部分为专题战略，从深蓝生物资源利用、深远海工业化养殖、大洋极地资源探测与捕捞、海陆联动加工技术与装备、海上物流通道与信息保障五个方面，系统分析了科技创新发展战略背景、科技创新现状与趋势、国内外科技创新差距与存在问题，提出了科技创新发展思路与重点任务、保障措施与政策建议；第三部分为典型案例，介绍了国内外在深蓝生物资源利用、深远海工业化养殖、大洋极地资源探测与捕捞、海陆联动加工、海上物流通道与信息保障等方面的典型案例。

期望本书能够为政府部门的科学决策以及科研、教学、生产等相关部门提供借鉴，并为积极推进我国深蓝渔业现代化发展发挥积极作用。本书是该领域数十位专家学者集体智慧的结晶，在此向他们表示衷心的感谢。同时，也感谢山东省支持青岛海洋科学与技术试点国家实验室重大科技专项项目深蓝渔业产业与科技创新战略研究（项目编号：2018SDKJ0301）对本书出版的资助。由于本书专业面广，受时间所限，书中难免存在疏漏和不足之处，敬请读者批评指正。

编　者

2021 年 5 月

目 录

序
前言

第一部分　总体战略

第三部分　典型案例

第一部分

总 体 战 略

第一章　战略背景与总体形势

十九大报告提出，到 2035 年，中国要在全面建成小康社会的基础上，基本实现社会主义现代化，坚持陆海统筹，加快建设海洋强国和"一带一路"。渔业为人们提供了品种丰富、质量优良的水产品，为全世界提供了近 1/5 的食用动物蛋白。中国是渔业生产大国，水产品年总产量 6 000 多万 t，供给总量充足。随着经济社会的不断发展和生活条件的不断提高，人们对生活环境和食物品质也提出了更高的要求，但是目前水产养殖密度过大、病害频发和环境恶化等问题日益突出，导致渔业生产空间受到严重挤压。对应新时代的发展目标，渔业亟待进行结构性改革，开拓渔业发展新空间，以增强渔业生产的质量效益和可持续发展水平。同时，世界渔业发展方式正在由传统型向新型工业化转变，深蓝渔业应运而生，是渔业发展史上的一次革命，将成为极具潜力的战略性新兴产业。

第一节　战略背景

水产品是人类优质蛋白的重要来源。中国已成为世界第一渔业生产大国、水产品贸易大国和主要远洋渔业国家，深蓝渔业生产提供了更加丰富、更加优良的水产品，为解决中国城乡居民吃鱼难、增加优质动物蛋白供应、提高全民营养健康水平、促进渔民增收、提高海洋资源利用能力等方面作出贡献。

一、支撑优质蛋白供给，保障国家粮食安全

水产动物是人类食物的重要组成部分，其丰富的蛋白质和微量元素，有益于人的营养与健康。鱼类与牛、猪和禽类相比具有更高的蛋白转化率，鱼类料肉比转化率分别约为牛、猪和禽类的 6 倍、3 倍和 1.5 倍，是一种优质的蛋白资源。目前，发展中国家和低收入缺粮国家人均鱼品消费量还只是工业化国家的 82％ 和 31％，人类对水产动物蛋白的需求巨大。海洋渔业资源作为可再生食物资源，目前已成为我国动物性蛋白的重要来源和提升膳食结构的重要战略性生物资源。面向未来，联合国《2030 年可持续发展议程（2015）》指出，到 2050 年全球人口将达到 90 多亿，满足人类对食用水产品不断增长的需求将是一项紧迫任务，同时也是一项艰巨挑战，提出了基于可持续捕捞渔业和水产养殖的"蓝色增长"倡议。深蓝渔业是确保人类食物安全及优质动物蛋白保障供给的战略性发展方向。

二、落实海洋强国战略，坚守国家海洋权益

近年来，我国与周边海洋国家的领海争端形势严峻，围绕资源争夺、岛礁主权、海域划界和通道安全的争端态势进一步升级，维护海洋权益的形势出现了许多新的变化。在这样的宏观环境背景下，以万吨级游弋式大型养殖工船为核心，集捕捞、物流等船舶构建航母船

队，以深远海"定居"和"游弋"式渔业生产相结合，形成驻守边远海疆的深远海现代渔业生产模式，有利于拓展世界沿海国家合作，发挥渔业外交功能，推进国家"一带一路"倡议，更可以以"屯渔戍边"彰显海洋主权，落实海洋强国战略，实现对我国海域资源的保护开发和"蓝色国土"的长期守护。

三、维护海洋生态系统，促进生态文明建设

生态文明和绿色发展，是党中央确定的经济社会发展的基本国策和根本方针，也是渔业产业结构调整的基本原则和主要目标。党的十八大以来，我国大力推进海洋生态文明建设，科学划定了养殖区、限养区、禁养区，对渔业生产方式提出了更高要求。深蓝渔业以发展工业化绿色养殖为主体，是集养殖、捕捞、加工、流通于一体的综合生产体系，坚持质量兴渔、绿色兴渔，有助于远离陆源性污染，避免因捕捞引起的海洋荒漠化，维护海洋自然再生产能力，推动海洋开发方式向循环利用型转变，是遏制近海资源衰退，保护海洋渔业生态环境和恢复渔业资源的有效方式。

四、拓展海水养殖新空间，实现渔业升级转型

水产养殖可以有效利用海洋动物蛋白和谷物原料，是高效的水产动物蛋白生产方式。2014年世界水产养殖产量超过了捕捞产量，成为渔业生产的主体，可持续发展的海洋渔业将向"以养为主"转变。我国是世界水产养殖大国，养殖产量占世界水产养殖总量的62%左右，生产出国内水产品的74%。但是，我国水产养殖方式依然粗放，养殖过程占用自然资源，产品品质深受环境水质影响，养殖排放加剧了环境水域富营养化，导致养殖病害频发，品质、安全与环境问题突出。向深远海水域拓展养殖新空间，构建优质水产品高效生产方式，依赖深远海巨大的生态容纳量及远离陆源性污染的水质条件，实现工业化生产绿色养殖，是现代渔业转方式、调结构的必然途径。

五、提高海洋资源利用能力，促进蓝色经济发展

我国海洋水体营养丰富，生物种类多样，具有较大的开发潜力，海洋渔业是海洋经济主要产业之一。2017年我国海洋渔业在主要海洋产业增加值中占比为14.7%，尤其是海洋生物医药业等新兴产业，成为蓝色经济的重要组成部分。另一方面，全球水产品总产量虽然已达到1.71亿t，但因损失或浪费而未被利用的渔获量占35%。因此，提高水产品原料和副产物的利用率，在渔业资源衰竭和优质蛋白需求增长的情况下更为迫切。深蓝渔业以其工业化可持续的生产模式成为海洋渔业经济增长的新支柱，通过构建覆盖全产业链的深蓝渔业新型生产模式，既可以充分挖掘海洋在食物供给等方面的资源优势，又能够促进一二三产业融合，提升价值链，延长产业链，提高渔业的国际竞争力，有力推进海洋经济成为拉动中国国民经济发展的有力引擎。

第二节 发展形势

中国的国家粮食安全战略及其生产体系，正在面临生态环境和自然资源愈加紧迫的困

境，只有通过产业结构调整，突破瓶颈，谋求新的发展路径，才能实现"确保中国粮食安全，把中国人的饭碗牢牢端在自己手中"的国家粮食安全战略。发展现代渔业是国家粮食安全战略的重要组成部分，实施产业转型是发展现代渔业的重要战略举措，需要开拓新空间，探索新途径，实现渔业生产方式的迭代更替，形成可持续的现代渔业。

一、养殖业

1985年党中央、国务院印发《关于放宽政策，加速发展水产业的指示（中发〔1985〕5号）》，明确"以养殖为主，养殖、捕捞、加工并举，因地制宜，各有侧重"的方针，并于1986年载入中国首部《中华人民共和国渔业法》，从此"以养为主"成为中国渔业发展的指导方针，也成为中国渔业发展的鲜明特色。改革开放40年以来，我国养殖产量快速增长，极大提高了水产供给能力，实现了党中央、国务院提出的用3～5年时间解决中国"吃鱼难"的奋斗目标。从1988年开始，养殖产量超过捕捞产量，完成了"以养为主"的历史性转变，使中国在很长时期内成为世界主要渔业国家中唯一养殖产量超过捕捞产量的国家。"十一五"以来，中国的渔业基本经营制度不断完善，渔业科技支撑能力不断提升，渔业政策支持力度不断增强，极大释放了水产养殖业的生产潜力，水产养殖业逐渐走出了适合我国国情特点的发展之路，形成了中国特色的产业种类结构，迅速实现了跨越式发展（刘英杰，2018；唐启升，2017a；唐启升，2017b）。

"以养为主"的渔业发展方针确定以后，中国海水养殖发展迅速，养殖产量由1986年的150.08万t，发展到2018年的2 031.22万t，增长了13倍。但是，目前中国海水养殖产量中还是以近海筏式养殖、池塘养殖、吊笼养殖为主，2018年的产量分别为612.62万t、246.65万t、127.85万t（农业农村部渔业渔政管理局等，2019）。贝类是筏式养殖中发展最早的养殖种类，随着技术的不断发展，现已应用于牡蛎、扇贝、刺参与大型海藻等养殖。筏式养殖主要包括单养和混养两种模式，筏式单养模式的管理和收获方式相对方便，但会造成养殖空间的资源浪费；以贝-藻混养为代表的筏式混养模式可通过整合不同品种的生态需求实现养殖生态系统的平衡，既可最大限度地利用海域空间资源，还可以修复和调控海域生态环境，保障养殖效益。

中国的海水鱼类规模化养殖始于20世纪80—90年代。尤其是90年代中期开始，发展迅速，养殖产量由1984年的0.94万t，发展到2018年的149.51万t。目前中国已开发养殖的海水鱼品种有近100种（关长涛等，2019），产量的提升对保障我国海水鱼类的供应和促进沿海经济的发展都发挥了重要的作用。在渔业统计中位列前10位的种类有大黄鱼（19.80万t）、鲈（16.66万t）、石斑鱼（15.96万t）、鲆（10.80万t）、鲷（8.84万t）、美国红鱼（6.83万t）、军曹鱼（3.88万t）、河豚（2.31万t）、鲥（2.38万t）、鲽（1.39万t），10个主要养殖品种2018年的总产量为89.03万t，约占全年海水鱼类养殖总产量的59.5%。目前，海水鱼中各品种的养殖产量都不高，其中养殖产量超过10万t的品种只有大黄鱼、鲈、石斑鱼和鲆4种。然而，挪威单单大西洋鲑一个品种的养殖产量就有约120万t，与中国的海水鱼类养殖总产量相当。与此同时我国消费者对水产品的消费需求快速增长，目前中国的海水鱼类的养殖产量还难以满足。再加上近海发展空间受限，因此发展深远海养殖日益迫切。

"十二五"以来，随着中国对生态文明建设要求的进一步明确以及传统养殖方式弊端的逐步凸显，深远海养殖模式重新受到了社会各界的关注，逐步形成了政府和地方共举、产学研联动的发展格局。中国在深远海大型养殖设施方面的研发和探索工作取得显著成效，渔业科研院所联合相关船舶企业对中国深远海渔业养殖需求和装备性能进行了深入探索研究，取得了多项系列核心技术。中国第一艘 3 000 t 级冷水团养殖科研示范工船"鲁岚渔养 61699"号，下水前往黄海冷水团开展养殖试验生产；深远海大型围栏式养殖设施投入生产，养殖水体可达到 6 万 m³，可养殖大黄鱼 60 万尾，养殖的大黄鱼比近海养殖的价格提高 3～5 倍，饵料投喂量减少 40%～60%，取得显著经济和生态效益。目前，中国的科研院所正在积极和渔业养殖、海工、加工、金融等企业整合优势资源，深远海养殖的产业链正在悄然形成，为深远海养殖的进一步发展奠定基础。

二、捕捞业

"十一五"以来，随着中国对渔业资源保护和可持续发展意识的增强，渔业管理理念及时转变，开始采取伏季休渔、资源增殖、渔船渔具管理、减船转产等措施，大力加强海洋渔业资源养护，促进海洋渔业发展与资源保护相协调。2017 年 1 月 16 日农业部印发了《农业部关于进一步加强国内渔船管控实施海洋渔业资源总量管理的通知》（农渔发〔2017〕2号），明确到 2020 年全国压减海洋捕捞机动渔船 2 万艘、功率 150 万 kW，国内海洋捕捞总产量减少到 1 000 万 t 以内。启动实施海洋渔业资源总量管理制度，开展限额捕捞试点，捕捞产量实现了零增长、负增长，海洋捕捞产量从高峰时 2011 年的 1 241.94 万 t，下降到 2018 年的 1 044.46 万。2018 年，国内海洋捕捞产量 1 044.46 万 t，其中，鱼类 716.23 万 t，甲壳类 197.95 万 t，贝类 43.04 万 t，藻类 1.83 万 t，头足类 56.99 万 t，其他 28.42 万 t。按捕捞作业方式看，拖网产量 488.71 万 t，刺网产量 228.01 万 t，张网产量 122.05 万 t，围网产量 93.13 万 t，钓具产量 36.91 万 t，其他渔具产量 75.66 万 t，可见目前中国海洋捕捞还是以拖网为主，占国内海洋捕捞产量的 46.79%。在海洋捕捞鱼类产量中位列前 10 位的种类有带鱼（93.94 万 t）、鳀（65.84 万 t）、蓝圆鲹（49.40 万 t）、鲐（43.25 万 t）、鲅（35.67 万 t）、金线鱼（33.43 万 t）、海鳗（32.91 万 t）、鲳（32.60 万 t）、小黄鱼（28.26 万 t）、梅童鱼（23.02 万 t）。

经过 30 多年的努力，中国的远洋渔业从无到有、从小到大，产业规模和素质大幅提升，远洋渔业产量从 1986 年的 1.99 万 t，发展到 2018 年的 225.75 万 t，增长 100 多倍，同时在产业结构、装备水平、科技支撑能力、管理水平、国际合作等方面均取得长足进步。中国远洋渔业产量与船队规模均已位居世界前列，同时整体装备水平显著提高，现代化、专业化、标准化的远洋渔船船队初具规模。作业海域现扩展到 40 个国家和地区的专属经济区以及太平洋、印度洋、大西洋公海和南极海域，公海渔业产量占比达到了 65% 以上。捕捞方式发展到拖网、围网、刺网、钓具等多种作业类型。经营内容开始向捕捞、加工、贸易综合经营转变，成立了 100 多家驻外代表处和合资企业，建设了 30 多个海外基地，在国内建立了多个加工物流基地和交易市场，产业链建设取得重要进展。2018 年，中国远洋渔业产量达 225.75 万 t，其中，金枪鱼 36.40 万 t，鱿鱼 57.43 万 t，竹筴鱼 6.14 万 t。远洋渔业总产值 262.73 亿元，作业远洋渔船 2 654 艘，其中 1 300 多艘进行了更新改造，远洋渔业企业超过 160 家。

远洋渔业是开放型、创汇型渔业，金枪鱼等主要捕捞对象属高值鱼类，产业科技含量高、经济效益好，是渔业产业结构调整的优先方向。就捕捞对象的资源状况而言，世界大洋公海渔业资源仍有一定的开发空间。其中南极磷虾的评估可捕量达 0.6 亿～1 亿 t，设定的预防性捕捞限额为 869 万 t，目前世界捕捞产量仅 31.30 万 t，开发潜力巨大。秘鲁外海、印度洋、南极海域头足类开发利用较少，头足类资源开发仍有广阔的前景。2009 年起中国正式立项开展南极磷虾探捕开发，目前，入渔渔船有 5 艘，产量 4.0 万多 t，连续多年位居世界第二，成为世界上少数的具有南极生物资源开发能力的国家（刘永新等，2019）。

三、水产加工业

水产品加工和综合利用是渔业生产的延续，所谓"加工活，则流通活，流通活，则生产兴"，搞活了加工，货畅其流，水产品加工业连接着生产与市场，是实现海洋渔业一二三产业融合的关键环节。因此，水产品加工业的发展对于整个渔业的发展起着桥梁纽带的作用，不仅是当前我国加快发展现代渔业的重要内容，而且是优化渔业结构、实现产业增值增效的有效途径。"十一五"以来，中国积极发展水产品加工，促进加工保鲜和副产物综合利用，加强水产品加工园区建设，创建了一批农产品精深加工示范基地和加工示范园区，推进产业优势聚集，大力发展水产品现代冷链物流体系建设，发展活鱼运输模式，构建从池塘、渔船到餐桌的水产品全冷链物流产业体系。同时，水产品加工企业顺应新消费群体的需求，加快了水产加工产品的厨房化、超市化以及餐饮业配送趋势，发展优质、便捷、健康的水产加工新产品，推进水产品进学生餐，引导和培育国内市场消费。

目前，中国水产品加工已形成了冷冻、冷藏、腌熏、罐藏、调味休闲食品、鱼糜制品、鱼粉、鱼油、海藻食品、海藻化工、海洋保健食品、海洋药物、鱼皮制革及化妆品和工艺品等十多个门类，有的产品生产技术已达到世界先进水平。中国水产加工业总产值不断增大，水产品加工企业数量持续增长，水产加工能力也不断提升，成为推动我国渔业生产持续发展的重要动力，成为渔业经济的重要组成部分，水产品出口占据农产品出口首位，在农产品出口及外贸出口中占据突出的地位。2018 年，水产加工企业共 9 336 个，其中规模以上加工企业（年主营业务收入 500 万元以上的水产加工企业）2 524 个，年加工能力 2 892.16 万 t。水产品加工总量为 2 156.85 万 t，其中淡水加工产品 381.83 万 t，海水加工产品 1 775.02 万 t，水产加工业产值 4 336.79 亿元（农业农村部渔业渔政管理局等，2019）。但是，水产业加工依然是海洋渔业发展中的一块明显的短板，2018 年我国水产品加工率为 41.6%（李明爽，2019），且加工方式依然是以冷冻、冷藏为主，冷冻品的加工量约占水产品加工总量的 70%（农业农村部渔业渔政管理局等，2019）。中国水产品仍以半成品、粗加工为主，技术含量与附加值低，对初级产品精深加工不足和综合利用不够，与世界先进水平还有明显差距，需要加大力度组织技术研发攻关，强化产地加工技术对接，努力在水产品精深加工、加工副产物高效利用等关键技术领域取得突破。

随着生活水平的提高，高价值水产品未来将获得更快的增长需求。在水产品消费模式方面，城市消费的快节奏，对水产品的时效性要求更高，食品制备便捷性将受到更多的关注。现代消费者口味也在发生变化，更加注重食物的来源和渠道。新消费需求与电商营销手段将会深刻影响到水产品市场消费模式。因此，随着水产品便利化的消费模式增长，水产品加工需求将不断提高，水产加工自动化程度将随着装备技术水平的进步不断提升，全产业链质量安全体系将逐步建立。同时因我国长期以来形成的饮食习惯，未来活鱼消费仍然会保持较高比例。

四、增殖渔业

增殖渔业是指针对渔业资源过度捕捞、资源衰退等问题，采取人工干预，增加苗种，补充增加自然生态中渔业资源的方式，是保护渔业资源、增加渔民收入、促进渔业可持续发展的重要措施（张显良，2011）。自 2006 年，国务院印发《中国水生生物资源养护行动纲要》以来，增殖渔业发展进入快车道，渔业增殖放流在全国各省普遍开展，并得到各级政府的重视和支持，增殖放流领域从大江大河、湖泊水库到沿海各地，放流品种包括各种优质的鱼、虾、贝、藻及海参、鲍鱼等海珍品近百种。

"十一五"期间，中央和地方财政大幅度增加增殖放流投入，全国累计投入资金 21 亿元，放流各类苗种 1 090 亿尾，增殖放流活动由区域性、小规模发展到全国性、大规模的资源养护行动，形成了政府主导、各界支持、群众参与的良好氛围。启动并建立国家级水产种质资源保护区 220 个，国家级水生生物自然保护区数量达 16 个；人工鱼礁和海洋牧场建设发展迅速，其间，国家共投入建设资金约 22.96 亿元，投放人工鱼礁约 3 152 万空方，形成海洋牧场约 464 km²（胡炜等，2019）。"十二五"期间，渔业生态环境修复力度不断加大，人工鱼礁和海洋牧场建设得到加强，增殖放流效果显著，新建国家级水产种质资源保护区 272 个，新建国家级水生生物自然保护区 8 个；渔业生态环境修复力度不断加大，人工鱼礁和海洋牧场建设得到加强，增殖放流效果显著。据不完全统计，2018 年全国共开展水生生物增殖放流活动 2 040 次，放流重要水生生物苗种达 374.1 亿尾（只）（中国水产科学研究院，2019）。自 2008 年以来，全国人工鱼礁建设规模超过 3 000 万空方，礁区面积超过 500 hm²，投入资金达到 20 亿~30 亿元（杨红生，2016）。

党的十八大以来，中央更加重视生态文明建设，海洋牧场迎来发展的黄金期。2013 年国务院对海洋渔业发展定位在"生态优先"，提出"发展海洋牧场"；2015 年渔业油价补助政策改革落地，中央财政加大对海洋牧场建设的支持。2017 年发布的《国家级海洋牧场示范区建设规划（2017—2025）》中提出"到 2025 年，在全国范围内建成 178 个具有辐射示范效应的国家级海洋牧场"。2017 年中央 1 号文件明确提出"支持集约化海水健康养殖，发展现代化海洋牧场"。2018 年中央 1 号文件强调"统筹海洋渔业资源开发，科学布局近远海养殖和远洋渔业，建设现代化海洋牧场"。2019 年中央 1 号文件再次强调"合理确定内陆水域养殖规模，压减近海、湖库过密网箱养殖，推进海洋牧场建设"。在中央政策的带动下，地方各级政府和社会各方面建设海洋牧场积极性空前高涨，投入力度不断加大。全国共投入增殖放流资金 39.5 亿元，增殖放流各类水生生物苗种 1 429 亿单位，新建国家级水产种质资源保护区 155 个，总量达 523 个；新建国家级水生生物自然保护区 5 个，总量达 25 个；新建国家级海洋牧场示范区 42 个（张显良，2017）。

随着中国渔业发展理念的转变，增殖渔业从无到有，并在《全国渔业发展第十三个五年规划》中跻身成为五大产业之一。增殖渔业对修复日益衰退的渔业资源和生态环境，促进渔业资源的可持续发展发挥了积极作用。增殖渔业区域性综合开发示范区逐渐增多，以人工鱼礁（巢）为载体，底播增殖为手段，增殖放流为补充，海洋牧场为形态，同时也带动了休闲渔业及相关产业发展。

五、休闲渔业

休闲渔业是利用各种形式的渔业资源（渔村资源、渔业生产资源、渔具渔法、渔业产品、渔业自然生物、渔业自然环境及人文资源等），通过优化资源配置，将渔业与休闲娱乐、观赏旅游、生态建设、文化传承、科学普及以及餐饮美食等有机结合，向社会提供满足人们休闲需求的产品和服务，实现一二三产业融合的一种新型渔业产业形态（农业农村部渔政管理局等，2018）。2011年6月，农业部发布《全国渔业发展第十二个五年规划》，首次把休闲渔业列入渔业发展规划，并明确将其列为我国现代渔业的五大产业之一，其产业地位发生了明显变化。2018年农业农村部办公厅印发了《关于开展2018年休闲渔业质量提升年活动的通知》，渔业渔政管理局首次发布《休闲渔业产业发展报告》，发布中国休闲渔业标识。2012—2017年共认定27个国家级最美渔村、25个全国示范性渔文化节庆活动、477个全国休闲渔业示范基地。在市场力量的推动和政策的引导下，以休闲渔业为代表的二三产业快速发展，培育了一批休闲渔业示范区，重点构建滨海港湾休闲渔业、都市型休闲渔业、海洋牧场休闲渔业等，打造全国知名的休闲渔业品牌。涌现出一批像象山、开渔节等最美渔村、渔文化节庆活动典范，一批像舟山国际水产城、何氏水产等"互联网＋渔业"深度融合、现代冷链物流典范。

中国休闲渔业产业规模继续保持快速稳定增长，从2010—2018年休闲渔业产值及其在渔业总产值中的占比变化情况，可以看出，全国休闲渔业产值从2010年的211.25亿元快速增长到2018年的839.53亿元，在中国渔业经济总产值中的占比从2010年的1.63％增长到2018年的3.25％（农业农村部渔业渔政管理局等，2019；农业农村部渔业渔政管理局等，2018）。2018年，全国休闲渔业经营主体达12.39万个，同比增长12.43％；从业人员共80.49万人，同比增长17.86％，人均产值达10.43万元。全国接待游客2.59亿人次，同比增长17.82％（农业农村部渔业渔政管理局等，2019）。另据中国休闲垂钓协会统计，全国的钓友达几千万人，休闲垂钓赛事等渔事活动在全国蓬勃兴起。

随着中国经济迅速发展和人民生活水平快速提高，作为新兴产业的休闲渔业不断发展，将逐步成为渔民增收的新渠道、渔业经济的新增长极、渔业转型升级的新动能。当前休闲渔业已遍布全国内水、海洋，从游钓休闲娱乐、餐饮美食发展到观赏水族、海底观鱼等各领域，有力地带动了渔区渔港旅游观光及钓具、钓船（艇）等渔机渔具工业及有关服务行业的发展，并促进了渔区、渔港环境整治和渔文化交流。目前中国休闲渔业总产值占渔业经济总产值的比例不到5％，与国际上休闲渔业发展水平较高的国家相比差距较大。根据近年来中国休闲渔业发展趋势，预测到2025年休闲渔业增加值将达2 000亿元。我国休闲渔业发展前景广阔，将拥有更加美好的未来（农业农村部渔业渔政管理局等，2019）。

第三节　面临制约

中国渔业经过改革开放40多年的发展，取得了巨大成就，逐步形成了"生态优先，绿色发展"的良好势头。但是，随着经济社会发展水平的不断提高，人们对水产品的消费需求已经从"吃鱼难"逐渐转变为"吃好鱼""吃出健康",传统渔业发展方式的不平衡、不充分、不可持续问题日益凸显,海洋渔业产业迫切需要进一步转型升级并加快高质量发展。

一、拓展养殖绿色发展需要构建工业化养殖新模式

目前,我国渔业正从传统生产方式向现代化、工业化生产方式转变,缺乏标准化生产、系统化管理、现代化装备和产业金融等工业化要素。传统养殖方式由于存在品质安全、资源消耗与环境影响等问题而被社会诟病,养殖产品也并未因品质优劣而形成价格上的差异;同时海上养殖装备的机械化、智能化、信息化水平较低,生产方式依然是传统的、粗放的,生产操作、养殖管理还是依靠人力与经验。深远海养殖是一个全新的领域,是当前推进渔业转型升级,培育新经济增长点的创新之举。工业化的养殖工艺、操作规范、品质管理等技术体系,对于深远海养殖实现高效运营,是至关重要的支撑和保障。

二、提升海洋资源开发效率需要优化捕捞生产新技术

世界海洋大国在强化各自管辖海域开发的同时,正逐步推进深远海与大洋空间的勘探开发。深海空间的巨大资源潜力和环境服务价值日益受到关注。大规模的鱼类养殖产业需要营养物质生产体系的支持,分布于全球海洋的中层及深海的生物资源是养殖业动物饲料蛋白的主要来源,鳀和沙丁鱼已经成为鱼粉工业的主要原料,储量丰富的南极磷虾资源具有巨大的开发潜力,以浮游生物为食的低值大宗小型鱼类和头足类资源是尚未开发的动物蛋白饲料资源库。"渔业先行"是争取我国在全球深海资源利用方面权益的有效策略。深蓝渔业深海生物资源开发,通过把握全球性深海生物资源规律,建立负责任的捕捞技术,将有力提升我国深海资源开发利用的竞争力。

三、实现产业链全面发展需要建立海陆联动加工新业态

我国海洋水体营养丰富,生物种类多样,具有较大的开发潜力,2017 年我国海水产品产量达 3 321 万 t,约占水产品总量的 51%,相当于我国肉类和禽类年总产量的 28%,是我国食物供应的重要组成部分。目前中国经济受到陆上资源利用与开发有限性的制约,对海洋资源、空间的依赖程度大幅提高。但是由于兼捕、加工技术和食用习惯等原因,目前全球捕捞生产过程中至少有 8% 的渔获物未被利用而被重新扔回海里,有 27% 的上岸渔获物在上岸后到消费市场的过程中损失或被消耗掉,因此,需要加强食品加工和包装的技术,延长产业链,提高水产品原材料利用效率、产品附加值和利润率,提升水产品品质、安全和营养价值,拉动海洋水产业经济发展。

四、支撑蛋白有效供给需要解析深蓝生物遗传新资源

粮食安全始终是关系我国国民经济发展、社会稳定和国家独立的全局性重大战略问题。渔业作为农业经济发展的重要组成部分,已然成为世界各国保障优质蛋白供给和粮食安全的重要基础。水产品已成为继谷类、牛奶之后食物蛋白的第三大来源,约为 31 亿人口提供了近 20% 的动物蛋白摄入量;同时,水产脂质是人类膳食结构中高不饱和脂肪酸的重要来源,对提高人类身体素质具有十分重要的意义。海洋渔业生物,尤其是深蓝渔业生物大多富含

DHA、EPA 等不饱和脂肪酸，能够满足国民对营养均衡方面日益增长的需求。我国已经成为世界第一大水产品生产国和消费国，为进一步夯实渔业在保障国民优质动物蛋白稳定供给方面的地位，从近海走向深蓝势在必行。因此，开发和利用深蓝生物遗传资源对于我国渔业的可持续发展起着关键作用，是未来世界应对食物短缺、支撑蓝色蛋白供给、保障食物安全的有效途径。

五、保障渔业安全生产需要组建全球渔业互联新网络

物流信息网络与大数据服务是面向全球海洋深蓝渔业的动脉和神经，对应深蓝渔业工业化养殖、高品质捕捞和海陆联动加工的产业布局，渔业物联网将串联各生产单元，保障养殖生产和捕捞作业全过程的有效监管和安全，保障人员、物质和产品的物流运输安全，形成海陆联动的海上物流大通道和陆上物资与产品配送体系，整体提升深蓝渔业的生产效率与产品价值。同时，通过在渔船上搭载智能海洋信息感知系统，构建基于海洋渔业独有产业业态的"面向国防安全需求、面向海洋强国战略、面向渔业生产管理"的渔业船联网，形成覆盖全球大洋的网络体系，更将为国家拓展外交、处理国际关系、参与国际资源配置与管理、维护海洋权益、实施海洋强国战略等发挥重要作用。

参 考 文 献

关长涛，王琳，徐永江，2019. 海水鱼，绿色养殖才有生命力 [N]. 农民日报，2019-09-07 (7).

胡炜，李成林，赵斌，等，2019. 科学推进现代化海洋牧场建设的思考 [J]. 中国海洋经济 (1)：50-63.

李明爽，2019. 选育良种、改变养殖模式 向名副其实的水产大国迈进 [N]. 科技日报，2019-11-22 (4).

刘英杰，2018. 中国淡水生物产业科技创新发展战略 [M]. 北京：科学出版社.

刘永新，李梦龙，方辉，等，2019. 南极磷虾的资源概况与生态系统功能 [J]. 水产学杂志，32 (1)：55-60.

农业农村部渔业渔政管理局，全国水产技术推广总站，中国水产学会，2019. 2019 中国渔业统计年鉴 [M].
  北京：中国农业出版社.

农业农村部渔业渔政管理局，全国水产技术推广总站，中国水产学会，2018. 中国休闲渔业发展报告
  (2018) [J]. 中国水产 (12)：20-30.

农业农村部渔业渔政管理局，全国水产技术推广总站，中国水产学会，2019. 速读《中国休闲渔业发展监
  测报告 (2019)》[J]. 中国水产 (11)：21.

唐启升，2017a. 水产养殖绿色发展咨询研究报告 [M]. 北京：海洋出版社.

唐启升，2017b. 环境友好型水产养殖发展战略：新思路、新任务、新途径 [M]. 北京：科学出版社.

杨红生，2016. 我国海洋牧场建设回顾与展望 [J]. 水产学报，40 (7)：1133-1140.

张显良，2011. 中国现代渔业体系建设关键技术发展战略研究 [M]. 北京：海洋出版社.

张显良，2017. 我国渔业发展概述 (2012—2017) [J]. 中国水产 (12)：7-8.

中国水产科学研究院，2019. 2018 年中国渔业生态环境状况公报 [R]. 北京：农业农村部.

第二章 发展理念和定义内涵

从全球战略的角度看，由于未来人口的增长及粮食安全、竞争性土地资源的紧缺、清洁水资源的稀缺等因素，需要由陆基和沿岸水域的水产养殖系统向更深海域发展；从地方社会发展的角度看，基于社会经济发展空间的竞争、环境水质的保护以及良好视觉景观的要求的考量，更希望推动水产养殖进入更远的海域。以工业化的理念和方式，建立新型生产模式，拓展深远海海水养殖新空间，是未来渔业实现水产品保障供给、实施生产方式转变的必然选择。

第一节 理念沿革

一、蓝色经济的兴起

深蓝渔业是在国际社会大力推进蓝色经济（blue economy）的背景下提出的，是蓝色经济的重要组成部分，也是蓝色经济的延伸、发展和新拓展。国际上蓝色经济是在 1999 年 10 月加拿大举办的"蓝色经济与圣劳伦斯发展"论坛上首次提出，当时蓝色经济的内容仅针对河流流域水资源的可持续利用（赵鹏等，2013）。冈特·鲍利（Gunter Pauli）在《蓝色经济》一书中提出蓝色经济就是为了保证生态系统能够维持其演化路径，以便从大自然无尽的创造性、适应性和丰裕性中获益，是接近生态系统的可持续的循环经济（冈特·鲍利，2012；冈特·鲍利，2017）。在筹备 2011 年联合国可持续发展大会（Rio＋20 峰会）的机构间报告中提出蓝色经济应包括海洋生态保护、渔业和水产养殖、应对气候变化、海洋资源开发和海岸带管理等内容（何广顺等，2013）。2012 年欧盟通过了《蓝色增长倡议》确定了包括水产养殖在内的 6 个发展蓝色经济的主要领域，尤其是通过实施地平线 2020 计划，促进海洋科技研究，增强科技创新能力，以推动蓝色经济增长（李大海等，2013；周秋麟，2013）。太平洋小海岛国家组织大力推动蓝色经济发展，特别关注渔业和海洋资源的可持续发展（林香红等，2013）。联合国粮食及农业组织（FAO）2013 年发出"蓝色增长"倡议，围绕粮食安全，充分挖掘海洋、沿海以及河流、湖泊、湿地的潜力，发展可持续捕捞渔业和水产养殖业等带来经济增长（联合国粮食及农业组织，2016）。近几年，在北欧、加拿大、俄罗斯、澳大利亚、南美等渔业发达国家和地区，传统养殖发展遭遇瓶颈，也在利用新技术、新设备拓展深远海养殖空间（王进，2017）。

中国海洋渔业是海洋经济主要产业之一，2018 年，中国海洋渔业在主要海洋产业增加值中占 14.3％，尤其以海洋生物医药业等新兴产业增速领先（自然资源部海洋战略规划与经济司，2019），成为蓝色经济的重要组成部分。早在 20 世纪 80 年代，我国就提出"蓝色革命"的构想，随后多位学者先后提出"蓝色产业""蓝色经济"的概念（何广顺等，2013）。十七届五中全会通过的"十二五"规划提出要发展蓝色经济，随后各海洋大省纷纷行动，山东省提出"建设山东半岛蓝色经济区"，广东省提出"建设广东海洋经济综合试验区"等（徐荣先，2012；周春华等，2012；吕华当，2012）。在广东省2012年印发的《广东省海洋经济发展"十二五"规划》中率先提出"发展深蓝渔业，大力推进深水网箱产业园建设"，从中可以看出深蓝渔业的内容仅仅是指在深远海开展养殖生产。2016年中国水产科学研究院与青岛海洋科学与技术试点国家实验室联合举办了深蓝渔业工程与装备研讨会，并联合组建深蓝渔业工程联合实验室，共同发起成立了"深蓝渔业科技创新联盟"，加快推动深蓝渔业科技和产业发展（崔利锋，2016；水科，2016；王晶，2016；王娉，2016）。

二、生态文明建设的需要

党的十九大提出"加快生态文明体制改革，建设美丽中国，要求推进绿色发展"；习近平总书记多次强调"绿水青山就是金山银山"。2019年，10部门联合印发《关于加快推进水产养殖业绿色发展的若干意见》强调"要发挥水产养殖的生态属性"。渔业是资源环境依赖型产业，无论是捕捞业还是养殖业，与自然环境应共存于和谐的生态系统。积极推进渔业现代化建设，优化养殖区域布局，加强渔业水域环境保护，养护水生生物资源，合理利用宜渔水域，积极发展生态养殖，实现渔业从拼资源要素投入转向依靠科技创新和提高全要素生产率，从追求数量增长转向更高质量、更好效益和更可持续的发展模式，推动我国由渔业大国向渔业强国转变。

目前中国经济受到陆上资源利用与开发有限性的制约，对海洋资源、空间的依赖程度大幅提高。土地和水被认为是全世界水产养殖发展最重要的资源，确保有合适的土地和水资源来发展水产养殖成为当下面临的重大挑战。根据《中国渔业统计年鉴》（2007—2019）的数据，我国海水养殖面积经过快速增长后，目前已经发展到一定阶段，开始呈现下降趋势，中国海水养殖总面积从高峰时2015年近232万 hm^2 下降到2018年的近177万 hm^2。

我国水产养殖种类和模式众多，目前基本上还是依赖土地资源的发展模式，水产养殖产量提升主要依赖扩大土地（水域）资源规模来实现。随着工业发展和城市的扩张，很多地方的可养或已养水面被不断蚕食和占用，内陆和浅海滩涂的可养殖水面不断减少，陆基池塘和近岸网箱等主要养殖模式需要的土地（水域）资源日趋紧张，占淡水养殖产量约四分之一的水库、湖泊养殖，因水源保护和质量安全等原因逐步退出。传统渔业水域养殖空间受到工业与种植业的双重挤压，土地（水域）资源短缺的困境日益加大，养殖规模稳定与发展受到限制。同时来自资源环境约束趋紧，传统渔业水域不断减少，渔业发展空间受限。水域环境污染依然严重，过度捕捞长期存在，涉水工程建设不断增加，主要鱼类产卵场退化，渔业资源日趋衰退，珍稀水生野生动物濒危程度加剧，实现渔业绿色发展和可持续发展的难度加大。

世界海洋大国在强化各自管辖海域开发的同时，也逐步推进深远海与大洋空间的勘探开发。深海空间的巨大资源潜力和环境服务价值日益受到关注。大规模的鱼类养殖产业需要营养物质生产体系的支持，分布于全球海洋的中层及深海生物资源是养殖业动物饲料蛋白的主要来源，鳀和沙丁鱼已经成为鱼粉工业的主要原料，储量丰富的南极磷虾资源具有巨大的开发潜力，以浮游生物为食的低值大宗小型鱼类和头足类资源是尚未开发的动物蛋白饲料资源库。"渔业先行"是争取我国在全球深海资源利用方面权益的有效策略。因为兼捕、加工技术和食用习惯等，目前全球捕捞生产过程中有至少8%的渔获物未被利用而被重新扔回海里，有 27% 的上岸渔获物在上岸后到消费市场的过程中损失或被消耗掉（联合国粮食及农业组织，2018），需要加强食品加工和包装的技术，延长产业链，提高水产品原材料利用效率、产品附加值和利润率，提升水产品品质、安全和营养价值，拉动海洋水产业经济发展。

因此，我国海洋渔业需要从传统生产方式向现代化、工业化生产方式转变，向深远海水域拓展养殖新空间，构建优质水产品高效生产方式，依赖深远海巨大的生态容纳量及远离陆源性污染的水质条件，实现工业化绿色养殖生产，发展大型海上养殖平台及其生产体系，构建基于优质鱼产品工业化养殖的陆海联动养殖模式，打造现代渔业新型生产方式。

三、乡村振兴战略的实施

党的十九大提出了实施乡村振兴战略的重要部署，提出农业、农村、农民问题是关系国计民生的根本性问题，没有农业、农村的现代化，就没有国家的现代化。渔业现代化是农业、农村现代化的重要组成部分，中国海洋渔业目前正处在传统渔业向现代渔业的跨越阶段，处于实现渔业现代化的关键时期，乡村振兴战略的实施对中国海洋渔业转型升级提出了新要求、新方向。海洋渔业现代化要以科技发展支撑和引领，加快形成以机械化、自动化、信息化和智能化为代表的现代海洋渔业生产模式，提高劳动生产率、资源利用率、水产商品率和生态环境水平，将成为实施乡村振兴战略的重要保障。

中国渔业经过近 40 年的快速发展，已经进入以"中高速、优结构、新动力、多挑战"为特征的新常态。到 2018 年，中国海洋渔业经济总产值 5 800 多亿元，其中海洋捕捞产值 2 228 亿元，海水养殖产值 3 571 亿元（农业农村部渔业渔政管理局等，2019），产业规模可谓不小，但发展不平衡、不充分的问题依然存在，具体表现为生产规模化、集约化和组织化程度仍然较低、比较效益不高、产业链不完善、发展空间不足、发展方式粗放、创新驱动不足等问题突出。

水产养殖能够有效利用海洋动物蛋白和谷物原料，是高效的水产动物蛋白生产方式。2014 年水产养殖业对人类水产品消费的贡献首次超过野生水产品捕捞业，成为渔业生产的主体，可持续发展的海洋渔业将向"以养为主"转变（联合国粮食及农业组织，2016）。中国是世界水产养殖大国，养殖产量占世界水产养殖总量的 70% 左右。但是，目前中国水产养殖方式依然粗放，养殖过程占用自然资源，产品品质深受环境水质影响，养殖排放加剧了环境水域富营养化，导致养殖病害频发，品质、安全与环境问题突出。由此，海洋渔业亟须"调结构，转方式"，通过创新开发养殖新品种，构建以可持续工业化绿色养殖生产为主体，以实现粮食安全和促进可持续发展为目标的绿色水产养殖新模式，实现海洋渔业新一轮的高速发展。目前，世界海洋捕捞渔业总产量维持在 8 000 万～9 000 万 t（联合国粮食及农业组织，2018），已探明最大的海洋可再生蛋白库南极磷虾资源，最新研究表明其生物量达 3.79 亿 t（陈森等，2013），其体内蕴含着丰富的蛋白质、多不饱和脂肪酸等，可在养殖、食品、医药等多个领域加工成高附加值产品，具有广阔的应用前景。近年来，随着国际科技投入的不断增加和技术进步的不断积累，世界渔业发达国家已将南极磷虾渔业打造成由高效捕捞技术支撑、高附加值产品拉动、集捕捞与船上精深加工于一体的全新性海洋生物资源开发利用产业。

渔业是资源环境依赖型产业，无论是捕捞业还是养殖业，均应与自然环境共存于和谐的生态系统。构建覆盖全产业链的海洋渔业新型生产模式，既能充分挖掘海洋在食物供给等方面的资源优势，又能促进一二三产业融合，提升价值链，延长产业链。工业化可持续生产模式将成为海洋渔业经济增长的新支柱，需要积极推进海洋渔业转型升级，加强现代化建设，优化养殖区域布局，强化渔业水域环境保护，养护水生生物资源，合理利用宜渔水域，积极发展生态养殖，实现海洋渔业从拼资源要素投入转向依靠科技创新和提高全要素生产率，从追求数量增长转向更高质量、更好效益和更可持续的发展模式，提高渔业国际竞争力，推动我国由渔业大国向渔业强国转变。因此，海洋渔业必须以科技创新为引领，推进海洋渔业现代化建设，加快海洋渔业全面转型升级，着力延伸海洋渔业产业链，不断拓展海洋渔业新功能，用加工业提升海洋渔业、用休闲体验拓展海洋渔业、用品牌建设做强海洋渔业，促进产业融合发展，实现海洋渔业经济产业振兴和可持续发展。

第二节　定义内涵

一、深蓝渔业的定义

深蓝渔业是面向深远海和大洋极地水域，开展工业化绿色养殖、海洋生物资源开发和海上物流信息通道建设，构建"养-捕-加"一体化、"海-岛-陆"相联动的全产业链渔业生产体系，实现"以养为主、三产融合"的战略性新兴产业（刘晃等，2018）。

深蓝渔业作为一个具有探索性的新兴产业，是推进海洋强国战略、促进渔业升级转型、实现渔业可持续发展的重要方式，也是解决为人类提供充足优质动物蛋白供给的重要方案。深蓝渔业是由可持续的捕捞渔业、深远海工业化绿色水产养殖业、高值化的水产品加工业、海上冷链物流和信息保障服务业、深蓝生物种业等组成的"捕-养-加-网-种"一体化的有机整体，其生产体系覆盖我国黄渤海、东海、南海的近海、远海以及大洋极地等海洋空间。

二、深蓝渔业的内容

深蓝渔业是由可持续的捕捞渔业、深远海工业化绿色水产养殖业、高值化的水产品加工业、海上冷链物流和信息保障服务业、深蓝生物种业等组成的"养-捕-加-网-种"的有机整体，是以"养-捕-加"为主线，加上物流信息服务和海洋生物遗传资源利用两大保障组成。总体结构见图 2-1。其中，以可持续捕捞渔业为基础；以深远海工业化绿色水产养殖业为主体；以高值化水产品加工业为支撑；以海上冷链物流和信息保障服务业为保障；海洋生物遗传资源开发是根本。

（一）深远海工业化绿色水产养殖业是深蓝渔业的主体

水产养殖有效利用海洋动物蛋白和谷物原料，是高效的水产动物蛋白生产方式。2014年是具有里程碑式意义的一年，水产养殖业对人类水产品消费的贡献首次超过野生水产品捕捞业（联合国粮食及农业组织，2016），成为渔业生产的主体，标志着可持续发展的海洋渔业将向"以养为主"转变。中国是世界水产养殖大国，从 1985 年的"养捕之争"到 1986 年确立"以养为主"方针，再到 1988 年实现养殖量超过捕捞量，2016 年水产养殖产量占世界总量的 60%以上，居世界首位，对推动海洋渔业向"以养为主"转变起到了重要作用（刘英杰，2018；唐启升，2017a；唐启升，2017b）。随着世界人口的不断增长，到 2050 年，如

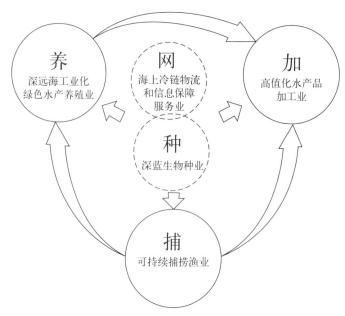

图 2-1　深蓝渔业总体结构图

何养活超过 97 亿人口，满足人类对动物蛋白不断增长的需求将是一项紧迫任务，水产品总产量需要再增加的产量主要还需通过发展水产养殖来实现（中国养殖业可持续发展战略研究项目组，2013）。据世界银行预测，到 2030 年全球水产品总产量将达到 1.868 亿 t，其中一半左右将来源于水产养殖（The World Bank，2013）。目前内陆和近海水产养殖病害、品质、安全与环境问题日益突出，面临人口对动物蛋白的不断增长的巨大需求，需要向深远海水域拓展养殖新空间，依靠深远海巨大的生态容纳量及远离陆源性污染的水质条件，以可持续工业化绿色养殖生产为主体，变蓝色海洋为"蓝色粮仓"，以实现粮食安全、改善营养和促进可持续发展的目标。具体来说，就是通过开发新型养殖品种，发展大型海上养殖平台及其生产体系，构建基于优质鱼产品工业化养殖的陆海联动养殖模式，打造现代渔业新型生产方式，形成深远海工业化绿色水产养殖新兴产业。

（二）可持续捕捞渔业是深蓝渔业的基础

海洋渔业资源作为可再生食物资源，是为人类提供优质蛋白的潜在资源以及为水产养殖提供高品质饲料的重要来源。1988 年全球捕捞产量超过 7 800 万 t，随后产量稳定，尽管有一些波动，基本保持在 8 000 万 t 左右，为解决饥饿、抗击贫困和经济增长作出重要的贡献（联合国粮食及农业组织，2016）。根据联合国粮食及农业组织（FAO）的最新评估，2015 年全球在最大产量上可持续捕捞的鱼类种群占总评估种群的 59.9%，未充分捕捞种群占总评估种群的 7.0%（联合国粮食及农业组织，2018）。一方面，在生物可持续限度内的鱼类种群比例呈下降趋势，比如作为生产鱼粉的主要物种鳀，处于过度开发状态，全球产量明显下降，导致鱼粉产量逐年下降，但来自水产养殖业对鱼粉的需求又逐年增加，进一步加大了鱼粉需求缺口。另一方面，存在未被充分开发利用的海洋资源，比如沙丁鱼种群处于未充分捕捞状态，在多数区域的底栖资源处于充分可持续捕捞状态（联合国粮食及农业组织，

2018)，还有人类目前探明最大的可再生生物蛋白库资源南极磷虾，其生物储藏量约为
3.79亿t左右，可持续捕捞量约为1亿t，具有极大的开发和利用潜力，将是可持续捕捞渔
业发展的重要方向（谈俊晓等，2017）。因此，以海洋生物种群资源探查与利用为基础，围
绕小型大宗海洋生物资源，通过发展负责任的可持续捕捞方式，既可为人类提供丰富的蛋白
资源，满足人类对食用水产品和水产动物蛋白不断增长的需求；也可为鱼粉和鱼油等饲料生
产提供充足的原材料，解决水产饲料因养殖产量不断攀升而需求旺盛的问题，是深蓝渔业发
展的重要基础。

（三）高值化水产品加工业是深蓝渔业的支撑

深蓝渔业因其远离大陆的特殊性，要特别注意收获后处理、加工、防腐、包装、储存和
运输，以保持其品质和营养属性，避免浪费和损失，需要以高值化加工利用为支撑，通过发
展船载加工、储藏技术与装备，可以实现蛋白质的高值化利用与水产品的保鲜、保活。近几
十年来，随着水产品消费的扩大以及商业化，食品加工和包装的技术日益创新，水产品原材
料利用效率、产品附加值和利润率得到提高，提升了水产品品质、安全和营养价值。另外，
因为兼捕、加工技术和食用习惯等，目前全球捕捞生产过程中至少有8%的渔获物未被利
用，而被重新扔回海里，有27%的上岸渔获物在上岸后到消费市场的过程中损失或被消耗
掉，大量渔获物的副产物被作为废料丢弃（联合国粮食及农业组织，2016；联合国粮食及农
业组织，2018），从而造成大量资源浪费。通过船载加工技术改良，可以提高杂鱼和鱼副产
品利用率，提升生产鱼粉的能力，减少资源浪费。同时，渔获物副产物的综合利用日益获得
关注，在一些发达国家，渔副产品的使用已发展成重要产业，通过高值化精深加工技术，可
更高效、安全地加以利用鱼副产品生产食品饮料、药品、化妆品、生物燃料、手工艺品、天
然色素等，推动水产品向多元化、高值化发展（谈俊晓等，2017）。可见，高值化水产品加
工业是推动深蓝渔业可持续发展的重要支撑。

（四）海上冷链物流和信息保障服务业是深蓝渔业的保障

对应深蓝渔业深远海养殖、海洋资源开发及海上加工的产业布局，发展覆盖全产业链的
"物联网＋"信息化体系，实现深蓝渔业的智能生产、智慧管理与可追溯的质量体系，是推
动深蓝渔业发展的重要保障。海洋水产品具有易腐性高的特点，对流通温度和流通时间的要
求较高，通过发展养殖鱼产品活鱼运输船、加工渔获物冷藏运输船等构建海洋水产品全程冷
链物流网络，可以有效保障产品质量安全、提升品质，实现由深海到陆地餐桌的无缝衔接。
深远海养殖由于远离大陆架，如何做好人员、物资和产品的安全运输，是深蓝渔业生产体系
中的重要一环。通过建立渔业船联网串联各生产单元，实现养殖系统、渔业船舶和物流系统
智能化控制与信息化管理，可以形成海陆联动的海上物流大通道、陆上物资与产品配送体系
和优质水产品的可追溯体系，整体提升深蓝渔业的生产效率与产品价值（李国栋等，2018a；
李国栋等，2018b）。同时，由于深蓝渔业作业地点还会受到高海况、风暴潮等海上复杂气
候的影响，利用渔业船联网等信息化系统，建立深蓝渔业海洋信息感知和环境预报平台，可
以做好洋流预报、海洋生物资源探查、灾害性海况和气候预测、预报与预警，保障深蓝渔业
健康发展。

（五）海洋生物遗传资源开发是深蓝渔业长远发展的根本

海洋生物遗传资源是海洋渔业生物开发的物质基础。因此，海洋生物遗传资源开发成为

工业化养殖、可持续捕捞渔业、高值化水产品加工等深蓝渔业发展的前提。随着基因组学以及高通量测序技术突飞猛进的发展，不断增长的基因组学数据为进一步理解生命演化过程中的重大问题提供有力支持。在海洋渔业生物基因组方面，开展了大规模分子标记筛查、高精细遗传图谱构建、数量性状遗传解析和功能基因调控网络等研究，完成了50余种重要海洋渔业生物的基因组测序，支撑海洋渔业种业创新发展。但是迄今为止，对海洋生物遗传资源的信息知之甚少。在深远海方面，解析了深海贻贝、狮子鱼的基因组，阐明了其深海极端环境的适应机制。在极地方面，完成了南极抗冻鱼、南极银鱼等基因组研究，揭示了其对南极极寒环境的适应机制。总体而言，海洋生物遗传资源的开发相对匮乏，中国在海洋生物领域原始创新和突破能力不足，尤其是对深蓝渔业生物基础性科学问题和重大理论突破的关注度不够，相关研究成果对产业的技术支撑能力明显薄弱。因此，亟须聚焦深远海、极地、岛礁等深蓝区域，通过解码海洋生物基因组，阐明海洋生物的遗传特性及环境适应机制。并在此基础上，开发出具有养殖潜力的深蓝渔业新品种，研制深蓝生物产品，以支撑我国深蓝渔业的快速发展。

参 考 文 献

陈森，赵宪勇，左涛，等，2013. 南极磷虾渔业监管体系浅析 [J]. 中国渔业经济，31 (3)：75-83.

崔利锋，2016. 在青岛海洋科学与技术国家实验室2016年学术年会上的讲话 [EB/OL]. (2016-12-15)
　　[2018-06-04]. http://www.qnlm.ac/subject/y2016/s1/3.

冈特·鲍利，2012. 蓝色经济 [M]. 程一恒译. 上海：复旦大学出版社.

冈特·鲍利，2017. 蓝色经济2.0：给罗马俱乐部的最新报告 [M]. 薛林，扈喜林译. 上海：学林出版社.

何广顺，周秋麟，2013. 蓝色经济的定义和内涵 [J]. 海洋经济 (4)：9-18.

李大海，韩立民，2013. 蓝色增长：欧盟发展蓝色经济的新蓝图 [J]. 未来与发展 (7)：33-37.

李国栋，陈军，汤涛林，等，2018. 渔业船联网应用场景及需求分析研究 [J]. 渔业现代化 (3)：41-48.

李国栋，陈军，汤涛林，等，2018. 渔业船联网关键技术发展现状和趋势研究 [J]. 渔业现代化 (4)：
　　49-58.

联合国粮食及农业组织，2016. 2016年世界渔业和水产养殖状况：为全面实现粮食和营养安全做贡献 [R].
　　罗马：联合国粮食及农业组织.

联合国粮食及农业组织，2018. 2018年世界渔业和水产养殖状况：实现可持续发展目标 [R]. 罗马：联合
　　国粮食及农业组织.

林香红，周通，2013. 太平洋小海岛国家的蓝色经济 [J]. 海洋经济 (4)：62-79.

刘晃，徐皓，徐琰斐，2018. 深蓝渔业的内涵与特征 [J]. 渔业现代化 (5)：1-6.

刘英杰，2018. 中国淡水生物产业科技创新发展战略 [M]. 北京：科学出版社.

吕华当，2012. 深蓝广东，扬帆起航 [J]. 海洋与渔业 (2)：48-50.

农业农村部渔业渔政管理局，全国水产技术推广总站，中国水产学会，2019. 2019中国渔业统计年鉴 [M].
　　北京：中国农业出版社.

水科，2016. 深蓝渔业科技创新联盟成立 [N]. 中国渔业报，2016-07-25 (2).

谈俊晓，赵永强，李来好，等，2017. 南极磷虾综合利用研究进展 [J]. 广东农业科学 (3)：143-150.

唐启升，2017a. 水产养殖绿色发展咨询研究报告 [M]. 北京：海洋出版社.

唐启升，2017b. 环境友好型水产养殖发展战略：新思路、新任务、新途径 [M]. 北京：科学出版社.

王进，2017. 深远海渔业养殖前景广，渔业装备企业迎"利好"？[N]. 中国船舶报，2017-06-28 (2).

王晶，2016. 产学研"组团"向深远海要"蛋白质"［N］. 中国海洋报，2016－07－19（1）.

王娉，2016. 组建深蓝渔业工程装备技术联合实验室［N］. 青岛日报，2016－07－30（1）.

徐荣先，2012. 加快发展蓝色经济的战略性思考［J］. 中国集体经济（4）：50－51.

赵鹏，赵锐，2013. 蓝色经济理念在全球的发展［J］. 海洋经济（4）：1－8.

中国养殖业可持续发展战略研究项目组，2013. 中国养殖业可持续发展战略研究：中国工程院重大咨询项目（水产养殖卷）［M］. 北京：中国农业出版社.

周春华，阚卫华，2012. 国外蓝色经济发展模式及其对青岛的启示［J］. 青岛行政学院学报（4）：35－38.

周秋麟，2013. 欧盟蓝色经济发展现状和趋势［J］. 海洋经济（4）：19－31.

自然资源部海洋战略规划与经济司，2019. 2018 年中国海洋经济统计公报［R］. 北京：自然资源部.

The World Bank，2013. Fish to 2030：Prospects for fisheries and aquaculture［R］. Washington DC：The World Bank.

第三章　基于文献计量的研究态势分析

第一节　研究数据与方法

一、数据来源

文献计量分析主要通过 Web of Science™核心合集数据库，以及维普数据库进行分析。其中，Web of Science™核心合集数据库是全球获取学术信息的重要数据库，收录了各个学科领域中最具权威性和影响力的学术期刊、会议论文集以及学术著作（Xing et al.，2018）。维普数据库是我国三大学术期刊数据库之一，该数据库收录的期刊具有版权明确、信息出处正规、内容可靠的特点，可以作为学术研究的依据。前者收录的研究论文作为 SCI 论文数据源，后者收录的研究论文作为国内研究论文数据源，分别以海水养殖、海洋捕捞和水产品加工作为相关主题，并结合学科方向等对 2000—2019 年的科技文献进行检索分析。

二、数据检索

（一）海水养殖领域

在 Web of Science™核心合集数据库的检索式为：TS＝marine culture or TS＝marine aquaculture or TS＝seawater culture or TS＝seawater aquaculture or TS＝ seawater ponds or TS＝industrial culture or TS＝recirculating aquaculture system or TS＝shoaly culturing or TS＝beach culturing or TS＝raft culture or TS＝cage culture or TS＝offshore aquaculture or TS＝deep sea aquaculture or TS＝aquaculture platform or TS＝salmon aquaculture or TS＝singmon aquaculture or TS＝oncorhynchus aquaculture or TS＝tuna aquaculture or TS＝thunnus aquaculture or TS＝thunnus obesus aquaculture or TS＝thunnus alalunga aquaculture or TS＝katsuwonus pelamis aquaculture or TS＝thunnus thynnus aquaculture or TS＝thunnus maccoyii aquaculture，共检索到 25 692 篇；在维普数据库的检索式为：U＝海水养殖 or U＝海水池塘 or U＝工厂化养殖 or U＝滩涂养殖 or U＝筏式养殖 or U＝网箱养殖 or U＝近岸养殖 or U＝离岸养殖 or U＝深远海养殖 or U＝大型养殖平台 or U＝大西洋鲑养殖 or U＝金枪鱼养殖，共检索到 6 880 篇。

（二）海洋捕捞领域

在 Web of Science™核心合集数据库的检索式为：TS＝marine fishing or TS＝marine fishery resources or TS＝fisheries information or TS＝offshore fishing or TS＝high seas fishing or TS＝polar fishery or TS＝ responsible fishing or TS＝antarctic krill fishing or TS＝euphausia superba fishing or TS＝tuna fishing or TS＝thunnus fishing or TS＝thunnus obesus fishing or TS＝thunnus alalunga fishing or TS＝katsuwonus pelamis fishing or TS＝thunnus thynnus fishing or TS＝thunnus maccoyii fishing or TS＝ocean ranch or TS＝artifi-

cial reef or TS＝artificial algae field，共检索到 43 860 篇；在维普数据库的检索式为：U＝
海洋捕捞 or U＝海洋渔业资源 or U＝渔场信息 or U＝近海捕捞 or U＝公海捕捞 or U＝极
地渔业 or U＝负责任捕捞 or U＝南极磷虾捕捞 or U＝金枪鱼捕捞 or U＝海洋牧场 or U＝
人工鱼礁 or U＝人工藻场，共检索到 2 298 篇。

（三）水产品加工领域

在 Web of Science™ 核心合集数据库的检索式为：TS＝aquatic products processing or
TS＝aquatic products onboard processing or TS＝antarctic krill processing or TS＝euphausia
superba processing or TS＝salmon processing or TS＝singmon processing or TS＝oncorhyn-
chus processing or TS＝tuna processing or TS＝thunnus processing or TS＝thunnus obesus
processing or TS＝thunnus alalunga processing or TS＝katsuwonus pelamis processing or
TS＝thunnus thynnus processing or TS＝thunnus maccoyii processing or TS＝salmon pro-
cessing or TS＝singmon processing or TS＝oncorhynchus processing or TS＝tuna processing
or TS＝ fishmeal processing，共检索到 6 424 篇；在维普数据库的检索式为：U＝水产品加
工 or U＝船载加工 or U＝南极磷虾加工 or U＝金枪鱼加工 or U＝三文鱼加工 or U＝鱼粉
加工，共检索到 10 970 篇。

三、分析工具和方法

本研究主要采用了文献调研法、文献计量法等方法。文献调研法：开展海水养殖、海洋
捕捞和水产品加工领域论文调研，了解海水养殖、海洋捕捞和水产品加工领域的相关研究内
容。文献计量法：是情报学与数学、统计学等交叉结合而产生的学科（Fan et al.，2014；
Hannes et al.，2015）。其通过已有研究文献的区域分布、数量关系等，探讨科学技术发展
的特征、规律与趋势（钟赛香等，2014；Anton et al.，2006）。文献计量学已经成为探讨学
科发展、学科研究热点、作者贡献度的重要工具（许海云等，2014）。

第二节　海水养殖领域研究态势分析

一、国际研究态势分析

（一）论文产出

2010—2019 年 Web of Science™ 核心合集数据库涉及海水养殖研究的 SCI 论文发文量共
计 25 692 篇，海水养殖 SCI 论文年度数量变化趋势如图 3-1 所示，可以看出该领域的 SCI
论文发文量主要分为 2 个阶段。第一阶段（2010—2015 年），论文发表数量逐渐增长，2010
年发表论文的数量为 1 874 篇，2015 年发表论文已超过 2 500 篇，为 2 552 篇，比 2010 年增
加了 678 篇。第二阶段（2016—2019 年），论文发表数量快速增长，2016 年已达到 2 833
篇，至 2019 年达到 3 372 篇，比 2010 年多了 1 498 篇，提高了 79.94%。综合来看，近年来
国际海水养殖研究呈逐渐上升的趋势。

（二）热点学科分布

海水养殖领域 SCI 论文排名前十位的学科分布及其发文量如图 3-2 所示。可以看到海
水养殖领域最主要的学科为海洋和淡水生物学（Marine freshwater biology），发文量高达

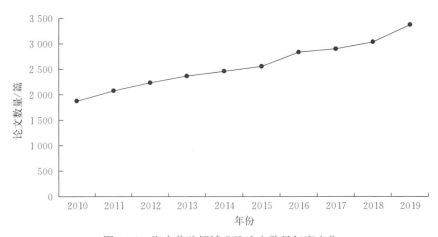

图 3-1　海水养殖领域 SCI 论文数量年度变化

5 433 篇，占总发文量的 21.15%。排名第二的热点学科为渔业（Fisheries），发文量为 4 830 篇，占总发文量的 18.80%，与排名第三位的生物技术应用微生物学（Biotechnology applied microbiology，4 565 篇，占比为 17.77%）相差不大。排名第四和第五的热点学科分别为环境科学与生态学（Environmental sciences ecology，3 740 篇，占比为 14.56%）和微生物学（Microbiology，2 778 篇，占比为 10.81%）。余下热点学科的发文量均小于 2 000 篇。

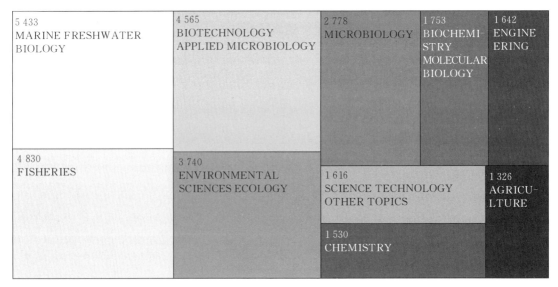

图 3-2　海水养殖领域热点学科

（三）国家竞争态势

中、美两国的海水养殖 SCI 论文数量在国际上遥遥领先。从海水养殖 SCI 论文的国家分布（图 3-3）来看，2010—2019 年，发表 SCI 论文数量最多的前 10 个国家依次是美国、中国、西班牙、德国、日本、法国、澳大利亚、加拿大、印度和挪威，这 10 个国家的论文数量合计 20 127 篇，约占全球海水养殖 SCI 论文总量的 78.34%。在这 10 个领先国家中，美国和中国的论文数量最多，分别位列第一和第二位，均超过了 4 000 篇，其中美国 4 667 篇，中国 4 150 篇，遥遥领先于其他国家。

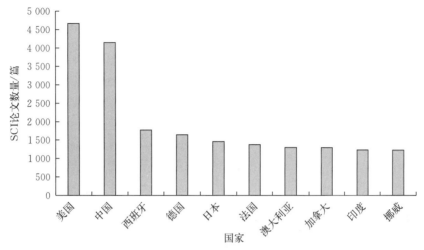

图 3-3 海水养殖领域 SCI 论文数量最多的前 10 个国家

（四）机构竞争态势

从发表海水养殖 SCI 论文的研究机构分布（图 3-4）来看，2010—2019 年，发表 SCI 论文数量最多的前 10 个机构依次是中国科学院、法国国家科研中心、加利福尼亚大学（美国）、德国亥姆霍兹国家研究中心联合会、中国科学院大学、西班牙高等科学研究理事会、中国海洋大学、中国水产科学研究院、法国海洋开发研究院、挪威海洋研究所。其中，中国的机构占 4 个，包括中国科学院、中国科学院大学、中国海洋大学和中国水产科学研究院。10 个机构中，中国科学院发表论文数量最多，为 1 303 篇，其次是法国国家科研中心，为 750 篇，排名第三的加利福尼亚大学为 542 篇。其余机构介于 290～450 篇。

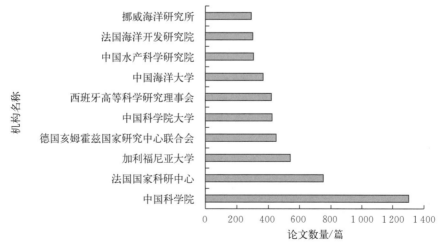

图 3-4 海水养殖领域 SCI 发文主要机构

（五）来源期刊分析

海水养殖 SCI 论文收录排名前十的来源期刊排名如表 3-1 所示。其中，SCI 论文数量排名第一的期刊为 *Aquaculture*，发文量为 1 270 篇，是唯一超过 1 000 篇的期刊。其次为 *PLOS ONE*，发文量为 628 篇，比 *Aquaculture* 少 642 篇。*Aquaculture Research* 收录的有关海水养殖的 SCI 论文也较多，为 526 篇。其他发文量均低于 400 篇，介于 234～392 篇，分别为 *Journal of Applied Phycology*（392 篇）、*Fish Shellfish Immunology*（348 篇）、*Frontiers in Microbiology*（345 篇）、*Marine Drugs*（300 篇）、*Bioresource Technology*（280 篇）、*Applied and Environmental Microbiology*（268 篇）和 *Aquaculture International*（234 篇）。

表 3-1 海水养殖领域重点来源期刊

序号	期刊名称	发文量（篇）
1	*Aquaculture*	1 270
2	PLOS ONE	628
3	*Aquaculture Research*	526
4	*Journal of Applied Phycology*	392
5	*Fish Shellfish Immunology*	348
6	*Frontiers in Microbiology*	345
7	*Marine Drugs*	300
8	*Bioresource Technology*	280
9	*Applied and Environmental Microbiology*	268
10	*Aquaculture International*	234

二、国内研究态势分析

（一）论文产出

海水养殖论文数量年度变化趋势较平稳，整体呈缓慢下降趋势。2010—2019 年中国海水养殖研究发文量共计 6 880 篇。如图 3-5 所示，可以看出海水养殖论文年度数量变化主要

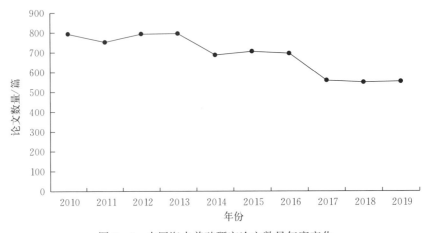

图 3-5 中国海水养殖研究论文数量年度变化

分为 3 个阶段。第一阶段（2010—2013 年），论文发表数量最多，均在 750 篇以上，2011 年发表论文的数量为 752 篇，2013 年发表论文达到 795 篇；第二阶段（2014—2016 年），论文发表数量在 700 篇左右，缓慢下降；第三阶段（2017—2019 年），论文数量下降至 550 篇左右，平均比第一阶段少 200 篇。综合来看，近年来中国海水养殖研究规模的发展有所下降。

（二）热点研究主题

本研究对在维普数据库中检索得到的海水养殖相关文献的关键词进行梳理和统计，进而把握国内海水养殖的研究态势。中国海水养殖领域研究热点排名前十位的关键词及其发文量如表 3-2 所示。可以看到中国海水养殖领域最主要的研究热点为养殖，发文量高达 4 572 篇，是排名第十位鱼类发文量的近 10 倍。排名第二的研究热点为网箱，发文量为 1 803 篇，与排名第三位的网箱养殖（1 455 篇）相差不大。

表 3-2　中国海水养殖领域研究热点关键词

序号	关键词	发文量（篇）
1	养殖	4 572
2	网箱	1 803
3	网箱养殖	1 455
4	海水养殖	1 104
5	工厂化	801
6	养殖技术	710
7	水产	694
8	工厂化养殖	593
9	池塘	510
10	鱼类	459

（三）学科分布

从研究热点涉及的学科分布来看，中国海水养殖领域在国内发表的论文涉及学科较多，分布广泛，其中排名前十位的学科分布如表 3-3 所示。可以看出，研究热点学科以农业科学和生物学相关学科为主。其中农业科学发文量最多，为 5 174 篇，显著高于其他学科；其次为生物学，发文量为 551 篇；经济管理发文量位列第三，发文量为 501 篇。

表 3-3　中国海水养殖领域研究热点学科

序号	关键词	发文量（篇）
1	农业科学	5 174
2	生物学	551
3	经济管理	501
4	环境科学与工程	388

(续)

序号	关键词	发文量（篇）
5	天文地球	136
6	轻工技术与工程	83
7	自动化与计算机技术	53
8	理学	53
9	科学与技术	41
10	医药卫生	31

（四）机构竞争态势

对中国海水养殖论文主要的发文机构进行统计，获得了如图3-6所示的研究机构分布图，主要为海洋类大学和水产类的研究所。其中，中国海洋大学的发文量最多，为906篇；其次为大连海洋大学，发文量为584篇；上海海洋大学排名第三，发文量为277篇。水产类研究所中，中国水产科学研究院黄海水产研究所的发文量最多，为254篇。

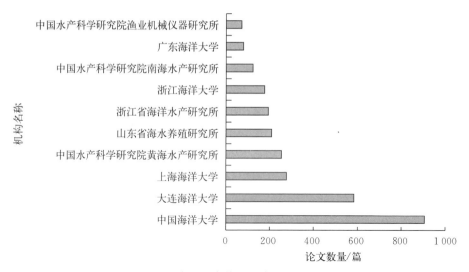

图3-6　中国海水养殖领域发文主要机构

（五）来源期刊分析

中国海水养殖论文收录排名前十的来源期刊排名如表3-4所示。可以看出，水产类期刊为我国海水养殖研究发表的主要期刊。其中，排名第一的期刊为《科学养鱼》，发文量为519篇，是唯一超过500篇的期刊。其次为《齐鲁渔业》，发文量为357篇。《中国水产》有关海水养殖的发文量也较多，为281篇。其他发文量超过200篇的期刊分别为《渔业致富指南》（281篇）、《河北渔业》（275篇）、《中国海洋大学学报》（自然科学版）（246篇）和《水产养殖》（222篇）。

表 3-4　中国海水养殖领域重点来源期刊

序号	期刊名称	发文量（篇）
1	科学养鱼	519
2	齐鲁渔业	357
3	中国水产	281
4	渔业致富指南	281
5	河北渔业	275
6	中国海洋大学学报（自然科学版）	246
7	水产养殖	222
8	大连海洋大学学报	197
9	海洋与渔业	172
10	水产学报	170

三、小结

以 Web of Science™核心合集数据库和维普数据库中 2010—2019 年发表的海水养殖领域文献为基础数据源，借助文献计量分析方法对搜集文献进行数据挖掘与分析，试图把握国内外当前海水养殖研究的前沿领域和研究重点。结果表明：

目前，国际海水养殖领域 SCI 发文量呈逐渐上升的趋势，2019 年比 2010 年多了 1 498 篇，提高了 79.94%。最主要的学科为海洋和淡水生物学（Marine freshwater biology）、渔业（Fisheries）和生物技术应用微生物学（Biotechnology applied microbiology）。此外，中、美两国的海水养殖 SCI 论文数量在国际上遥遥领先。SCI 发文量领先的 10 个机构中，中国科学院发表的海水养殖领域的论文数量显著高于其他机构。SCI 论文数量排名第一的来源期刊为 *Aquaculture*。

国内海水养殖领域近年来的发文量呈现下降的趋势。中国海水养殖领域最主要的研究热点为养殖。中国海水养殖领域在国内发表的论文涉及学科较多，以农业科学和生物学相关学科为主，其中农业科学遥遥领先。主要的发文机构为海洋类大学和水产类的研究所，其中，中国海洋大学和大连海洋大学的发文量显著高于其他机构。我国海水养殖研究国内发表的主要期刊为《科学养鱼》，其次为《齐鲁渔业》。

基于以上研究结论，本研究认为我国在海水养殖领域 SCI 论文的产出量上占很大优势，发文量最多的机构为我国的中国科学院，但我国在国内有关海水养殖领域的发文量呈下降的趋势，这也提示我国在发表 SCI 论文的同时，加强在国内海水养殖领域相关期刊的发文量，重视国内高质量期刊的发表。

第三节　海洋捕捞领域研究态势分析

一、国际研究态势分析

（一）论文产出

2010—2019 年 Web of Science™核心合集数据库涉及海洋捕捞研究的 SCI 论文发文量共

计 43 860 篇，海洋捕捞领域 SCI 论文年度数量变化趋势如图 3-7 所示，可以看出该领域的 SCI 论文发文量呈逐年增加趋势。从 2010 年的 3 412 篇增加到 2019 年的 5 360 篇，增加了 57.09%。反映出近年来海洋捕捞研究规模在不断扩大，处于研究的上升期，越来越受到关注。

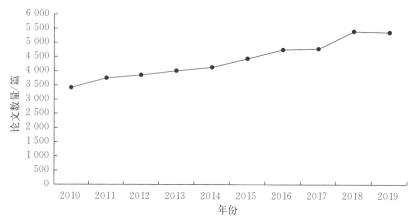

图 3-7　海洋捕捞领域 SCI 论文数量年度变化

（二）热点学科分布

海洋捕捞领域 SCI 论文排名前十位的学科分布及其发文量如图 3-8 所示，可以看到海洋捕捞领域最主要的学科为海洋和淡水生物学（Marine freshwater biology），发文量高达 14 136 篇。排名第二的热点研究方向为环境科学与生态学（Environmental sciences ecology），发文量为 12 345 篇。渔业（Fisheries）SCI 发文量位列第三，发文量为 10 387 篇。排名第四和第五的热点学科分别为海洋学（Oceanography，6 082 篇）和科学技术及相关主题（Science technology other topics，3 163 篇）。余下热点学科的发文量介于 1 494～2 063 篇。

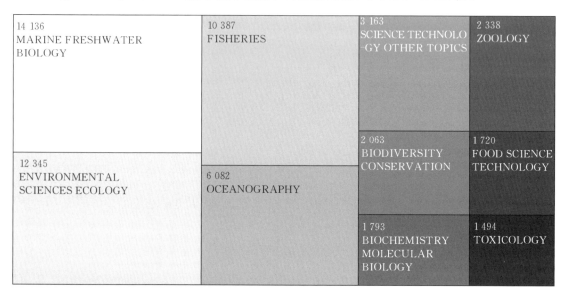

图 3-8　海洋捕捞领域热点学科

（三）国家竞争态势

美国的海洋捕捞 SCI 论文数量在国际上遥遥领先。从海洋捕捞 SCI 论文的国家分布（图 3-9）来看，2010—2019 年，发表 SCI 论文数量排名前十位的国家依次是美国、澳大利亚、中国、西班牙、加拿大、法国、英国、意大利、日本和挪威，这 10 个国家的论文数量合计 38 724 篇，约占全球海洋捕捞 SCI 论文总量的 88.29%。

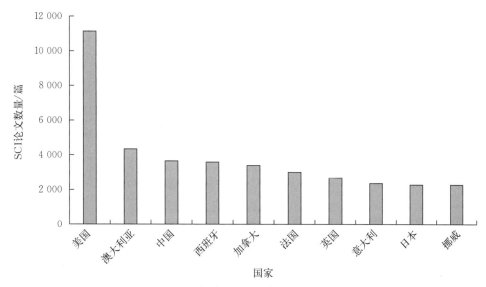

图 3-9　海洋捕捞领域 SCI 论文数量最多的前 10 个国家

（四）机构竞争态势

从发表海洋捕捞 SCI 论文的研究机构分布（图 3-10）来看，2010—2019 年，发表 SCI

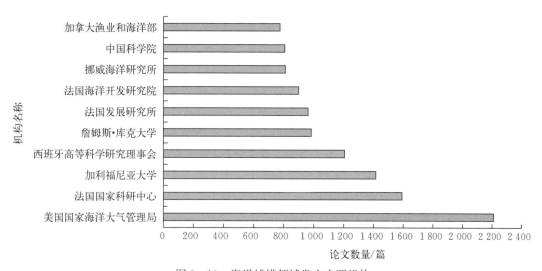

图 3-10　海洋捕捞领域发文主要机构

论文数量最多的前 10 个机构依次是美国国家海洋大气管理局、法国国家科研中心、加利福尼亚大学（美国）、西班牙高等科学研究理事会、詹姆斯•库克大学（澳大利亚）、法国发展研究所、法国海洋开发研究院、挪威海洋研究所、中国科学院和加拿大渔业和海洋部。其中，美国的机构 2 个，为美国国家海洋大气管理局和加利福尼亚大学；法国的机构 3 个，为法国国家科研中心、法国发展研究所和法国海洋开发研究院；中国仅 1 个，为中国科学院。10 个机构中，美国国家海洋大气管理局发表论文数量最多，为 2 210 篇，其次是法国国家科研中心，为 1 592 篇，排名第三的加利福尼亚大学为 1 414 篇。其余机构介于 290～450 篇。

（五）来源期刊分析

海洋捕捞 SCI 论文收录排名前十的来源期刊排名如表 3-5 所示。其中，SCI 论文数量排名第一的期刊为 *PLOS ONE*，发文量为 1 643 篇，是唯一超过 1 500 篇的期刊。其次为 *Marine Ecology Progress Series*，发文量为 1 262 篇，比 *PLOS ONE* 少 381 篇。*Fisheries Research* 和 *Aquaculture* 收录的有关海洋捕捞的 SCI 论文也较多，分别为 1 067 篇和 1 058 篇。其他发文量均低于 1 000 篇，介于 450～973 篇，分别为 *Ices Journal of Marine Science*（973 篇）、*Marine Pollution Bulletin*（765 篇）、*Journal of Fish Biology*（548 篇）、*Aquaculture Research*（483 篇）、*Ocean Coastal Management*（454 篇）和 *Canadian Journal of Fisheries and Aquatic Sciences*（450 篇）。

表 3-5　海洋捕捞领域重点来源期刊

序号	期刊名称	发文量（篇）
1	*PLOS ONE*	1 643
2	*Marine Ecology Progress Series*	1 262
3	*Fisheries Research*	1 067
4	*Aquaculture*	1 058
5	*Ices Journal of Marine Science*	973
6	*Marine Pollution Bulletin*	765
7	*Journal of Fish Biology*	548
8	*Aquaculture Research*	483
9	*Ocean Coastal Management*	454
10	*Canadian Journal of Fisheries and Aquatic Sciences*	450

二、国内研究态势分析

（一）论文产出

海洋捕捞论文数量年度变化趋势较平缓。2010—2019 年中国海洋捕捞研究发文量共计 2 298 篇。如图 3-11 所示，可以看出海洋捕捞论文年度数量变化主要分为 3 个阶段。第一阶段（2010—2011 年），论文发表数量开始升高，2010 年发表论文的数量为 244 篇，2011 年发表论文达到 272 篇。第二阶段（2012—2014 年），逐渐下降阶段，论文发表数量均在

200 篇以下，2014 年达到最低值，发文量仅为 172 篇。第三阶段（2015—2019 年），逐渐升高及平稳阶段，论文数量均在 200 篇以上，且 2016—2018 年基本保持一致，仅 2019 年发表量有所下降。综合来看，近年来中国海洋捕捞研究一直在比较平稳的发展。

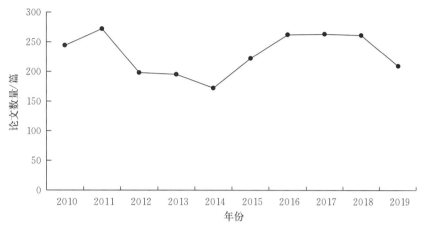

图 3-11　中国海洋捕捞研究论文数量年度变化

（二）热点研究主题

中国海洋捕捞领域研究热点排名前十位的关键词及其发文量如表 3-6 所示。可以看到中国海水养殖领域最主要的研究热点为渔业、捕捞和鱼礁等，发文量分别为 671 篇、540 篇和 420 篇。排名第四的研究热点为人工鱼礁，发文量为 415 篇，与排名第三位的鱼礁发文量相差不大。此外，海洋捕捞（372 篇）、渔业资源（361 篇）、海洋渔业（356 篇）等发文量均高于 300 篇，也是近几年的研究热点领域。

表 3-6　中国海洋捕捞领域研究热点关键词

序号	关键词	发文量（篇）
1	渔业	671
2	捕捞	540
3	鱼礁	420
4	人工鱼礁	415
5	海洋捕捞	372
6	渔业资源	361
7	海洋渔业	356
8	海洋渔业资源	263
9	养殖	195
10	水产	156

（三）学科分布

从研究热点涉及的学科分布来看，中国海洋捕捞领域在国内发表的论文涉及学科较多，分布广泛，其中排名前十位的学科分布如表 3-7 所示。可以看出，研究热点学科以农业科学为主，发文量为 1 288 篇，显著高于其他学科；其次为经济管理，发文量为 315 篇；生物学发文量位列第三，为 208 篇。

表 3-7　中国海洋捕捞领域研究热点学科

序号	关键词	发文量（篇）
1	农业科学	1 288
2	经济管理	315
3	生物学	208
4	环境科学与工程	160
5	天文地球	115
6	轻工技术与工程	63
7	政治法律	61
8	理学	58
9	交通运输工程	40
10	自动化与计算机技术	22

（四）机构竞争态势

对中国海洋捕捞论文主要的发文机构进行统计，获得了如图 3-12 所示的研究机构分布图，主要为海洋类大学和水产类的研究所。其中，中国水产科学研究院黄海水产研究所的发文量最多，为 349 篇；其次为上海海洋大学，发文量为 344 篇；浙江省海洋水产研究所排名第三，发文量为 251 篇。水产类研究所中，其他发文量超过 100 篇的机构分别为中国海洋大学（191 篇）和中国水产科学研究院东海水产研究所（164 篇）。

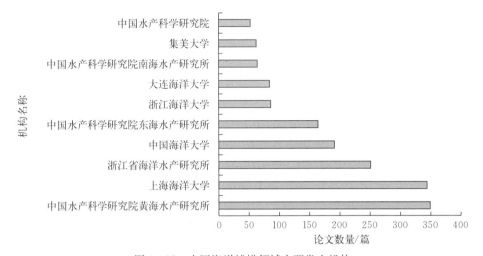

图 3-12　中国海洋捕捞领域主要发文机构

（五）来源期刊分析

中国海洋捕捞论文收录排名前十的来源期刊排名如表 3-8 所示。可以看出，水产类期刊为我国海洋捕捞研究论文发表的主要期刊。其中，排名第一的期刊为《渔业科学进展》，发文量为 108 篇。其次为《齐鲁渔业》，发文量为 105 篇。《中国水产》有关海洋捕捞的发文量也较多，为 81 篇。其他发文量超过 60 篇的期刊分别为《水产学报》（79 篇）、《渔业信息与战略》（72 篇）、《中国水产科学》（64 篇）。

表 3-8　中国海洋捕捞领域重点来源期刊

序号	期刊名称	发文量（篇）
1	渔业科学进展	108
2	齐鲁渔业	105
3	中国水产	81
4	水产学报	79
5	渔业信息与战略	72
6	中国水产科学	64
7	海洋与渔业	58
8	河北渔业	56
9	浙江海洋大学学报（自然科学版）	49
10	中国渔业经济	43

三、小结

以 Web of Science™核心合集数据库和维普数据库中 2010—2019 年发表的海洋捕捞领域文献为基础数据源，借助文献计量分析方法对搜集的文献进行数据挖掘与分析，试图把握国内外当前海洋捕捞研究的前沿领域和研究重点。结果表明：

目前，国际海洋捕捞领域 SCI 发文量呈逐渐上升的趋势，2019 年比 2010 年多了 1 924 篇，提高了 57.09%。最主要的学科为海洋和淡水生物学（Marine freshwater biology）、环境科学与生态学（Environmental sciences ecology）和渔业（Fisheries）。此外，美国的海洋捕捞 SCI 论文数量在国际上遥遥领先。SCI 发文量领先的 10 个机构中，美国国家海洋大气管理局、法国国家科研中心、加利福尼亚大学（美国）的论文数量显著高于其他机构。SCI 论文数量排名第一的来源期刊为 *PLOS ONE*。

国内海洋捕捞领域近年来的发文量一直比较平稳。中国海洋捕捞领域最主要的研究热点为渔业、捕捞和鱼礁等。中国海洋捕捞领域在国内发表的论文涉及学科较多，其中农业科学遥遥领先。主要的发文机构为中国水产科学研究院黄海水产研究所、上海海洋大学和浙江省海洋水产研究所。我国海洋捕捞研究国内发表的主要期刊为《渔业科学进展》《齐鲁渔业》《中国水产》和《水产学报》。

基于以上研究结论，本研究认为我国在海洋捕捞领域 SCI 论文的产出上无较大优势，研究基础不强，而该领域美国走在前列，且显著高于其他国家或地区，因此我国需加强在海洋捕捞领域的基础工程前沿研究。

第四节 水产品加工领域研究态势分析

一、国际研究态势分析

(一)论文产出

2010—2019 年 Web of Science™核心合集数据库涉及水产品加工研究的 SCI 论文发文量共计 6 464 篇,水产品加工 SCI 论文年度数量变化趋势如图 3-13 所示,可以看出该领域的 SCI 论文发文量呈逐年增加趋势。从 2010 年的 488 篇增加到 2019 年的 819 篇,增加了 67.83%。反映出近年来水产品加工研究规模在不断扩大,处于研究的上升期,越来越受到关注。

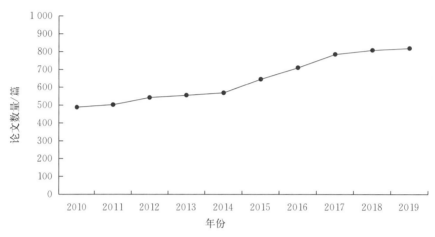

图 3-13 水产品加工研究 SCI 论文数量年度变化

(二)热点学科分布

水产品加工领域 SCI 论文排名前十位的学科分布及其发文量如图 3-14 所示。可以看到

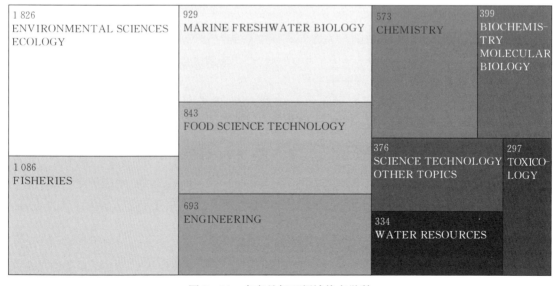

图 3-14 水产品加工领域热点学科

水产品加工领域最主要的学科为环境科学与生态学（Environmental sciences ecology），发文量高达 1 826 篇。排名第二的热点研究领域为渔业（Fisheries），发文量为 1 086 篇，与排名第三位的海洋与淡水生物学（Marine freshwater biology，929 篇）相差不大。排名第四和第五的热点研究领域分别为食品科学与技术（Food science technology，843 篇）和工程学（Engineering，693 篇）。余下学科的发文量介于 297～573 篇。

（三）国家竞争态势

美国的水产品加工 SCI 论文数量在国际上遥遥领先。从水产品加工 SCI 论文的国家分布（图 3-15）来看，2010—2019 年，发表 SCI 论文数量最多的前 10 个国家依次是美国、中国、加拿大、西班牙、挪威、德国、澳大利亚、英国、意大利和日本，这 10 个国家的论文数量合计 5 539 篇，约占全球水产品加工 SCI 论文总量的 85.69%。在这 10 个领先的国家中，美国和中国的论文数量最多，分别位列第一和第二位，其中美国 1 479 篇，中国 865 篇，显著领先于其他国家。

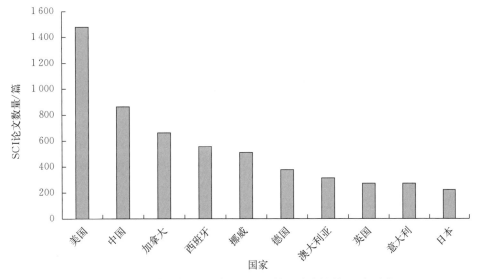

图 3-15 水产品加工领域 SCI 论文数量最多的前 10 个国家

（四）机构竞争态势

从发表水产品加工 SCI 论文的研究机构分布（图 3-16）来看，2010—2019 年，发表 SCI 论文数量最多的前 10 个机构依次是美国国家海洋大气管理局、加利福尼亚大学（美国）、法国国家科研中心、中国科学院、西班牙高等科学研究理事会、美国农业部、华盛顿大学、华盛顿大学西雅图分校、美国地质调查局、挪威生命科学大学。其中，美国的机构 6 个，包括美国国家海洋大气管理局、加利福尼亚大学（美国）、美国农业部、华盛顿大学、华盛顿大学西雅图分校、美国地质调查局。中国的机构仅 1 个，为中国科学院。10 个机构中，美国国家海洋大气管理局发表论文数量最多，为 196 篇，其次是加利福尼亚大学（美国），为 160 篇，排名第三的法国国家科研中心为 156 篇。其余机构均少于 150 篇，介于 117～141 篇。

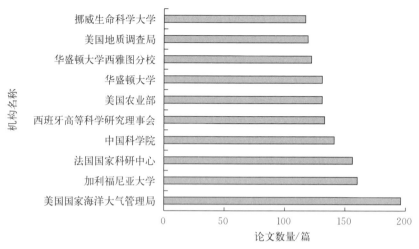

图 3-16 水产品加工领域主要发文机构

（五）来源期刊分析

水产品加工 SCI 论文收录排名前十的来源期刊排名如表 3-9 所示。其中，SCI 论文数量排名第一的期刊为 *Aquaculture*，发文量为 187 篇。其次为 *Science of The Total Environment*，发文量为 179 篇。*PLOS ONE* 收录的有关水产品加工的 SCI 论文也较多，为 158 篇。其他期刊的发文量介于 62～149 篇，分别为 *Chemosphere*（149 篇）、*Water Research*（118 篇）、*Environmental Science and Pollution Research*（101 篇）、*Aquatic Toxicology*（89 篇）、*Fish Shellfish Immunology*（88 篇）、*Canadian Journal of Fisheries and Aquatic Sciences*（65 篇）和 *Environmental Science Technology*（62 篇）。

表 3-9 水产品加工领域重点来源期刊

序号	期刊名称	发文量（篇）
1	*Aquaculture*	187
2	*Science of The Total Environment*	179
3	*PLOS ONE*	158
4	*Chemosphere*	149
5	*Water Research*	118
6	*Environmental Science and Pollution Research*	101
7	*Aquatic Toxicology*	89
8	*Fish Shellfish Immunology*	88
9	*Canadian Journal of Fisheries and Aquatic Sciences*	65
10	*Environmental Science Technology*	62

二、国内研究态势分析

(一)论文产出

水产品加工论文数量年度变化整体呈上升趋势。2010—2019 年中国水产品加工研究发文量共计 10 970 篇。如图 3-17 所示,可以看出水产品加工论文年度数量变化主要分为 3 个阶段。第一阶段(2010—2011 年),论文发表数量较少,2010 年发表论文的数量为 855 篇,2011 年发表论文达到 852 篇。第二阶段(2012—2015 年),快速上升阶段,论文发表数量均在 1 000 篇以上,2015 年达到最高值,发文量高达 1 269 篇,比 2010 年多 414 篇。第三阶段(2016—2019 年),平缓发展阶段,论文数量均在 1 100 篇以上,2019 年发表量最低,为 1 124 篇,但仍比 2010 年多 269 篇。

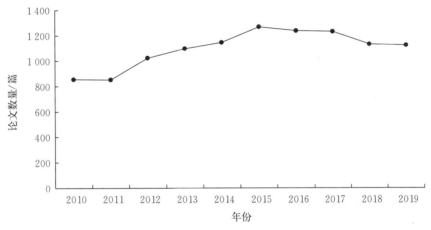

图 3-17 中国水产品加工研究论文数量年度变化

(二)热点研究主题

中国水产品加工领域研究热点排名前十位的关键词及其发文量如表 3-10 所示。可以看出,中国水产品加工领域最主要的研究热点关键词为水产,发文量高达 1 569 篇,比排名第十位龙虾的发文量多 1 179 篇。排名第二的研究热点为水产品,发文量为 1 421 篇。排名第三位的热点关键词为蛋白,发文量为 621 篇。此外,食品(577 篇)、酶解(546 篇)等发文量均高于 500 篇,也是近几年的研究热点领域。

表 3-10 中国水产品加工领域研究热点关键词

序号	关键词	发文量(篇)
1	水产	1 569
2	水产品	1 421
3	蛋白	621
4	食品	577
5	酶解	546

（续）

序号	关键词	发文量（篇）
6	水产品加工	512
7	活性	407
8	保鲜	407
9	色谱	397
10	龙虾	390

（三）学科分布

从研究热点涉及的学科分布来看，中国水产品加工领域在国内发表的论文涉及学科较多，分布广泛，其中排名前十位的学科分布如表3-11所示。可以看出，研究热点学科以轻工技术与工程为主，发文量为9 615篇，显著高于其他学科，是排名第十的一般工业技术的343倍多。排名第二的热点学科为农业科学，发文量为832篇；其他发文量超过200篇的分别为生物学（245篇）、经济管理（226篇）和理学（210篇）。

表3-11 中国水产品加工领域研究热点学科

序号	关键词	发文量（篇）
1	轻工技术与工程	9 615
2	农业科学	832
3	生物学	245
4	经济管理	226
5	理学	210
6	医药卫生	125
7	化学工程	90
8	环境科学与工程	71
9	文化科学	56
10	一般工业技术	28

（四）机构竞争态势

对中国水产品加工论文主要的发文机构进行统计，获得了如图3-18所示的研究机构分布图，可以看出上海海洋大学发文量最多，为1 270篇，显著高于其他机构；其次为广东海洋大学，发文量为650篇；中国水产科学研究院南海水产研究所排名第三，发文量为499篇。其他发文量超过300篇的机构分别为渤海大学（357篇）和中国海洋大学（345篇）。

（五）来源期刊分析

中国水产品加工论文收录排名前十的来源期刊排名如表3-12所示。可以看出，食品加工类期刊为我国水产品加工研究论文发表的主要期刊。其中，排名第一的期刊为《食品工业科技》，发文量为1 422篇，是唯一超过1 000篇的期刊。其次为《食品科学》，发文量为881篇。《食品科技》有关水产品加工的发文量也较多，为438篇。其他发文量超过200篇的期

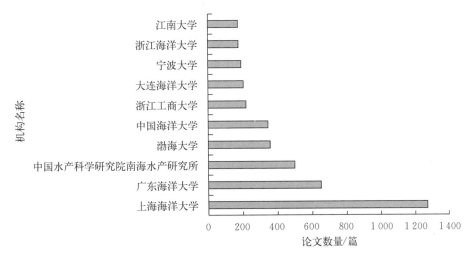

图 3-18 中国水产品加工领域主要发文机构

刊分别为《食品与发酵工业》（258 篇）、《中国食品学报》（253 篇）、《食品安全质量检测学报》（237 篇）和《现代食品科技》（221 篇）。

表 3-12 中国水产品加工领域重点来源期刊

序号	期刊名称	发文量（篇）
1	食品工业科技	1 422
2	食品科学	881
3	食品科技	438
4	食品与发酵工业	258
5	中国食品学报	253
6	食品安全质量检测学报	237
7	现代食品科技	221
8	食品研究与开发	175
9	食品工业科技	174
10	食品与机械	150

三、小结

以 Web of Science™核心合集数据库和维普数据库中 2010—2019 年发表的水产品加工领域文献为基础数据源，借助文献计量分析方法对搜集的文献进行数据挖掘与分析，试图把握国内外当前水产品加工研究的前沿领域和研究重点。结果表明：

目前，国际水产品加工领域 SCI 发文量呈逐渐上升的趋势，2019 年比 2010 年多了 819 篇，增加了 67.83％。最主要的学科为环境科学与生态学（Environmental sciences ecology）、渔业（Fisheries）和海洋与淡水生物学（Marine Freshwater Biology）。此外，美国的海洋捕捞 SCI 论文数量在国际上遥遥领先。SCI 发文量领先的 10 个机构中，美国国家海洋大气管理局、加利福尼亚大学（美国）和法国国家科研中心的论文数量显著高于其他机构。SCI 论文数量排名第一的来源期刊为 *Aquaculture*。

国内水产品加工领域近年来的发文量整体呈上升趋势。中国水产品加工领域最主要的研究热点为水产、水产品、蛋白和酶解等。中国水产品加工领域在国内发表的论文涉及学科较多，其中轻工技术与工程遥遥领先，其次为农业科学。主要的发文机构为上海海洋大学。我国水产品研究国内发表的主要期刊为《食品工业科技》《食品科学》和《食品科技》。

基于以上研究结论，本研究认为国内期刊的发文量整体呈上升的趋势，说明我国在提高SCI 论文产出的同时，开始逐渐重视国内期刊的产出。但我国在水产品加工领域 SCI 论文的产出上无较大优势，研究基础不强，而该领域美国走在前列，因此我国需加强在水产品加工领域的基础研究。

参 考 文 献

侯剑华，胡志刚，2013.CiteSpace 软件应用研究的回顾与展望［J］.现代情报，33（4）：99－103.

许海云，刘春江，雷炳旭，等，2014.学科交叉的测度、可视化研究及应用：一个情报学文献计量研究案例［J］.图书情报工作，58（12）：95－101.

钟赛香，曲波，苏香燕，等，2014.从《地理学报》看中国地理学研究的特点与趋势：基于文献计量方法［J］.地理学报，69（8）：1077－1092.

Anton J，Nederhof，2006.Bibliometric monitoring of research performance in the social sciences and the humanities：A review［J］.Scientometrics，66（1）：81－100.

Fan X M，Gao Y，Ma B，et al.，2016.Chinese academic contribution to burns：Acomprehensive bibliometrics analysis from 1985 to 2014［J］.Burns，42（7）：1463－1470.

Hannes W，Lampe，DennisHilgers，2015.Trajectories of efficiency measurement：A bibliometric analysis of DEA and SFA［J］.European Journal of operational research，240（1）：1－21.

Xing D，Zhao Y，Dong S，et al.，2018.Global research trends in stem cells for osteoarthritis：a bibliometric and visualized study［J］.International Journal of Rheumatic Diseases，21（7）：1372－1384.

第四章 基于专利情报的创新能力分析

第一节 研究方法

一、数据检索

（一）检索数据库

对某一技术领域的专利进行分析的重要因素为专利数据的可靠性（宁宝英等，2019），智慧芽专利数据库因其可操作性强、数据完整可靠，已成为较好的专利分析工具（马吉宏等，2018），该数据库包含全球109个国家与地区近1.3亿条专利数据，如基本数据库（包括中国、美国、欧洲专利局、世界知识产权局）、亚洲国家数据库（包括韩国、日本等）和增值数据库（德国、英国、法国等94国）等，并进行实时更新。大部分数据进行了深加工，部分专利数据提供标题的中英文翻译。

（二）专利检索策略

在编制检索策略前，专利检索分析师多次与相关技术人员沟通，并对海水养殖、海洋捕捞和水产品加工三大领域的文献资料、背景、发展状况、技术发展现状等情况进行调研，熟悉这些领域的技术背景和技术要点。在此基础上，综合运用关键词和国际专利分类号IPC，在智慧芽专利数据库中进行初步检索，并经过人工筛选、整理以及检全与检重处理，剔出检索噪声以及不重要或不相关的专利，得到该领域的目标专利数据，并对这些目标专利进行进一步的分析。值得一提的是，专利申请的公布有18个月的延迟期（郑怀国等，2017），因此本章节涉及的2018年和2019年的专利数据并非实际申请量，不作为主要参考。具体检索式见附录。

二、数据处理与分析

（一）数据处理

由于专利检索是通过关键词、IPC分类号等形成检索式进行检索，检索过程中容易产生较多的噪声。因此，针对不同的专利数据噪声，采取不同的方式来去噪，主要包括：利用分类号与关键词组合去掉单一检索带来的噪声；利用同部、不同类、不相关的分类号去除噪声；利用相关性比较高的关键词、申请人和发明人等组合检索方式去除噪声。

（二）数据分析

基于专利申请日是申请人寻求专利保护的日期，能够客观反映某一专利申请技术的发展规律（于丽艳等，2009），因此本次分析主要采用专利申请数据做分析。通过文献计量法对该领域专利的总体概况、专利申请趋势、专利申请人情况、技术领域分布和重点（高被引）专利进行了分析。此外，为更进一步看出海水养殖、海洋捕捞、水产品加工3个领域的竞争态势，每个领域分别选取申请量最大的机构进行具体的分析。

（三）术语说明

项：同一项发明可能在多个国家或地区提出专利申请，智慧芽数据库将这些相关申请作为一条记录收录。在进行专利申请数据统计时，对于数据库中以一族（同族）数据的形式出现的一系列专利文献，计算为"1 项"。一般情况下，专利申请的项数对应于技术的数目。

件：在进行专利统计时，例如为了分析申请人在不同国家、地区或组织所提出的专利申请的分布情况，将同族专利申请分开进行统计，所得到的结果对应于申请的件数。1 项专利申请可能对应于 1 件或多件专利申请。

国内申请：中国申请人在中国国家知识产权局提出的专利申请。中国申请：申请人在中国国家知识产权局提出的专利申请。

未确认：本报告中专利法律状态的"未确认"主要指部分较小，国家无法获取准确法律状态信息的专利。

被引频次：被引频次也称被引项数、引证次数、引证项数、被引频率等，指的是某个专利文献在首次公开之后，被后续专利文献引用的总次数。专利被引次数可以反映专利的质量，是评价专利重要性时最为常用的指标，次数越高说明该专利的技术影响力越高，一般 70% 的专利在授权后未被引用或者仅被引用 1～2 次，较少超过 5 次（万小丽，2014）。

此外，在国外专利权人翻译的时候，对不同名称的同一家专利权人进行了合并处理。

第二节　海水养殖领域专利分析

一、专利概况

本次分析共检索到海水养殖领域的专利 63 418 件。在专利类型分布方面，其中，发明专利的申请量占绝大多数，是海水养殖领域主要的专利类型，共 49 430 件，占申请总量的比例高达 77.94%；实用新型专利 13 927 件，占比为 21.96%；外观设计专利 61 件，占比为 0.10%。从法律状态看，处审中的专利 7 230 件，占比为 11.40%；有效专利 17 625 件，占比为 27.79%；失效专利 34 554 件，占比为 54.48%；未确认的为 4 016 件，占比为 6.33%，可以看出全球海水养殖领域失效的专利较多。此外，中国是专利申请量最多的国家，共有专利 30 114 件，占比为 47.48%；其次分别为日本（12 177 件）、韩国（4 695 件）及美国（3 464件），占比分别为 19.20%、7.40%、5.46%。全球海水养殖相关专利持有的地域分布情况如图 4 - 1 所示。

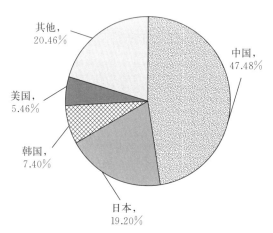

图 4 - 1　海水养殖相关专利申请量地域分布

二、专利申请趋势分析

(一) 全球专利申请趋势分析

图 4-2 所示为海水养殖领域专利的全球申请量趋势。从专利申请量增长趋势来看,大致分为 4 个阶段:(1) 技术萌芽阶段 (1921—1969 年),该时期海水养殖技术处于萌芽期,专利申请量很少,1960 年以前年专利申请量低于 10 件,且直到 1969 年的年申请量仍未突破 100 件,其中美国的专利申请量占主要部分,该阶段专利保护总体上处于起步阶段。(2) 缓慢增长阶段 (1970—1987 年),这一时期全球海水养殖处于缓慢增长阶段,1970 年专利申请量首次超过 100 件,且该时期的专利申请量均在 500 件以内。(3) 快速增长阶段 (1988—2007 年),该时期的专利申请量呈现快速增长的趋势,年专利申请量在 600~1 300 件,2007 年达到 1 263 件。(4) 高速增长阶段 (2008 年至今),该时期专利申请量整体增长迅猛,高速增长,占全球申请总量的比例高达 61.42%,且 2015 年比 2010 年翻了一番,2017 年专利申请量已突破 5 000 件。

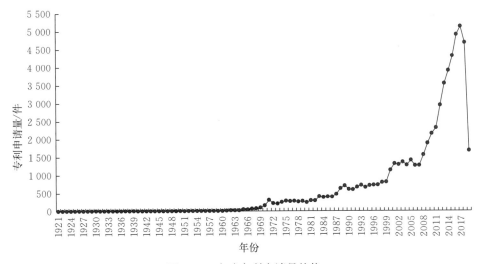

图 4-2 全球专利申请量趋势

(二) 中国专利申请趋势分析

从中国专利申请量趋势线上反映的总体态势可以看出 (图 4-3),大致分为 3 个阶段。(1) 技术萌芽阶段 (1985—1999 年),该时期中国海水养殖技术发展较慢,处于萌芽期,专利申请量很少,1985 年的专利申请量最少,仅 8 件,且直到 1999 年的年申请量仍未突破 100 件,该阶段专利保护总体上处于起步阶段。(2) 缓慢增长阶段 (2000—2007 年),这一时期中国海水养殖领域的专利申请量缓慢增长,2000 年专利申请量首次超过 100 件,但该时期的年专利申请量仍未超过 500 件。(3) 高速增长阶段 (2008 年至今),中国从 2008 年开始,海水养殖技术开始有所发展,专利申请量整体增长迅猛,该时期中国专利申请量增长的趋势和全球专利申请量增长的趋势曲线形状相似,说明该时期中国在全球海水养殖方面的技术创新贡献较大。

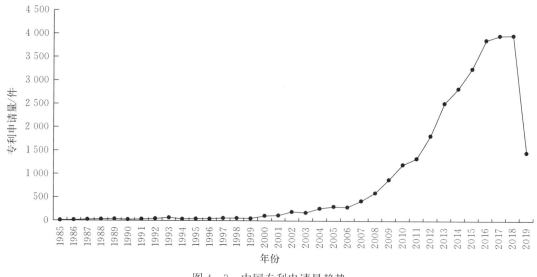

图 4 - 3　中国专利申请量趋势

三、申请人分析

（一）全球申请人分析

通过对全球海水养殖技术专利申请人进行分析，得到申请量排名前 10 位的专利申请人，如表 4 - 1 所示，可以看出，全球范围内海水养殖技术专利持有量较多的专利权人主要集中在中国，且申请人主要为高校及科研单位，一定程度上凸显出了中国在海水养殖技术方面的优势地位。

表 4 - 1　海水养殖技术专利全球主要申请人

序号	申请人	国别	专利申请量/件
1	浙江海洋大学	中国	1 522
2	中国水产科学研究院东海水产研究所	中国	769
3	中国水产科学研究院黄海水产研究所	中国	722
4	上海海洋大学	中国	694
5	中国水产科学研究院南海水产研究所	中国	518
6	中国海洋大学	中国	500
7	浙江省海洋水产研究所	中国	426
8	广东海洋大学	中国	369
9	中国水产科学研究院渔业机械仪器研究所	中国	363
10	中国科学院海洋研究所	中国	355

此外，全球范围内除中国以外排名前 10 位的专利申请人主要分布在日本和韩国，如表 4 - 2 所示，其中排名第一的为韩国国立水产科学院，申请量为 187 件。排名第二的为日

本的冈部株式会社，申请量为 131 件。

表 4-2　海水养殖技术专利主要国外申请人

序号	申请人	国别	专利申请量/件
1	国立水产科学院	韩国	187
2	冈部株式会社	日本	131
3	第一制网株式会社	日本	121
4	三菱重工业株式会社	日本	117
5	日茂株式会社	日本	104
6	住友大阪株式会社	日本	99
7	鹿岛建设株式会社	日本	97
8	城本公园	韩国	97
9	JFE 钢铁公司	日本	89
10	贝卡尔特公司	美国	76

（二）中国申请人分析

中国受理的海水养殖领域的专利申请中，总排名前十位的高校及科研院所申请人如表 4-1 所示，其中，浙江海洋大学以 1 522 件专利遥遥领先，几乎是持有量排名第二的 2 倍，其次为中国水产科学研究院东海水产研究所（769 件）和中国水产科学研究院黄海水产研究所（722 件）。总排名前十位的企业申请人如表 4-3 所示。此外，无论是企业，还是高校及科研院所，大部分相关专利申请均集中在近十年。

表 4-3　中国海水养殖技术专利主要企业申请人

序号	申请人	专利申请量/件
1	广东联塑科技实业有限公司	133
2	通威股份有限公司	116
3	山东东方海洋科技股份有限公司	89
4	浙江大海洋科技有限公司	63
5	天津海友佳音生物科技股份有限公司	62
6	青岛越洋水产科技有限公司	57
7	獐子岛集团股份有限公司	53
8	江苏中洋集团股份有限公司	52
9	威海虹润海洋科技有限公司	49
10	苏州市阳澄湖现代农业产业园特种水产养殖有限公司	48

四、技术领域分布分析

（一）主要技术构成

1. 全球主要技术构成

国际专利分类（IPC）法是目前国际通用的专利文献分类方法，通过对某一技术领域专利的 IPC 构成进行分析，可以掌握专利的技术领域分布情况（李鹏，2009）。图 4-4 是基于 IPC 大组分类统计的全球海水养殖技术主要技术领域分布情况，其中排名第一的技术领域是 A01K61（鱼类、贻贝、蝲蛄、龙虾、海绵、珍珠等的养殖），专利申请量高达 37 241 件，占专利申请总数的 57.90%，是全球海水养殖最主要的技术领域；其次是 A01K63（装活鱼的容器，例如水族槽），共计 19 794 件，占比为 30.78%；排名第三位的是 A01G33（海菜的栽培），共计 10 611 件，占比为 16.50%。可以看出鱼、虾等的养殖、养殖设备和海菜的栽培是全球海水养殖技术的主要技术领域，其他主要的技术领域为饲料、养殖污水处理和微生物等。

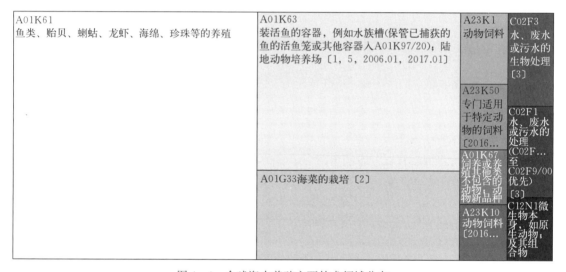

图 4-4 全球海水养殖主要技术领域分布

2. 中国主要技术构成

中国海水养殖技术主要技术领域的分布情况与其在全球的分布情况基本相似，如图 4-5

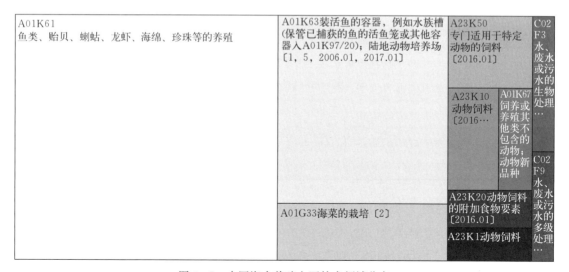

图 4-5 中国海水养殖主要技术领域分布

所示，排名前三位的技术领域同样是 A01K61（鱼类、贻贝、蝲蛄、龙虾、海绵、珍珠等的养殖）（18 104 件，占比为 60.12%）、A01K63（装活鱼的容器，例如水族槽）（共计 9 148 件，占比为 30.38%）和 A01G33（海菜的栽培）（共计 2 630 件，占比为 8.73%），共占总申请量的比例高达 82.59%。

（二）主要技术变化趋势

1. 全球主要技术变化趋势

全球海水养殖技术专利主要 IPC 大组的年度申请量趋势如图 4-6 所示。根据技术分布和时间变化对应的关系来看，可以看出，A01K61 鱼、虾等的养殖和 A01K63 养殖设备是目前海水养殖技术研发和创新的重点领域，也是申请量最大的两个领域，尤其是 A01K61 鱼、虾等的养殖，2012 年以后开始增长较快，是持续的技术热点，且远远超过其他 IPC 大组。另一个申请量较大的领域是海藻的栽培，即 A01G33，但该领域随时间变化的趋势不明显。

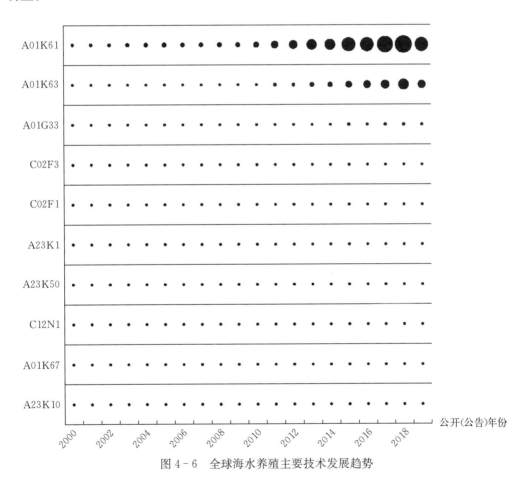

图 4-6　全球海水养殖主要技术发展趋势

2. 中国主要技术变化趋势

图 4-7 是中国海水养殖技术专利主要 IPC 大组的年度申请量趋势图，与全球的情况相似，A01K61 鱼、虾等的养殖和 A01K63 养殖设备近年来在数量上占绝对的优势，尤其是

A01K61 鱼、虾等的养殖，2012 年为 1 061 件，2016 年、2017 年和 2018 年该分类号的专利数量翻了一番，分别为 2 238 件、2 429 件和 2 173 件，说明该技术领域热门程度显著增加。

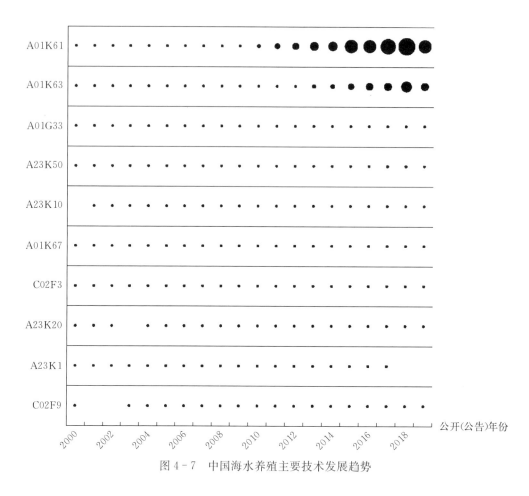

图 4-7　中国海水养殖主要技术发展趋势

五、高被引专利分析

在本次检索到的全球海水养殖技术专利中，被引用数量最多的 10 件专利如表 4-4 所示。可以看出，该 10 件专利均由美国专利局受理，从这一方面也反映出美国海水养殖专利具有较高的技术创新水平，对全球海水养殖技术发展的影响较大。其中，被引用量排名前 3 位的专利分别为美国 LABRADOR GAUDENCIO A 于 1998 年申请的 Water‐mist blower cooling system and its new applications（水雾鼓风机冷却系统及其新应用，申请公开号为 US6293121），被引频次为 246 次；美国 ORBITAL TECH 于 2004 年申请的 Marine LED lighting system and method，被引频次为 174 次，该专利保护了利用 LED 光系统照亮海洋生境以进行生长的方法和设备；排名第三的为美国 SOLAR AQUASYST 于 1977 年申请的 Buoyant contact surfaces in waste treatment pond，被引频次为 173 次，该专利主要保护了一种净化养殖污水的方法。

表 4-4 全球海水养殖技术专利被引用量多的专利

专利号	被引用量/次	专利名称	公开日	专利权人
US6293121	246	Water-mist blower cooling system and its new applications	2001/9/25	LABRADOR GAUDENCIO A
US7220018	174	Marine LED lighting system and method	2007/5/22	ORBITAL TECH
US4169050	173	Buoyant contact surfaces in waste treatment pond	1979/9/25	SOLAR AQUASYST
US4037563	161	Aquarium viewing window	1977/7/26	PFLUEGER JOHN M
US6689262	148	Microbubbles of oxygen	2004/2/10	OXYGENATOR WATER TECH WATER DOG WORKS, LECY ROY H
US4253271	145	Mass algal culture system	1981/3/3	BATTELLE MEMORIAL INST US
US5961831	143	Automated closed recirculating aquaculture filtration system and method	1999/10/5	UNIVERSITY OF TEXAS
US4333263	138	Algal turf scrubber	1982/6/8	SMITHSONIAN INSITUTION
US5981271	120	Process of outdoor thin-layer cultivation of microalgae and blue-green algae and bioreactor for performing the process	1999/11/9	MIKROBIOLOGICKY USTAV ACAD VED CESKE REPUBLIKY
US3794303	119	Method and apparatus for aerating bodies of water	1974/2/26	HIRSHON B US

六、重点专利权人技术分析

(一)总体概况

在海水养殖领域，全球专利申请量排名第一的机构为浙江海洋大学，因此选取浙江海洋大学进行具体分析。该机构在海水养殖领域的专利申请总数为1522件。在专利类型分布方面，其中发明专利1084件，实用新型专利438件，可以看出浙江海洋大学的专利以发明专利为主，创新水平较高。从法律状态看，处审中的专利269件，有效专利501件，失效专利752件。此外，浙江海洋大学在此领域无PCT专利。

(二)申请趋势分析

图4-8是浙江海洋大学在海水养殖领域专利的申请量趋势。浙江海洋大学在海水养殖领域的首件专利申请于2004年，且一直到2006年，申请量都较低，保持在5件以下。2007年开始，专利申请进入快速增长阶段，2014年申请量达到最高值，为353件。从2015年开始，浙江海洋大学在本领域的专利申请量明显降低。

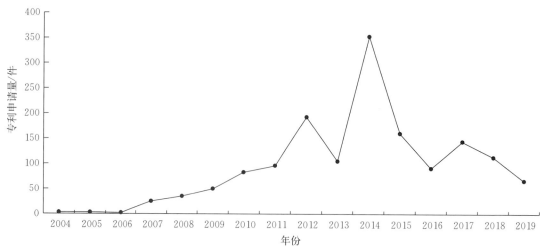

图 4-8　浙江海洋大学海水养殖领域专利申请量趋势

（三）发明人情况

浙江海洋大学发明人专利申请量排名如图 4-9 所示，其中吴常文在海水养殖领域申请的专利数量最多，为 337 件，显著高于其他发明人。位列第二的发明人为徐佳晶，申请量为239 件，比吴常文少了近 100 件。桂福坤的专利申请量排在第三位，为 191 件。其余发明人的申请量介于 71~156 件，分别为俞存根（156 件）、徐梅英（120 件）、朱爱意（110 件）、宋伟华（108 件）、张建设（101 件）、王萍（82 件）和马家志（71 件）。

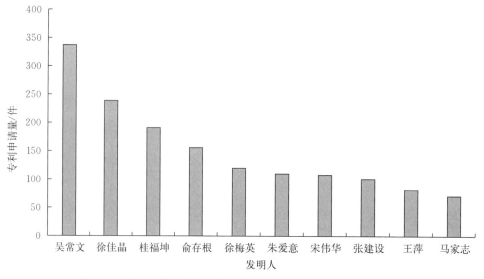

图 4-9　浙江海洋大学海水养殖领域专利主要发明人申请量情况

（四）技术领域分布情况

如图 4-10 所示，浙江海洋大学技术分布最多的技术领域是 A01K61（鱼类、贻贝、蜊蚝、龙虾、海绵、珍珠等的养殖），专利申请量遥遥领先，共计 1 112 件，与中国海水养殖领域的专利技术分布一致；其次是 A01K63（装活鱼的容器，例如水族槽），共计 297 件；排名第三位的是 A01G33（海菜的栽培〔2〕），共计 228 件；IPC 大组排在第 4～10 位的专利申请量较小，均在 50 件以下，分别是 A23K50（专门适用于特定动物的饲料〔2016.01〕，46 件）；A23K10（动物饲料〔2016.01〕，38 件）；A23K1（动物饲料，33 件）；A23K20（动物饲料的附加食物要素〔2016.01〕，33 件）；C02F9（水、废水或污水的多级处理〔3〕，26 件）、C02F103（待处理水、废水、污水或污泥的性质〔7〕，23 件）和 A01K69（定置渔具，22 件）。

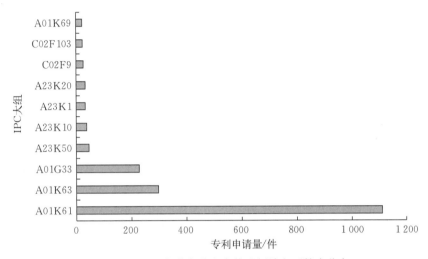

图 4-10　浙江海洋大学海水养殖领域主要技术分布

七、小结

通过对全球以及国内海水养殖专利所获得的信息进行汇总，并对重点专利权人进行了分析，可以了解到海水养殖的最新技术发展趋势，揭示国内外技术创新的优势与劣势，可为我国海水养殖的发展提供启示与借鉴。从专利申请数量来看，中国海水养殖领域的专利申请量位居世界第一，占全球申请量的比例近 50%，已经具备一定的技术实力，获得了较大的发展，但通过高频引用专利可以看出，中国的专利质量较低，而具备绝对经济技术优势的美国依旧掌握该领域的核心技术，市场主导能力强劲，发掘高新技术成为中国海水养殖技术亟待解决的关键问题。建议今后我国在海水养殖领域对国外高被引专利进行充分调查、分析和研究，吸取现有技术精华，用于我国自己的技术创新。

第三节　海洋捕捞领域专利分析

一、专利概况

本次分析共检索到海洋捕捞领域的专利 36 447 件。在专利类型分布方面，其中，发明专利的申请量占绝大多数，是海洋捕捞领域主要的专利类型，共 28 831 件，占申请总量的比例高达 79.10%；实用新型专利 7 616 件，占比为 20.90%。从法律状态看，处审中的专利 2 045 件，占比为 5.61%；有效专利 7 872 件，占比为 21.60%；失效专利 24 445 件，占比为 67.07%；未确认的为 2 085 件，占比为 5.72%，可以看出全球海洋捕捞领域失效的专利较多。此外，日本是专利申请量最多的国家，共有专利 10 076 件，占比为 27.65%；其次分别为中国（7 786 件）、美国（6 618 件）及韩国（1 852 件），占比分别为 21.36%、18.16% 和 5.08%。全球海洋捕捞相关专利持有的地域分布情况如图 4-11 所示。

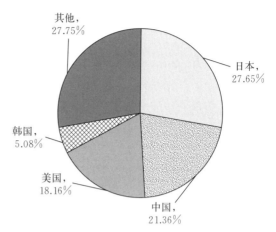

图 4-11　海洋捕捞相关专利持有地域分布

二、专利申请趋势分析

（一）全球专利申请趋势分析

图 4-12 是海洋捕捞领域专利的全球申请量趋势。从专利增长趋势来看，大致分为 4 个阶段：（1）技术萌芽阶段（1921—1948 年），该时期海洋捕捞技术处于萌芽期，专利申请量很少，1942 年和 1943 年专利申请量分别为 4 件和 8 件，专利年申请量未突破 40 件，且美国和德国的专利申请量占主要部分，该阶段专利保护总体上处于起步阶段。（2）缓慢增长阶段（1949—1986 年），这一时期全球海洋捕捞处于缓慢增长阶段，1970 年专利申请量首次超过 100 件，且该时期的专利申请量均在 300 件以内。（3）快速增长阶段（1987—2010 年），该时期的专利申请量呈现快速增长的趋势，年专利申请量在 400～1 100 件，2004 年达到 1 058 件。（4）高速增长阶段（2011—至今），该时期专利申请量整体增长迅猛，高速增长，占全球申请总量的 30.15%，且 2016 已达到 1 710 件。

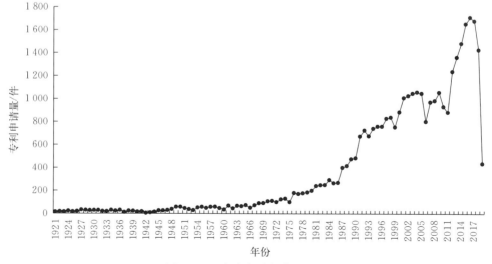

图 4-12　全球专利申请量趋势

（二）中国专利申请趋势分析

从中国专利申请量趋势线上反应的总体态势可以看出（图4-13），大致分为3个阶段：（1）技术萌芽阶段（1985—1988年），该时期中国海洋捕捞技术专利申请量很少，年申请量低于15件，该阶段专利保护总体上处于起步阶段。（2）缓慢增长阶段（1989—2004年），这一时期中国海洋捕捞领域的专利申请量缓慢增长，1989年专利申请量首次超过20件，但该时期的年专利申请量仍未突破100件。（3）高速增长阶段（2005年至今），中国海洋捕捞相关专利申请进入高速增长阶段，专利申请量整体增长迅猛，该时期的专利申请量约占总申请量的88.65%，表明中国海洋捕捞领域技术进入高速发展阶段。

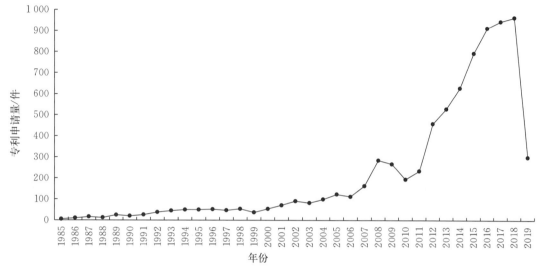

图4-13　中国专利申请量趋势

三、申请人分析

（一）全球申请人分析

通过对全球海洋捕捞技术专利申请人进行分析，得到申请量排名前十位的专利申请人，如表4-5所示，可以看出，全球范围内海洋捕捞技术专利持有量较多的专利权人主要集中在日本、中国和挪威。其中，日本的专利申请人占主要部分，且申请量排名前4的企业都是日本的企业，一定程度上凸显出了日本在海洋捕捞技术方面的优势地位。

表4-5　海洋捕捞技术专利全球主要申请人

序号	申请人	国别	专利申请量/件
1	株式会社岛野	日本	1 240
2	大和精工株式会社	日本	623
3	古野电气株式会社	日本	522
4	全球莱德株式会社	日本	310
5	中国水产科学研究院东海水产研究所	中国	264
6	浙江海洋大学	中国	259

（续）

序号	申请人	国别	专利申请量/件
7	纳维科控股公司	挪威	194
8	上海海洋大学	中国	148
9	日茂株式会社	日本	127
10	无线株式会社	日本	126

（二）中国申请人分析

中国受理的海洋捕捞领域的专利申请中，总排名前十位的高校及科研院所申请人如表4-6所示，其中，中国水产科学研究院东海水产研究所以264件专利领先，比排名第二的浙江海洋大学（259件）的专利申请量多5件，其次为上海海洋大学（147件）和浙江省海洋水产研究所（126件）。

表4-6 中国海洋捕捞技术专利主要高校及科研院所申请人

序号	申请人	专利申请量/件
1	中国水产科学研究院东海水产研究所	264
2	浙江海洋大学	259
3	上海海洋大学	147
4	浙江省海洋水产研究所	126
5	中国水产科学研究院南海水产研究所	71
6	中国水产科学研究院渔业机械仪器研究所	65
7	大连海洋大学	54
8	中国海洋大学	38
9	哈尔滨工程大学	34
10	中国水产科学研究院黄海水产研究所	24

总排名前十位的企业申请人如表4-7所示。可以看出，日本申请人在中国的布局较多，分别为排名第一的日本株式会社岛野，申请量为194件，申请量远远超过中国其他海洋捕捞相关专利申请的企业，其次为排名第八的日本古洛布莱株式会社（申请量为35件）和日本古野电气株式会社（申请量为33件）。国内海洋捕捞装备技术专利申请人以捷胜海洋装备股份有限公司为代表，申请量为75件。

表4-7 海洋捕捞技术专利全球主要企业申请人

序号	申请人	专利申请量/件
1	日本株式会社岛野	194
2	徐州一统渔具有限公司	75
3	捷胜海洋装备股份有限公司	75
4	湛江胜浪海洋捕捞研究所	50
5	宁波中源欧佳渔具股份有限公司	46
6	广东雨嘉水产食品有限公司	39
7	北京臻迪科技股份有限公司	37

（续）

序号	申请人	专利申请量/件
8	日本古洛布莱株式会社	35
9	日本古野电气株式会社	33
10	安徽宏飞钓具有限公司	29

四、技术领域分布分析

（一）主要技术构成

1. 全球主要技术构成

图 4-14 是基于 IPC 大组分类统计的全球海洋捕捞主要技术领域分布情况，其中排名第一的技术领域是 A01K97（钓鱼用的附件），专利申请量高达 6 598 件，占专利申请总数的 18.10%，是全球海洋捕捞主要的技术领域；其他申请量超过 3 000 件的为 G01S15（利用声波的反射或再辐射的系统，例如声呐系统，3 720 件）、A01K91（钓鱼线，3 469 件）、A01K85（人造鱼饵料，3 341 件）。余下分类的申请量差别不大，分别为 A01K89（钓鱼用绕线轮，2 996 件）、A01K75（渔网辅具，渔网零部件）。可以看出钓鱼用的附件、声呐系统、钓鱼线等是全球海洋捕捞技术的主要技术领域。

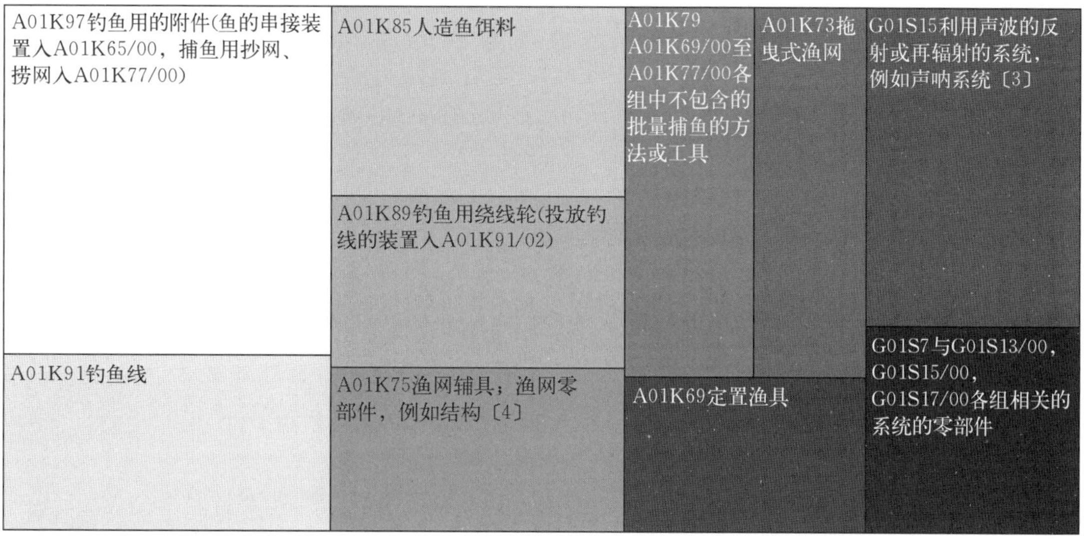

图 4-14　全球海洋捕捞主要技术构成

2. 中国主要技术构成

中国海洋捕捞主要技术领域的分布情况如图 4-15 所示，排名第一的技术领域同样是 A01K97（钓鱼用的附件），专利申请量为 1 506 件，占专利申请总数的 19.34%，是中国海洋捕捞主要的技术领域；其余的技术领域申请量均未超过 1 000 件，其中包括排名第二的 A01K79（批量捕鱼的方法或工具），专利申请量为 803 件；A01K69（定置渔具）的专利申请量为 797 件。

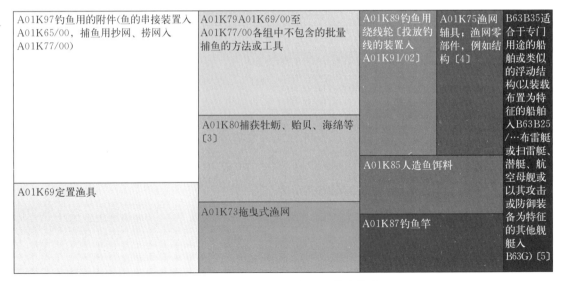

图 4-15 中国海洋捕捞主要技术构成

（二）主要技术变化趋势

1. 全球主要技术变化趋势

全球海洋捕捞技术专利主要 IPC 大组的年度申请趋势如图 4-16 所示。根据技术分布和

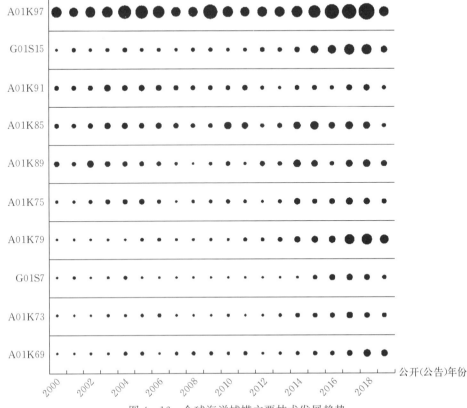

图 4-16 全球海洋捕捞主要技术发展趋势

时间变化对应的关系来看，可以看出，多个领域都有较明显的变化，其中，A01K97（钓鱼用的附件）、G01S15（利用声波的反射或再辐射的系统）和 A01K79（批量捕鱼的方法或工具）等领域变化明显，是目前海洋捕捞技术研发和创新的重点领域，尤其是 A01K97（钓鱼用的附件），是持续的技术热点，也是申请量最大的一个领域。

2. 中国主要技术变化趋势

图 4-17 是中国海洋捕捞技术专利主要 IPC 大组的年度申请趋势图，可以看出，A01K97（钓鱼用的附件）从 2008 年开始申请数量不断增加，2018 年的专利申请量最高，为 142 件，明显高于其他技术领域的申请量，是中国海洋捕捞技术的主要热点领域。其他技术领域如 A01K69（定置渔具），A01K79（批量捕鱼的方法或工具），A01K80（捕获牡蛎、贻贝、海绵等），以及 B63B35（船舶）等近几年申请量显著增加，逐渐成为中国海洋捕捞技术的重点领域。其他技术技术领域年度申请趋势变化不明显。

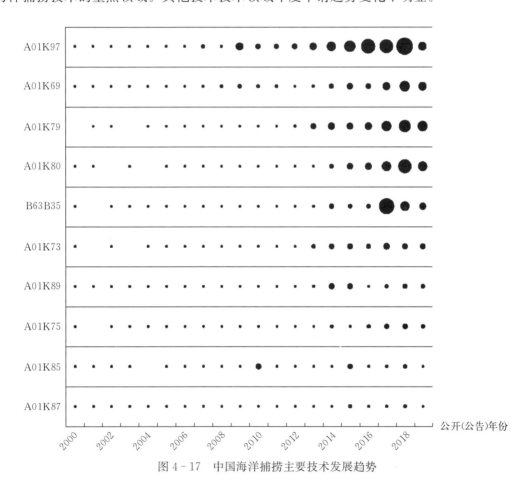

图 4-17　中国海洋捕捞主要技术发展趋势

五、高被引专利分析

在本次检索到的全球海洋捕捞技术专利中，被引用数量最多的 10 件专利如表 4-8 所示。该 10 件专利均由美国专利局受理，从这一方面也反映出美国海洋捕捞专利具有较高的技术创新水平，对全球海洋捕捞技术发展的影响较大。其中，被引用量排名前3位的专利分别为美国 SHIRWADKAR SANIKA 和 YAMI SAMEER 于 2004 年申请的 Method and system for searching location information based on a mobile device（用于在移动设备上搜索基于位置信息的方法和系统，申请公开号为 US20040162830A1），被引频次为 368 次；美国 EXXON PRODION RES COMPANY A CORP OF DE 于 1986 年申请的 Method and apparatus for offshore electromagnetic sounding utilizing wavelength effects to determine optimum source and detector positions，被引频次为 332 次，该专利保护了利用波长效应确定最佳源和探测器位置的海上电磁探测的方法和装置；排名第三的为美国 JOHNSON WORLDWIDE ASSOCS 于 1991 年申请的 Depth finding‑trolling system，被引频次为 195 次，该专利主要保护了一种深度探测-拖钓系统。

表 4‑8　全球海洋捕捞技术专利被引用量多的专利

专利号	被引用量/次	专利名称	公开日	专利权人
US20040162830A1	368	Method and system for searching location information based on a mobile device	2004/8/19	SHIRWADKAR SANIKA，YAMI SAMEER
US4617518	332	Method and apparatus for offshore electromagnetic sounding utilizing wavelength effects to determine optimum source and detector positions	1986/10/14	EXXON PRODION RES COMPANY A CORP OF DE
US4995010	195	Depth finding‑trolling system	1991/2/19	JOHNSON WORLDWIDE ASSOCS
US5588032	187	Apparatus and method for imaging with wavefields using inverse scattering techniques	1996/12/24	BIOTEX PHARMA INVESTMENTS
US20040090195A1	148	Efficient control，monitoring and energy devices for vehicles such as watercraft	2004/5/13	MOTSENBOCKER MARVIN A
US6798378	145	Device and method for displaying track characteristics	2004/9/28	G ARMIN
US7143363	145	Method for displaying marine vessel information for an operator	2006/11/28	WOODWARD GOVERNOR
US5442358	143	Imaging lidar transmitter downlink for command guidance of underwater vehicle	1995/8/15	KAMAN AEROSPACE
US5563849	141	Acoustic tracking system	1996/10/8	HIRSHON B US
US5884213	127	System for controlling navigation of a fishing boat	1999/3/16	JOHNSON OUTDOORS

六、重点专利权人技术分析

(一) 总体概况

在海洋捕捞领域，全球专利申请量排名第一的机构为日本株式会社岛野，因此选取日本株式会社岛野进行具体分析。该机构在海洋捕捞领域的专利申请总数为 1 241 件。在专利类型分布方面，其中发明专利 1 164 件，实用新型专利 77 件。从法律状态看，处审中的专利 58 件，有效专利 537 件，失效专利 638 件，未确认专利 8 件。可以看出日本株式会社岛野的专利以发明专利为主，说明其创新水平较高。

(二) 申请趋势分析

图 4-18 是日本株式会社岛野海洋捕捞领域专利的申请量趋势。日本株式会社岛野在海洋捕捞领域的首件专利申请在 1985 年，一直到 1989 年，申请量都较低，保持在 5 件以下。1990 年开始，专利申请进入快速增长阶段，1992 年申请量达到 92 件。但 1993—1996 年开始处于下降阶段，申请量保持在 20 件以下。1997 年开始再次升高，2014 年申请量达到最高值，为 93 件。从 2015 年开始，日本株式会社岛野在本领域的专利申请量整体呈下降的趋势。

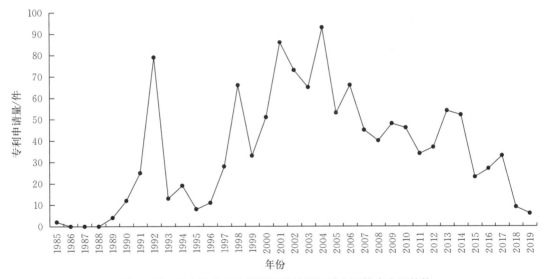

图 4-18　日本株式会社岛野海洋捕捞领域主要技术发展趋势

(三) 发明人情况

日本株式会社岛野发明人专利申请量排名如图 4-19 所示，其中栗山博明在海洋捕捞领域申请的专利数量最多，为 110 件。位列第二的发明人为松本圣比古，申请量为 77 件。生田刚的专利申请量排在第三位，为 62 件。余下发明人分别为风吕本仪幸（62 件）、IKUTA TAKESHI（49 件）、东山贵一（49 件）、谷口一真（46 件）、野村昌一（41 件）、HITOMI YASUHIRO（39 件）和人见康弘（38 件）。

(四) 技术领域分布情况

如图 4-20 所示，日本株式会社岛野在海洋捕捞领域技术分布最多的技术领域是 A01K89［钓鱼用绕线轮（投放钓线的装置入 A01K91/02）］，专利申请量遥遥领先，共计

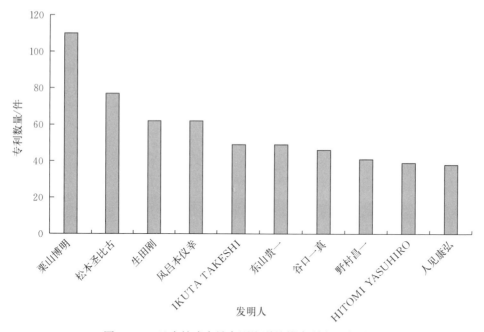

图 4 - 19　日本株式会社岛野海洋捕捞专利主要发明人

767 件；其次是 A01K87（钓鱼竿），共计 212 件；排名第三位的是 A01K97［钓鱼用的附件（鱼的串接装置入 A01K65/00，捕鱼用抄网、捞网入 A01K77/00）］，共计 189 件；A01K85（人造鱼饵料）排在第四位，申请量也较多，为 104 件。IPC 大组排在第 5～10 位的专利申请量较小，均在 50 件以下，分别是 G01S15（利用声波的反射或再辐射的系统，例如声呐系统［3］，33 件）；A01K91（钓鱼线，33 件）；A01K75（渔网辅具；渔网零部件，例如结构［4］，31 件）；A01K77（捕鱼用抄网；捕鱼用捞网，22 件）、A01K93（带有或不带有信号装置的钓鱼浮子［4，5］，17 件）和 B62M3（用手或脚操作的曲柄结构，17 件）。

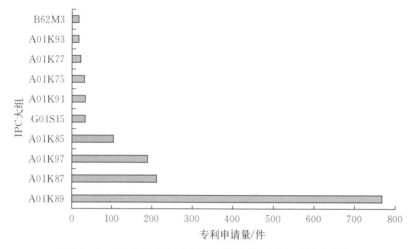

图 4 - 20　日本株式会社岛野海洋捕捞领域主要技术分布

（五）专利地域分布情况

日本株式会社岛野在全球 14 个国家均申请了海洋捕捞领域的专利，其中申请量排名前十的国家或地区如表 4-9 所示，可以看出，日本株式会社岛野在本国申请的专利最多，共 718 件；其次为中国，申请量为 323 件，说明日本株式会社岛野在海洋捕捞领域十分重视对中国的专利布局。该机构在美国申请的专利为 92 件，位列第三位。此外，日本株式会社岛野在欧洲专利局、澳大利亚和新加坡申请的专利也较多，分别为 71 件、17 件和 10 件。综合来看，日本株式会社岛野十分重视海洋捕捞领域在中国、美国和欧洲等国家或地区的专利布局。

表 4-9 日本株式会社岛野海洋捕捞领域专利全球主要分布情况

序号	申请人	专利申请量/件
1	日本	718
2	中国	323
3	美国	92
4	欧洲专利局	71
5	澳大利亚	17
6	新加坡	10
7	世界知识产权组织	3
8	德国	2
9	奥地利	1
10	巴西	1

七、小结

通过对全球以及国内海洋捕捞专利所获得的信息进行汇总，并对重点专利权人进行了分析，可以了解到海洋捕捞领域的最新技术发展趋势，揭示国内外技术创新的优势与劣势，可以为我国海洋捕捞的发展提供启示与借鉴。

从专利申请数量来看，日本、中国和美国海洋捕捞领域的专利申请量位居世界前三，其中专利申请量排名前四位的申请人均为日本的申请人，且均是企业申请人，而中国的专利申请量也有较大的提高，但通过专利申请人分析得知，国内海洋捕捞领域技术的主体为高校和研究所，企业在海洋捕捞技术的研发中处于相对劣势的地位，企业在技术研发中的作用亟待提高。

此外，通过高频引用专利可以看出，被引用量最多的 10 件专利均为美国的专利，说明美国依旧掌握海洋捕捞领域的核心技术，市场主导能力强劲。中国在注重海洋捕捞领域专利数量提高的同时，应努力发掘高新技术，充分调查、分析和研究这些高被引专利，并加强产学研的合作和集成示范，吸取现有技术精华，用于我国自己的海洋捕捞技术创新。

第四节 水产品加工领域专利分析

一、专利概况

本次分析共检索到水产品加工领域的专利 16 071 件。在专利类型分布方面，其中，发明专利的申请量占绝大多数，是水产品加工领域主要的专利类型，共 14 900 件，占申请总量的比例高达 92.71%；实用新型专利 1 171 件，占比为 7.29%。从法律状态看，处审中的专利 1 984 件，占比为 12.35%；有效专利 2 947 件，占比为 18.34%；失效专利 9 880 件，占比为 61.48%；未确认的为 1 260 件，占比为 7.84%，可以看出全球水产品加工领域的失效专利较多。此外，中国是专利申请量最多的国家，共有专利 5 619 件，占比为 33.84%；其次分别为日本（3 237 件）、韩国（2 183 件）和美国（1 760 件），占比分别为 17.06%、11.26% 和 5.87%。全球水产品加工相关专利持有的地域分布情况如图 4-21 所示。

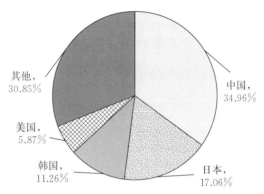

图 4-21 水产品加工相关专利申请量地域分布

二、专利申请趋势分析

（一）全球专利申请趋势分析

图 4-22 是水产品加工领域专利的全球申请量趋势。从专利增长趋势来看，大致分为 4 个阶段：（1）技术萌芽阶段（1921—1968 年），该时期水产品加工技术领域的专利申请量非常少，专利保护总体上处于起步阶段，1958 年以前年均专利申请量低于 10 件，1959 年首次突破 10 件，且该时期专利申请的受理国主要为美国、德国和法国。（2）缓慢增长阶段（1969—1978 年），这一时期全球水产品加工领域处于缓慢增长阶段，1972 年专利申请量首次超过 50 件，且该时期的专利申请量均在 100 件以内。（3）快速增长阶段（1979—1998 年），该时期的专利申请量呈现快速增长的趋势，年专利申请量 300 件以内，1998 年达到 294 件。（4）高速增长阶段（1999 年至今），该时期专利申请量整体增长迅猛，高速增长，占全球申请总量的比例高达 71.05%，2017 年专利申请量已突破 1 000 件。

（二）中国专利申请趋势分析

从中国专利申请量趋势线上反应的总体态势可以看出（图 4-23），大致分为 3 个阶段：（1）技术萌芽阶段（1985—1991 年），该时期中国水产品加工技术发展较慢，处于萌芽期，专利申请量很少，1985 年的专利申请量最少，仅 3 件，且直到 1969 年年申请量仍未突破 10 件，该阶段专利保护总体上处于起步阶段。（2）缓慢增长阶段（1992—2005 年），这一时期中国水产品加工领域的专利申请量缓慢增长，1992 年专利申请量首次超过 10 件，但该时期的年专利申请量仍未超过 100 件。（3）高速增长阶段（2005 年至今），中国从 2006 年开始，水产品加工技术开始有所发展，专利申请量整体增长迅猛，2017 年专利申请量达 865 件，

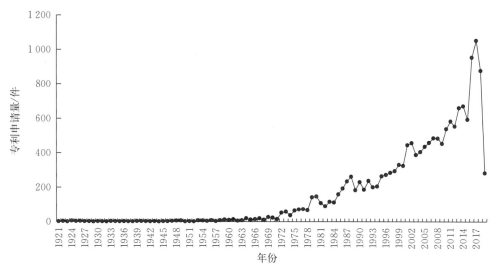

图 4 - 22　全球专利申请量趋势

且该时期中国在全球水产品加工方面的技术创新贡献较大。

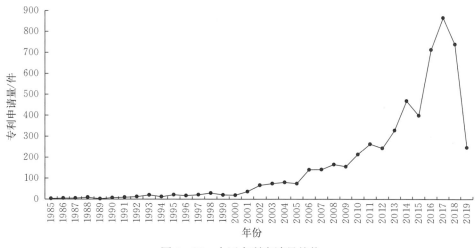

图 4 - 23　中国专利申请量趋势

三、申请人分析

（一）全球申请人分析

通过对全球水产品加工技术专利申请人进行分析，得到申请量排名前 10 位的专利申请人，如表 4 - 10 所示，可以看出，全球范围内水产品加工技术专利持有量较多的专利权人主要集中在俄罗斯、日本、美国和中国，且申请人含有个人、企业及高校，多样性高。其中，俄罗斯以个人名义申请的水产品加工技术专利最多，申请量为 101 件；其次为日本水产株式会社，申请量为 93 件。中国申请人有 4 位列入前 10 位，一定程度上凸显出了中国在水产品加工技术方面的优势地位。

表 4-10　全球水产品加工技术专利主要申请人

序号	申请人	国别	专利申请量/件
1	卡森科夫·奥列格·伊万诺维奇	俄罗斯	101
2	日本水产株式会社	日本	93
3	浙江海洋大学	中国	61
4	储福娣	中国	54
5	埃科莱布有限公司	美国	51
6	阿肯色大学	美国	51
7	铃木允	日本	50
8	福建天马科技集团股份有限公司	中国	48
9	江南大学	中国	47
10	中国海洋大学	中国	43

（二）中国申请人分析

中国受理的水产品加工领域的专利申请中，总排名前十位的高校及科研院所申请人如表 4-11 所示，其中，排名第一的为浙江海洋大学，专利申请量为 61 件；排名第二的为江南大学，专利申请量为 47 件。其次为中国海洋大学（43 件）和福建农林大学（31 件）等。

表 4-11　中国水产品加工技术专利主要申请人

序号	申请人	专利申请量/件
1	浙江海洋大学	61
2	江南大学	47
3	中国海洋大学	43
4	福建农林大学	31
5	宁波大学	28
6	浙江省海洋开发研究院	25
7	大连工业大学	22
8	广东海洋大学	18
9	浙江海洋大学	18
10	浙江大学	16

总排名前十位的企业申请人如表 4-12 所示。可以看出，国内水产品加工技术专利申请人排名前二位的分别为福建天马科技集团股份有限公司，申请量为 48 件，以及天津市晨辉饲料有限公司，申请量为 41 件。排名第三位的为广东恒兴饲料实业股份有限公司，申请量为 24 件。

表 4-12　中国水产品加工技术专利主要申请人

序号	申请人	专利申请量/件
1	福建天马科技集团股份有限公司	48
2	天津市晨辉饲料有限公司	41
3	广东恒兴饲料实业股份有限公司	24
4	长沙瑞多康生物科技有限公司	21
5	哈尔滨升益生物科技开发有限公司	19

（续）

序号	申请人	专利申请量/件
6	广东越群海洋生物研究开发有限公司	17
7	合肥不老传奇保健科技有限公司	15
8	漳州金浦三源食品实业有限公司	14
9	荣成宏业实业有限公司	14
10	兰溪市西泽饲料技术服务有限公司	12

四、技术领域分布分析

（一）主要技术构成

1. 全球主要技术构成

图 4-24 是基于 IPC 大组分类统计的水产品加工主要技术领域分布情况，其中排名第一的技术领域是 A23L1（食品或食料；其制备或处理），专利申请量高达 6 075 件，占专利申请总量的 16.67%，是全球水产品加工最主要的技术领域；其次是 A23L17（水产食物制品；鱼类制品；鱼肉；鱼卵代用品；其制备或处理），共计 4 728 件，占比为 12.97%；排名第三位的是 A23L3（食品或食料的一般保存，例如专门适用于食品或食料的巴氏法灭菌、杀菌），共计 3 711 件，占比为 10.18%。可以看出全球水产品加工最主要技术聚焦的领域为水产品的制备、处理和保存，尤其是水产饲料加工等领域。

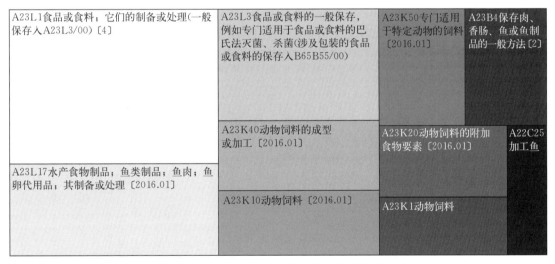

图 4-24　全球水产品加工主要技术构成

2. 中国主要技术构成

中国水产品加工主要技术领域的分布情况如图 4-25 所示，其中排名前三位的技术领域申请量相差不大，分别为 A23K40（动物饲料的成型或加工），申请量为 1 990 件，占中国水产品加工专利申请总量的 35.42%；A23K10（动物饲料），申请量为 1 984 件，占比为 35.31%；A23K50（专门适用于特定动物的饲料）共计 1 972 件，占比为 35.10%。此外，A23K20（动物饲料的附加食物要素）的专利申请量也较高，为 1 972 件，占比为 35.10%。

可以看出，中国水产品加工主要聚焦的技术领域为水产饲料加工。

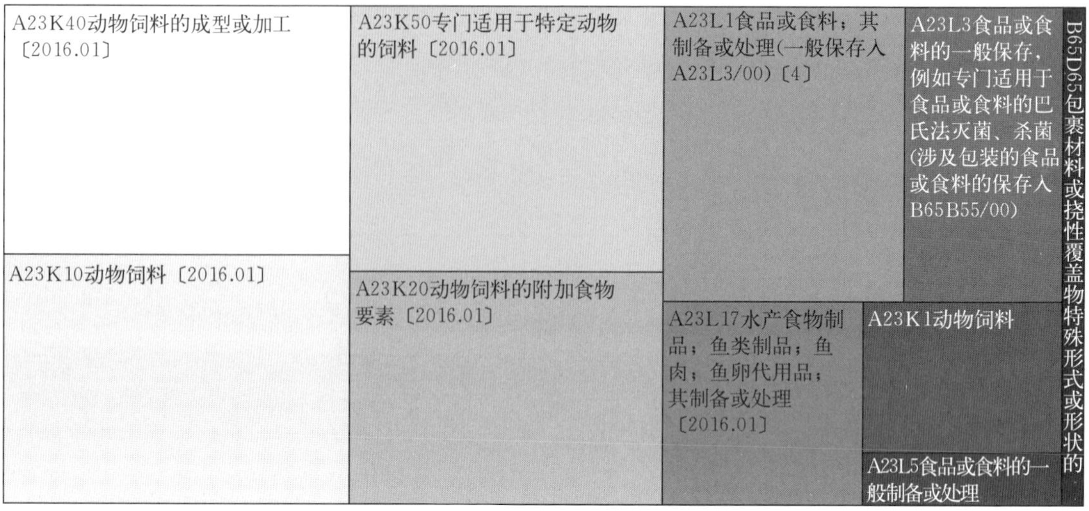

A23K40动物饲料的成型或加工〔2016.01〕
A23K50专门适用于特定动物的饲料〔2016.01〕
A23L1食品或食料；其制备或处理(一般保存入A23L3/00)〔4〕
A23L3食品或食料的一般保存，例如专门适用于食品或食料的巴氏法灭菌、杀菌(涉及包装的食品或食料的保存入B65B55/00)
B65D65包裹材料或挠性覆盖物特殊形式或形状的
A23K10动物饲料〔2016.01〕
A23K20动物饲料的附加食物要素〔2016.01〕
A23L17水产食物制品；鱼类制品；鱼肉；鱼卵代用品；其制备或处理〔2016.01〕
A23K1动物饲料
A23L5食品或食料的一般制备或处理

图 4－25　中国水产品加工主要技术构成

（二）主要技术变化趋势

1. 全球主要技术变化趋势

全球海水养殖技术专利主要 IPC 大组的年度申请趋势如图 4－26 所示。根据技术分布和

A23L1
A23L17
A23L3
A23K40
A23K10
A23K50
A23B4
A23K20
A23K1
A22C25
2000
2002
2004
2006
2008
2010
2012
2014
2016
2018
公开(公告)年份

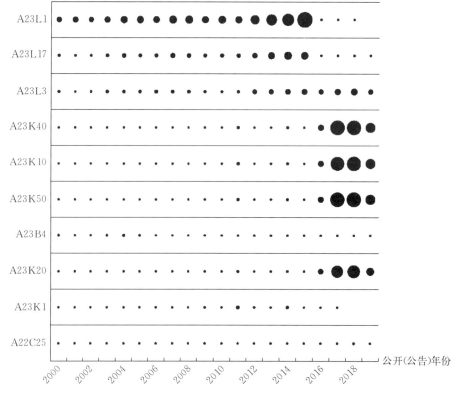

图 4－26　全球水产品加工主要技术发展趋势

时间变化对应的关系来看，可以看出，2016 年全球申请的热点领域从 A23L1（食品或食料；其制备或处理），A23L17（水产食物制品；鱼类制品；鱼肉；鱼卵代用品；其制备或处理）和 A23L3（食品或食料的一般保存，例如专门适用于食品或食料的巴氏法灭菌、杀菌），转向了 A23K40（动物饲料的成型或加工），A23K10（动物饲料），A23K50（专门适用于特定动物的饲料）和 A23K20（动物饲料的附加食物要素），这些领域的申请量显著增加。此外，A23K40，A23K10，A23K50，A23K20 都属于 A23K（专门适用于动物的喂养饲料；其生产方法）大类。说明 2015 年之前水产品加工主要是将水产品加工成人食用的食品，近几年逐步转变为加工成饲料等供动物食用的食品。

2. 中国主要技术变化趋势

图 4 – 27 是中国水产品加工技术专利主要 IPC 大组的年度申请趋势图，可以看出，与全球年度申请趋势相似，2016 年开始中国水产品加工的热点领域转为 A23K40（动物饲料的成型或加工），A23K10（动物饲料），A23K50（专门适用于特定动物的饲料）和 A23K20（动物饲料的附加食物要素），这些属于 A23K 类的专利申请量有明显的提高，而 A23L1（食品或食料；其制备或处理）的申请量逐渐减小，甚至为零，说明全球的水产品加工技术领域变化趋势主要是受到中国地区的变化影响的。

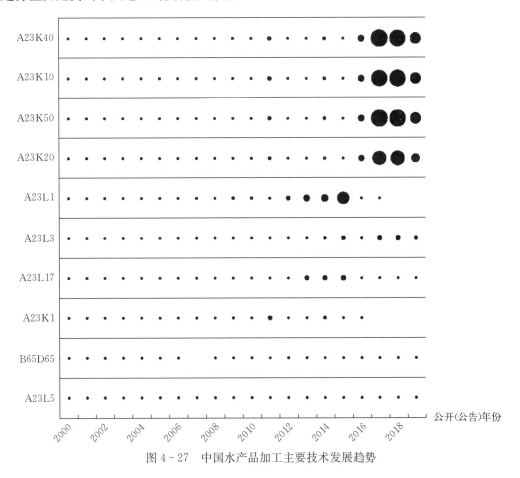

图 4 – 27　中国水产品加工主要技术发展趋势

五、高被引专利分析

在本次检索到的 1 万多件专利中，被引用数量最多的 10 件专利如表 4 - 13 所示，可以看出，美国的专利居多，共 6 件，且被引用量排名前 2 位的专利均由日本专利局受理，说明美国和日本在水产品加工领域的专利对技术发展的影响较大。排名第一和第二的专利分别为 KAWASHIMA FUJIO 于 1985 年申请的 Method and device for feeding paper tape for bundling laver（JP1987039418A），被引频次为 867 次，该专利主要保护捆扎紫菜用纸带的送料方法及装置，以及 Folded laver band bundling device（JP1987039417A），被引频次为 837 次，该专利主要保护折叠式紫菜扎带机。排名第三的专利被引用量为 203 次，为美国 MAX-WELL TECHNOLOGIES 于 1988 年申请的 Methods for preservation of foodstuffs，主要保护食物（诸如鲜鱼等）的保存方法，该专利后期又转让给 SANWA BANK CALIFORNIA。

表 4 - 13 被引用量最多的 10 件专利

专利号	被引用量/次	专利名称	公开（公告）日	专利权人
JP1987039418A	868	Method and device for feeding paper tape for bundling laver	1987/2/20	KAWASHIMA FUJIO
JP1987039417A	838	Folded laver band bundling device	1987/2/20	KAWASHIMA FUJIO
US4871559	203	Methods for preservation of foodstuffs	1989/10/3	SANWA BANK CALIFORNIA
US5508033	140	Utilization of algae extract for the preparation of pharmaceutical, cosmetic, food or agricultural compositions	1996/4/16	SOC DENGRAIS COMPOSES MINERAUX & AMENDMENTS
US6113963	110	Treatment of meat products	2000/9/5	ECOLAB
US6039992	107	Method for the broad spectrum prevention and removal of microbial contamination of food products by quaternary ammonium compounds	2000/3/21	UNIVERSITY OF ARKANSAS
US5597599	107	Method for processing a perishable product	1997/1/28	LOUISIANA STATE UNIVERSITY, PAKOR
US20020192340A1	91	Method and system for reducing microbial burden on a food product	2002/12/19	ECOLAB
US4579741	76	Fabricated seafood	1986/4/1	GENERAL MILLS
US5346312	76	Bags for maintaining crispness of cooked foodstuff	1994/9/13	FLEXO TRANSPARENT

六、重点专利权人技术分析

(一)总体概况

在水产品加工领域,全球专利申请量排名第一的机构为日本水产株式会社,因此选取日本水产株式会社进行具体分析。该机构在水产品加工领域的专利申请总数为 93 件。在专利类型分布方面,93 件专利全部为发明专利,说明日本水产株式会社的创新水平较高。此外,从法律状态看,处审中的专利 2 件,有效专利 11 件,失效专利 74 件,未确认专利 6 件。

(二)申请趋势分析

图 4-28 是日本水产株式会社在水产品加工领域专利的申请量趋势。日本水产株式会社在水产品加工领域的专利申请趋势波动性较大,首件专利申请于 1982 年,为 3 件,随后几年申请量一直为 0。从 1986 年开始又有相应专利申请,1987 年达到 5 件,1990 年的申请量达到最高值,为 15 件。2013—2015 年连续 4 年专利申请量为 0。随后又有申请。

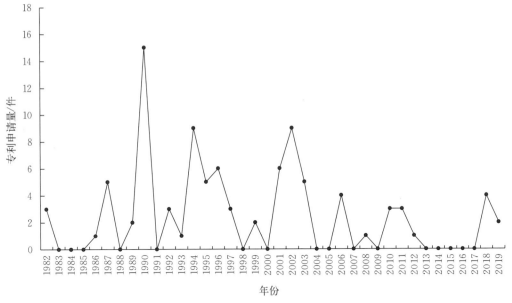

图 4-28 日本水产株式会社水产品加工领域专利申请量趋势

(三)发明人情况

日本水产株式会社发明人专利申请量排名如图 4-29 所示,其中 YOSHIOKA TAKEYA 在水产品加工领域申请的专利数量最多,为 10 件,与位列第二的发明人 SASAKI ISAMU(9 件)相差不大。排名第三的 SARUKAWA CHUJI,其请量为 8 件,与 TAKAHASHI TOSHIKATSU 的申请量一样多。余下发明人的申请量介于 3~5 件,分别为吉冈武也(5 件)、堂本信彦(4 件)、木村郁夫(4 件)、水城健(4 件)、铃木茂(4 件)、DOUMOTO NOBUHIKO(3 件)。

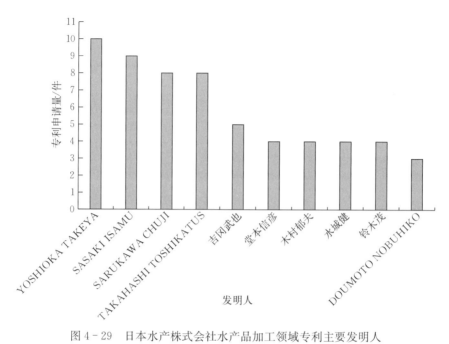

图 4 - 29　日本水产株式会社水产品加工领域专利主要发明人

(四) 技术领域分布情况

如图 4 - 30 所示，日本水产株式会社技术分布最多的技术领域是 A23L1〔食品或食料；其制备或处理（一般保存入 A23L3/00）〔4〕〕和 A23L17〔水产食物制品；鱼类制品；鱼肉；鱼卵代用品；其制备或处理〔2016.01〕〕，专利申请量遥遥领先，分别为 65 件和 62 件；排名第三的是 A23B4（保存肉、香肠、鱼或鱼制品的一般方法〔2〕），共计 28 件。IPC 大组排在第 4～10 位的专利申请量较少，均在 20 件以下，分别是 A23L13（肉类制品；肉食；其制备或处理〔2016.01〕，15 件）；A23L3〔食品或食料的一般保存，例如专门适用于食品或食料的巴氏法灭菌、杀菌（涉及包装的食品或食料的保存入 B65B55/00），14 件〕；A23P1

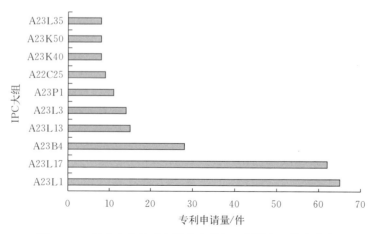

图 4 - 30　日本水产株式会社水产品加工领域主要技术分布

（食料成型或加工，11 件）；A22C25（加工鱼，9 件）；A23K40（动物饲料的成型或加工〔2016.01〕，8 件）、A23K50（专门适用于特定动物的饲料〔2016.01〕，8 件）和 A23L35（A23L5/00 - A23L33/00 不包括的食品或食料；其制备或处理〔2016.01〕，8 件）。

（五）专利地域分布情况

日本水产株式会社在全球 8 个国家均申请了水产品加工领域的专利，如表 4 - 14 所示，可以看出，日本水产株式会社在本国申请的专利最多，共 50 件；其次为美国、加拿大和欧洲专利局，其申请量相差不大，分别为 11 件、10 件和 10 件。此外，该机构在澳大利亚申请的专利为 7 件，位列第五位。其余国家或组织分别为世界知识产权组织、捷克和西班牙，分别为 3 件、1 件和 1 件。综合来看，说明日本水产株式会社在水产品加工领域十分重视对欧美国家的专利布局。

表 4 - 14　日本水产株式会社水产品加工领域专利全球分布情况

序号	申请人	专利申请量/件
1	日本	50
2	美国	11
3	加拿大	10
4	欧洲专利局	10
5	澳大利亚	7
6	世界知识产权组织	3
7	捷克	1
8	西班牙	1

七、小结

通过对从全球以及国内水产品加工领域的专利所获得的信息进行汇总，并对重点专利权人进行了分析，可以了解到水产品加工领域的最新技术发展趋势，揭示国内外技术创新的优势与劣势，可为我国水产品加工的发展提供启示与借鉴。

从专利申请数量来看，中国水产品加工领域的专利申请量位居世界第一，占全球申请量的 33.84%，已经具备一定的技术实力，获得了较大的发展。其次为日本和韩国，申请量也较大。此外，专利申请量排名第一的机构为日本水产株式会社，美国埃科莱布有限公司排在第五，而中国企业福建天马科技集团股份有限公司也在其中，说明水产品加工相关的企业起着重要的作用，且中国的的企业也开始在技术研发中凸显作用。

此外，通过高频引用专利可以看出，被引用量最多的 10 件专利包括日本和美国的专利，其中排名第一和第二的专利均为日本的专利，说明日本和美国掌握着水产品加工领域的核心技术，市场主导能力强劲。中国在注重水产品加工领域专利数量提高的同时，应努力发掘高新技术，充分调查、分析和研究这些高被引专利，吸取现有技术精华，用于我国自己的水产品加工技术创新。

参 考 文 献

李鹏，2009. 国际专利分类的困境与出路：IPC 的发展与展望 [J]. 中国发明与专利（8）：76-79.

马吉宏，田长彦，吕光辉，2018. 基于"智慧芽"专利数据库的塔里木河生态环境领域专利分析 [J]. 科技管理研究，38（10）：158-164.

宁宝英，马建霞，姜志德，2019. 基于专利的石漠化治理技术分析 [J]. 中国沙漠，39（5）：135-142.

万小丽，2014. 专利质量指标中"被引次数"的深度剖析 [J]. 情报科学，32（1）：68-73.

肖国华，牛茜茜，2015. 专利价值分析指标体系改进研究 [J]. 科技进步与对策，32（5）：117-121.

于丽艳，毕克新，2009. 基于国际专利分类法的中国专利布局实证研究 [J]. 中国软科学（3）：186-192.

郑怀国，贾倩，张辉，等，2017. 基于专利视角的北京涉农领域科技创新现状分析 [J]. 科技管理研究，37（23）：192-199.

第五章 科技发展现状与需求

第一节 国外科技发展现状

水产动物是人类食物的重要组成部分，其丰富的蛋白质和微量元素，有益于人的营养与健康。世界水产品的供应一直在持续增加，由 20 世纪 90 年代的人均 14.4 kg 上升到 2015 年的 20.0 kg 以上，在全球人口动物蛋白摄入量中占比约为 17%，在所有蛋白质总摄入量中占比为 6.7%（联合国粮食及农业组织，2016）。世界发展中国家和低收入缺粮国家人均鱼品消费量分别还只是工业化国家的 82% 和 33%，人类对水产动物蛋白的需求巨大。面向未来，联合国《2030 年可持续发展议程（2015）》指出，到 2050 年世界人口将达到 90 多亿，满足人类对食用水产品不断增长的需求将是一项紧迫任务，同时也是一项艰巨挑战。2014 年渔业养殖产量超过了捕捞产量，成为人类水产动物蛋白生产的主体，发展可持续的捕捞渔业和水产养殖业是现代渔业发展的主旋律。伴随世界渔业发展方式逐步由传统型向新型工业化转变，深蓝渔业成为未来人类食物安全保障与优质动物蛋白稳定供给的战略性发展方向。

一、深蓝生物资源开发利用广度和深度显著提升

深蓝生物资源已成为世界各国高度关注的焦点，其主要包括传统食用型渔业资源和大宗小型渔业新资源。传统食用型渔业资源多为直接用作食物的所谓传统"经济"种类，包括鲐、竹筴鱼等小型中上层鱼类；除了可食用外，分布于全球海洋的低值大宗低等级生物资源是养殖业动物饲料蛋白的主要来源，所生产的鱼粉、鱼油产品也是水产养殖最具营养、最易消化的饲料成分，鳀和沙丁鱼是其中的典型代表性物种。大宗小型渔业新资源，一般需要经过较高程度加工才能利用，是资源潜力巨大但尚未充分开发的可捕捞渔业资源，主要包括南极磷虾和中层鱼类资源。南极磷虾是地球上多细胞生物中资源量最大、繁衍最成功的物种之一。据最新估计，南极磷虾的生物量为 6.5 亿～10.0 亿 t，是人类可利用的最大的可再生动物蛋白库，具备打造"第二远洋渔业"的潜力，也是南大洋洲生态系统中能量和物质流动的最关键环节。近几年，随着挪威开始规模化高效开发南极磷虾资源，使南极磷虾年捕捞产量从 10 万～12 万 t，跃升至 20 万 t 以上。中层鱼类主要为栖息于 200～1 000 m 海洋中水层的小型鱼类（主要为灯笼鱼类）、虾类及头足类等，是金枪鱼和鸢乌贼等重要经济种类的主要饵料；仅我国南海外海中层鱼类的生物量就达 0.82 亿～1.83 亿 t，年可捕量达 0.55 亿～1.29 亿 t，是我国可利用的规模最大的战略海洋生物资源。

除了捕捞渔业生物资源以外，大西洋鲑、金枪鱼等适宜深远海养殖的目标种类也成为国外科学研究所关注的重点物种。大西洋鲑第 4 次全基因组复制事件解析（Sigbjørn Lien et al.，2016）、大西洋鲑育种商业化芯片开发等相关基因组研究工作助力了大西洋鲑在深远海养殖的产业发展。不同鱼类视蛋白基因的拷贝数变化、蓝鳍金枪鱼 RH2 基因的扩张（Yoji-

Nakamura et al.，2013）等相关研究揭示了太平洋蓝鳍金枪鱼适应蓝色大洋生活的遗传基础。贻贝系统发育分析、HSP70 基因家族扩张（Sun et al.，2017）等相关研究解析了深海贻贝群落能够在南海冷泉区等深海极端环境下的生存和适应的分子机制。深海狮子鱼发育不完整的头骨对比、不饱和脂肪酸相关基因的扩张（Wang et al.，2019）揭示了鱼类适应海平面 7 000 km 以下超深渊环境的遗传机制。革首南极鱼基因组（Seung Chul Shin et al.，2014）、南极扁嘴副带鳕鱼基因组（Do - Hwan Ahn et al.，2017）、头带冰鱼基因组（Bo - Mi Kim et al.，2019）、莫氏犬牙南极鱼和智利油南极鱼基因组（Chen et al.，2019）等相关基因组研究结果阐释了南极鱼类对于南极极端环境的适应机制。

二、深远海工业化养殖装备与技术逐步升级

从 20 世纪 80 年代以来，美国、日本、英国、法国、德国等发达国家将海洋开发上升为国家战略，分别制定了详细的海洋科技发展计划，加快了海洋科技多个领域的科研工作。世界渔业发达国家发展深远海养殖工程装备的主要途径是大型养殖网箱和浮式养殖平台，前者在离岸养殖网箱的基础上，在设施与配套装备技术的支撑下，不断向深水、深海水域推进；后者以专业化养殖工船为代表，在发展理念与技术方案上不断成熟，开始列入发展计划。1986 年，Open sea cages（Bridgestone cage）获得成功应用；1988 年，挪威 20 只网箱，在离诺德兰德海岸 4 n mile 的罗弗敦群岛水深 250 m 的全开放海域养殖；1990 年，瑞典 FarmOcea 的半潜式深远海养殖网箱设施（Offshore cage）成功应用，1992 年，Sadco - Shelf（俄罗斯）的自支撑半潜式网箱设施投入生产。1995 年，"Offshore aquaculture"被美国联邦技术评价办公室认定为具有潜力的渔业增长方式，美国国家海洋与大气管理局（NO-AA）通过海洋基金项目资助研究其技术和经济可行性。

随着深远海养殖的不断实践，国外发达国家将深远海养殖理念定义为在离岸 3n mile 至 200n mile 可控条件下进行的生物养殖，其设施可为浮式、潜式或负载于固定结构的设施。近些年来，发达国家基于船舶和海工技术的深远海养殖装备不断创新，2012 年挪威政府创新基金资助 Global Maritime AS 设计"Ocean Farming AS"，计划于 2016 年投入生产，该装备适应水深 100～300 m，2～4 人实施系统管理，其主要参数为：高 67 m、直径 110 m、体积 245 000 m³、重 5 600 t。西班牙建造的游弋式金枪鱼养殖工船，游弋水域温度为 26～28 ℃，可兼捕沙丁鱼捕捞资源，其主要参数为：船长 189 m，船宽 56 m，总高 47 m，拥有 MkW 电站、2 台 5 000 kW 推进动力发动机、2 个 5 000 m³ 冷库，可载员 30 人，养殖水体 9.5～19.5 m³，可实现 9 个月养殖产品达 1 200 t。荷兰开发的 InnoFisk 养殖工船，拥有大西洋鲑繁育循环水系统，能够进行海水育苗、生物饵料培养和成鱼养殖。可用于孵化至少 10 万尾鲑。为了控制病害爆发，将养殖密度控制在 20 kg/m³，相当于 4 条 5 kg 的成鱼养殖。InnoFisk设计船长 300 m，可年产 500 t 鲑。土耳其公司 Denizsan Shipping Company 改造完成的养殖工船主要参数为：船体载重 19 030 t、船长 154.33 m、宽 22.80 m、型深 12.50 m、养殖水体 18 362.68 m³。可用于虹鳟养殖，养殖规格（25±2.7）g 至（37±0.4）kg，在船上养殖 11 月，每月可增重 334 g 左右。其饲料转化率为（1.1±0.1）%、比生长率为（1.51±0.30）%、养殖密度为（101±2.1）kg/m³。此外，欧洲建立了"一条鱼"工程模式，以大型网箱为平台的大西洋鲑养殖技术已相当成熟，建立了全产业链发展模式，并在深

远海大型养殖平台构建开展了一系列探索。

除了养殖工船研发，挪威、美国、日本等国家大型深水网箱养殖也取得显著进步，引领着海洋养殖设施发展潮流。深水网箱主要向大型化发展，如挪威重力式网箱采用高密度聚乙烯（HDPE）材料制造主架，最大尺寸的网箱周长达 120 m，网深 40 m，每箱可产鱼 200 t；美国碟形网箱采用钢结构柔性混合制造主架，周长约 80 m，容积约 300 m³；日本浮绳式网箱由绳索、浮桶、网囊等组成，全柔性、随波浪波动、网箱体积大。以色列 PE 圆形重力式网箱，周长 40 m 和 50 m，单网箱养殖水体 1 000~2 000 m³，采用柔性框架结构、单点锚泊和可升降技术。除此之外，还有适用于近岸海湾的浮柱锚拉式网箱和适用于远海的强力浮式网箱、钢架结构浮式海洋养殖"池塘"，以及张力框架网箱和方形组合网箱等。

由于深海养殖网箱受海洋浪、流的影响，其受力及运动情况相当复杂，运用系统工程方法，将网箱及其所处环境作为一个系统进行研究。其中加强了网箱的水动力学研究，通过分析网箱系缆的最大张力以及养殖系统最小的容积减少系数，除非有专门的技术可以克服严重的网箱体变形，在流速超过 1 m/s 的地方不太适合网箱养殖。挪威的 HDPE 网箱现已发展到最大容积 2 万多 m³，单个网箱产量可达 250 t，大大降低了单位体积水域养殖成本。深海网箱抗风浪能力普遍达 5~10 m 以上，抗水流能力也均超过 1 m/s；在抗变形方面，美国的 SeaStation 网箱在流速大于 1 m/s 的水流中，其有效容积率仍可保持在 90% 以上。挪威的海洋球型（OceanGlobe）网箱，内部可以根据养殖的需要，用网片分割成 2~3 个部分。具有可以有效率地捕捞、清理及维修；可根据不同的气候条件在水下进行喂食；适宜恶劣的海洋环境与天气；可防止养殖对象被肉食性生物咬食和养殖对象逃逸；球型设计不会因海流冲击而变形，保持稳定的内容积；网箱与鱼的移动范围很小，便于船只与员工停靠和操作等优点。

三、远洋渔业资源探测与捕捞技术日益进步

随着海洋重要性的日益增加和人类对海洋的利用与保护水平的发展，公海生物资源除已为世界各国广泛开发利用的渔业资源外，尚有大量未开发的可为人类提供食物、保健、生活和生产原料的生物资源，现实和未来的发展都需要的最为广阔的资源领域，合理开发利用数量巨大、种类众多的公海资源是人类未来发展的方向之一。

北太平洋渔场是世界上渔业产量最高的海区，其产量约占世界海洋渔业总产量的四分之一。2016 年，北太平洋渔业捕捞产量为 2 550 万 t，占全球海洋渔获量的 32.16%。日本是最早在北太平洋开展专业渔业资源调查的国家之一，其拓展公海渔业资源开发的前期都是完全由国家资助进行渔业资源调查，将获得的调查资料及时反映给国内的远洋渔业生产企事业及远洋渔业生产事业管理机构。APEC 提供的资料信息表明，至 20 世纪末日本政府已花费了约 1.5 亿美金用于推动其远洋渔业的发展。21 世纪初，日本使用"照洋丸"号和"开洋丸"号调查船分别对北太平洋的水团以及西北太平洋的中上层鱼类资源进行了调查。2006—2009 年，日本每年都会派调查船对西北太平洋公海的天皇海山一带水域进行渔业资源及环境调查，调查内容丰富，即包括底拖网及蟹笼等渔具渔获物、浮游生物、底质、渔业声学及理化环境等。近些年来，日本一直利用渔业调查船对秋刀鱼、鱿鱼、金枪鱼类以及鲸类等进行渔场分布及其环境调查。1980 年，美国曾使用专业的渔业调查船"Chapman"号对北太

平洋的渔业资源进行调查，该船除安装有探鱼仪等现代电子仪器外，还有底拖网、中层拖网、底层延绳钓、表层延绳钓、刺网、鱼笼等传统生产渔具。

南太平洋的主要渔业资源为金枪鱼类、竹笑鱼。其中 71 区、77 区和 87 区作为南太平洋主要金枪鱼类作业渔场，每年捕捞量占整个太平洋捕捞量的 85% 以上。南太平洋的智利竹笑鱼渔业始于 20 世纪 50 年代，中国、伯利兹、库克群岛、法罗群岛、荷兰、韩国、俄罗斯和瓦努阿图均在南太平洋公海捕捞智利竹笑鱼，每年产量维持在 150 万 t 左右。金枪鱼类的科学研究工作，国际上主要以日本学者为代表。对其生物学、渔具渔法等的研究工作主要通过借助生产活动完成，对渔场分布及渔场环境等的研究工作则与为其他目的而进行的海洋科学研究成果相结合，逐年形成了其渔场环境以及渔业资源学知识。国际上对智利竹笑鱼开展过众多研究，苏联 1978—1991 年前后 13 年调查渔船和船队生产得知，在 40°S 附近，存在一个竹笑鱼分布带横跨整个太平洋。智利相关部门对其外海进行年度鱼卵生产调查与声学调查，并配以渔业观察员制度，支撑其渔业管理。作为先进渔业国家，韩国也是对南太平洋竹笑鱼渔场高度关注的国家之一，并于 2003 年 8—12 月期间使用 "TAMGU 1" 号和 2 艘商业性中层拖网生产船在东南太平洋进行了实验性中层拖网和水声调查。

印度洋海域的捕捞产量相对较高的是鲭科、鲱科和鲲科等鱼类，头足类产量近些年也有较快增长。东印度洋渔获量近几年继续呈上升趋势，2016 年达到 639 万 t；西印度洋总上岸量也继续增加，2016 年达到 493 万 t。主要的渔业产业有金枪鱼类延绳钓、中上层拖网、深水拖网和深水延绳钓等。总体来说，印度洋渔业资源丰富且未开发的渔业和渔场较多，特别是中上层鱼类。世界发达渔业国家均对印度洋渔业非常重视，多次开展专业性渔业资源调查，如日本、澳大利亚、新西兰和苏联等国在 1970s 就开展了多次渔业资源调查，主要是深水底拖网和延绳钓。泰国于 2015 年开始对印度洋中上层拖网渔业资源调查。目前国外开展的印度洋探捕调查基本上也都是采用渔船进行调查，缺少专业型的渔业资源调查船。

南极的主要渔业资源种类有南极磷虾、南极犬牙鱼和南极冰鱼等，其中南极磷虾是南大洋生态的关键种。2016 年南极磷虾的总产量为 27.4 万 t。鉴于南极磷虾在南大洋的重要地位，其一直是国际上南极海洋生物资源调查主要对象。南极磷虾分布和生物量评估的调查研究最早始于 20 世纪 30 年代并延续至 60 年代，通过 Discovery 项目初步描绘了南极磷虾在南大洋的资源分布情况。此后国际上共开展了 3 次大规模南极磷虾资源分布和生物量调查评估，分别为 1981 年的 BIOMASS 计划、1996 年和 2006 年的 BROKE 项目（澳大利亚）以及 CCAMLR 2000 国际联合调查。同时，部分国家也在南大西洋和南印度洋等海域开展了南极磷虾资源的区域性调查与监测。近年来，在全球气候变化背景下，海冰对南极磷虾种群补充及南极海洋生态系统的影响愈发得到重视，国际上的南极海洋生物调查逐渐转向冬季调查。南极海洋生物资源由南极海洋生物资源养护委员会（Commission for the Conservation of Antarctic Marine Living Resources，CCAMLR）依据《南极海洋生物资源养护公约》实行严格管理。

与南极地区海洋环绕大陆的情形相反，北冰洋是被大陆环绕的海洋，面积约为 1 475 万 km²，冬季约 80% 的海面被冰覆盖，夏季的冰封面积也达一半以上。北极渔业资源丰富，如北极、亚北极海域的白令海狭鳕和巴伦兹海鳕是全球除带鱼之外仅有的两个年产过百万 t 的底层鱼类资源。然而，北冰洋中央海域由于经年海冰未化，商业渔业还未真正存在。尤其是近年来，随着全球气候变暖的加剧，浮游生物和鱼类的主要物种也出现向极迁移的格局，使得北极海域向着有利于渔业资源的方向发展。

世界渔业强国为了提高大洋极地渔业的竞争力，在加强渔业资源监测调查和开发利用的同时，积极推动数字化信息技术、新材料与造船新技术等在远洋渔业生产与管理中的研究和应用。例如，在利用空间观测技术提高渔场搜寻效率，减少渔船能耗和捕捞作业时间方面，日本、美国、法国等国自 20 世纪 90 年代起，陆续建立了基于 4S（RS、GIS、GPS、ES）技术的渔场渔情分析速预报以及渔业生产管理信息服务系统，可及时快速地获取大范围、高精度的渔场信息，提高作业船队的捕捞生产效率。在采用新技术、新材料改进传统渔具渔法来提高捕鱼效率方面，日本古野电气公司研制的机器人钓机 FF‐50Tunaman 取代传统的鲣和金枪鱼竿钓，由计算机控制投饵钩的频率、位置和角度、放起钓的速度、脱钓位置以及花费的时间等；荷兰 DSM 公司研制的超强聚乙烯纤维 Dyneema 已在远洋大型拖网、围网、延绳钓上得到广泛应用，大幅提高了渔业捕捞效率，减少了生产能耗。在生态友好型捕捞技术与装备研发方面，早在 20 世纪 80 年代中期，发达渔业国家就注重选择性渔具渔法的研究，例如建造大型水槽，为渔具力学和渔具渔法的研究和技术传播提供了重要设备。同时，在渔具选择性和鱼类行为学研究方面，专门建造鱼类行为学水槽，为渔业科学调查船配备系统的水下观察测量仪器，如英国阿伯丁海洋研究所、挪威渔业研究所和法国海洋与渔业研究所。在捕捞作业集成化、规模化发展方面，欧盟利用其先进和庞大的工业系统，先后研发了渔船上的液压机械、平板冷冻设备、鱼片加工机械、超声波探鱼仪器、远程导航仪器、捕捞航海模拟训练装备等，使捕捞、加工和物流等高度综合集成。此外，欧盟还建造了大量设备先进的渔船，渔船趋向大型化、机械化、自动化。

四、海上信息网络保障与渔情海况预报初步探索

信息网络是面向全球海洋的深蓝渔业的动脉，渔业船联网是构建信息网络的主要载体。以渔船与生产平台所涉及的环境、生产、生物、航行、设备和渔港等渔业信息为基础，融合现代通信与网络技术，进行船与海空天地等的智能信息交换、共享，通过复杂环境感知、智能决策、协同调度等方式，实现养殖系统、渔业船舶和物流系统智能化控制与信息化管理，能够整体提升深蓝渔业的生产效率与产品价值。

关于船联网建设方面的初步探索，欧洲为保障跨国、跨区域内河航运的高效、经济、环保与安全，促进欧洲内河航运业整体发展，提出了构建统一的欧洲内河航运综合信息服务体系（RIS，River Information Service）。RIS 是内河航运跨区域、跨部门、跨系统业务协同与资源整合的一个概念体系，将先进的信息技术、通信技术、电子控制技术和计算机处理技术等集成应用于传统的内河航运体系，通过异构系统的互联互通、资源共享，实现海量航运信息的采集、传输和处理，建立起大范围内协同、实时、准确、高效的内河航运信息服务综合系统（周俊华等，2009）。欧盟为进一步推动 RIS 项目发展，构建了 RIS 组织结构、技术体系和标准体系，并形成了《RIS 指南》，给出了正式且全面的 RIS 标准规范。欧洲 RIS 主要涵盖交通信息、航道信息、交通监管、应急救援、运输物流信息、执法信息、统计信息和规费征稽等 8 大服务功能领域（罗本成等，2007）。经过十几年的运行和完善，已经逐渐成熟并得到广泛的应用，展示了未来内河航运现代化发展方向，引起了全球范围内的高度关注。

RIS 系统利用现代信息技术和通信技术，面向各级用户提供比较完善的航运综合信息服务——交通相关信息服务和运输相关信息服务。如提供航道地理、水文、气象以及行政管理信息，包括与航道相关的动态信息（水位、流量）、静态信息（船闸调度计划）等，并显示在船载电子海图显示及信息系统上，帮助船员规划、执行和监控整个航程；提供航运统计服务，对内河航运相关信息进行分析加工处理，提供高效、便捷的航运信息统计服务，包括航运综合统计、货运统计、船舶统计、船闸统计、水上事故统计、港口统计等；还能够提供水上应急救援服务，对注册船舶的航行动态进行全程监控，一旦船舶发生水上交通安全事故，RIS 系统能及时向有关救援部门或其他应急救援部门提供相关数据信息，确保水上应急救援的及时和高效。基于 RIS 系统比较完善的体系框架，以及成熟完善的数据分析和应用，它的运作将为未来船联网建设提供丰富的经验。

在渔情海况预测预报方面，利用海洋遥感技术进行渔场环境监测分析及中心渔场预报技术，可为渔船捕捞生产等提供中心渔场预报等海况、渔况信息服务，提高渔船捕捞效率。国外卫星遥感技术的海洋渔场判读应用研究始于 20 世纪 70 年代初期，主要是美国、日本等国家利用气象卫星提取的海表温度数据进行渔场分析预测并提供给渔民使用。20 世纪 90 年代开始，卫星遥感反演海表温度（SST）、海水叶绿素等水色信息和海洋动力环境（海面高度等）信息均成功应用到渔场研究和分析领域，卫星遥感的渔场环境监测及渔情预报进入成熟阶段。随着全球海洋卫星监测体系的完善以及多元化，卫星遥感的海洋渔场监测及预报应用研究也从单一要素进入多要素分析及综合应用阶段，从试验应用研究进入到业务化运行阶段，美国、日本、法国等发达渔业国家代表着最高的应用水平。近十年来，随着大数据及人工智能等新技术的兴起，以及浮标、潜标等海洋立体观测技术的发展，海洋次表层环境信息也逐步被应用到渔场分析及研究应用中。可以预见，海洋渔场的立体观测与分析应用有望得到快速发展，渔场预报信息服务也将向高时空精度的个性化、智能化信息服务拓展。

以地理信息系统技术为主的海洋渔场栖息地时空动态变化监测、渔业制图分析等，可掌握某渔场或某鱼类种群的时空变化规律，服务基于生态系统水平的资源评估和海洋渔业管理。卫星遥感反演的海表温度（SST）、海水叶绿素浓度等渔场环境信息，除了开展渔场预报外，国际上近年也逐步应用到渔场生态环境与栖息地监测、渔业生态系统综合管理和渔业生物功能区划分等领域。随着全球各类海洋卫星星座及立体观测体系的建设，透明海洋、智慧海洋将进入实质性发展阶段。因此，空间观测技术发展及海洋应用，有望使渔场生态环境、鱼类栖息地监测与评估等从试验应用进入业务化应用阶段，从定性理解走向定量研究，从静态的单一尺度研究走向动态的点-区域-全球尺度的整合研究，从单一学科的局部性探索走向跨学科领域的交叉研究。

纵观国外发达渔业国家的遥感渔场预报与信息服务的应用工作，主要分两种方式，一种是以日本为代表的政府拨款为主的公益性服务：主要由日本专门的水产机构即日本渔业情报服务中心（JAFIC）来完成，是日本专门从事渔场分析预报研究与运行的机构，其信息种类和信息服务海域多样，内容丰富，类似的还有印度遥感服务中心等。另一种是以法国、美国为代表的半商业化企业模式：主要依赖其所建立的较为完善的卫星海洋观测体系，海洋渔业应用只是其重要的应用领域之一。通常以商业公司体系运作，如美国 ROFFS 公司、空间成像公司和法国 CATSAT 公司等，以提供遥感反演各种海表观测以及次表层计算的渔场环境信息为主。

第二节　国内科技发展现状

习近平总书记在党的十九大报告中明确指出"中国特色社会主义进入新时代，我国社会主要矛盾已经转化为人民日益增长的美好生活需要和不平衡不充分的发展之间的矛盾"（习近平，2017）。满足"人民美好生活需要"对于现代渔业建设的总体要求是：保障水产品量的稳定供给、水产品质的有效提升和生产方式的可持续转变。而"不平衡不充分"在渔业中的突出表现则为：水产品供给总量多、质量低、安全保障不足，过度依赖自然资源、影响生态环境，生产方式较为粗放（王文彬，2018）。探索"量质"并举的渔业"调结构、转方式"的出路是当今渔业科技工作人员和管理决策者面临的重要命题。在内陆水域、陆基和近海养殖面积不断受到挤压的大环境下，挺进深海、布局深蓝，是变蓝色海洋为"蓝色粮仓"的革命性生产方式转变（张瑛等，2018）。深蓝渔业的蓬勃发展，将成为推动我国陆基型水产养殖向深海拓展，海洋渔业由捕捞型向养殖转型转变的重要方式。植根于深远海的深蓝渔业以规模化生产优质水产品为特色，集养殖、捕捞、物流等船舶构建航母船队，在深远海海域开展渔业生产，成为现代渔业产业转方式、调结构的优先选项。构建以规模化高效生产为内涵的深蓝渔业生产体系，将极大推动我国水产养殖空间拓展和生产方式转变，提升我国深远海水域及渔业资源的利用能力，是以工业方式发展现代渔业的有效途径。

一、深蓝生物资源系统性发掘与综合利用成为热点

我国深蓝渔业生物资源开发利用主要集中于深远海养殖种类、深远海资源种类和极地资源种类。

黄条鰤、大西洋鲑、金枪鱼、大黄鱼、石斑鱼、卵形鲳鲹、斑石鲷等是深远海养殖种类的研究焦点。在以养殖工船为代表的模式下，重点以大西洋鲑等游泳性物种和鲆鲽鱼类等栖息性物种作为船载舱养对象，分析养殖目标物种的生理、生化特性，提出水质、密度、噪声、波动等应激阈值；优化目标物种全程养殖工艺，构建陆海全程养殖操作规程；研发目标物种规模化养殖技术，建立集约化船载舱养与活体转运技术体系；研发目标物种集约化养殖与品质调控技术，建立绿色生产规程。在以开放海域设施养殖为代表的模式下，重点以黄条鰤、大黄鱼、卵形鲳鲹、斑石鲷、石斑鱼等作为养殖对象，分析目标种类的生物学、生理生态和行为学特点，研究其对开放海域工况与养殖设施的适配性，评估生产性能与产业化潜能；研究育苗适宜的设施设备及配套技术工艺，开发分级筛选、水质调控、饵料系统、畸形和互残控制等关键技术，形成大规格苗种规模化培育技术工艺；开发基于清洁能源的苗种陆基保育技术；研究苗种生长发育的生理特征，查明其对环境适应的行为与生理机制，确立苗种入海的适宜规格、时间以及生理状态等窗口指标；研究潜浮式网箱、大型围栏等养殖条件下适养鱼类的适宜养殖密度、饲喂策略、病害防控等养殖工艺。

中层鱼鸢乌贼等是深远海资源种类的研究重点。南海中层鱼资源调查表明，南海深水区中层鱼共 455 种，其中，鱼类 399 种、头足类 16 种、甲壳类 40 种。主要优势种为黑色珍灯

鱼、尾明角灯鱼、柳叶鳗、喀氏眶灯鱼、菲氏眶灯鱼。中层鱼的饵料以甲壳动物占绝对优势，包括桡足类、磷虾类、端足类、介形类、十足类、莹虾类和等足类，属浮游动物食性鱼类。南海海域43种鱼类和头足类显示出强昼夜垂直迁移习性，其中灯笼鱼23种，头足类8种，其他鱼类12种。耀星眶灯鱼、小眼孔头鲷、长银斧鱼等6种鱼类显示出弱昼夜垂直迁移习性，其中灯笼鱼1种，其他鱼类5种。低褶胸鱼、高银斧鱼、褶胸鱼等13种鱼类无昼夜垂直迁移习性。其他178种中层鱼类的昼夜垂直迁移习性无法明确判定。资源量和开发潜力评估显示：南海中层鱼资源密度为$0.08\sim0.36$ g/m³，平均资源密度为0.15 g/m³；资源量为0.83亿$\sim$1.82亿t，年可捕量达0.83亿t以上，呈现出令人振奋的开发前景，引起国内学界和行业主管部门对中层鱼资源的重视。

南海鸢乌贼分布较为广泛，资源高密集区位于南海中部上升流渔场海域，次高密集区位于海南岛东部外海以及南沙西南部海域。鸢乌贼捕捞生产的主汛期为3—6月，次汛期为8—10月。根据"回声探测＋目标强度仿真模型＋频差技术＋生物学拖网取样"的多种渔业资源评估技术，评估中国南海鸢乌贼现存量为457万t，可捕量为480~660万t/年。南海鸢乌贼分为中型群和微型群，中型群日龄范围为30~135 d；微型群日龄范围为44~81 d。中型群体主要摄食头足类和鱼类，属游泳动物食性类型；微型群则以头足类为主要摄食对象，其次是甲壳动物虾类和桡足类，属游泳动物和浮游动物食性类型。鸢乌贼的自然死亡系数较高，其值中型群为2.0，微型群为2.9。

南极磷虾是极地资源种类开发利用的最典型目标对象。自1984年起，我国进行了数十次南极科学考察，对南极磷虾的种类、资源量、分布及其环境因素进行了相关研究。1985年，首次在南极洲建立科学考察站——长城站，首先对南极磷虾的分布情况、生长状况等生物学特性开始进行科学调查。20世纪80年代，研究人员解决了如何辨别磷虾年龄和负生长的重大科学难题，对预测南极磷虾种群的正常繁衍和预知人类捕捞活动对磷虾种群是否具有威胁具有重要意义。20世纪90年代初，在南极普利兹湾海域对南极磷虾生态学进行了研究，调查了南极磷虾的生殖力、年龄组成、生长状态等。20世纪90年代至21世纪初，随着"雪龙"号极地考察船的使用，开始对南极磷虾生态学进行大规模系统性研究，分析了普里兹湾海域磷虾的分布、丰度、种群结构以及地域性差异。2009年底，我国首次派两艘大型远洋渔业拖网船赴南极作业渔场探捕南极磷虾，经过在南极洋区23 d的连续奋战，探捕磷虾1 848 t，超额完成了93个站位的综合调查项目，取得了在南极磷虾渔场、生物资源、洋区环境、渔具改进和捕捞方法、磷虾冷冻处理等方面宝贵的第一手探捕资料，实现了对南极磷虾的生产性探捕，在生产组织、安全环保、科学研究等方面取得了实践经验。2012年，在积累首次成功经验后，我国在探捕规模上有所增加，作业渔船从2艘增加到5艘，产量增加到16 020 t；探捕时间延长，从首次的23 d延长到157 d，从夏季延长到春、夏、秋3个季节开展生产；探捕范围扩大，探捕站点从93个扩大到107个，探捕调查总面积增加了2万n mile²，获取了大量南极磷虾样品和海洋生物环境数据。目前，中国对南极磷虾的开发利用研究，仍局限于对南极磷虾的生态习性、分布规律、渔场形成条件、渔具渔法、保鲜加工的初步了解。与挪威、加拿大等国际发达国家相比，南极磷虾的商业化进程还存在一定差距。

二、深远海工业化养殖模式与设施装备开始应用

符合我国国情的深远海养殖定位的特征主要有：远离大陆海岸线 3 km 以上，处于开放海域水深 20 m 以上，具有大洋性浪、流特征规模化设施，包括网箱、围栏、平台、工船等多种形式，具有一定的自动投喂、远程监控能力。

近岸小型网箱是我国深远海工业化养殖的雏形，其开启了近岸海域养殖模式，也开拓了海上养殖网箱设施。20 世纪 70 年代末，我国南方海区以暂养出口石斑鱼为目的发展起来的海水鱼类浅海普通网箱养殖新模式，具有单位面积产量高、养殖周期短、饲料转化率高、养殖对象广、操作管理方便、劳动效率高、集约化程度高和经济效益显著等特点。20 世纪 90 年代以后，浅海普通网箱养殖发展迅速，1994 年全国普通网箱数量达到 16 万只以上，年产量 10 万 t 左右，养殖的鱼类品种有 20 余种，养殖技术逐渐成熟。此后，浅海普通网箱得以更进一步地发展，成为我国海水鱼类养殖的主要方式。到 2018 年我国浅海普通网箱 5 180 万 m²，养殖产量 59 万 t，分布在沿海各省的内湾水域。

离岸大型网箱是我国深远海工业化养殖的进阶模式，其拓展了海域养殖可利用空间，也提升了网箱设施装备水平。我国于 1998 年引进 HDPE 深水抗风浪重力式网箱，2000 年以后，国产化大型深水抗风浪网箱的研发得到了国家与各级政府部门的大力支持，发展至今，已基本解决了深水抗风浪网箱设备制造及养殖的关键技术等问题。到 2018 年，全国深水网箱养殖达 1 348 万 m³，养殖产量 15 万 t，养殖海区可到达 30 m 等深线的半开放海域，主要养殖鱼类品种有卵形鲳鲹、大黄鱼、鲈、美国红鱼和军曹鱼等 10 余种。我国对离岸抗风浪网箱设施的研究方面取得多项技术突破。升降式深水网箱养殖系统已形成了一套比较优化的设计方法与制作工艺，提高了网箱的抗风浪能力，可承受超过 1 m/s 的水流速度。在网箱材料选择和性能试验等方面，自主研发的 HDPE（高密度聚乙烯）网箱框架专用管材和 PA（聚酰胺）网衣，在主要性能指标和总体性能上，都接近或超过挪威的水平。研发出抗流网囊、网箱踏板、新型水下监视器、太阳能警示灯、锄头锚、充塑浮筒、水下清洗机和远程自动投饵样机等装备。大型全潜式智能网箱"深蓝 1"号是离岸大型网箱先进代表。网箱周长 180 m，高 34 m，重约 1 400 t，养殖水体 5 万多 m³，设计年养鱼产量 1 500 t。其核心设计采用了网箱水层调节结构、浮箱捕捞和网箱附着生物清除、鱼鳔补气等专利技术。该网箱安装有 8 个实时监视摄像头和温度、溶解氧气、流速等参数传感器。该网箱是双层超高分子聚乙烯网衣和钢架结构。该网箱可在高温的夏季沉到黄海冷水团所在水层，在上层海温适宜鱼类生长的 10 月底至次年 6 月初可浮到水面进行养鱼生产。

远海大型围栏是我国深远海工业化养殖的现行模式，其是放养模式的创新，也是装备工程化的升级。高海况条件下的柱桩及整体牢固可靠，附着生物和水流条件下水下拦截网衣水流通畅是推进深水大型围栏养殖设施安全运行的关键所在。在柱桩牢靠固定方面，侧重于海工装备与技术应用，研究重点包括钢筋混凝土桩、钢塑复合管桩、柱桩精准定位及其海上施工、桩帽及可靠链接等。在网衣水流通畅方面，侧重于铜合金网材料应用，研究重点包括优异的防污损生物附着性能、良好的防海水腐蚀性能、良好的物理机械性能等。在福建省台州市大陈岛海域、温州市洞头鹿西岛海域，浙江舟山黄兴岛附近海域已建有大管径钢塑复合管桩深远海围栏设施，开始了大黄鱼等主要海水鱼类品种的深远海大型围栏养殖初探，相比传

统网箱养殖,养殖大黄鱼的投喂饲料减少40%～60%,成活率约提高5%,养殖大黄鱼的品质在成分和条形上有显著提升,市场价格提高3～5倍。在山东省莱州湾海域,建设大型钢制管桩式围栏养殖平台,实现底层养殖半滑舌鳎、中上层养殖斑石鲷、石斑鱼的立体生态养殖模式。配备大型气动投喂、活鱼采收、生物量估算、物联网监控监测等现代化装备,实现精准化操作和智能化管控。大型围栏自带8个多功能平台,规划建设休闲网箱,实现高低搭配,开展休闲垂钓、海上观光、海上餐饮等休闲渔业活动,实现渔业多元化经营。

移动式养殖平台是我国深远海工业化养殖的先进模式,也是"陆海统筹、海陆联动"的综合渔业生产新模式。在研发方面,完成了国内首艘具备自航能力10万t级大型游弋式养殖工船总体方案设计,主尺度为总长243.8 m、垂线间长233 m、船宽42 m、型深21.4 m、吃水13.5～14.8 m,对应载重量为93 000～105 000 t,续航力19 000n mile,航速15 kn,结构重量17 800 t、压载水40 000 m³、清水舱400 m³,油舱总舱容120 000 m³,有效舱容约7万m³,可移游弋泊系于适宜水域,年产量2 400 t(25 kg/m³)。养殖工船配有居住区、物资补给区、加工冷藏区、繁育车间、燃油补给区、养鱼水舱、淡水补给舱、压载水舱等功能区域。主要养殖的目标种类涵盖大西洋鲑、石斑鱼、大黄鱼、黄条鰤、金枪鱼等具有较高经济价值的海水鱼类品种。在建造方面,研制我国第一艘半潜船形桁架浮体混合结构万t级"德海1"号智能化养殖渔场,总长度91.3 m,宽度27.6 m,设置"3+1"养殖区,养殖水体可达3万m³;配备智能化投喂养殖专家系统、自动投饵机、监控监测系统、风光互补能源系统、海水制淡系统、起网机、水下洗网机和高弹性锚泊系统;设有养殖区、生活区、储藏区、控制区等多个功能区,适应20～100 m水深海域区间养殖,可实现一体化管理及无人驻守养殖。国内首艘养殖工船"鲁岚渔养61699"正式建成,工船总吨位3 000 t、长86 m,型宽18 m、型深5.2 m,拥有14个养鱼水舱,配备饲料舱、加工间、鱼苗孵化室、鱼苗实验室等舱室,具有深层测温智能取水与交换、饲料仓储与自动投喂、舱养水质环境监控以及养殖鱼类行为监测等功能,能够满足冷水团养殖鱼苗培育和养殖场看护要求。

三、远洋渔业资源探查捕捞与开发利用阔步向前

我国远洋渔业起步于1985年,1986年的渔船数量33艘,产量1.99万t,在国家大力支持下,30年来取得了飞速的发展。2018年产量达225万t,产值达262亿元,全国作业远洋渔船2 500余艘,总功率220万kW,与2010年相比,产量增长80%、产值增长60%、船数增长60%、总功率增长50%。目前,我国远洋渔业产量与船队规模均已居世界前列,同时整体装备水平显著提高,现代化、专业化、标准化的远洋渔船船队初具规模。作业海域现扩展到40个国家和地区的专属经济区以及太平洋、印度洋、大西洋公海和南极海域,公海渔业产量占65%以上。

目前,北太平洋的捕捞种类以秋刀鱼、鱿鱼、鳕、鲉以及金枪鱼类等为主。我国大洋性远洋渔业起步于北太平洋,1985—1986年由上海"开创"轮、大连"耕海"轮和烟台"烟远"轮组队开赴北太平洋白令海和美国阿拉斯加进行渔业捕捞,揭开了我国北太平洋远洋渔业的序幕。1993年,中国大陆在北太平洋的灯光鱿钓开始起步,目前鱿钓生产船的规模在200艘左右,年产量5万t左右。中国大陆于2001年开始了北太平洋的秋刀鱼渔业,现已发展到几十艘专业生产船的规模,年产量7万t左右。2013年,中国大陆开始投入中上层灯光

围网作业，目前渔船数量在 80 艘左右，年产量 10 万 t 左右。中国大陆在北太平洋公海渔船作业方式与投入数量日趋增多，作业渔场主要集中在日本专属经济区（EEZ）以东的公海海域，目前的主要渔业方式为灯光诱钓、光诱舷提网以及灯光围网三种，捕捞的渔获对象分别为鱿鱼、秋刀鱼和鲐等中上层渔业资源，其中鱿鱼在缔约方内的产量占首位，是传统渔业；秋刀鱼渔业和中上层围网是国内新兴的渔业，处于较平稳的上升期。

在南太平洋中，竹筴鱼渔业和金枪鱼类渔业是我国重点关注及主要参与的渔业活动。我国从 1988 年开始进入太平洋海域开展金枪鱼类生产，这是我国最早开始金枪鱼类渔业的海域之一，作业区域主要为公海和岛国专属经济区内，近些年我国在南太平洋金枪鱼类渔业呈现西涨东降的态势，这主要是由于美洲热带金枪鱼委员会（IATTC）在 2003 年实施了东太平洋大眼金枪鱼配额管理制度，并在 2004 年生效。2006 年我国开展了东南太平洋延绳钓金枪鱼类渔业资源探捕，初步探明了该海域金枪鱼类渔场的水温环境情况、资源情况。然而依托生产船只的资源探捕调查，具有一定的局限性，在国际上的认可程度亦受影响，研究成果尚不能满足对金枪鱼类资源及渔场的研究需求，且对我国在国际组织的影响力造成一定程度的削弱。2000 年，上海远洋渔业公司和上海海洋大学联合对东南太平洋智利竹筴鱼资源进行了首次探捕，对渔场环境、捕捞对象生物学特征、渔具渔法、渔获物加工、储藏等进行了调查和探捕；其后，在国家的指导和财政资助下，2001—2007 年先后进行 3 次智利外海竹筴鱼资源、1 次秘鲁外海竹筴鱼资源的探捕调查。

印度洋渔业资源十分丰富，特别是中上层鱼类（如金枪鱼类、鱿鱼、鲐类）和底层鱼类（如胸棘鲷等鲷科鱼类）。我国于 1995 年开始发展印度洋金枪鱼类渔业，目前在印度洋开展的渔业主要有灯光围网、鱿钓、金枪鱼类延绳钓等几种。2018 年，渔船数达 77 艘，主捕鱼种为鲐、鳀、乌鲂、鱿鱼、鲣类、鲯鳅等，捕捞渔船采用灯光围网（敷网）等作业方式，适合中上层鱼类的捕捞。印度洋鱿钓产业发展较为缓慢，自 2003 来开始探捕以来，一度未形成产业，2015 年以后逐渐发展成十几艘的鱿钓产业。主要作业区在阿拉伯海外侧公海区。除了渔业活动收集到的资料外，农业农村部探捕项目主要开展了印度洋鸢乌贼钓渔业调查、印度洋东北部中上层鱼类渔业资源调查、金枪鱼类延绳钓渔业调查等，所做探捕调查均采用渔船调查，调查的年限和范围均有限，且缺少较为系统的跟踪监测。

我国的南极科学考察始于 20 世纪 80 年代，以"雪龙"船为代表，至今承担 30 余次的科考任务，积累了丰富的环南极生物资源调查数据，并在南极磷虾基础生物学及种群、资源等方面取得了一定的成果。我国于 2007 年正式成为 CCAMLR 正式成员，从而享有了南极海洋生物资源开发利用的权力。自 2009 年末我国启动南极磷虾渔业以来，经过近 10 年的发展，已成功跻身南极磷虾渔业国第二团队，2016 年南极磷虾的总产量达到 6.5 万 t。同时，我国也在南大西洋斯科舍海主要渔场内利用生产渔船连续开展了南极磷虾资源与渔场环境调查，并自 2016/2017 渔季将调查区域拓展至南印度洋海域。尤其是，我国多艘渔船逐步装备了先进的科学探鱼仪，从而具备了开展南极海洋生物资源声学调查评估的基本条件，并在利用渔船开展南极磷虾资源声学调查评估技术及南极磷虾捕捞群体种群、资源动态方面取得了一些国际上认可的成果。我国自 20 世纪 90 年代开始逐渐重视北极事务，于 2013 年成为北极理事会的正式（永久）观察员，并参加了历次北极渔业相关会议。

在节能降耗新材料和捕捞装备研制方面，研发出渔用中高分子量聚乙烯绳索、中高分子量聚乙烯/聚丙烯/乙丙橡胶网线、聚烯烃耐磨节能网片等 3 种节能降耗型渔具新材料，实现材料消耗降低 33%～36%、节能 6%～10%。研发了声呐换能器基阵、多通道发射接收机、信号处理机、声呐模拟器、升降回转机构、显控软件等部件，通过综合优化集成，研制出频率范围在 20～30 kHz 的大功率高带宽 360°电子扫描声呐，探测距离大于 2 500 m，发射功率约 1 kW，最大量程 4 000 m。经海上试验证明，自主研发的声呐主要指标均接近或达到国外同类设备水平。开发远洋深水拖网作业成套捕捞装备，通过台架试验能满足 500～1 000 m 水深作业，容绳量达 24 mm×2 500 m，绞拉力 60 kN，绞拉速度 100 m/min，液压系统采用变量泵＋比例阀远程集成控制技术。该装备通过了上海市渔船产品检验，并在加纳水深大于 500 m 海域开展试验，结果表明一个网次拖网时间为 2 h，上网用时 20 min，最大放网水深超过 500 m，放纲长度超过 1 450 m，产品性能与技术指标达到国外深水拖网作业成套捕捞装备同类设备水平。开发了满足 50～80 m 船长的远洋舷提网作业捕捞成套装备，舷侧滚筒的最大拉力为 9 800 N，额定转速为 40 r/min，容绳量 φ10×60 m，滚筒节数 Z=9 节。海上生产试验证明，远洋舷提网作业捕捞成套装备平均放网时间 6.1 s，起网时间 7.1 s，舷侧滚筒工作压力稳定在 140～160 kg/cm²，网纲绞机工作压力稳定在 130～150 kg/cm²。该设备在辽宁省大连海洋渔业集团公司的 3 艘远洋渔船上得到推广应用，能够替代国外同类作业设备。

自主设计了适合我国渔船实际的南极磷虾专用拖网及与网具相匹配的新型水平扩张装置，并装配了自主研发的哺乳动物释放装置，渔获效率提高 20%～30%、能耗降低 5.5%。其中，BAD13B00 - TN01 型南极磷虾拖网为单船有翼单囊拖网，六片式结构，网口周长为 246 m，网身长度为 101.6 m，囊网长度为 45 m，主网衣采用高强度 PE 编织线材料，内衬网为 PA 经编网衣，具有结构牢固、网型饱满流畅、便于作业等特点；在南极 48.1 区进行了海上生产试验表明，该网日间平均单位时间（每小时）产量达 45 t，夜间达 21 t，网次产量在同渔区渔船中处于领先水平。BAD13B00 - TN02 型拖网是在 01 型的基础上，应用新材料和新工艺，经 20 余项改进试制而成；海上试验证明，该网渔获效率达到 0.5～0.9 t/min，网次最大产量达 40 t，日产量可达 220 t，拖网能耗系数为 0.686 kN/m²，优于同船试验的网口周长为 300 m 的挪威进口拖网。提出了南极磷虾泵吸捕捞系统作业方案，液压泵站系统额定压力为 15 MPa，叶轮转速范围为 600～1 000 r/min，正常工作时泵站压力为 8～10 MPa，叶轮转速 600～800 r/min，测试显示泵吸系统能够实现活鱼输送，其出口流量约 300～400 t/h。根据作业环境的低温、低拖速特点，研究了渔用材料的低温适配性，实现了适于环境和作业需求特征的特种材料在渔具成套装备的集成应用。

四、海上信息网络建设与渔情海况预测进展显著

渔业船联网是物联网的一种具体表现形式，也是物联网技术在渔船领域的拓展应用，是保障深蓝渔业信息及时有效传输的重要载体。渔业船联网是以渔船环境信息、生产信息、生物信息、航行信息、设备信息和渔港信息等渔业信息为基础，按照约定的通信协议和数据交互标准，在船-船、船-港之间构建的进行通讯和信息交换的，能够实现渔船智能化航行、作业与控制，以及提供智能动态信息服务的一体化网络。

国内渔业船联网始于内河船舶信息管理系统研发，但服务应用水平不高。"十一五"期

间，我国大力加强了内河水域的航道整治和建设，各地方水运管理信息服务建设也开始起步。信息服务应用范围覆盖船舶签证、船舶助航、船舶交通管理、航运管理、航运信息服务、航运规费征稽、水上安全监控、应急救援支持等业务领域。"十二五"期间，国家正式批复在长三角航道网及京杭运河水系建设智能航运服务，工程名称确定为"长三角航道网及京杭运河水系智能航运信息服务应用示范"简称"船联网"（王枫，2013）。船联网将物联网技术引入内河航运，在内河航运信息化建设已有的技术基础之上，采用射频识别、传感网等相关物联网技术，对内河航运中的船舶、货物、航道、桥梁、船闸、港口、码头等对象的相关属性进行感知，构建内河水上智能交通物联网。内河航运过程中所感知到的信息，经整合、分析、处理和发布，最终又被内河水上交通参与者所利用。但与发达国家相比，信息管理和服务水平还存在较大差距，标准规范体系不健全，各区域由于技术体系和运行机制等不统一，船载终端互不兼容，导致船舶信息采集与共享成本过高。

渔业监管指挥平台建设加快，但功能简单未成体系。在物联网技术快速发展的背景下，渔业管理部门大力推进渔业管理信息化的建设，强化对渔业生产、救助等的监管，但缺乏资源整合，平台功能较为单一，数据应用不足。例如，广西建设了海洋渔船安全救助信息系统，实现对渔船的监控和应急管理，不仅可以采集卫星定位系统、安全救助系统、RFID 和公众移动通信等信息，还可以采集 AIS（船舶自动识别系统）信息，支持港口视频监控；辽宁省建成了全省海洋与渔业专用网络和渔港管理远程视频监控和海洋与渔业综合管理数据服务平台，将海洋功能区划、渔业管理、渔政执法和基础地理等多源信息集成于统一的地图上，直观地显示全省海洋与渔业管理相关数据，为全省海洋渔业管理与决策提供综合数据服务（赵树平，2010）；上海市建设了渔港渔船安全救助信息服务系统，实现对渔港、渔船全天候、全方位、组合式实时监管，并建设了水产品生产管理信息系统的示范应用，实现各水产品基地数据采集信息查询、统计分析等功能，以利于管理部门及时掌握各水产品基地安全生产情况（周全，2016）。

渔业船联网建设方兴未艾，有巨大发展潜力。在国家大力发展物联网的背景下，国家多部委联合发力推进物联网建设，加快了对航运船联网的研究建设工作，但渔业船舶未受到关注。《公路水路交通运输信息化"十二五"发展规划》要求"紧密跟踪现代新兴信息技术发展趋势，围绕感知识别、网络传输、智能处理和数据挖掘等关键环节，开展在交通运输领域的应用攻关"，船联网的研究也越来越受到重视，国家自然科学基金资助的江苏省内河水运船联网已经基本建成；中国移动通信集团"内河航运公共信息平台"建立了一个集手机终端、船载移动终端、企业计算机终端为一体的虚拟专用信息网络（VPMN）虚拟平台。但是渔业船联网相关研究缺乏顶层设计，在架构功能、组网技术以及数据展示与分析等研究领域尚属起步阶段，物联网在海洋渔业应用领域仍有较大发展空间，一系列渔业船联网新技术、新模式的应用与示范亟待破题。

我国渔情海况预测研究始于 20 世纪 60—70 年代，利用调查数据开展渔场试验预报，20 世纪 80 年代初开始尝试利用飞机航空渔场遥感影像开展渔场试验预报研究。"七五"期间，进一步利用 NOAA 卫星红外遥感资料，结合海况环境信息和渔场生产信息，制作成黄海、东海渔海况速报图，并于 1987 年开始定期（每周）连续向渔业生产单位和渔业管理部门提供信息服务。1996 年起，开展了以我国东海为示范海区的海洋遥感与资源评估服务系统研究，初步建成了东海区渔业遥感与资源评估服务系统，其智能化、可视化和应用的广度和深度等技术水平，接近日本同类水平；同时开展了北太平洋鱿鱼渔场信息应用服务系统及示范试验研究，直接为该海域我国 400 余艘作业生产的渔船提供信息服务。"十五"期间，建立了大洋渔业资源开发环境信息应用服务系统，分别开展大洋渔场环境信息获取系统和大洋金枪鱼渔场渔情速预报技术等方面的研究，并开展了大洋金枪鱼渔场的试预报。经过近 20 年的持续研究与示范应用，目前我国渔场遥感监测及渔场预报应用技术水平基本达到国际先进水平。

在渔船监测及管理方面，早在 20 世纪末就开展了全国渔政管理指挥系统的设计与建设工作。随着我国北斗一代导航卫星的发射与应用，2006 年起，浙江、江苏、广东等部分地区逐步开展了北斗导航的渔船监测应用、AIS 技术的渔船监测应用等项目研究。近年来，随着国产的 AIS 与 RFID 技术和相应设备的成熟，我国沿海省市各自构建了渔船作业安全预警系统。我国于 2012 年也发射了 AIS 试验卫星，但我国在渔船上仍未有卫星 AIS 试验应用。近年来，利用夜光遥感卫星开展了北太平洋渔场、印度洋围网渔场等的渔船监测研究，填补了国内夜光遥感渔船监测研究领域空白。在远洋渔船监测方面，我国目前主要利用国外海事卫星、AGROS 终端进行实时渔船监测。随着北斗导航卫星的全球组网，我国远洋渔船有望逐步实现自主北斗卫星的观测与管理。由于社会经济发展阶段不同，在大洋渔业生态环境及栖息地监测评估方面，我国主要利用国外共享遥感数据开展了初步研究，但研究内容与深度方面，与国外相比有较大差距。

总体上，我国虽然应用遥感技术在渔场渔情信息服务方面开展了大量的研究，但空间信息技术发展迅速，物联网、大数据、人工智能等许多新技术与新概念相继出现，均表现出在海洋观测和海洋渔业应用上的巨大潜力，仍有必要深入开展相关研究与示范应用。

第三节　科技未来发展需求

深蓝渔业以深远海工业化养殖为构建主体，是基于现代渔业"以养为主"发展规律的基本判断，对应海洋水域资源，按照海上规模化养殖发展要求，以定置式深远海大型养殖设施、游弋式养殖工船和浮式海上生产平台为基础，构建以鱼产品为主的大型养殖平台及其工业化生产体系。深蓝渔业以海洋生物战略性种群资源利用为发展支撑，是基于海洋低营养级、非直接食用生物种群储量巨大的现状，聚焦中上层低值、大宗蛋白质生物资源，开展科学探查与评估，发展生态高效生产方式，为养殖业提供蛋白质资源。深蓝渔业以物产高值化加工与冷链物流系统为发展保障，构建海上高值化加工、冷链物流和活体运输生产体系，实现深蓝渔业生产物资的有效供给和产物的加工与流通。打造"养-捕-加"一体化、"海-岛-陆"相连接的陆海联通型优质水产品综合生产新模式（麦康森，2016），既可以充分挖掘海洋在食物供给方面的资源优势，又能够促进一二三产业融合，提升价值链，延长产业链，有力推进海洋经济成为拉动中国国民经济发展的有力引擎。依托世界船舶与渔船工程装备、物联网及信息通信等现代科技，突破海洋生物资源开发、优质水产动物养殖的学科问题与技术瓶颈，以深蓝渔业工程技术体系构建为目标，通过基础性研究、技术研发与集成示范，形成支撑产业发展的技术及产业示范模式。主要科技需求包含五个方面。

一、深蓝生物遗传资源解析与综合利用

聚焦近海、深远海、大洋、极地等区域渔业生物遗传资源,开展重要海洋生物遗传资源解析与评价鉴定;研究主要养殖对象经济性状遗传基础与形成机制,阐明主要养殖生物重要经济性状形成的分子机理,揭示其适宜深远海养殖的遗传机理;研究主要养殖生物在不同养殖模式下的生理、生态及遗传适应性,创制重要海洋经济生物新品种,进行重要海水养殖新对象开发与规模化繁育;研究深蓝渔业大宗捕捞对象对特殊生境的表型适应特征,规模化开发优异性状基因资源,筛选出深蓝生物特殊环境调控基因,搭建深蓝渔业生物遗传资源数据库和信息共享平台;研究大宗捕捞对象的种质资源分布规律,分析其地理种群演化动态格局,揭示深蓝渔业大宗捕捞对象对深远海、极地等特殊环境的适应演化机制,阐明物种多样性的起源和维持机制。

二、工业化绿色生产模式与养殖工厂构建

开展养殖水域生态功能与容纳量评估,研发深远海适养新对象的大规格苗种规模化繁育技术;研制水产养殖动物新型营养源开发与饲料产品,构建高海况条件下养殖动物饲养标准与动态营养需求模型,建立精准营养需求数据库,开发新型饲料产品;开展重要水产养殖动物病害高效免疫研究,研发工业化养殖绿色防控技术,建立病害精准防控体系;研发陆基养殖环境工程化构建、自动控制、清洁生产和资源循环利用技术,建立陆基绿色生产模式与养殖工厂;研发滩涂生境改良、贝-藻综合增殖等养殖技术,研制浅海浮筏工程化养殖设施机械化作业装备,建立近海筏式养殖和多营养层级养殖模式;研发深远海主养品种工业化养殖技术、全过程智能养殖装备与管控系统,建立深远海工业化养殖模式与智能平台。

三、大洋极地资源精准探测与高品质捕捞

研究重要渔场生态环境变化和时空格局特征以及资源量变动趋势,解析全球重要渔场海域生态格局与资源变化机制,提出全球大洋生物资源区系划分方法,查明全球重要渔场生物多样性变动特征;研究重要渔场海域生态对捕捞活动响应机制,构建近海资源环境一体化养护与新型海洋牧场;研制数字化深海资源侦测装备,开发目标识别与自动化处理技术,研制低能耗深海高效鱼群聚捕装备,进行深海渔场资源评估与定向聚捕;开展大洋生物资源精准探查技术研究,研制高效取鱼、自动力渔具、生态拖网、连续吸捕等捕捞装备,实现大洋生物资源精准探查与高品质捕捞;研发适合极地海域的渔用浮标、水下机器人等实时监测装备,实现极地海域渔业资源立体探测与可持续捕捞;开发全船集成智能一体化控制技术。

四、海陆联动加工技术与智能装备研发

研究海陆联动加工或流通类型对食品营养组分结构和功能特性的影响机制,研制海上快速分选、高效预处理、精准分割等关键技术与海上实时智能加工设备,研发保活运输装置和节能型海上保鲜装备;研究水产品全链条加工与品质把控技术,开展水产品绿色加工新技术

和核心加工设备研制，研发陆基全链加工与全鱼新制品，开发新型水产方便食品和营养功能食品；开展冷链流通过程品质保持技术研究，构建水产品全程冷链物流技术体系，研究冷链物流实时动态监测与质量溯源技术，构建基于物联网技术的质量溯源平台，建立船上或陆基水产品保鲜、质量控制与安全保障技术体系。

五、渔业船联网系统构建和渔业大数据应用

研究渔业船联网系统关键技术，搭建渔业船联网构架体系和试验网，完成渔业船联网系统构建与立体探测；研究渔业全息感知、船载通信、船载智能处理和智能决策等关键技术，研发智能渔船信息采集、智能网关、渔船用自组网数字电台等核心设备；研制水下声学探测与水面光学-红外-无线多手段探测融合利用关键设备，构建养殖对象特征行为数字化表达模式，阐明鱼类摄食反馈控制特征；研发水产养殖在线观测、设备状态以及生产过程预警等精准生产管控系统，研发水产养殖智能管控设备，实现水产养殖全过程信息感知与智能管控；开展一体化渔业资源信息综合分析等典型渔业大数据应用技术研究，进行渔业大数据分析与深度挖掘，完成世界渔图精细化绘制与系统构建。

参 考 文 献

罗本成，解玉玲，2007. 欧洲内河航运综合信息服务系统概述 [J]. 水运管理（2）：37-39.

麦康森，徐皓，薛长湖，等，2016. 开拓我国深远海养殖新空间的战略研究 [J]. 中国工程科学，18（3）：90-95.

王枫，2013. 基于物联网的内河航运感知平台建设研究 [J]. 运输经理世界（8）：86-87.

王文彬，2018. 渔业发展不平衡不充分的主要表现及应对措施 [J]. 渔业致富指南（3）：15-18.

张瑛，李大海，耿涛，2018. 气候变化背景下我国深蓝渔业的发展战略研究 [J]. 山东大学学报（哲学社会科学版）（6）：121-129.

赵树平，2010. 渔船安全救助信息系统的研究 [J]. 大连海洋大学学报（6）：565-568.

周俊华，罗本成，解玉玲，2009. 欧洲推进内河航运综合信息服务标准化及其对我国的启示 [J]. 水运管理（5）：22-26.

周全，倪军，顾方，2016. 信息化在渔港渔船监管上的应用研究：以上海市渔港渔船监管系统为例 [J]. 中国管理信息化（12）：213-214.

Bo-Mi Kim, Angel Amores, Seunghyun Kang, et al., 2019. Antarctic blackfin icefish genome reveals adaptations to extreme environments [J]. Nature Ecology & Evolution（3）：469-478.

Do-Hwan Ahn, Seung Chul Shin, Bo-Mi Kim, et al., 2017. Draft genome of the Antarctic dragonfish, *Parachaenichthys charcoti* [J]. GigaScience, 6（8）：1-6.

Jin Sun, Yu Zhang, Ting Xu, et al., 2017. Adaptation to deep-sea chemosynthetic environments as revealed by mussel genomes [J]. Nature Ecology and Evolution, 1（5）：121.

Kun Wang, Yanjun Shen, Yongzhi Yang, et al., 2019. Morphology and genome of a snailfish from the Mariana Trench provide insights into deep-sea adaptation [J]. Nature Ecology & Evolution（3）：823-833.

Liangbiao Chen, Ying Lu, Wenhao Li, et al., 2019. The genomic basis for colonizing the freezing Southern Ocean revealed by Antarctic toothfish and Patagonian robalo genomes [J]. GigaScience, 8（4），giz016.

Seung Chul Shin, Do Hwan Ahn, Su Jin Kim, et al., 2014. The genome sequence of the Antarctic bullhead notothen reveals evolutionary adaptations to a cold environment [J]. Genome Biology, 15（9）：468.

Sigbjørn Lien, Ben F. Koop, Simen R. Sandve, et al. , 2016. The Atlantic salmon genome provides insights into rediploidization [J]. Nature (533): 200 - 205.

Yoji Nakamura, Kazuki Mori, Kenji Saitoh, et al. , 2013. Evolutionary changes of multiple visual pigment genes in the complete genome of Pacific bluefin tuna [J]. PNAS, 110 (27): 11061 - 11066.

第六章　战略布局与主要任务

第一节　发展思路

十九大报告提出，到 2035 年，中国要在全面建成小康社会的基础上，基本实现社会主义现代化，坚持陆海统筹，加快建设海洋强国和"一带一路"。中国是渔业生产大国，渔业提供了品种丰富、质量优良的水产品，满足了国民三分之一的动物蛋白需求。2019 年，水产品产量 6 450 万 t，供给总量充足，但结构不合理，发展方式粗放，不平衡、不协调、不可持续问题依然突出，需要提高发展质量，寻求新的发展途径。推进深蓝渔业发展，打造渔业航母，有利于拓展渔业发展新空间，促进新旧动能转换，开创现代渔业发展的新局面；有利于支撑优质食物供给，保障国家食物安全；有利于实现"屯渔戍边、守望海疆"，维护国家海洋权益。

加快深蓝渔业发展，要以习近平新时代中国特色社会主义思想和党的十九大精神为指导，坚持"创新、协调、绿色、开放、共享"五大发展理念，贯彻落实习近平总书记在庆祝海南建省办经济特区 30 周年大会上"提高海洋资源开发能力，加快培育新兴海洋产业，着力推动海洋经济向质量效益型转变"的重要讲话精神。结合乡村振兴战略的工作部署，对应新时期国家科技体制机制改革的新要求和农业农村现代化建设对科技的新需求，按照现代渔业"生态优先、养捕结合、优化近海、开拓外海、发展远洋、探索极地"的总体方针，围绕迈进渔业科技强国、实现海洋强国的战略目标，聚焦增强深蓝渔业科技创新能力、提升深蓝渔业现代化水平、打造深蓝渔业新型产业模式等核心目标，以品种培优、养殖提质、捕捞增效、加工增值为主线，针对开发技术、设施装备、生产系统、保障补给等环节，开展全产业链科技攻关，突破核心技术，研发现代装备，形成绿色优质海水养殖产品的规模化生产、深远海渔获物的高值化提升、绿色水产品的商品化供应模式。

第二节　总体目标

以建设"绿色、优质、高效、健康、安全"的深蓝海洋渔业为攻关目标，重点突破深蓝生物资源开发、工业化养殖、高品质捕捞、海陆联动加工、"渔联网"等前沿技术，着力打造一批新技术、新装备、新模式和重大产品，构建"养-捕-加"一体化、"海-岛-陆"相连接的陆海联动产业模式，形成渔业三产融合的战略性新兴产业，建立"深蓝渔业"科技创新发展战略智库，培育和集聚"深蓝渔业"创新、创业核心团队，打造现代海洋渔业科技研究与示范平台，为蓝色国土资源的可持续开发提供强有力的科技支撑。

提升深蓝渔业装备现代化水平。补助建造 10 万 t 级专业化养殖平台，加快深远海渔业发展方式转变，提升深蓝渔业各方面的装备水平，增强深蓝渔业整体竞争力。

创新深蓝渔业生产模式。推广深海养殖新模式，建立"养-捕-加"相结合、"海-岛-陆"相连接的全产业链深蓝渔业，形成规模化、工业化深蓝渔业生产体系。

深蓝渔业研发能力进一步提升。人才培养、激励和评价体系不断完善，基本形成一支稳定的、高素质的专业化人才队伍，培养建立深蓝渔业研发中心。

第三节　发展路线

面向国家重大战略需求和深蓝渔业发展关键问题，通过实施深蓝生物遗传资源解析与综合利用、工业化绿色生产模式与养殖工厂构建、大洋极地资源精准探测与高品质捕捞、海陆联动加工技术与智能装备研制、渔业船联网系统构建和渔业大数据应用等重点任务，显著提升我国深蓝渔业发展的科技创新水平，不断强化加强人才智库与基地平台建设，努力推动深蓝渔业实现"绿色、优质、高效、健康、安全"的宏观战略发展目标（图6-1）。

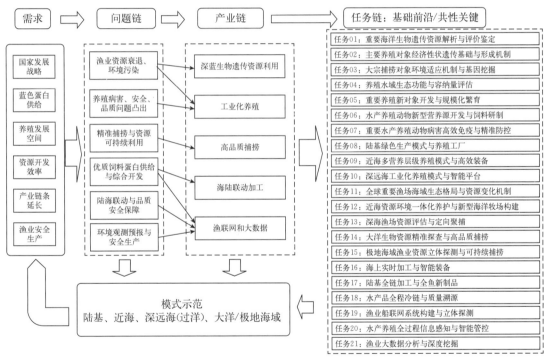

图6-1　深蓝渔业发展重点任务

第四节　主要任务

一、重要海洋生物遗传资源解析与评价鉴定

聚焦近海、深远海、大洋、极地等区域渔业生物遗传资源，开展重要深蓝渔业生物种质资源的收集、保存与表型性状精准测定；建立低成本、高通量的遗传资源发掘技术，实现高杂合、高重复、超大型的深蓝渔业生物基因组解码；分析重要深蓝渔业生物种质的基因组结

构特征，阐明其种群遗传多样性及优异性状遗传规律；建立包括种质名称、分类学地位、地理来源、生理生化指标等信息的遗传资源表型数据库，搭建渔业生物遗传资源数据库和信息共享平台，为深蓝渔业生物资源高效利用提供数据基础。

二、主要养殖对象经济性状遗传基础与形成机制

研究深蓝渔业主要养殖对象经济性状的遗传基础，发掘生长、性别、品质、抗病、抗逆等重要性状相关分子标记，明确其对目标性状的遗传贡献，解析其遗传结构变异规律；分析主要养殖生物性状关键基因的功能及调控机制，阐明重要经济性状形成的分子机理；发掘有育种利用价值优异性状的标记和等位基因；研究环境与主要养殖生物经济性状发生的互作关系，解析主要养殖生物重要经济性状的表观遗传调控机制；研究主要养殖生物陆基、网箱、围栏等不同养殖模式下的生理、生态及遗传适应性，揭示其适宜深远海养殖的遗传机理。

三、大宗捕捞对象环境适应机制与基因挖掘

研究深蓝渔业大宗捕捞对象对深远海、极地等特殊生境的表型适应特征，揭示其对高寒、低氧、黑暗等环境的适应性演化机制；开展大宗捕捞对象的基因组结构与功能分析，阐明基因组重复序列急剧扩张等结构变异与环境的适应关系，分析生长、发育、繁殖等生物质能形成相关基因家族的快速演化规律，揭示极端环境下大宗捕捞对象生物质能形成的基因组适应性与演化机理，阐明优势物种资源量形成的遗传基础；研究大宗捕捞对象的种质资源分布规律，分析其地理种群演化动态格局，阐明物种多样性的起源和维持机制。

四、养殖水域生态功能与容纳量评估

摸清重要养殖生物生理活动对生源要素生物地球化学循环的影响，查明重要养殖系统的生源要素迁移与转化途径、物质循环与能量流动的过程和机理；揭示高效养殖工程设施的工艺特性以及养殖生物对设施养殖系统的响应和适应机制，构建适用于不同类型养殖模式的养殖容量评估指标体系；分析养殖水域渔业资源食物网结构与物质转换效率，增养殖容量协同作用机制，研发养殖容量动态评估技术，评估不同类型养殖生产模式承载的食物供给、气候调节、环境改善等核心生态服务功能，阐明规模化养殖活动生态环境效应及机制。

五、重要养殖新对象开发与规模化繁育

开发土著大洋性经济鱼类黄条鰤、黄带拟鲹、金枪鱼等深远海养殖适养新对象；开展适养种类的生境适应评价、亲体驯化与培育、生殖机制与精准调控、环境生理适应机制、营养参数与饵料策略、育苗方式与配套工艺、分级筛选与畸形防除、绿色中间保育、陆基生境模拟驯化、入海窗口指标等关键技术与应用基础研究；研究特色养殖对象繁殖生态、生存环境和营养需求，集成建立特种养殖对象高效保种、繁育和养殖技术体系；建立深远海适养新对象的大规格苗种规模化繁育技术体系，为构建深蓝渔业生产模式提供适养种类的优质苗种保障。

六、水产养殖动物新型营养源开发与饲料研制

构建高海况条件下养殖动物不同规格、不同品质要求条件下的饲养标准与动态营养需求模型，以及饲料原料生物学效价的大数据平台；陆海统筹研发单细胞蛋白（细菌、真菌、微藻等）等新型饲料蛋白源，以及生物发酵饲料工程化技术；研发满足高海况条件下养殖动物健康和品质安全的饲用微生物制剂、酶分子改良制剂、抗菌肽等多肽制剂等的绿色高效生物活性物质；开发饲料添加剂高效配伍技术、精准高效饲料配方关键技术、低氮磷排放饲料配制和加工技术；研发智能化精准投喂技术和平台。

七、重要水产养殖动物病害高效免疫与精准防控

研究我国内陆、沿海和深远海水产养殖区重大和新发疫病病原的流行种类、分布范围以及遗传变异，构建覆盖全国养殖区的水产养殖动物流行疫病预警信息平台；针对严重威胁主要水产养殖种类的重大和新发疫病进行绿色防控技术研发，研制现场快速检测技术和产品，开发新型、高效疫苗与免疫增强制剂；对典型养殖系统中重要疫病发生和病原引入进行溯源分析，研究病原引入、传播和留存的主要途径及精准防控技术；研究国家、地区和企业水平的水产养殖生物安保理论与技术体系。

八、陆基绿色生产模式与养殖工厂

研究陆基绿色养殖品种的行为、生理生态与物质能量转换利用模式，突破养殖系统水质、流场、投喂、分级等精准化管控技术，研发清洁化生产和资源循环利用技术，建立水体调控模型；研发滩涂耐盐植物规模化种植和动物增养殖技术、生境改良和贝-藻综合增殖技术；研发浅海生态增养殖技术与智能化采捕装备，研究基于生态系统的资源环境一体化养护与修复技术，构建资源养护型浅海渔业生产模式；研究陆基绿色养殖环境工程化构建、自动化控制、生产标准化等技术，形成适宜地域生态环境的陆基绿色生产新模式。

九、近海多营养层级养殖模式与高效装备

集成并优化生态容量、养殖容量和环境容量评估技术，评估我国近海典型水域的养殖潜力；研究清洁高效多营养层级综合养殖系统，创建多物种、全空间、零排放的近海多营养层级综合养殖模式，研发适宜于机械化作业的浅海浮筏标准化养殖技术体系，研发苗种扩繁、筏式养殖、底播增殖、生态采捕等全过程系列高效机械化装备，建立标准化作业流程；建设近海多营养层级养殖模式与高效装备示范基地，推广应用相关技术与设施装备，打造多营养层级养殖成为养殖系统能量高效利用、改善水质、提高产量、扩大养殖承载力的有效途径。

十、深远海工业化养殖模式与智能平台

以大西洋鲑等游泳性品种和鲆鲽类等栖息性品种为船载舱养对象，分析养殖品种生理特性，提出水质、密度、噪声、波动等应激阈值；研究深远海工业化养殖生物生长与品质、生物学习性、海上集约化养殖与环境适应的优化模式；研发深远海适养新对象的大规格苗种规

模化繁育技术，突破主要养殖对象苗种繁育、成鱼等工业化养殖系统技术，形成全程养殖工艺与操作规程；研发全过程智能养殖装备与管控系统；建立大型船式深远海养殖平台构建技术，集成深远海养殖工船总体设计，构建深远海工业化生产体系。

十一、全球重要渔场海域生态格局与资源变化机制

研究重要大洋渔业资源产出过程的生源要素，分析重要渔场生态环境变化和时空格局特征，研究资源量变动趋势，建立全球大洋生物资源区系划分方法，查明全球重要渔场生物多样性变动特征；研究大洋主捕对象生物学与重要栖息地生态环境特征，资源分布及渔场形成机制；分析捕捞等活动对重要大洋渔业种群变动的贡献率和影响过程，研究建立评估模型与方法，探究渔业生产对大洋资源与生态格局的影响；研究重要渔场海域生态对捕捞活动的响应，分析重要渔场区生物种群变化规律。

十二、近海资源环境一体化养护与新型海洋牧场构建

研发渔业水域资源环境一体化修复与养护设施，开发海藻（草）床、牡蛎礁、珊瑚礁等典型生境修复技术，研发"三场一通道"等栖息生境修复技术，构建基于生态系统的资源环境一体化修复与养护技术体系；系统评估典型海域海洋牧场的生态系统承载力，优化海洋牧场空间布局；研发海洋牧场生境营造和渔业生物功能群构建设施，研究海洋牧场食物网结构优化与生物操纵技术；研发海洋牧场资源环境参数信息化在线组网技术，构建现代化海洋牧场安全保障平台和智能化管理系统。

十三、深海渔场资源评估与定向聚捕

对于灯笼鱼等深海渔业新资源开发利用，开展目标鱼种生物学特性分析，研究目标鱼种群体分布特征及聚群效应；研制数字化深海资源侦测装备，开发目标识别与自动化处理技术，开展资源动态评估，掌握深远海渔业资源中心渔场；研究深海鱼类捕捞适应性渔法，研制低能耗高效聚鱼装备，开发定向集鱼技术，研制耐高压、变水层深海水层渔获物获取装备，开发高效聚捕技术；研发"声/光/电/气泡"协同聚群捕捞与渔获物获取技术，构建"侦-聚-捕"智能控制系统，创建我国自有深远海聚捕方法与技术途径。

十四、大洋生物资源精准探查与高品质捕捞

对于大洋金枪鱼、头足类等大洋主捕对象，研发基于船载的渔情侦察无人机成套技术系统，开发全向鱼探仪、网位仪等设备，实现中小尺度中心渔场的实时探测；开发"海-空-天"一体化立体探查装备与技术，建立生态系统水平的资源评估模型，研发基于船位信息的网格化渔场信息服务系统；对于大型拖网、围网、延绳钓等作业方式，基于CFD等开展新型渔船设计；研制水下自动力捕捞装备，建立主动式调节控制技术，提高捕捞效率，开发高性能、可降解渔用材料，研发高质生态捕捞装备。

十五、极地海域渔业资源立体探测与可持续捕捞

对于南极磷虾等极地渔业资源可持续利用需求，开展基于不同时间、空间、谱分辨率多

源卫星星座的极地渔场环境时空特征监测及动态变化研究；研发适合极地海域的渔用浮标、水下机器人等装备，实现海况实时监测、海冰与鱼群同步探测，构建基于生态系统水平的极地渔业资源评估方法和国际渔业管理策略；研制基于资源密度感知的智能捕捞装备，突破高质生态连续获取装备设计关键技术，实现关键装备国产化制造与应用；开发作业全过程监控系统与智能识别技术，开发全船集成智能一体化控制技术，建立船载生产全程反馈式管理系统。

十六、海上实时加工与智能装备

针对海上主养品种及渔获物特点，开展海上快速分选、高效预处理、精准分割等加工关键技术研究，研制海上实时加工智能设备，集成海上初加工生产线，构建海上实时加工新模式；研究节水（无水）保活、快速预冷、流态冰保鲜、多温区速冻等多种保鲜技术，研发保活运输装置和节能型海上保鲜装备，建立高效低耗的船载保鲜加工工艺规范；开展海上节能干制、智能剥制、脂质（蛋白）精制等关键技术研究，构建几种海上制品加工新模式，集成智能化加工生产线，提高资源利用率和产品附加值。

十七、陆基全链加工与全鱼新制品

开展活鱼暂养、冷杀菌（减菌）、低温保鲜技术研究，研发水产原料的陆基加工技术、低值原料的高值化利用技术，开展基于精确分类、精细分割、精准加工、精制利用的水产品全链条加工与品质把控技术研究；精深加工与全产业链质量控制技术，构建水产品全链条加工模式与品质控制体系；研究分类加工、生物加工、绿色加工、规模加工等现代加工技术，研发相应的加工关键装备；开展制品加工技术研究，开发多种营养丰富、方便快捷、风味多样、功能健康的加工新产品，并实现产业化应用。

十八、水产品全程冷链与质量溯源

开展冷链流通过程品质保持技术研究，明确典型海洋水产品在流通过程中的品质变化规律，形成适宜的品质保障机制；开展冷链海陆衔接、陆上冷链完善、温度波动校正等技术研究，构建水产品全程冷链物流技术体系，研发冷链物流关键设备；研究冷链物流实时动态监测与质量溯源技术，集成冷链物流实时动态监测网络，构建基于物联网技术的质量溯源平台，打造活鱼、渔获物冷链物流物联网系统，形成一体化冷链物流体系，实现水产品"储-运-销"全流程的质量安全监控。

十九、渔业船联网系统构建与立体探测

开展渔业船联网系统方案研究，研究渔业船联网系统分层、网络安全、系统容量等系统级关键技术，提出渔业船联网系统架构；针对渔业全息感知、船载通信、船载智能处理和智能决策等关键技术进行重点攻关，全面提升渔业船联网终端渔船的智能水平。开展船基立体探测技术研究，重点进行水下声学探测与水面光学-红外-无线多手段探测融合利用研究及关键设备研制，实现基于海上渔业船舶的海洋环境立体透明探测；开展示范网建设，验证船联网系统架构的合理性及系统性能。

二十、水产养殖全过程信息感知与智能管控

以光学和声学等探测技术为手段，突破特征行为提取、识别和判断技术，初步构建养殖对象特征行为数字化表达模式；研发养殖水质数据自动采集、无线传输、信息处理预警等设备系统，研发养殖环境视觉、声学感知系统；开展养殖设备与养殖环境关键因子的作用关系模型、养殖环境调控模型、鱼类营养与生长模型以及病害防治模型研究；研发循环水自动调控、精准投喂管控、养殖对象状态在线观测评价、设备状态管控以及生产过程预报预警等智能化、精准化生产管控系统。

二十一、渔业大数据分析与深度挖掘

开展基于大数据的典型渔业应用技术研究，进行渔业资源分析技术研究，实现多种信息的一体化综合分析，形成一体化渔业资源信息综合分析平台；利用空间流行病学进行鱼类病害分析，通过深度挖掘实现对水下信息识别、产品质量分析、渔业生产综合分析决策等方向应用研究；结合深蓝渔业大数据获取和深度挖掘利用，开展深蓝渔业产业结构、产业链构成、产业政策与产品价值研究，建立新型产业经济理论；为显著提升深蓝渔业海洋捕捞业、海水养殖业的信息化、自动化和智慧化水平提供科学有效的管理和决策支撑。

第七章 保障措施与对策建议

深蓝渔业是海水养殖产业的又一次革命性浪潮，是兼具高投入、高风险、高回报等特征的一个新兴产业，需要做好顶层设计和中长期规划，加强政策创新和引导，引入多元化市场主体和资金，促进养殖、捕捞、装备、加工、物流、信息等多学科、多产业协同发展，全面推进深蓝渔业科技和产业健康有序发展。

第一节 保障措施

一、强化顶层设计，合理规划布局

根据国家海洋战略部署，按照南海等深远海海域可持续开发规划先易后难、典型示范、分步推进的原则，结合国民经济发展、维护海洋权益等方面情况，做好系统设计，可以南海为重点，结合区域自然条件、水文特点、主养品种以及捕捞生产状况，具体布局深远海养殖物流平台及其船队的产业规模、海域布局和陆上基地配置，确定深蓝渔业发展技术路线图。

二、加大研发投入，鼓励融资创新

深蓝渔业发展需要构建工业化的生产方式及产业规模，传统的渔业企业投入能力有限，行业外有实力的企业存在投资风险，全球性、规模化的产业模式需要资金支持。需要创新金融性政策及资金投入方式扶持产业发展，以获得更多的支持，增强负担初期孵化阶段经济压力的能力。在国家层面，要发挥财政资金引导作用，设立中央与地方相结合的专项补贴资金，以中央财政资金为主，鼓励行业内外的企业整合优势资源参与深蓝渔业的产业化；鼓励银行创新金融产品，为深蓝渔业养殖平台构建提供优惠贷款；鼓励并广泛吸纳企业资金、民间资本等社会资本参与，形成多元化的投资格局。

三、推动科技进步，突破发展桎梏

需要通过科技创新解决制约产业发展的科学与技术问题，建立支撑产业发展的技术体系，通过科技示范，引领并带动产业发展。"深蓝渔业科技创新联盟"是发挥科技协同创新的重要平台，已经包括渔业资源、水产养殖、海洋捕捞、渔业装备、海工装备、信息工程和海洋科学等多个专业领域。通过国家海洋实验室，开展深蓝渔业工程前沿性科学研究与技术研发；通过中国水产科学研究院协同相关成员单位，建立系统性研发战略，搭建服务于联盟及行业的技术服务平台；通过国家级研发计划，突破基础性、关键性技术瓶颈；通过企业的主体性创新，构建示范性生产模式。

四、拓展企业协同，形成合作共赢

不同于传统渔业生产方式，深蓝渔业是工业化的生产体系，规模化的投资建设、标准化的生产规程和规范化的管理系统是产业构建的基本前提，需要传统渔业企业与行业外的工业和投资企业协同配合，通过股份制等现代企业合作形式，建立有效的生产、质量管理与市场营销体系，需要创新传统渔业企业自主发展的模式，形成具有海上规模化生产综合实力的现代企业。按照扶优、扶大、扶强的原则，选择一批经营水平高、经济效益高、辐射带动能力强的龙头企业予以重点扶持，提高产业化和规模化经营水平。

五、加强政策引导，提供管理支撑

深蓝渔业是全新的产业，需要国家及地方管理部门，在孵化、扶持产业发展的重点环节，推出新的积极措施，主要包括：与全球海洋新资源开发有关的配额争取与支持；加大深蓝渔业装备研发及建造的资金扶持力度；加强用于渔业生产平台建设的国际二手船舶的引进管理；在深远海养殖海域及相关岛礁使用权审批、陆海联动型产业陆上基地建设用地与码头配套等方面，需要突破现有的制度、政策限制，取得较好经济的发展效果。通过示范带动和产业政策引导，引入融资平台，鼓励企业参与产业化生产，按照规划布局，形成多个深蓝渔业生产船队，建立完善的深蓝渔业生产体系，推进我国现代渔业生产方式转型升级。

第二节　对策建议

一、实施科技能力提升工程，提供发展新动能

加快渔业装备科技自主创新，建立健全渔业装备研究创新体系。针对深蓝渔业发展涉及的资源开发与精深加工、大型养殖平台开发与养殖技术、渔业船联网构建等关键科技瓶颈问题，设立国家重大科技专项，集中优势力量，围绕开发技术、设施装备、生产系统、保障补给等环节，开展全产业链科技攻关，突破深蓝渔业及其配套装备共性技术和关键技术的研发瓶颈，研制先进实用、安全可靠、节能减排、生产急需的重大装备，构建典型应用示范模式，形成规模化生产，推动深蓝渔业发展向依靠科技进步、劳动者素质提高和管理创新转变。

二、出台产业发展扶持政策，打造发展新格局

加强顶层设计，编制深蓝渔业发展规划；协调相关部门，制定养殖海域使用管理制度，保障生产企业合法权益；出台极地渔业和深远海养殖生产、关键装备制造、安全检验检疫等相关扶持政策；设立专项补贴资金，示范推广生产急需的重大装备；引导银行创新金融产品，鼓励社会资本进入，形成多元化的投资格局；完善保险机制，降低生产者经营风险；制定扶持产业化龙头企业发展的综合性政策，启动实施产业化经营跨越发展行动。

三、打造多元人才聚集高地，构建发展新智库

加大高端领军人才的培养和引进力度，加强工程人才和管理人才培养，支持青年科技人

才和创新创业人才发展，形成高素质、多层次、结构合理的科研创新团队。完善工程技术人才培养和人才评价体系，鼓励培养实用型工程技术人才，加强继续教育。发挥青岛海洋科学与技术国家实验室的人才平台集聚效应，强化深海大洋资源开发与工程人才培育，支持青年科技人员和创新创业工作者发展；搭建高素质、多层次、结构合理的科技创新团队，建立科学、公正、合理的激励机制。

四、建立产业创新示范园区，开启发展新模式

坚持先易后难、典型示范、分步推进的原则，充分发挥示范区带头引领作用，积极探索具有区域特色的建设模式；按照"创新引领、成果孵化、产业集聚、服务保障"的建设思路，围绕陆上研发创新、海上科研实验、成果孵化培育、高端产业集群等四大方面，构建"一院、两船、三平台、四集群"的深蓝渔业创新示范园，形成创新研究院做引领，极地与大洋渔业科考船为支撑，成果转化与中试平台做依托，深远海养殖、极地大洋渔业、智慧海洋渔业、水产品精深加工等产业群为示范的深蓝渔业创新产业链。充分发挥示范区引领作用，积极探索具有区域特色、顺应现代渔业发展规律的建设模式。借鉴示范区的好做法和好经验，推动创建不同层次、特色鲜明的深蓝渔业示范区，扩大示范带动范围，形成各级各类示范区互为借鉴、互相补充、竞相发展的良好格局。

第二部分

专 题 战 略

第八章　深蓝生物资源利用

第一节　深蓝生物资源利用科技创新发展战略背景

大洋生态系统根据水深可以划分为上层生物群落、中层生物群落和深层生物群落。大洋上层生物群落主要是指在水深 200 m 以内的上层水域生活的生物种群；中层生物群落是指在水深 200～1 000 m 的中层水域生活的生物群落；深层生物群落是指在水深 1 000 m 以下的深层水域中生活的生物群落。大洋深层水域是地球上最大的持续性生态系统和最大生物圈，同时也是人类研究最少的生态领域，具有无光、高压、低温（高温）、贫营养等极端环境条件。深海生物资源主要是指生活在水深大于 1 000 m 的大洋深层特殊环境下的各种海洋生物种群，通常认为随着水深的增加，水生动物的数量会急剧减少，实践证明这种规律在许多海区是存在的，但并非绝对化，相反在世界海洋的深海区有形成鱼类高度集群的生物基础。据"国际海洋生物普查计划"报告，目前已在 200～5 000 m 的深海区域发现了约 17 650 种生物（姜秉国，2011）。

分布于极地及深远海的可供人类开发利用的生物类资源均称为深蓝生物资源，按照资源属性可以分为群体资源、遗传资源和产物资源。群体资源是指具有一定数量且聚集成群的生物群体及个体，形成人类采捕的对象；遗传资源是指具有遗传特征的海洋生物分子、细胞、个体等材料，可供增养殖开发利用；产物资源是指海洋动植物和微生物的生物组织及其代谢产物，可开发利用为医药、食品和化工材料的潜力巨大（唐启升，2014）。深海生物在独特的生态环境中形成了独特的生物结构和代谢机制，是筛选研发天然药物和生物催化剂的最佳来源，具有极高的经济价值，此外，深海生物对人类揭示生命的起源、演化以及研究生物对特殊环境的适应能力也有着极为重要的科学意义。

一、深海生物资源是各国深海战略的核心关注点

随着全球范围内陆地及近海生物资源的过度开发、逐渐衰竭，深蓝生物资源的战略价值日益凸显。世界各国尤其是西方发达国家，纷纷向深海进军，使深蓝生物资源开发成为国际竞争的焦点，体现着各国重大资源和安全利益（"中国海洋工程与科技发展战略研究"海洋生物资源课题组，2016）。深海具有多种复杂特殊的生态环境，每种生态环境都有与之相适应的独立生态系统，因此，深海是地球表面生物多样性最为丰富的区域，是世界公认的基因资源库。深海生物在特殊的物理、化学和生态环境下形成独特的生物结构和代谢产物，具有极高的应用潜力和经济价值，深海生物资源的研究和开发已成为国家战略性新兴产业的重要组成部分。随着整合大洋钻探计划（IODP）的推进和对深部生物圈及海洋洋底等研究的深入，深海生物在全球化过程中的作用正被更多地展示在我们眼前。越来越多的新发现促使科研水平发达的国家大力进行深海资源开采，联合国针对当前深海生物及其基因资源采集的现

状，着手完善相关法规以规范开采行为，保护深海生物资源不被灾难性地破坏和不公平占据（中国科学院学部，2010）。国际上已然把深海资源的开发和积累作为了国家海洋实力的象征，许多国家快速发展深海海洋科技，以期在未来战略资源划分上取得优先权（李乃胜，2011）。

从古至今中国都是海洋大国，在海洋生物资源开发利用方面具有独特优势。然而，近年来随着我国沿海经济的不断发展，近海所面临的海洋问题日益严峻，近海渔业资源严重衰退，加之与周边海域资源争夺的形势日趋激烈，使得我国不得不从新的战略高度和长远角度关注深远海（刘晃等，2018），向深远海拓展新空间、挖掘优质生物资源的需求已迫在眉睫。"深蓝"的概念在于深远海，由近海向远洋、由浅海向深海，开发深海资源、发展深海产业，是世界海洋资源开发和海洋经济发展的主要趋势，也是我国实现海洋经济可持续发展和建设海洋强国的必由之路（姜秉国，2011）。在世界大国纷纷开展激烈的"蓝色圈地"运动背景下，我国亦吹响了进军深海的号角，习近平总书记在2016年全国科技创新大会上指出"深海蕴藏着全球上远未认知和开发的宝藏，但要得到这些宝藏，就必须在深海进入、深海探测、深海开发方面掌握关键技术"，提出了中国"深海战略三部曲"。

二、深蓝生物资源研究与开发具有重大战略意义

自20世纪60年代起，世界发达国家便纷纷推出各自的海洋战略：美国制定了确保其在世界海洋领域领导地位的《全球海洋科学规划》和《21世纪海洋议程》，将发展海洋科技作为称霸世界海洋的一种重要手段；英国公布了《海洋开发推进计划》《Ocean 2025》和《英国海洋战略2010—2025》；加拿大颁布了《海洋法令》，并制定了《国家海洋产业发展战略规划》；日本制定了《海洋基本计划》和《海洋开发推进计划》，提出以科技加速海洋开发和提高国际竞争能力的战略（吕志，2014）；澳大利亚拟订了《澳大利亚海洋科学技术发展计划》，通过制定一系列海洋科学技术发展政策，来激励和引导科学技术发展，提升海洋竞争力（刘向东等，2004；王敏旋，2012）。21世纪是海洋的世纪，这已经成为人类社会共识，海洋竞争是科技和经济的竞争，较之陆地资源，海洋资源的开发利用更加需要科研支持和技术创新。如今，美国、英国、日本等海洋强国，不仅在海洋技术和海洋资源开发方面全球领先，而且还建立了较为完善的海洋科技创新体系（陈春等，2016）。

我国人口压力巨大、自然资源严重不足，人均占有资源较少，人均陆地面积只有 0.008 km²，人均淡水资源只有世界平均水平的 25%，人均陆地矿产资源不到世界平均水平的 50%（刘向东等，2004）。经过多年以土地换资本、以资源换发展的高速增长，我国对陆地及近海资源的利用已经接近极限，即使实现节能减排，我国未来对资源的需求量仍会大幅增加（胡振宇等，2008）。为了保持我国国民经济稳定、高速、持续发展，我们必须将目光转向深远海，发展海洋高新技术，探查并开采海底石油、天然气、天然气水合物等重要矿物资源，研究并开发利用深蓝生物资源（张鸿翔等，2003）。自党的十七大提出海洋强国战略以来，海洋经济在国家发展战略中的地位稳步提升。党的十九大报告提出"到2035年，中国要在全面建成小康社会的基础上，基本实现社会主义现代化，坚持'陆海统筹'，加快'海洋强国'和'一带一路'建设。"习近平主席多次对海洋经济发展做出重要论述，要求进一步"关心海洋、认识海洋、经略海洋"，并强调建设海洋强国必须"大力发展海洋高新技术"，搞好"海洋科技创新总体规划"。有关部门发布了一系列重要海洋科技发展战略研究报告，如《中国

至 2050 年海洋科技发展路线图》《未来 10 年中国学科发展战略：海洋科学》，为我国未来十至三十年的海洋科技发展做出了预测和规划，在相关关键领域和关键科学问题上进行了前瞻性布局，从而促进海洋科技创新并提高国际竞争力（徐琰斐等，2019）。

三、深海生物资源具有重要生态价值和经济价值

深海生物资源是海洋生态系统的重要组成部分，对海洋生态系统的形成、维持和发展具有重要作用。同时，深海生态系统在全球碳循环中发挥着重大作用，深海底栖微生物和浮游细菌在海洋碳循环中具有关键作用。因此，深海生物资源生态环境价值十分显著。另一方面，随着深海生物技术的不断发展，对深海生物资源的经济利用不断深入，深海资源的经济价值日益突出。

在近海渔业资源日益衰退的情况下，深海渔业逐步成为海洋渔业发展的重点和方向，目前深海渔业的作业水深已经可达 3 000 m。世界深海区域已有 7～8 科的鱼类被列为捕捞对象，如鲽科（Pleuronectidae）、深海鳕科（Moridae）、灯笼鱼科（Myctophidae）等（熊国强，1987）。根据日本的调查评估，在世界海洋 200～2 000 m 水深内，鱼类和非鱼类的捕捞量有望达到 3 000 万 t 左右，相当于现在世界渔业总产量的 1/4，其中 1/3 来自大陆斜坡渔场，很多渔获物捕自水深 500～600 m 海域，在水深 500～2 000 m 的深海区仍有很大的生产潜力（姜秉国，2011）。

目前，在已发现的深海极端环境中蕴藏着的生物资源中最具潜在经济价值的是极端深海微生物，其主要在工业、医药和环境保护等方面具有重要经济价值（肖湘等，2006）。据专家推测，深海微生物基因资源的价值在未来可能达到几千亿美元。深海微生物在极端环境下生存繁衍，具有独特的基因类型、特殊的生理机制及代谢产物，是无可替代的生物基因资源库，是人类未来最大的天然药物和生物催化剂来源，也是研究生命起源及演化的良好科学素材，具有重要的科研价值和应用价值。在全球气候变暖和传统能源逐渐枯竭的背景下，对深海微生物代谢活动的研究可为解决天然气水合物等新能源的探寻与安全利用、温室气体排放和二氧化碳吸收等重大问题带来新的思路（中国科学院学部，2010）。

四、深蓝生物资源开发利用需要科技创新支撑

随着海洋科技飞速发展，海洋研究领域不断拓展，可开发的海洋资源也日益丰富，大量深海资源的研究与开发成为热点（张鸿翔等，2003）。目前，深海生物资源的基础研究与开发利用技术研发，已成为发达国家竞争最激烈的领域之一。近年来，我国对深蓝生物资源领域的投入不断增加，使该领域的科技创新取得了快速发展和突破性进展，部分领域正在逐步实现从跟跑向并跑乃至领跑的转变，科技创新在深蓝生物资源开发利用中的支撑作用越来越显著。我们必须以科技创新为先导，运用高新技术、先进设备，以及经过周密设计与科学决策的工艺流程，在妥善解决资源开发与生态环境保护问题的基础上，对深蓝生物资源实施合理、高效、深层次的开发利用。

深蓝生物资源处于遥远、极端、未知的环境中，探索难度极大，危险性极高，甚至超过太空。依靠传统的技术手段难以企及，唯有通过科技创新，不断发展出更先进的理论和技术才是唯一的实现路径。因此，各国深蓝生物资源开发的竞争，本质上是科学创新的竞争。努

力取得最先进的理论和技术才能获得战场主动权，占领这一领域的制高点。加快深蓝生物资源的可持续开发，首要问题是不断推进深远海科技的创新和发展（姜秉国，2011）。深蓝资源的开发是高度依赖现代高科技成果的知识技术密集型产业，虽然世界主要海洋大国掌握了先进的深远海开发技术，但目前尚没有国家能够实现对深蓝资源的大规模商业化开采，中国仍处在战略机遇期（袁沙，2018）。

我国要在海洋竞争中不落后，就必须大力发展海洋科学技术（倪国江等，2009）。为了提高我国海洋科技的创新水平和综合实力，中国学术界开展了一系列海洋科技发展战略研究，重点揭示了发展形势、国家需求、科技现状等，提出了不同时期海洋科技发展的目标、战略重点及政策支持，为中国海洋科技战略规划的制定与实施提供了指导意见（马仁锋等，2015）。近年来，我国的海洋科学与技术得到了国家的高度重视和空前发展。随着深远海开发技术的突破性进展，基于我国在深远海资源开发领域取得的重要成果，在当前和未来一段时期内，我国面临全面加快深蓝资源开发、积极抓住深蓝资源科技创新发展的战略机遇。

第二节　深蓝生物资源利用科技创新现状与趋势

近年来随着我国沿海经济的不断发展，近海所面临的海洋问题日益严峻，海岸带环境灾害频发，水域环境恶化，水产养殖生产方式粗放，近海渔业资源严重衰退，加之与周边海域的资源争夺日趋激烈，使得我国不得不从新的战略高度和长远角度关注海洋（刘晃等，2018；徐琰斐等，2019）。为了使我国在未来海洋生物资源争夺中占有一定优势，向深远海拓展新空间、挖掘优质生物资源的需求迫在眉睫，发展深蓝产业已成为推进海洋强国战略、促进产业升级转型的必然选择（刘垠，2014）。

一、深蓝生物多样性丰富，开发前景广阔

人类极少涉足的深海环境，蕴含着丰富的生态类群，是迄今人类探索最少但生物多样性最丰富的区域，是地球上最大的生物栖息地，其生物多样性（基因多样性、物种多样性、群落多样性和生态系统多样性）极高，是新型生物资源的宝库（谢伟等，2019）。深海的生物资源总量远超陆地，拥有无可替代的生物基因资源，是人类未来最大的天然药物和生物催化剂来源，也是研究生命起源及演化的良好科学素材（中国科学院学部，2010）。已发现的深海极端环境中蕴藏着的生物资源在工业、医药和环境保护等方面具有重要的经济价值，目前西方各国都加紧了对深海生物资源的开发和利用（袁沙，2018）。然而人类对深海的探索和开发已经对深海生态系统造成了一定的破坏，深海生物多样性也面临着各方面的威胁，保护深海生物多样性、实现深海的可持续发展已成为当前海洋科学研究的热点之一（徐冰冰，2009）。

深海环境具有低温、高压、黑暗、高盐等特点，包含：热液区、冷泉区、海山区、冷水珊瑚区、平原区、海沟区、深渊区等多种复杂的生态环境，孕育了独特的生物群落和生态系统（李新正等，2019）。深海生物多样性是深海生物资源利用的物质基础。深海生境中的生物多样性也都各具特色（张灿影等，2019），包括：细菌、海绵、海葵、海参、多毛类环节动物、腹足类软体动物、甲壳动物和鱼类等，它们以独特的基因和生理机制适应深渊的极端

环境（李新正等，2019）。深海热液区和冷泉活动区的环境较为极端，造就了完全不依赖于光合作用的化能生态系统。90%的深海热液区生物为特有种，已从热液系统中发现了近千种的新物种（王丽玲等，2008）。目前已发现上千个冷泉活动区，冷泉生态系统在高阶元类群的组成上与热液生态系统相似，但在物种级别上，存在显著差异，二者共享的物种数不超过10%（李新正等，2019）。冷水珊瑚礁区聚集分布着许多深海鱼类（如石斑、海鲈、鲷和岩鱼等）和无脊椎动物（如虾、蟹和管虫等），是重要的深海渔场（赵美霞等，2016）。海山区也是深海生物多样性的热点区域，栖息着几乎所有门类的动物，优势种有海绵、珊瑚、海葵、海笔、水螅和海百合等，几乎在所有调查的海山区中都发现了新物种。另外，海山区也是鱼类大量聚集的地方（张均龙等，2013；张灿影等，2019）。由于海底的极端环境，相关生物现象具有特殊的科学研究价值，可能拓展人们对生命极限的认知（Nunoura et al.，2015）。

二、深蓝基因资源挖掘研究任重而道远

随着分子生物学技术、蛋白组学分析技术、代谢组学分析技术和生物信息学等不断发展，深海生物基因资源开发利用技术也在不断创新与改进，提高了人类对深海生物资源的利用能力，使深海生物基因资源开发利用成为重要的发展领域。基于高通量测序水平的宏基因组学分析技术的快速发展，使人们在发现深海新物种、新基因类型、新蛋白家族、新代谢机制、新适应机制等方面实现重大突破（李新正等，2019；王妍莹，2020），开创了深海生物多样性研究的新纪元。尤其对于深海环境中极低丰度的微生物和不可培养的微生物来说，高通量测序手段可以直接研究自然状态下的微生物群落，不需要分离培养即可完成对微生物群体结构组成及多样性的分析。

根据深海生物资源利用科技创新发展的趋势，我国深海大洋生物基因资源开发面临着5项主要任务：一是积极获取深海底部生物基因样品。未来我国将在国际海底典型环境区域进行精确区域与原位环境参数观测，通过深海装备的不断升级，获取更高质量的环境样品与生物样品，用于极端深海生物的培养、基因资源获取等。对国内研究单位开放各种样品、生物材料、基因、数据库及各种专业设施，使研究工作能在一个较高水平的平台上起到辐射作用。二是提升我国深海生物及其基因资源的培养与获取能力。从国际海底环境样品中分离、培养、获得极端海底生物及其基因资源是国内外至今未完全突破的世界性技术难题。未来我国将建立完善专门的深海生物及基因资源研究平台体系，着力突破极端深海生物及其基因资源分离、培养与获取的关键技术瓶颈；继续开展深海生物资源的提取与潜力评估；开展深海生物资源的生命特征及其对极端环境的适应机制研究。三是开展资源潜力评估，形成商业开发深海生物基因资源的能力。建立极端深海生物及其基因资源应用潜力评价技术体系和技术平台，系统评价我国拥有的极端深海生物及其基因资源的应用潜力，形成具有商业开发深海生物及其基因资源的技术能力，实现真正的资源和技术拥有。推动深海生物及其基因资源生物技术产业的形成。四是推进深海生物基因资源开发利用的产业化应用示范。以生物产业发展需求为导向，加强对深海生物基因资源在工业、农业、医药、环境保护、日用化工、食品工业、冶金、石化等领域的应用技术开发；建立深海生物基因资源产业化的关键技术体系；开展深海生物资源利用的中试生产工艺研究，获得一批深海生物资源应用技术，并联合企业

开展产品化生产技术开发与应用示范，为深海生物产业的发展奠定基础。五是继续深入开展深海生物多样性、深海生态系统等基础科学领域研究。加强对深海生境和资源的保护，确保生态安全，在保护和利用之间寻求平衡，实现深海生物资源的可持续利用。

三、深蓝药物与制品研发成为主攻方向

深海生物尤其是微生物为适应复杂而恶劣的深海生态环境，形成了特殊的代谢系统和防御体系，其产生的一些结构新颖、化学组成复杂、生理功能特异的天然大分子物质，在医药、工业、农业和环保等领域有着重要的应用。在医疗领域，不断发现具有药用价值的新型化合物，从深海生物体内可以提取到大量抗肿瘤、抗菌、抗病毒、抗凝血、降压、降脂等生物因子。从深蓝生物资源中发现的药物先导化合物并对其进行系统的成药性评价和开发是竞争最激烈的领域之一（张书军等，2012）。世界各国已经从海葵、海绵、海洋腔肠动物、海洋被囊动物、海洋棘皮动物和海洋微生物中分离和鉴定了 20 000 多个新型化合物，它们的主要活性表现在抗肿瘤、抗菌、抗病毒、抗凝血、镇痛、抗炎和抗心血管疾病等方面。除此之外，还有大量的海洋活性化合物正处于成药性评价和临床前研究中。1998—2008 年国际上共有 592 个具有抗肿瘤和细胞毒活性、666 个具有其他多种活性的海洋活性化合物正在进行成药性评价和（或）临床前研究，有望从中产生一批具有开发前景的候选药物。截至目前，已从深蓝生物中分离筛选出大量具有抗癌、抗菌功能的活性物质，并且有多种抗癌药物进入临床试验阶段，深海药物研究和开发将会是世界各国长期追捧的热点之一（Cañedo et al.，1997；Han et al.，2006；马新华等，2018）。

当前，国际海洋生物制品研发的热点主要集中在海洋生物酶、功能材料、绿色农用制剂，以及保健食品、日用化学品等领域。海洋生物酶已成为发达国家寻求新型酶制剂产品的重要来源，迄今为止，已从海洋微生物中筛选得到 140 多种酶。欧美及日本等发达国家每年投入多达 100 亿美元的资金，用于海洋生物酶的研究与开发，以保证其在该领域的技术领先和市场竞争力。海洋功能材料是功能材料的极佳原料，美国强生公司、英国施乐辉公司等均投入巨资开展具有生物相容性的海洋生物医用材料产品的开发。国外正在开发的产品主要有：创伤止血材料、组织损伤修复材料、壳聚糖基跟腱修补材料、心脏补片等外科创伤修复材料、组织工程材料（如皮肤、骨组织、角膜组织、神经组织、血管等）、运载缓释材料（如自组装药物缓释材料、凝胶缓释载体、基因载体等）。深海微生物及其代谢产物在农业病害生物防治中的应用受到越来越多的重视。研究表明，一些深海细菌及其代谢产物对玉米纹枯病菌和苹果干腐病菌等植物病原真菌具有显著的抑制作用（Anwar et al.，2014；Romanenko et al.，2013；Tareq et al.，2014）。从南大西洋深海海水中分离到一株放线菌菌株 R104，其发酵无细胞上清液对黄曲霉素合成的抑制率高达 96.2%（徐静静等，2015）；进一步对发酵培养基和发酵条件优化，获得更高产量的抗真菌活性物质（王琪等，2018）。

第三节　国内外科技创新差距与存在问题

一、国内外科技创新差距

20 世纪 80 年代后，美国、英国、法国等传统海洋经济强国以及亚太地区的日本、韩国

和澳大利亚等国都分别制定了海洋科技发展规划，提出了优先发展海洋高科技的战略决策，推动对海洋的开发逐渐从近海走向深远海，资源利用向精深加工拓展。目前，从全球视野和经略海洋能力来看，我国尚处于探索和开发海洋的初步阶段，海洋领域的科技水平和创新能力总体上落后于世界发达国家，海洋战略研究仍然滞后于发展需求。尤其在深蓝生物资源利用领域，我国相关研究起步较晚，科技创新能力与发达国家尚有一定差距。

（一）国外深海生物资源调查起步较早，国内相关研究相对滞后

深海生物的研究始于19世纪初。1872—1876年，英国"挑战者"号考察船在首次环球海洋科考中获得了一批深海生物样品，确证深海存在生物。此后，欧美一些国家相继开展深海生物调查。20世纪60年代以来，对深海生物的研究，包括深海环境、深海生物的种群生态、生理、生化和适应机制等不断取得进展。西方海洋强国通过联合开展大型国际项目，如国际海洋生物普查计划（CoML）中的深海海洋生物多样性普查（CeDAMar）、欧洲海热点生态系统研究及人类活动的影响（HERMIONE）、深海生态系统科学考察国际网络（IN-DEEP）、超深渊生态系统研究计划项目（HADES）等，对全球范围内的诸多特殊生态系统进行了系统的生物多样性普查，获得大量系统的新发现和新成果。

由于我国参与大型国际项目的程度较低，尽管采探到一些生物资源，但由于缺少采样生境的环境参数，导致后期生物多样性和功能、适应性及进化机制分析数据不足，在基础理论研究方面与西方海洋强国有较大差距。我国深海生物资源研发起步于20世纪90年代末，经过20多年的发展，在深海生物资源研究领域取得了不错的成绩，通过开展对深海热液、冷泉、海山和深渊等特殊环境的考察，积累了大量研究资料，但与美国、日本、俄罗斯等海洋强国相比，我国海洋研究的科技实力仍然相对不足，海洋研究基础设施相对于发达国家仍有一定差距，深远海探测和海洋综合观测能力也有待提高。此外，我国海洋研究力量较为分散，各研究单元缺乏高效的协调机制，难免出现重复布局的情况，这在我国海洋科研资源有限的现状下不利于形成合力。这些情况与我国建设"海洋科技强国"的战略目标尚不相符合。

（二）国外深海生物资源开发较为系统，国内研究工作逐渐深入

深海物种生命周期长、成熟期晚、生长率低、繁殖力差，对人类干扰的耐受力较低，而且受干扰后恢复周期较长，群落一旦受到破坏，恢复需要几十年甚至几百年的时间（张灿影等，2019）。目前，澳大利亚、加拿大、新西兰、挪威、英国等均已开展了包括科学评价和预测深海生物资源的可持续利用水平的研究，并通过科技创新改进探测和捕获设备、限制底拖网捕鱼活动、改进技术以减少副渔获物、建立海洋自然保护区等在内的各种措施，加强对深海生物及其生境的保护（赵美霞等，2016）。20世纪西方发达国家就开始使用潜水器对深海生物进行探测，1964年下水的美国"阿尔文"（Alvin）号是第一艘现代意义上的载人潜水器。"阿尔文"号至今已经下潜了数千次，下潜地点遍布全球海洋。此后，美国、法国、日本、俄罗斯、中国等多个国家制造的遥控潜水器、载人潜水器以及各种用途的深海机器人相继下水投入使用。我国起步相对较晚，但发展很快，目前我国的潜水器技术已经达到世界先进水平，载人深潜器"蛟龙"号于2007年建成下水，它是目前世界上下潜最深的载人潜水器（张灿影等，2019）。

从20世纪80年代至今，美国等西方国家和国际组织主导开展了众多深海大洋研究国际

计划，大大提高了深海远洋研究水平。中国在深海远洋调查研究方面，既与美国、欧盟、俄罗斯和日本等有明显差距，也面临着来自印度、韩国等新兴国家的有力竞争。我国对深海生物资源的调查，是伴随着大洋整体科考进行的。从 2000 年开始，我国相继开展了多个大洋深海生物调查航次，调查平台和设备不断完善，勘探与研发也不断取得新成果、新突破。"十五"期间，中国大洋矿产资源研究开发协会组织有关部门（国家海洋局）专家对"深海生物的分子生物学及其应用研究"进行了立项论证，其标志着我国深海生物基因资源的探索性研究工作的启动。"十二五"期间，我国自主成功研制了深海生态长期观测系统、深海沉积物原位定植培养系统与深海水体原位定植培养系统设备，实现了深海微生物的原位培养及深海生态系统长期观测的技术突破，获得了创新性研究成果。最近十年，"蛟龙"号等潜水器的成功研制和应用使中国的深潜技术实现了跨越式发展，跻身进了国际深海载人"高技术俱乐部"。

我国深海生物基础研究硕果累累，完成了 100 多个海洋新物种的分类与系统进化研究，使我国成为国际上深海生物新物种发现与分类的重要力量。21 世纪初，在财政部的大力支持下，以"追赶者"的姿态进入深海生物资源勘探领域，组织国内优势团队，积极开展资源获取和潜力评价工作，大力发展深海生物资源勘探技术，短短 15 年大幅提升了我国深海生物种质资源的拥有量，建立了相当规模的深海生物资源库，资源拥有量实现了重大超越。

（三）国外深蓝生物基因资源挖掘进展迅猛，国内紧跟世界前沿

深海生物及其基因资源已成为具有巨大商业开发前景的深海资源之一，目前国际上深海生物基因资源的开发应用已经带来数十亿美元的产业价值，深海生物产业被称为蓝色海洋的朝阳产业。自 20 世纪 90 年代以来，以美国、日本、德国等为主的世界发达国家纷纷从基因水平对深海微生物资源进行研究，启动了各自的研究计划，并取得了许多重要研究成果。日本近年来启动的 JAMSTEC 计划，专门从事深海大洋中脊地质调查以及海底热泉生物的研究，他们利用特殊的设备从海底搜集深海生物，并在陆地模拟相似的温压条件加以培育，开展了大量的科学研究与应用开发，取得了丰硕的成果。21 世纪初，欧盟投资 1 200 万美元，联合 61 个实验室进行深海极端微生物基础和开发研究，并取得了一些积极的成果。德国在欧洲深海生物资源研究方面具有领先优势，在深海热泉古嗜热菌的基因研究中取得了重要进展。

我国的深海生物基因资源研发起步于 20 世纪 90 年代末。"十五"期间，中国大洋矿产资源研究开发协会（COMRA）组织有关部门（国家海洋局）专家对"深海生物的分子生物学及其应用研究"进行了立项论证，其标志着中国深海生物基因资源的探索性研究工作开始启动。虽然近几年来我国在深海生物及其基因资源研究方面发展迅速，也取得了一些国际前沿的科研成果，但与发达国家相比仍存在较大差距。目前，我国尚不具备有些发达国家在 20 世纪 70 年代就已拥有的重要深海研究技术手段，缺少代表国家利益、面向国家战略需求的"深海生物及其基因资源研究的中长期发展规划"，在深海生物及其基因资源的采集、研究等方面迄今为止仍落后于发达国家，突出表现为调查技术和研究手段不全面、资金投入不充足、研究队伍不稳定等，相对于深海极端环境（热液、冷泉、深渊等）生物巨大的科学与商业价值，我国相关领域的研究与国家的支持力度还远远不够（中国科学院学部，2010）。如果我国不能在联合国的保护法规出台前占有深海重要资源，将会丧失以新生物技术产业为支撑的可持续发展的重要良机。

（四）国外深蓝药物取得市场突破，国内海洋药物产业基础良好

海洋生物医药被许多国家提到战略发展层面，国外海洋强国如美国、英国、西班牙纷纷制定《海洋生物医药产业发展规划》，不断在海洋生物医药领域加大研发投入，并将其视为"蓝色经济"增长点加以推进。在美国、日本和一些欧洲发达国家，海洋生物制药已经成为相对成熟的学科，也成为当今世界经济效益较高的行业，目前已有上百种药物进入临床评估阶段（乐家华等，2010）。国外已经尝试从深海生物中筛选新的特效抗生素（张鸿翔等，2002）；西班牙、加拿大等国已从深海生物中寻找到抗癌和抗艾滋病的活性物质，开发的新型药物和疫苗已进入临床试验阶段（唐启升，2001）。

虽然我国海洋药物研究与开发起步较晚，但国内政策支持良好，生物药品市场具有广阔的发展空间，海洋生物医药产业发展迅速。我国科学家从海洋生物中发现了一批结构新颖、活性多样的针对重大疾病的药物先导化合物。"一带一路"倡议实施以来，我国与世界各国加强了在生物医药相关领域的合作，海洋生物医药产业得以迅速发展。良好的国家政策环境使得现代海洋药物研究进展不断加快，海洋生物医药产业在生物医药产业中占据重要地位。我国对海洋药物的开发利用较早，到 2015 年为止，已经发现 725 种我国海洋药物资源（Fu et al.，2016）。2017 年，我国海洋生物医药产业增加值达 385 亿元，增速达 11%，海洋生物医药产业作为战略性新兴产业在海洋经济中所占比例越来越大，间接推动了国家经济发展（付秀梅等，2019）。我国"十三五"规划将"蓝色药库"建设作为重大战略需求，随着供给侧改革加快，海洋生物医药产业发展也利于海洋产业结构升级和提质增效。

二、存在问题

（一）科研投入和产出比较匮乏

早期我国一直是一个海洋观念淡薄的国家，念念不忘的是 960 万 km^2 的国土，对于 300 万 km^2 的"蓝色国土"长期关注不够。对于深蓝生物资源的开发和利用，我们在相当长的历史时期内处于停滞状态。对于深蓝生物资源的科学研究，投入和产出都严重匮乏，与世界海洋强国差距巨大。近 20 年来，我国科技工作者奋起直追，取得了一定的成绩，但总体上与国际先进国家相比，我们的深蓝科研投入仍然处于严重落后状态，深海人才队伍也急需整合和加强。国内专门从事深海研究的人员不多，力量严重分散。

（二）关键技术与成果相对落后

由于我国深蓝生物资源开发起步晚，积累少，难以厚积薄发，形成重大的创新性成果。近 20 年来，国家不断加大对深蓝生物资源开发的科技投入和政策支持，凝聚了一批从事深蓝生物资源创新研究的海洋生物科学家，也吸引了一批陆地生物技术科学家下海投身深蓝生物事业，使我国深蓝生物技术有了迅速的发展。但是总体上，我国深蓝生物资源工程和科技的发展存在明显的缺陷，主要表现在：（1）借用技术多，核心技术少。我国在发展中，大量模仿国外先进技术，借用陆地生物资源的开发技术，解决深蓝生物资源的特殊问题，虽然这在初级发展阶段十分重要，可是现在针对深远海特有生物资源的核心技术亟待突破。（2）探索研究多，系统研究少。在我国深远海养殖动植物中，已经做过探索性研究的不下十种，可是没有一种生物像挪威鲑那样进行过高水平的系统研究。（3）集成创新多，原始创新少。很

少有关键技术是我国发明的核心技术，创造重大经济效益的自主知识产权技术更是少之又少，关键设备基本依靠进口。

（三）调查与评估能力有待提升

我国深远海捕捞业和养殖业的规模都正在迅速提升。可是在规模扩大的过程中，普遍缺乏系统的科学评估，缺乏雄厚的基础研究支撑，缺乏对环境和生态的影响认识。例如，我国远洋渔业已遍布世界三大洋，资源调查却刚刚走出国门，缺乏第一手数据，资源分布与渔场变动规律不明，在资源养护措施及捕捞配额分配谈判中缺乏话语权，在以资源养护为主调的磋商中处境被动，对远洋渔业渔场规律掌握不够，严重影响我国在国际渔业资源开发中的竞争力。

（四）国家整体规划布局需加强

我国迄今为止没有制定一个国家级的深蓝生物资源工程科技的发展规划。规划制定和实施主管部门也不明确。这严重影响了我国深蓝生物资源科技创新的效率。许多地区制定的发展规划科学性不够，存在思路雷同的问题，甚至有的不是从特有资源和开发基础出发，而是追逐热点，一哄而上。例如，海洋药物开发成为各地最响亮的口号，其实许多地区研发力量薄弱，技术和资源优势都不存在，形成主导产业能力并不强，前景还很遥远。某些海洋生物开发区，主打海洋药物，可是进入开发区的项目，却是以海洋食品和保健品为主，个别的药物项目与海洋生物并无直接的关系。

第四节　科技创新发展思路与重点任务

我国在深海生物资源研究与开发利用方面仍然任重道远。为此，需要不断提升对深海生物资源的科学认知，深入开展深海生物资源的全面调查，促进深海生物资源平台的系统化发展，进一步推进深海生物资源实物与信息的保存、利用和共享，强化科技创新和新产业崛起的先导作用，发展基于深海生物资源可持续发展的经济体系，发挥深海生物资源在建设"海洋强国"方面的重要作用，确保我国国际竞争地位（唐启升，2014）。深海生物资源的竞争实质是科技创新的竞争，应将科技创新作为深海生物资源开发利用的根本支撑，根据开发利用的需要进行科技创新，同时大力促进科技创新成果的产业化，保证科技创新成果迅速投入深海生物资源开发利用的实践中去，提高科技创新成果的转化率和贡献率，推动经济发展，而经济发展又为高水平科技创新的发展创造了良好的资金条件，从而实现科技创新与深海生物资源开发利用的良性循环发展（倪国江等，2009）。

一、总体思路

深海强国建设是海洋强国建设国家战略的重要组成部分，必将推动我国深海顶层设计和战略布局。深海资源尚未大规模开发，中国仍处在战略机遇期，继续加强深海技术研发，不断参与深海规则制定，维护深海利益。落实党的十八大提出的"建设海洋强国"的宏伟战略目标，紧紧围绕提高海洋资源开发能力、发展海洋经济、保护海洋生态环境和坚决维护国家海洋权益的重大需求，突破深蓝生物资源高效开发和可持续利用的核心和关键技术，保障国家食物安全，推动海洋经济发展，形成战略性新兴产业，保护海洋生态安全，维护国家海洋权益。

实施"拓展"和"高技术"两大发展战略，多层面地开发利用深蓝生物的群体、遗传和产物三大资源，推动深蓝生物资源工程与科技的发展。"拓展战略"积极发展深远海水产养殖业，开发利用远洋渔业资源，探索极地深海生物资源，提高深蓝海洋食品质量和安全水平；"高技术战略"发展深蓝生物高技术，促进拓展战略的技术升级，深化深蓝生物资源开发利用的层次。

二、战略目标

提高深蓝生物资源调查能力，重点加快南极磷虾资源开发利用关键技术与装备研发，培育高附加值的新生物产业链，促进我国远洋渔业的发展。

建设高技术密集型深蓝新生物产业，利用深远海特有的生物资源，开发一批具有资源特色和自主知识产权、有竞争力的海洋新药，形成并壮大工业/医药/生物技术用酶、医用功能材料、绿色农用生物制剂等新型深蓝生物制品产业。

三、重点任务

（一）深蓝生物资源调查评估系统

1. 深蓝生物资源种群动态和生物多样性格局

研究南极海域、海山、冷水珊瑚等深海渔场的渔业资源群落结构、种类组成、数量分布、结构更替及其与环境变化的关系。选择代表物种研究种群的数量特征、年龄结构、性别比例和空间特征；研究深蓝生物多样性分布格局的时空变化及其驱动因子，生物多样性格局形成的主导机制。

2. 深蓝生物食物网结构特征及其级联效应

研究南极海域、海山、冷水珊瑚等典型生态区食物网基本结构、食物关系和主要营养通道及其时空变化，以及以主要渔业生物种类为核心的食物网关键过程及其影响因素，初步解析生源要素、水域初级生产和次级生产等与资源补充过程之间耦合关系。

3. 深蓝渔业生物种群动力学特征对栖息地生境的适应性响应

研究主要渔业生物种群生物学特征、补充群体和产卵群体的时空分布格局，阐明栖息地生境要素对主要渔业生物种群的繁殖发育和生长存活、死亡机制、种群结构和数量变动等生活史策略的影响；构建深海和南极环境中亲体-补充量关系模型，预估深蓝渔业资源的演替规律和趋势。

（二）深蓝生物基因资源挖掘工程

1. 深海生物个体发育与系统演化遗传基础

研究深海生物配子发生过程以及重要性状和器官发生的细胞群体与关键调控基因，研究变态、蜕皮等海洋生物特殊生命过程及遗传学调控机制。以横跨动物演化链条的代表性海洋动物类群为研究对象，开展比较基因组学分析，系统解析动物重要共性发育过程的遗传调控基础及宏观演化规律。

2. 深海生物适应性进化机制

开展深海生物特殊的适应机制研究，包括眼睛退化、体色白化或透明、有发光器官或发光组织、耐高盐高压等极端环境适应的表型可塑性及分子机制，解析深海生物重要性状的分子演化过程，揭示深海生物的适应性进化机制。

3. 深海极端环境生命过程及其维持机制

测定典型深海环境样品的宏基因组和转录组，研究重要基因/蛋白的作用；分离、培养主要硫氧化菌，研究其硫氧化途径；分析深海典型环境中病毒、微生物等种类与数量及变动状态和规律，研究自养微生物-异养微生物以及微生物与病毒等的相互作用过程与机制，研究冷泉/热液常见无脊椎动物类群的共生模式。

4. 深蓝渔业新资源物种遗传特征解析与利用

开展典型深蓝渔业生物种质资源特征分析，阐明不同地理种群间或种群内基因的选择压力，解析其遗传多样性及种群演化动态规律；开展典型深蓝渔业生物特殊生境的适应机制研究，揭示极端环境下深蓝生物耐寒的适应性趋同进化；研究大洋鱼类生长、发育、繁殖等生物学过程及相关基因的演化规律，剖析其共性遗传调控基础。

（三）深蓝药物与生物制品创新工程

1. 深蓝医药生物资源天然产物发掘

以深海无脊椎动物、深海植物及深海微生物为研究对象，开展海洋天然产物化学研究；从深蓝生物资源中发现药物先导化合物并对其进行系统的成药性评价和开发；从深海生物体内分离纯化大量含有结构特异、性质特殊的天然产物，发掘具有药用价值的新型化合物。运用分子技术，提高深海生物活性物质的开发效率，同时进行基于生物合成机制的工程改造，获得新的天然产物；尝试利用基因组学进行目标导向的天然产物挖掘。

2. 深蓝海洋创新药物和新型海洋生物制品研发

开发拥有自主知识产权的海洋创新药物和新型海洋生物制品，建立和发展深蓝药物和生物制品的新型产业体系。通过高通量和高内涵筛选技术以及新靶点的发现，开发一批具有资源特色和自主知识产权、结构新颖、靶点明确、作用机制清晰、安全有效且与已上市药物相比有较强竞争力的海洋新药，形成深蓝药物新兴产业。利用现代生物技术高效综合利用深蓝生物资源，开发具有市场前景的新型海洋生物制品，形成并壮大工业/医药/生物技术用酶、医用功能材料、绿色农用生物制剂等产业。

3. 深蓝生物前沿技术

开发海水生物生殖干细胞的分离、保存和诱导分化技术；在海洋动物中发展基因沉默技术，建立外源基因导入与表达技术，优化 CRISPR/Cas9 技术进行基因敲除或敲入。开展低成本靶向性高通量分型技术及多组学分析技术研究，研发可对基因进行靶向性分析的液相探针阵列分型技术；开发海洋生物宏基因组高通量精准解析及单细胞拉曼分析、分选与测序技术，建立标准化、高通量的海洋环境样品的宏基因组高通量实验与精准计算分析解析技术。

第五节　科技创新保障措施与政策建议

一、保障措施

（一）做好顶层设计，制定深蓝生物资源开发国家规划

深海生物多产于国家管辖区域以外的公海，是属于人类共同财产，其勘测、研究、保护和利用不仅需要国内多部门、多行业的协调配合，还需要加强国际合作。因此，要实现从探

索到产业化发展，需根据国家海洋强国发展战略，做好顶层设计和中长期规划，制定深海生物发展战略，协调政府、科研机构和产业部门合作，协调国际关系，处理国际争端。党的十八大提出建设海洋强国的伟大战略思想。深蓝生物资源工程与科技在保障食物安全、推动经济发展、形成战略性新兴产业和维护国家主权权益等方面具有十分重要的战略地位，需要汇集各方之智慧，总揽南北之大局，科学制定深蓝生物资源开发的国家规划，指导我国未来深蓝生物资源科技和产业的发展。并且，在实施国家规划的过程中，加快开发深海特有的生物资源，培育壮大以深远海健康养殖、远洋捕捞、海洋药物和生物制品为代表的深蓝生物产业，提高深蓝生物产业创新能力，推进深蓝生物经济的健康发展。

（二）加强基础研究，突破深蓝生物资源开发关键技术

科学技术是开发深蓝生物资源的第一生产力。总体来讲，我国在深蓝生物资源开发方面，技术的进步跟不上产业的拓展，基础研究跟不上技术的发展。针对我国基础和工程研究落后的局面，要使我国成为深蓝生物强国，必须加强基础研究，突破资源开发关键技术。深远海是生物资源的宝库，近年来新物种、新基因、新产物、新功能的发现如雨后春笋，层出不穷。可以预见，深蓝生物资源的创新发现既是衡量国家科技创新能力的试金石，也是知识产权占有权争夺的新战场。重视新物种、新基因、新产物、新功能等对深蓝生物经济起重大作用的基础研究，才能从源头创新，持续创新，立于不败之地。

（三）注重基础建设，提升深蓝生物资源开发整体水平

开发深蓝生物资源是百年大计。只有加强深蓝生物资源开发的基础建设，夯实基础，才能不断积累科技创新的能量，提升海洋生物资源开发的整体水平。在基础建设中，最重要的是队伍建设、平台建设和能力建设。在深蓝生物资源开发中，要加快造就一批具有世界前沿水平的创新人才，大力培养学科带头人，积极推进创新团队建设；建设以海洋生物资源开发工程技术与装备重要理论和关键技术为目的的现代化高水平的研发平台和公共数据集成服务共享平台，强化技术发展的支撑能力；以实际需求为导向，以先进平台为基础，以精湛队伍为依托，以充足投入为保障，切实强化科研创新能力，形成促进深蓝科技发展的合力。

（四）拓展投资渠道，促进深蓝生物新兴产业快速发展

培育海洋生物战略性新兴产业，必须走国家政策引导下的市场化发展道路，建立持久、有效的投入机制，确保政府引导性资金投入的稳定增长、社会多元化资金投入的大幅度增长和企业主体性资金投入的持续增长。在南极磷虾资源利用、深远海规模化养殖、海洋药物和生物制品开发等战略性新兴产业和工程方面，组织产、学、研优秀骨干力量，协同努力，把在海洋生物相关的重大工程、重大项目实施中形成的成果转化为现实生产力。拓展深蓝生物相关产业发展的投资渠道，政府投资要体现政策的引导作用，引导带动社会投资，发挥对社会资本的"汲水效应"，增强深蓝生物资源开发利用和保护的相关企业的自主创新能力，促进科技成果向现实生产力转化。开发深海生物资源是一项高科技、高投入和高风险的系统工程，因此迫切需要国家科学计划或重大专项的持续支持，加大对深海生物学基础性研究、深海生物基因资源研究和深海特殊技术装备研制等领域的扶持力度。同时，政府部门应引导社会资本加大对深海高新技术研发和深海新兴产业的投资，鼓励银行等金融机构加大对深蓝生物重点项目、重点企业的信贷资金投放力度，推动科技、产业和金融紧密合作。

（五）加强国际合作，掌握深蓝生物科技前沿发展趋势

目前，国际深海生物基因资源的开发仍然处于无序竞争的状态，拥有深海开发能力的国家在该领域处于资源和技术的垄断地位。面对深海生物基因多样性保护国际趋势，我国一方面要积极加快深海生物基因资源研发，加快资源占有，获取自主知识产权；另一方面，要积极参与深海生物基因资源多样性保护国际规章制度的制定，维护我国及我国所代表的发展中国家在国际深海区域的资源权益。积极参与"综合大洋钻探计划（IODP）"以及其他国际深海生物基因资源研究领域的重大科学研究计划，支持中国大洋深海生物及其基因资源研究开发中心与国外著名的深海生物技术研发机构，如日本海洋科学与技术中心、美国 Woods Hole 海洋研究所、俄罗斯太平洋渔业研究中心等展开合作研究，建立长效的、高水平的交流合作关系，鼓励其在我国建立联合实验室或研究中心。在《联合国海洋法公约》框架下，紧密结合国家"一带一路"倡议，加强国际远洋渔业合作。同时，加强深海生物基因产业的国际合作，提升我国深海生物基因资源产业化开发的水平，努力发挥主导作用，树立负责任大国形象。

二、政策建议

综上所述，开展深海生物资源的研究开发是国家可持续发展的需求，也是国际海底区域矿产资源和能源开发过程中环境保护的需求，并将极大地推动生命科学、地球科学的发展。国家需采取积极措施，从政策规划、项目资金、人才培养、产业化等各个方面整体有序推进，不断提高我国深海生物基因资源研发水平，在国际海洋深海生物基因多样性保护规章出台之前，获取更多深海生物基因资源加以培育、研究、开发、应用，力争在 10～15 年内在深海生物基因资源占有、基础研究、科研团队建设、产业化开发等方面，达到当前发达海洋国家的水平，全面提高我国在国际深海区域的综合竞争力，有效地维护我国在公海和国际海底资源开发活动中的权益，加快海洋强国建设。同时，深海生物基因资源研发涉及生命起源、可持续发展、深海矿产、全球变暖等国际热点问题，围绕这一领域的竞争充分体现了国际社会在能源、资源、价值理念方面的最新观点，也是提升国家软实力的重要途径。为此，特提出以下政策建议：

（一）制定深海生物资源研究的中长期发展规划

为了更好地组织开展深海生物资源开发与利用，从国家层面瞄准深海生物资源研究的国际前沿，借鉴国外先进经验，制定代表国家利益、面向国家当前和未来战略需求的《深海生物及其基因资源研究的中长期发展规划》，全面评估我国在深海生物资源研发方面的发展现状，摸清家底，找出差距，明确发展方向和具体目标；理顺我国深海生物资源研发的体制机制，在政策、资金、项目等各个方面切实加强对深海生物资源研发的支持力度；明确未来10～15 年我国对深海生物资源研发的战略目标、重点领域、实施步骤、支撑政策、组织管理体系等。《发展规划》对于我国抓住国际深海生物资源多样性保护规章出台前的重要机遇、促进深海生物资源开发利用的跨越式发展、在激烈的国际竞争中争取更大的国家利益具有重要意义。

（二）尽快设立深海生物基因资源挖掘国家专项

通过设立深海生物基因资源挖掘国家专项，给予必要力度的资金、项目支持来加速深海

生物基因资源的研究。一是设立专门的深海生物基因资源基础性研究国家专项。大力加强深海微生物遗传资源的宏基因组研究与生物信息学研究，以引领诠释生命起源奥秘、探究地球演变规律、阐释气候变暖本质等方面的基础科学研究。同时，重视生命科学及地球科学等相关领域的基础研究；二是设立专门的深海生物基因资源调查专项。充分利用我国在深海特殊技术装备研制方面的突破，通过改造或新建，尽快装备专业的可搭载载人或非载人深潜器的深海考察船，系统深入开展深海生物及基因资源多样性、化学生态学等方面的大范围调查，力争发现和占有更多的深海生物基因资源。三是建立专门的深海生物基因资源研发平台体系。以大型深海生态环境模拟实验设备建设为核心，建立专门的深海生物基因资源研发平台，对国内研究单位开放各种样品、生物材料、基因、数据库及各种专业设施，使研究工作能在一个较高水平的平台上起到辐射作用。

（三）建设深海药物与生物制品研发的创新平台

海洋生物医药研究领域是一个知识密集、多学科相互渗透的新兴研究领域（张艺等，2019）。进一步整合国内海洋生物医药研发力量，吸纳和培养一批具有较高国际水平的深海药物与生物制品研发人才，加强与国内外同行的交流与合作，争取获得更广泛的支持，引进国外先进研发技术和经验。争取国家专项资金，建设大型深海生态环境模拟实验设备和配备深海作业装置，建立海洋药物与生物制品研发和产业化的共享平台，实现技术与产业衔接，集成重大技术成果，建设产业化示范基地。坚持海洋生物技术创新的市场导向，激发科研机构的创新活力，并使企业获得持续创新的能力，拓展产业链，逐步形成海洋药物与生物制品的新兴产业。同时，不断寻求与"一带一路"沿线国家和其他世界海洋强国的共同合作，为我国海洋生物医药产业发展提供巨大动力，我国海洋生物医药产业发展面临着前所未有的战略机遇。依托"一带一路"倡议的政策背景，沟通内陆，联系世界，推进国际国内互联互通，增强海洋医药产业多领域合作，促进海洋医药产业有效对接，围绕海洋生物医药产业研发链和产业链，共同探寻海洋医药产业跨领域合作新途径（付秀梅等，2019）。

参 考 文 献

陈春，高峰，鲁景亮，等，2016.日本海洋科技战略计划与重点研究布局及其对我国的启示［J］.地球科学进展，31（12）：1247-1254.

邓爱华，2004.从海洋寻找基因资源［J］.科技潮（8）：14-16.

付秀梅，薛振凯，刘莹，2019."一带一路"背景下我国海洋生物医药产业发展研究［J］.中国海洋大学学报（社会科学版）（3）：21-30.

胡振宇，龙隆，曹钟雄，2008.从国家视角看发展远洋渔业的战略价值［J］.中国渔业经济，26（6）：85-89.

姜秉国，2011.中国深海战略性资源开发产业化发展研究［D］.青岛：中国海洋大学.

乐家华，刘超，2010.世界海洋生物资源开发现状研究［J］.湖南农业科学（19）：68-70.

李乃胜，2011.关于海洋科技发展的阶段性思考［N］.科学时报，2011-01-06（A03）.

李新正，董栋，寇琦，等，2019.深海大型底栖生物多样性研究进展及中国现状［J］.海洋学报，41（10）：169-181.

刘晃，徐皓，徐琰斐，2018.深蓝渔业的内涵与特征［J］.渔业现代化，45（5）：3-8.

刘向东，韩立民，2004.发展海洋科技产业的战略思考［J］.海洋科学（7）：79-81.

刘垠，2014. 海洋生物研发需创新体系［N］. 中国海洋报，2014 - 08 - 05（1）.

吕志，2014. 日本海洋科技开发战略及动向［J］. 全球科技经济瞭望，29（10）：1 - 7.

马仁锋，倪欣欣，周国强，2015. 中国海洋科技研究动态与前瞻［J］. 世界科技研究与发展，37（4）：461 - 467.

马新华，郑卫敏，周芳，等，2018. 株深海来源真菌次级代谢产物的研究［J］. 中国海洋药物，37（5）：41 - 46.

倪国江，文艳，2009. 美国海洋科技发展的推进因素及对我国的启示［J］. 海洋开发与管理，26（6）：29 - 34.

沈满洪，2007. 资源与环境经济学［M］. 北京：中国环境科学出版社.

唐启升，2014. 中国海洋工程与科技发展战略研究：海洋生物资源卷［M］. 北京：海洋出版社.

唐启升，2001. 中国海洋渔业可持续发展及其高技术需求［J］. 中国工程科学（2）：7 - 9.

王丽玲，林景星，胡建芳，2008. 深海热液喷口生物群落研究进展［J］. 地球科学进展（6）：604 - 612.

王敏旋，2012. 世界海洋经济发达国家发展战略趋势和启示［J］. 新远见（3）：40 - 45.

王琪，闫培生，周莹，等，2018. 抑制黄曲霉毒素合成的深海环状芽孢杆菌活性物质发酵条件优化［J］. 中国农业科技导报，20（9）：65 - 71.

王妍莹，2020. 海洋微生物组研究进展［J］. 价值工程，39（1）：219 - 222.

肖湘，王风平，2006. 深海微生物的研究开发［J］. 中国抗生素杂志（2）：87 - 89.

谢伟，殷克东，2019. 深海海洋生态系统与海洋生态保护区发展趋势［J］. 中国工程科学，21（6）：1 - 8.

熊国强，1987. 世界的深海鱼类资源［J］. 海洋渔业（3）：140 - 142.

徐冰冰，2009. 深海生物多样性所受的威胁及其保护研究［J］. 安徽农业科学，37（32）：15919 - 15921.

徐静静，闫培生，王凯，等，2015. 一株抑制黄曲霉毒素的深海微杆菌的分离与鉴定［J］. 生物技术进展，5（3）：235 - 239＋253.

徐琰斐，刘晃，2019. 深蓝渔业发展策略研究［J］. 渔业现代化，46（3）：1 - 6.

袁沙，2018. 关于深海进入与开发的思考［N］. 中国海洋报，2018 - 07 - 12（2）.

张灿影，郭琳，鲁景亮，等，2019. 潜水器在深海生物多样性研究中的应用进展［J］. 海洋科学，43（1）：112 - 120.

张鸿翔，赵千钧，2003. 海洋资源：人类可持续发展的依托［J］. 地球科学进展（5）：806 - 811.

张鸿翔，赵千钧，郭琳，2002. 深海热泉生物：人类的基因资源宝库［J］. 地球科学进展（6）：918 - 921.

张均龙，徐奎栋，2013. 海山生物多样性研究进展与展望［J］. 地球科学进展，28（11）：1209 - 1216.

张书军，焦炳华，2012. 世界海洋药物现状与发展趋势［J］. 中国海洋药物杂志，31（2）：58 - 60.

张艺，孟飞荣，2019. 海洋战略性新兴产业基础研究竞争力发展态势研究：以海洋生物医药产业为例［J］. 科技进步与对策，36（16）：67 - 76.

赵美霞，余克服，2016. 冷水珊瑚礁研究进展与评述［J］. 热带地理，36（1）：94 - 100.

"中国海洋工程与科技发展战略研究"海洋生物资源课题组，2016. 蓝色海洋生物资源开发战略研究［J］. 中国工程科学，18（2）：32 - 40.

中国科学院学部，2010. 采取有力措施加速深海生物及其基因资源研究的建议［J］. 中国科学院院刊（4）：436 - 437.

Anwar M A，Choi S.，2014. Gram - negative marine bacteria：structural features of lipopolysaccharides and their relevance for economically important diseases［J］. Marine drugs，12（5）：2485.

Cañedo L M，Fernández Puentes J L，Pérez Baz J，et al.，1997. PM - 94128：a new isocoumarin antitumor agent produced by a marine bacterium［J］. The journal of antibiotics，50（2）：175 - 176.

Danovaro R，Gambi C，Antonio Dell A，et al.，2008. Exponential decline of deep - sea ecosystem functioning linked to benthic biodiversity loss [J]. Current biology, 18 (1): 1 – 8.

Fu X M, Zhang M Q, Shao C L., 2016. Chinese marine material medical resource: status and potential [J]. Marine drugs, 14 (3): 46.

Han B, Gross H, Goeger D, et al., 2006. Cancer cell toxins from a Papua New Guinea collection of the marine cyanobacterium lyngbya majuscule [J]. Journal of natural products, 69 (4): 572 – 575.

Nunoura T, Takaki Y, Hirai M, et al., 2015. Hadal biosphere: Insight into the microbial ecosystem in the deepest ocean on Earth [J]. Proceedings of the National Academy of Sciences of the United States of America, 112 (11): 1230 – 1236.

Romanenko L A, Tanaka N, Kalinovskaya N I, et al., 2013. Antimicrobial potential of deep surface sediment associated bacteria from the Sea of Japan [J]. World journal of microbiology & biotechnology, 29 (7): 1169 – 1177.

Tareq F S, Lee M A, Lee H, et al., 2014. Gageotetrins A – C: noncytotoxic antimicrobial linear lipopeptides from a marine bacterium Bacillus subtilis [J]. Organic letters, 16 (3): 928.

第九章　深远海工业化养殖

第一节　深远海工业化养殖科技创新发展战略背景

随着社会的快速进步，人类不断向大自然索取各种资源，全球生物资源有限的问题更加凸显。由于世界人口膨胀以及不断增加的中产阶级使人均动物蛋白消耗量在过去 40 年里增长了 50％，未来一段时间还将保持较高的增长，因此人类对动物蛋白的需求增长是巨大的。众多养殖种类中，鱼类对饲料的蛋白转化率是最高的，从资源有限、需求增长的角度来讲，养鱼是一种非常好的选择。

水产养殖是我国渔业的主要产业之一，2018 年，全国水产品总量 6 469 万 t，其中养殖产量约 5 018 万 t，占水产品总量的 78％，占世界水产养殖总量的 65％。在鱼类养殖中，淡水养殖占绝对主导地位，海水养殖产量为 142 万 t，仅占鱼类养殖总产量的 5％（农业农村部渔业渔政管理局，2019），海水养殖产业未来发展提升空间非常广阔。根据联合国粮食及农业组织（FAO）的统计，在政府全面打响环保攻坚战之后到 2030 年，我国的水产供给量将下降约 500 万 t，但同时因居民消费水平的提升，新增需求量约为 700 万 t，届时中国水产品缺口将达到 1 200 万 t，占目前全球 1.2 亿 t 水产品总量的 10％。按照 1 200 万 t 的缺口，在仅考虑粗加工的情况下，产值约为 8 000 亿元。

我国水产养殖生产方式粗放，受外部水域环境恶化与内部水质劣化的影响，内陆和沿海近岸的养殖空间受到挤压，海水养殖密度过大、病害频发和环境恶化等问题日益突出。此外，国内养殖缺乏高效的管理，企业经济利润较低，竞争压力大，急需通过技术创新、产业结构调整来寻求新的经济增长点。我国海域幅员辽阔，远离大陆的深远海水域拥有发展水产养殖优良的环境条件，包括优质的水源、适宜的区域性或洋流性水温，以及可以远离陆源性污染与病害，一旦具备安全可靠的设施装备以及海上物流保障系统，发展规模化水产养殖具有极好的条件。考虑到海洋捕捞资源衰退已不可恢复，深远海养殖产业代表着未来海洋渔业的发展方向。

一、是经略海洋，实施海洋强国战略的迫切需要

我国历来高度重视海洋发展战略，党的十六大和十七大分别提出了"实施海洋开发"和"发展海洋产业"，在"十一五"和"十二五"规划纲要中进一步强调了"强化海洋意识"以及"制定和实施海洋发展战略"，且在"十三五"规划纲要中延续了国家海洋开发战略；在党的十八大报告中指出"提高海洋资源开发能力，发展海洋经济，保护海洋生态环境，坚决维护国家海洋权益，建设海洋强国"，并在党的十九大报告中强调"坚持陆海统筹，加快建设海洋强国"，充分体现了党对海洋事业的高度重视和充分肯定。

发展海洋渔业是经略海洋的重要组成部分，为贯彻落实党中央、国务院关于加快建设海

洋强国的决策部署，国家多部委持续不断地出台涉及海洋渔业发展的政策或指导性文件。2013 年 2 月，国务院常务会讨论通过了《关于促进海洋渔业持续健康发展的若干意见》，在"调整海洋渔业生产结构和布局"的要求中，明确提出科学发展海水养殖、积极稳妥发展外海和远洋渔业以及大力发展海水产品加工和流通，并且提出了 2020 年发展目标，给"十三五"海洋渔业发展带来了前所未有的良好机遇和广阔空间。《农业部关于促进远洋渔业持续健康发展的意见》提出海洋经济发展走向深远海，大力开展远洋渔业和渔业养殖。2015 年国务院印发的《中国制造 2025》，以及工信部联合中国工程院编制的"《中国制造 2025》重点发展领域路线图计划"，将海上大型浮式基地，暨后勤保障、维权、渔业深远海养殖或旅游示范列为四大应用示范工程。工信部于 2017 年 11 月 27 日印发的《海洋工程制造业健康持续发展行动计划（2017—2020）》中提出加快新型和前瞻性产品的研制应用，其中就包括深远海大型养殖装备。2019 年 1 月，农业农村部等十部委联合发布了《关于加快推进水产养殖业绿色发展的若干意见》，明确提出积极拓展养殖空间，支持发展深远海绿色养殖，鼓励深远海大型智能化养殖渔场建设；提高养殖设施和装备水平，鼓励深远海大型养殖装备等关键装备研发和推广应用。

二、是缓解近海养殖压力，保障优质水产品供给的必要手段

改革开放以来，在"以养为主"的发展方针指引下，水产养殖业发展取得了巨大的成就。2018 年，我国水产养殖总产量超过 5 000 万 t，占水产品总产量的 78％以上。尽管取得了骄人的成绩，但与新时代的发展要求相比，水产养殖业还面临着一些困难和问题。从产业发展的外部环境看，养殖水域周边的各种污染，严重破坏养殖水域生态环境；经济社会发展和建设用地不断扩张，使水产养殖水域空间受到严重挤压，渔民合法权益受到侵害。从产业发展的内部环境来看，水产养殖布局不尽合理，如部分地区近海养殖网箱密度过大，水库、湖泊中的养殖网箱、网围过多过密，而一些可以合理利用的空间（如深远海、水稻田、低洼盐碱地等）却没有开发或者开发利用不够；一些落后的养殖方式亟待转变，产业的规模化、组织化、品牌化程度较低等。这些都与水产养殖大国的地位不相称。

发展以可移动式养殖工船、大型养殖平台等为代表的深远海养殖装备，实现海上现代化、规模化养殖，有效拓展养殖空间，提供更加优质的水产品供给，显著缩减内陆和近海养殖规模，缓解内陆和近海等的空间及生态环境压力，有助于污染水域的治理和生态环境的修复。相比于网箱装备等敞开式养殖，采用封闭式养殖的可移动式养殖工船不仅可将养殖水体与周边水体有效隔绝，对养殖水体水质、水温等参数进行调控，还能将养殖过程中产生的粪便、残饵等肥料进行收集和处理，显著降低养殖水体排放对海域环境的影响，对海洋环境和养殖鱼类品质都有重要的意义。因此开发可移动式养殖工船，是缓解我国近海养殖压力、推进深远海养殖产业发展的迫切需求，是保障水产品供应的必要手段。

三、是维护海洋权益，服务海上丝绸之路国家战略的迫切需要

当前我国海域划界和维护海洋权益形势十分严峻，与周边 8 个国家存在争议，争议海域面积占我国管辖海域面积 50％以上。深远海蕴藏着丰富的水文资源和渔业资源，我国有权利在我国领海及专属经济区内依法开展捕捞和养殖等渔业生产活动。如果将渔业船舶部署在

边远海疆，长期屯守从事渔业生产活动，既能有效开发深远海资源，又能成为领海主权的前哨，维护国家海洋权益。但由于目前在深远海开展渔业活动的仅为远洋渔船，无法长时间在特定海域开展捕捞作业，而开发具有远海值守功能的可移动式养殖工船，可为周边渔船提供油、水、生活品补给和渔获物海上收鲜等服务，打造深远海渔业航母船队，可实现屯渔戍边的战略意图。

面对自然条件限制、需求增长等各方面的情况，全球都在积极地开展深远海养殖。"海上丝绸之路"沿线的 32 个国家，拥有漫长的海岸线和海域空间，同样面临着内陆及近海养殖密度过高、病原侵害等问题，因此对深远海养殖同样有较高的需求。我国在深远海养殖领域的发展上秉持"开放、合作、共赢"的理念，我国主导的深远海养殖技术发展国际研讨会已成功举办两届，会议致力于搭建世界级深远海养殖科技交流平台，展示国内外前沿成果和新技术与新装备，进一步加强不同国家间深远海养殖领域的交流合作，推动全球海水养殖业持续健康发展。

四、是优化产业结构，促进船舶工业高质量发展的迫切需要

四十年来，船舶工业发展取得了历史性成就，但仍然面临一些发展不平衡、不充分的突出问题，低端过剩与高端供给不足并存，发展质量和效益不高，创新能力不强，增长动力依然不足。立足新时代，中国船舶工业要以更大的勇气和担当，更有力的措施和行动加快推进改革、创新、开放，谋求高质量发展。深远海养殖装备是集养殖技术与海洋工程装备设计建造技术于一体、跨领域、跨行业融合的新型装备，涉及海洋学、生物学、海洋工程、计算机科学等学科领域。由于各国深远海养殖产业发展不尽相同，加之养殖环境条件各异，对深远海养殖装备的需求不同，体现出强烈的差别化，因此对自主创新提出了更高的要求。未来一段时间，是发展深远海养殖产业的黄金期，各种新型的深远海养殖装备将不断投入使用，并进行验证和升级，逐步提升深远海养殖产业的效益，由此带动的是万亿级的装备市场，未来发展前景广阔。

发展深远海养殖装备，可以充分利用船舶工业在海洋装备开发上积累的丰富的设计和建造经验，融合多学科领域不断创新，打造适应我国水域特点和养殖产业发展的自主化装备体系，是深化供给侧结构改革，提升创新驱动力，提升船舶工业的效益，促进船舶工业高质量发展的迫切需要。

第二节　深远海工业化养殖科技创新现状与趋势

一、深水网箱仍是开展海水鱼类养殖的主要生产方式

网箱养殖是海水鱼养殖主要方式，深水网箱养殖是海水养殖先进生产力的代表。过去20 年的养殖实践表明，深水网箱在我国海洋养殖结构调整、推动渔业发展方式转变、拓展海洋养殖新空间、吸引渔民转产就业等方面发挥了重要作用，引领了海洋养殖产业变革与高质量发展。深水网箱养殖呈现出设施大型化、海域深水化、装备自动化、管理智能化的发展趋势。

深远海水域远离陆地，与沿海和近海养殖相比，具有空间广阔、水质优良、水温适宜、环境容纳量大、病害影响小等良好的养殖生产条件，可以有效实现鱼类的健康高效生长，目前已经成为世界水产养殖强国竞相研究和开发利用的热点海域。国外深远海养殖起源于网箱养殖，当前主要养殖设施为大型深水网箱。这对于拓展养殖海域，降低养殖成本，接近自然生态，提高鱼类品质非常有利。早在 2002 年欧盟委员会就制订了有关离岸深水养殖的计划，包括挪威、爱尔兰、意大利、西班牙、希腊、葡萄牙和克罗地亚等 10 余个欧洲国家。世界上较大型网箱的养殖水体均超过 1 万 m³，单网箱产量在 300 t 以上，最大的网箱周长达 200 m 以上，网深 40 m，养殖水体超过 10 万 m³。三文鱼养殖最发达的国家挪威，90% 的网箱为 HDPE 大型浮式深水网箱，最大网箱周长已超过 160 m，单箱产量最高达 2 000 t，养殖海域水深超 60 m。在挪威绝大多数养殖场都配套建有养殖管理平台，在平台上配有投喂、监控、决策等系统装备对养殖场进行综合管理。日本、澳大利亚等国采用大型塑料网箱开展金枪鱼养殖获得巨大成功，一个直径 50 m 的大型网箱可以产金枪鱼 100 t，专业化装备齐全的养殖工作船在产业规模化发展过程中发挥了重要的推动作用。

1988 年，海南省从挪威瑞发（Refa）公司引进一组周长 40 m 和 50 m 的 HDPE 圆形网箱，其大容量、生态型、安全、高产、高效的先进养殖模式，给我国海水网箱养殖业带来巨大的启发并使之得到快速发展，自 2001 年起我国国产化深水网箱逐步投入使用，深水网箱数量和养殖产量逐年增加，到 2015 年全国深水网箱总数约 10 000 多只，养殖水体 936 万 m³，年产量达 10.57 万 t。深水网箱养殖使我国率先实现了海水养殖业由浅海内湾向离岸深水海域的拓展。

二、大型养殖平台引领海洋养殖产业变革与高质量发展

自 2015 年以来，国外养殖发达国家为充分利用更广阔的外海海域，解决深远海设施装备技术瓶颈问题，陆续设计研发了集养殖各元素于一体的大型智能网箱（渔场）。如挪威设计的全球首个大型海洋智能渔场采用 12 边形 6＋6＋1（6 对主副桁架＋1 根中央桁架）桁架钢体结构，直径 110 m，总高 69 m，中央集成控制管理，配备各类传感器 2 万余个，整体容量超过 25 万 m³，可养殖三文鱼 150 万条，已于 2017 年 10 月开始示范性养殖生产。挪威设计研发的另一款大型渔场"Havfarm 1"，长 385 m，宽 59 m，高 65 m，配备机械化、自动化操作及智能化养殖管理系统，目前正在中集集团烟台船厂建造。荷兰 De Maas SMC 公司设计的单柱式半潜深海渔场直径 141 m，总体高度 48 m，有效养殖水体 15 万 m³，配备有压载系统、能源系统及专业化养殖装备。

离开海岸走向深远海一直以来是我国水产养殖的发展方向。高密度聚乙烯（HDPE）深水网箱设施及养殖技术在我国已有超过 15 年的发展历程，形成相当规模的产业基础，设施保有量约 1.3 万只，2018 年养殖产量约 15.4 万 t，为大幅拓展我国海洋设施养殖空间起到了重要推动作用。自 2017 年以来，我国瞄准深远海养殖产业发展态势，利用承担挪威等发达国家大型渔场平台的建造机遇，通过消化吸收，根据我国不同海域环境特点，陆续研发的大型深远海养殖设施包括全潜网箱"深蓝 1"号，其为正八边形结构，总高 38 m，直径 60 m，圈养水体 5 万 m³（何勇，2018），需要结合养殖工作船进行自动投喂等配套服务；半潜式桁架结构智能渔场"德海 1"号，其为桁架浮体混合结构，总长度 91.3 m、宽 27.6 m，养殖

水体可达 3 万 m^3，并成功经受住了 2018 年 9 月强台风"山竹"的正面侵袭（黄小华等，2019）；坐底式智能网箱"长鲸 1"号，其为四边形结构，养殖水体 6 万 m^3；半潜式波浪能养殖网箱"澎湖"号，其长 66 m，宽 28 m，作业吃水为 11.3 m，养殖水体 1 万 m^3。以上超大型网箱（渔场）的建成及投产，引领了海洋养殖产业变革与高质量发展。

三、养殖工船成为深远海养殖产业发展新动力

早在 20 世纪 80—90 年代，发达国家就提出了发展大型养殖工船的理念，包括浮体平台、船载养殖车间、船舱养殖以及半潜式网箱工船等多种形式，并进行了积极的探索，为产业化发展储备了相当的技术基础（徐皓等，2012）。西班牙设计的半潜式金枪鱼养殖船，船长 189 m，宽 56 m，航速 8 kn，共有水体 120 000 m^3，可至各渔场接运活捕金枪鱼 400 t（李娟等，2008），转运至适宜地肥育，最终运往销售地。美国 Seasteading 研究所提出的移动式养殖平台，采用电力推进，生产功能齐全。法国在布雷斯特北部的布列塔尼海岸与挪威合作改建了一艘长 270 m，总排水量 $1×10^5$ t 的养殖工船，计划年产鲑 3 000 t。挪威研制了长 430 m，宽 54 m 的巨型"船"可容纳水体 10 000 m^3，相当于 200 万条鲑（徐皓等，2016）。此外，法国、日本等国也先后提出了大型的养鱼工船方案。

我国深远海养殖装备研发尚处在起步阶段。20 世纪，雷霁霖绘制了"未来海洋农牧场"建设蓝图，展示了我国建造养殖工船的初步设想。丁永良长期跟踪国外养殖工船研发进程，梳理总结技术特点，提出深远海养殖平台构建全过程"完全养殖"，自成体系"独立生产"，机械化、自动化、信息化"养殖三化"，以及"结合旅游""绿色食品""全年生产""后勤保障"等技术方向（丁永良，2006）。"十二五"期间，徐皓等开展了大型养殖工船系统研究，取得了自主知识产权，并与有关企业联合启动了产业化项目，设计方案建立在 10 万 t 级船体平台上，养殖水体 75 000 m^3，可以具备年产 4 000 t 以上石斑鱼的养殖能力，及为 50～100 艘渔船提供渔获物初加工服务与物资补给能力；提出了以大型养殖工船为核心平台的"养-捕-加"一体化深远海"深蓝渔业"发展模式（徐皓等，2012）。通过启动上海市科委"大型海上渔业综合服务平台总体技术研究"项目（15DZ1202100），重点围绕"平台总体研究与系统功能构建"与"平台能源管理系统研发与新能源综合利用"两大关键问题开展研究。

目前，国内由中国水产科学研究院渔业机械仪器研究所和中国海洋大学联合研发设计，开展 3 000 t 级船舶改造为冷水团养殖工船，并于 2017 年 7 月交付船东使用，已经投入示范生产，为养殖工船系统优化和技术推广积累养殖基础数据和工程经验（崔铭超等，2019）。2019 年，国信中船（青岛）海洋科技有限公司启动了养殖大黄鱼的 10 万 t 级智慧渔业大型养殖工船建设，上海耕海渔业 10 万 t 大西洋鲑养殖工船也已签订造船合同。

第三节　国内外科技创新差距与存在问题

深远海养殖是一个综合体系，养殖品种、养殖技术和养殖平台（移动式大型养殖工船、大型深水网箱、远海岛礁定置式围栏）是深远海养殖的主体；清洁能源和饮用水供给、物资和养成品的海上运输和陆地物流、养殖水产品的精深加工等，是深远海养殖体系必须有的周

边配套支撑网络。同时，深远海养殖还必须考虑海流、风暴潮等对养殖活动的影响以及防灾减灾策略等。

一、国内外科技创新差距

（一）国外主养品种生物学基础研究深入，国内亟须加快开发深远海养殖品种

世界鱼类养殖发达的国家一般国土面积比较小，周围海域通常都限制在一个气候带，养殖品种的选择范围比较小，对主要养殖品种的基础生物学和生态学研究相对集中，研究的广度和深度足以支撑产业向规模化和工业化方向发展。在养殖生物学方面，挪威大西洋鲑养殖协会根据多年沿海养殖资料的积累，建立了包含了环境温度等因素在内的大西洋鲑生长模型，为大西洋鲑深远海养殖计划和可行性评估提供了准确的生长模型；大西洋鲑营养需求的研究，为精确设计饲料配方和降低鱼粉、鱼油的用量奠定了基础；鳕昼夜行为模式以及对光照的响应特点等的研究结果，已经可以用来指导和评估养殖网箱的设计。在水产育种方面，国外大约经历了 40 多年的规范化发展，依靠精心设计的以家系为基础的育种方案进行选育，水产良种获得了较好的遗传进展，其生长速度和抗病选育的世代遗传获得率可达到 12％以上。挪威的大西洋鲑选育，基于 18 个遗传性状参数，经过 40 多年的连续筛选和培育，其体重、繁殖力、抗病、脂肪含量、脂肪分布、肉色等性状都有明显改善，生长速度提升了一倍，良种覆盖率达到 80％以上。

我国海水鱼类养殖研究起步比较晚，但发展迅速，从 20 世纪 80 年代开始，先后开发了真鲷、牙鲆、大菱鲆、红鳍东方鲀、石斑鱼、军曹鱼、卵形鲳鲹等几十种海水鱼类的苗种人工繁育和成鱼养殖技术，海水鱼类养殖产业也几乎从无到 2015 年的 130 多万 t。这种发展历程，反映到养殖品种方面，就是品种较多，接近 60 种，是世界上海水鱼类养殖种类最多的国家，但是具体到每个品种，则存在研究投入不足和基础研究薄弱等问题，许多主养品种的生物学和生态学基础知识的积累不足，限制了其精确养殖技术的研发（唐启升，2017）。在良种选育方面，我国养殖的海水鱼类除近年来创制的大黄鱼"东海 1 号"、牙鲆"北鲆 1 号"和"北鲆 2 号"及大菱鲆"多宝 1 号"等少数几个新品种外（张振东，2015），其他品种大都是未经任何改良的野生种，良种覆盖率低，表现为生长速度不均匀，抗逆性差和产量低。对于发展深远海养殖这样试错成本比较高的海水养殖产业，亟须加大基础研究投入，加快良种开发。

（二）国外苗种规模化繁育技术成熟，国内亟须提高机械化和自动化水平

从 20 世纪 70 年代，海水鱼类苗种繁育技术发展初期开始，日本、欧洲和美国等水产养殖强国就致力于发展工厂化育苗技术，建立了包括亲鱼产卵调控、生物饵料培养和强化以及仔稚鱼培育的成熟的工厂化苗种繁育技术体系。大西洋鲑、真鲷、牙鲆、金头鲷和欧洲鲈苗种出池、计数、规格分选和疫苗注射等生产操作，已经实现了机械化和自动化，极大地降低了人工成本并提高了工作效率。一些难度较大的品种，如鳗鲡和金枪鱼的苗种繁育技术，日本也取得突破性的进展，目前，蓝鳍金枪鱼的人工苗种繁育已经达到商业化应用水平，至 2016 年人工苗种 49 万尾，占 103 万尾养殖苗种的 50％左右。日本鳗鲡人工苗种繁育技术 2002 年取得突破，2010 年取得第二代人工苗种，标志着这个世界最难人工繁育的海水鱼类的全人工苗种繁育技术体系已经建立，目前正在进行生产技术商业化开发。石斑鱼类的

稳定工厂化苗种繁育技术也是世界性的难题，日本水产综合研究中心通过改善仔鱼培育技术和预防鱼类神经坏死病毒（NNV）等危害严重的病毒性疾病，使东星斑、七带石斑鱼、褐石斑和红点石斑鱼等多种石斑鱼工厂化苗种培育成活率超过 10%，达到稳定规模化生产的水平。

20 世纪 80 年代至"十二五"末期，是我国海水鱼类苗种繁育技术研究的黄金时期，除了石斑鱼以外，现有养殖品种的苗种繁育技术都相对稳定，养殖苗种来源得到保障。从"十二五"开始，海水鱼类品种的研究中心转向良种选育，国家对苗种繁育技术研究的关注和支持程度下降，导致苗种繁育技术研究发展后劲不足。目前我国海水鱼类人工苗种生产，北方的大菱鲆、半滑舌鳎和牙鲆等品种以室内工厂化繁育为主，南方的石斑鱼、黑鲷和军曹鱼等品种则以室外土池培育为主，为了降低苗种繁育成本和分散产业风险，已经形成明确的受精卵采集、仔稚鱼培育、苗种中间培育和生物饵料培养等专业分工，其特点是严重依赖人工操作，设备和装备的利用率低，特别是利用开放土池培育仔稚鱼和生物饵料，成为预防疾病传染和流行的非常大的障碍，今后进行技术改造和优化升级难度较大。另外，石斑鱼土池人工苗种生产不稳定，所生产的苗种常常携带 NNV 和虹彩病毒，有能力从事工厂化苗种生产的企业只有少数几家，而且苗种生产也不稳定。

（三）国外养殖智能化管理技术和装备先进，国内大型养殖平台发展迅速

发达国家强大的技术装备能力为深远海养殖的发展提供了技术保障。在监控养殖鱼类状态的水下传感器和传输技术研究方面，挪威、美国和日本等国家发展出多种传感器，可用于实时监控养殖鱼类的状态。例如挪威、日本等国家采用水下成像、声呐等多种技术，可以实时估算养殖金枪鱼个体重量、养殖种群的生物量以及死亡情况，为投喂、清理以及出售等决策提供依据；挪威的水下大西洋鲑体表图像分析技术，可以确定大西洋鲑寄生虫的感染情况，为寄生虫的预防和治疗提供依据；在养殖智能管控方面，日本研制的"空海"管理系统，可以针对养殖品种的生长特点，结合养殖管理平台探头所收集的天气、潮流、风向、水温、盐度和溶解氧量等参数，提出饵料投喂策略；加拿大 Feedingsystems 公司的自动投饵系统可针对养殖对象设置不同的投饵控制软件，有效地提高了投饵系统的使用效率，并通过自动投饵系统和控制软件的协调配合，提高了饵料利用率与经济效益。发达国家还积极探索将海水养殖从陆基、近岸延伸拓展至深远海的方法，半潜式深水养殖平台和游弋式养殖工船展现出巨大的潜力。挪威萨尔玛集团设计研发的"海洋渔场1"号 2018 年投入试运行，设施主体直径 110 m，高 67 m，适于在水深 100～300 m 范围内工作，养殖容量超过 20 万 m³，配备智能化生产作业装备，仅需 7 名工作人员就可以完成整个设施的养殖生产。游弋式养殖工船方面，西班牙设计的半潜式金枪鱼养殖工船，全长 189 m，宽 56 m，航速 8 kn，共有水体 120 000 m³，可至各渔场接运活捕金枪鱼 400 t，再转运至适宜地肥育，最终运往销售地（Francisco et al.，2005）。美国 Seasteading 研究所提出的移动式养殖平台（The restocking ship），采用电力推进，生产功能齐全。网箱方面，近 10 年来国外主要向大型化、深水化方向发展，如挪威大量使用的重力式全浮网箱，通常网箱外圆周长 80～100 m，最大周长达 120 m，网深 40 m，每箱可产鱼 200 t。美国的碟形网箱采用钢结构柔性混合制造主架，周长约 80 m，容积约 300 m³，其最大特点是抗流能力强，在 1.0～1.5 m/s 海流冲击下箱体不变形。2014 年，我国启动了首个深远海大型养殖平台建设，该平台由 10 万 t 级阿芙拉型油轮

改装而成，型长 243.8 m，型宽 42 m，型深 21.4 m，吃水 14.8 m，能够提供养殖水体近 8×10^4 m³，设计年产商品规格海水鱼 3 789 t、繁育产能 400 万尾/批、渔获加工能力 72～96 t/天。该养殖平台主要包括整船平台、养殖系统、物流加工系统和管理控制系统，能满足 3 000 m 水深以内的海上养殖，并具备在 12 级台风下安全生产、移动躲避超强台风等优越性能（崔铭超等，2019）。2017 年，中国海洋大学联合中国水产科学研究院渔业机械仪器研究所研制出了我国第一艘 3 000 t 级冷水团养殖科研示范工船"鲁岚渔养 61699"号（刘碧涛等，2018），主要设计用于在我国黄海进行养殖作业，具有深层取水、饲料仓储与自动投喂、舱养水质环境监控以及养殖鱼类行为监测等功能。船体总长 86 m、型宽 18 m、型深 5.2 m、设计吃水 3.8 m，经过改装设计，设置了 14 个养鱼水舱，总舱容 2 000 m³。2012 年始，我国在浙江台州大陈岛海域建立 3 个围栏养殖示范点，鱼类放养水体达 60 000 m³，可养殖 60 万尾大黄鱼。采用 125 根直径 80 cm 的混凝土柱桩作为围栏支撑，围栏网衣由铜合金编织网与超高强纤维网组成，其低密度放养大黄鱼的品质显著提升，市场价格同比提高 2 倍以上（王帅杰等，2017）。与网箱养殖相比，实现了提质增效和减量增收，得到水产品市场及消费群体的认可。近年来，我国在深远海大型养殖设施方面的研发和建设工作取得显著成效，但经济可行性论证还需加强。

（四）国外新能源技术应用取得突破，国内亟须加快相关研究

海上养殖生产活动中能源的保障和高效利用是重中之重。发达国家通过前期大量技术积累，已经在船舶领域新能源技术应用方面取得了重大突破。2000 年，世界第一艘风/光混合动力双体客船"SOLARSAILOR"号在澳大利亚悉尼水域试航成功。该船船体具有 8 片可调控的翼型帆，能同时或分别采集太阳能和风能，并根据风向和太阳位置进行多向移动和变换角度，该船具有运营成本低、噪声低、不限制航程等优点，对空气和海水几乎没有污染。2011 年，全太阳能动力双体船"MSTuranor Planet Solar"停靠在香港维多利亚港湾。船长达 31 m、宽 15 m、高 6.1 m、铺设了 536 m² 的太阳能电池板，最高的航速约为 8.5 n mile/h，船上备有的 6 个蓄电池在阳光充足的地方时只需约两天便可以充满，在满电的情况下可以提供约足够航行 3 d 的能量，整个充电的过程为全自动。太阳能、风能技术的在海上的应用潜能巨大，充分利用这些自然能源可以有效降低海上养殖生产的运行成本，提高设施抗风险能力。

我国对于海上风能、太阳能等新能源的利用技术已基本成熟。中船重工 702 研究所和无锡尚德公司共同开发了国内第一艘采用多种能源的混合动力豪华游轮"尚德国盛"号，亮相于 2010 年上海世博会。该船翼帆上安装了 70 余片太阳能电池板，根据太阳光的方位变化而自动旋转，结合风力、风向的选择，综合使用太阳能和风能。根据日照情况的不同，采用计算机自动调配太阳能和柴油机组间的运行方式，提供该船运行所需动力。依照上海当地的日照和风向分布，该游轮年发电量为 17 841 kW·h，可节省标准煤约 6.282 t，减少二氧化碳排放量约 15.705 t，平均节省电量和减少排放量都在 30% 以上。但是，由于深远海养殖空间的空气湿度较大、含盐量高，并且长时间处于高温、高湿环境，对安装的发电部件、桨叶、固定支撑部件的威胁很大。当新能源微电网在深远海养殖空间应用时，如光伏、风电和波浪能等新能源的间歇性会导致电力输出的不稳定，因此，微电网中必须带有储能器件，并配备适量规模的柴油发电机，建立良好的能量管理系统，以保证能源供给的稳定性。因此，建立完整的海上新能源综合利用技术支撑体系对于其在深远海养殖设施上的进一步推广应用具有非常重要的意义。

二、存在问题

（一）海况条件制约

我国东、南两面濒临辽阔的海洋，跨越了温带、亚热带、热带三个气候带，大陆架宽阔。从发展海水养殖角度来看，我国海域的海况条件与挪威等海水养殖发达国家相比，主要有三方面不同：一是我国海域大陆架走势相对平缓，同样是 30 m 水深的海域，但离岸的距离我国要比挪威远很多，这给发展深海养殖带来安全、管理、成本和供给保障等诸多问题；二是我国是世界上台风登陆最多的国家，特别是我国的东南沿海，平均每年登陆的台风达9.2 个，台风多发年份可达 15 个以上，台风对养殖安全生产威胁极大，而挪威的海域则少受台风影响；三是我国的深水海域大多为开阔海域，浪大流急，基本没有高山和岛屿庇护，而挪威的养殖海域多为峡湾，庇护条件优越。应该说，我国发展深远海养殖的海况条件确实不如挪威。这也说明，我国发展深远海养殖不能照搬照抄挪威的模式，而是要在借鉴和消化吸收的基础上，根据我国特有海况条件自主创新。

（二）设施安全保障

我国海域海况复杂，年均有近 20 个不同等级的台风对我国沿海地区有直接影响，养殖设施必须具备足够的安全可靠性能来抵御大风浪和强流的冲击。远离大陆涉及的养殖成本提升，使得设施大型化成为深远海养殖效益提升的重要途径，使得设施安全的重要性更加凸显。国外大型海上养殖设施的安全技术优势主要是建立在先进的水动力分析技术、结构安全评估技术及模块化设计技术基础之上，如 DNV 船级社的 SESAM 软件、美国的 AquaFE 软件的应用，大大优化了设施结构及安全，有效保障了产品的国际竞争力。我国海上养殖设施尤其是大型智能网箱及养殖工船的动力学理论研究还很欠缺，数字化设计技术落后，安全设计标准尚未建立，依靠传统设计经验或者套用海洋工程相关设计规范居多，没有针对特有养殖设施的设计制造规范，已成为制约我国深远海养殖发展所必须解决的基础性难题。

（三）装备精准控制

配套技术装备水平的提升能够加快推进水产养殖业绿色发展，使养殖产量大幅度提高及可控生产成为可能。不同的养殖生产方式对配套装备有不同的需求，通常以组合及系列产品出现。如筏式养殖的机械化采收装备、高效作业平台，以及满足智能网箱和大型工船规模化养殖需求的精准投饵机、水下清洗机器人、高效起捕机、养殖监测装备、死鱼收集装置等。我国在"十二五"和"十三五"期间，加快了海上养殖机械化、自动化装备的研发速度，研制了以自动投饵机、环境监测、吸鱼泵等为代表的一批关键养殖装备，但得到推广应用的配套装备较少，与国外发达国家的全自动化养殖差距很大。主要原因是我国研发的养殖配套装备自动化水平还不高，装备的耐用性及可靠性有待于进一步提升，尚不能从根本上替代人工操作。养殖装备向精准控制方向发展是必然趋势，如投饵的精准决策、环境的精准监测、鱼群的精准评估、死鱼的精准判别、作业流程的精准规划等关键技术是实现海上养殖智能化管理必须解决的技术难题。

(四) 智能养殖管理

随着大数据、云计算、物联网、人工智能等现代信息技术的飞速发展，各个领域的信息化越来越受到重视，海洋渔业也是如此，发展智慧养殖是必行之路。智能化养殖需要对养殖全过程所有生产要素包括养殖生物、养殖环境、养殖设施和配套装备进行科学管控。其流程是利用智能感知技术获取信息，5G 通信技术传递信息，大数据分析技术挖掘信息，人工智能技术决策信息，并程序化指导养殖生产全过程。智能化养殖是实现海上无人驻守养殖的必备条件。以国际上首个智能网箱"海洋渔场 1"号为例，该网箱配备了全球最先进的三文鱼智能养殖系统、自动化保障系统、高端深远海运营管理系统等，安装各类传感器 2 万余个、水下水上监控设备 100 余个、生物光源 100 余个，使复杂的养殖过程控制变得更简单和准确。我国已建有的几个智能网箱（渔场），信息技术已有一定的应用，但仅仅只相当于智能化的初级水平，远不足以支撑养殖规模化的智能管理。

(五) 冷链物流保障

养殖产品向港口或陆地的运输，以及通往市场的物流是深远海养殖体系中的重要一环。海洋水产品具有高易腐性的特点，对流通温度和流通时间的要求较高，因此海洋水产品加工流通需要全程冷链。然而，我国海产品冷链物流发展仍处于起步阶段，海洋水产品冷链物流标准体系不健全，规范冷链物流各环节市场主体行为的法律法规体系尚未建立。冷链物流各环节的设施、设备、温度控制和操作规范等方面缺少统一标准，信息资源难以实现有效衔接。冷链物流设备老化，自动化程度较低。集生产、加工、流通和消费为一体的网络平台尚处于培育期，增值服务水平较低。海洋水产品冷链物流技术缺乏，包括流通冷链装备技术、流通保鲜/保活技术、流通网络信息技术、物流体系增值服务技术、物流保障技术、绿色包装技术、食品安全检测技术、污染物降解技术、信息标识与溯源技术等核心技术。

(六) 运行保障系统

深远海养殖由于远离大陆，养殖基地人员的安全和基本生活保障也是发展大规模深远海养殖所必须解决的问题之一。首先必须要确保人员的安全，要有安全保障措施和应急方案，如养殖工船或基站设置直升机起降平台等。另外，必要的淡水和食物供给是养殖人员长期生活的基本保障。船舶长距离运输容易导致淡水污染，铺设海底管道使得淡水供给成本较高。因此有必要利用海上能源进行海水淡化，随着反渗透海水淡化装置的生产、制造及安装技术越来越成熟，并且渗透膜的价格也有所下降，使得国内船用反渗透海水淡化装置数量已超过了蒸馏热法海水淡化装置。但是传统淡化系统占地面积大，深远海养殖基地空间有限，需要更加紧凑型的海水淡化设备。而新鲜蔬菜保障是养殖人员营养的必要来源，船运补给受时间和天气影响较大，宜采取因地制宜的方法来满足养殖人员的蔬菜供给，利用较小的空间进行水培蔬菜种植，不仅可以满足蔬菜供给，还可以绿化环境。

第四节　科技创新发展思路与重点任务

一、总体思路

针对我国不同海区的环境、海况、资源等特点，按照统筹布局、远近结合、突出重点、分步实施的原则，围绕主要养殖品种、设施装备、生产系统、保障补给等开展联合攻关，突破一批关键技术，研发先进装备，建立可推广的生产模式；针对深远海养殖对养殖品种的生物学和养殖特性的需求，开发深远海养殖新种质资源，研究重要苗种繁育和育种基础理论和前沿关键技术，建立目标品种养殖工艺；针对深远海大型智能养殖装备科技瓶颈，开展设施装备、作业生产、加工补给等多组合、多功能、多模式的深远海大型智能养殖平台设计研究，研制机械化、信息化海上养殖装备，构建新型养殖模式和体系；探索深远海"锚居"和"游弋"相结合的渔业生产方式，形成规模化、工业化深远海养殖生产体系，构建集成示范模式，实现规模化生产。

二、战略目标

筛选深远海主要养殖品种，突破深远海主养品种苗种繁育、饲养工艺、生殖生理、病害防控等关键技术，建立目标品种的工业化苗种繁育技术和养殖工艺，构建目标品种养殖技术体系，制定目标品种深远海养殖技术操作指南；突破深远海养殖平台设计和关键养殖装备技术瓶颈，改造一批集成鱼养殖、苗种繁育、饲料加工、捕捞渔船补给及渔获物冷藏/冷冻等功能为一体的大型海上养鱼工船，构建以大型养殖工船为主体的深远海养殖模式，发展深远海规模化养殖示范平台；以游弋式大型养殖工船、定置式深海网箱设施和岛礁围栏养殖工程为核心，陆上养殖基地为配套，构建工业化协同、陆海联动产业模式，布局远海海疆与"海上丝绸之路"沿线地区，发展优质海水鱼工业化养殖，实现海洋渔业由"捕"向"养"的根本性转变，建立领先于世界的工业化"蓝色农业"生产体系。

三、重点任务

（一）养殖品种生物学理论基础研究

1. 工业化苗种繁育技术研究

针对苗种规模化繁育、工业化安全生产的要求，开展船载模式下主养品种生殖生理学、发育生物学、生态生理调控、营养需求、设施化系统等研究，突破水产养殖品种和良种的苗种规模化繁育技术瓶颈，优化早期生长发育的饵料配套培育技术，建立苗种规模化繁育体系和技术规范。

2. 深远海重要经济鱼类（船载）种质资源库构建

针对开发和利用深远海经济鱼类种质资源的技术需求，研究深远海船载适养种类组成、生态和生物学特征、种群遗传结构，建立深远海种质资源调查方法和规范，提出深远海种质资源养护和保育措施，提出包括深远海具有食用、药用和观赏价值船载保育物种名录，建立深远海经济种类的种质资源船载保育库。

3. 鱼类对舱养环境的生理响应与适应机制研究

针对深远海养殖海况和生产条件，研究船载养殖环境主要应激源的产生和传播规律；开展应激源对养殖鱼类危害程度的研究，摸清鱼类各生长阶段对不同应激源的生理响应机制与特征，确定主要应激源的安全阈值；研究养殖鱼类对应激源刺激的适应能力和规律，为建立船载舱养鱼类应激综合消减技术提供理论支撑。

（二）目标品种养殖关键技术研究

1. 适养鱼类舱养技术研究

针对深远海船载舱养鱼类养殖生产环境的特殊性，研究适养鱼类筛选、水质管理、饵料投饲和病害防治等关键技术，形成船载舱养鱼类养殖综合管理技术规范；开展鱼类活鱼转移和高密度暂养技术研究，构建极端气候条件下船载舱养鱼类高效生命保障系统，形成养殖工船附属网箱养殖鱼类紧急避险的预案。

2. 船载平台生物饵料培养技术与特种饲料开发

针对船载舱适养鱼类仔稚鱼对营养和饵料的特殊需求，采集和筛选适合珊瑚礁和大洋性鱼类苗种培育的新型生物饵料，并建立其规模化培养和投饲技术。建立微藻高效连续的光合反应和异养高密度培养系统，研究轮虫高效连续培养系统及配套技术；研究微藻浓缩和冷藏保存技术，建立轮虫休眠卵和孤雌卵的生产和保存技术；研究适养鱼类仔稚鱼的营养需求，研制仔稚鱼专用微颗粒饲料，并建立相关投喂技术体系。

（三）深远海养殖工程与装备研究

1. 深远海养殖平台关键技术研究与示范

以实现深远海规模化养殖、渔获物加工物流、渔船补给等功能为主要目标，结合现代海洋工程技术，开展游弋式、浮式、半潜式等适用于不同品种和海域的大型专业化多功能养殖船型和平台构建技术研究，突破平台在深远海域锚泊、定位和稳定性等关键技术难题，建立完整的设计理论基础；开展舱养系统构建技术研究，针对不同工况研发符合养殖对象生理、习性和生态环境要求的系统水处理工艺和技术，规范设计要求和方法；开展物流补给、活鱼运输、生鲜加工等专业化辅助船舶设计研发，提高海上规模化作业效率，保障安全生产；以三文鱼、石斑、黄条鰤等海水鱼类为主养对象，开展不同类型深远海养殖平台示范点建设，引领产业发展和进步。

2. 深远海岛基养殖工程关键技术研究与示范

以开放海域养殖规模化生产系统构建为目标，开发利用深远海岛屿和海洋基站，开展大型网箱、围栏等养殖工程关键技术研究与示范。开展高海况网箱结构、抗流及锚泊构筑方式海洋动力学研究，提出潜式、半潜式网箱设施优化与安全评价模型，研发具有深海抗风浪及抵御特殊海况性能的新型抗风浪网箱；开展大型围栏养殖设施水动力性能及其适配结构与优化参数研究，研发适于深远海养殖工况的高强度、耐腐蚀主体构架材料及抗海洋污损网体材料；建立基于高海况水文与底质构造条件的养殖设施安全规范，集成高效养殖与远程控制技术，构建依附于深远海岛屿和海洋基站的规模化网箱和围栏设施养殖系统示范点，推进养殖向深水发展。

3. 智能化海上养殖装备技术研发

以实现深远海养殖智能化和无人化为目标，建立智能化辅助生产装备技术体系。重点开展精准化智能投喂技术研究，研发基于声学和机器视觉的智能集中投喂系统；开展鱼类趋避行为研究，研发自动化赶鱼、围捕和分级装备；开展防污损材料和机器人技术研究，研发网衣和舱壁自动清洗装备；开展养殖对象和环境精准化探测技术研究，研发智能化养殖专家决策系统；开展海上养殖平台新能源（风能、太阳能）综合利用技术研究，研发多能源并网运行控制系统技术，最大化提高新能源利用率。

第五节　科技创新保障措施与政策建议

一、保障措施

（一）加强组织领导

深远海养殖产业不仅是一项涉及专业和行业领域多、工程化程度高、技术复杂、设施装备庞大、投入高、效益产出面广的系统工程，而且养殖海域有可能涉及领海主权敏感区域，肩负着渔业守护"蓝色国土"的重要使命。因此，领导有力、配合密切、健全和完善责任清晰的组织领导结构和技术支撑机构，是保障深远海养殖产业发展的重要前提。建议成立深远海养殖产业发展领导小组，统一领导、组织和协调各项工作的开展，为积极推进深远海养殖产业的发展提供全方位的组织保障。同时，成立深远海养殖产业发展技术指导机构，组织深远海养殖工程装备与养殖领域的有关专家、海域使用与管理的专家、海洋经济与海洋战略研究的专家等组成专家委员会，为深远海养殖产业发展提供技术、战略和政策咨询，为青岛市深远海养殖产业发展提供组织、技术与政策保障。

（二）强化科技支撑

深远海养殖是一项多学科、多产业交叉的系统工程，在设施装备与工程方面涉及海洋工程、渔业工程、机电工程、信息工程、自动控制、理论力学、材料力学、化工和金属材料等多个学科领域；在鱼类养殖方面涉及育种与繁育、饲料营养、疾病防控、养殖技术与工艺等；在产品加工与物流方面涉及渔获捕捞、活鱼运输、冷链物流、船载加工等；在后勤补给与生活安全保障方面涉及能源、淡水、食品、蔬菜供应及人员安全应急保障等。因此，需要相关专业领域的协作攻关和系统性研究。建议青岛市和中央财政设立专项资金开展研究，统筹协调相关科研单位研发力量，组成科研工作组，对深远海养殖产业发展的关键技术和基础性工作开展重点协同攻关。

（三）拓宽融资投资渠道

开拓深远海养殖不仅需要加大科技投入，而且需要经济实力雄厚的公司实施企业化运作。因此，拓展投资渠道，探索建立多渠道、多层次、多元化投入机制，是保障深远海养殖产业技术体系构建的重要前提。

二、政策建议

（一）因地制宜，统筹规划

深远海养殖是一项新兴产业，是当前推进渔业转型升级，培育新的经济增长点的创新之举，但其科技、产业基础相对薄弱，需要根据国家海洋强国战略部署、生态文明建设要求以及国民经济发展现状，结合海域自然情况，因地制宜、因种而异，画好总体发展"路线图"，从全局视角统筹规划、系统推进。

（二）循序渐进，稳步推进

深远海养殖需要构建工业化的生产方式及产业规模，涉及养殖、系统装备、物流加工、国际规则和贸易等多领域，是一个资本、技术密集型产业，要按照先试点再扩大的原则，循序推进，不可"一哄而上"然后"一哄而散"。要依托项目支持，强化军民融合，产业、学术、研究、应用和金融协同发力，及时总结、推广成功经验，支撑产业长远有序发展。

（三）产业升级，融合发展

深远海养殖是新型工业化生产方式，是转变传统渔业"小而散"，促进渔业转型升级、落实乡村振兴战略的重要举措。要以养殖生产为基础，带动加工流通业和休闲渔业、智慧渔业等相关产业发展，延长产业链，提升价值链，实现产业"接二连三"，推动形成"以养为主、三产融合"的全产业链生产新模式。

参 考 文 献

崔铭超，金娇辉，黄温赟，2019. 养殖工船系统构建与总体技术探讨 [J]. 渔业现代化，46（2）：61-66.

丁永良，2006. 海上工业化养殖 [J]. 现代渔业信息，21（3）：4-6.

何勇，2018. 国内新型深远海渔业养殖装备技术动向 [J]. 中国船检（8）：102-104.

黄小华，王芳芳，刘海阳，等，2019. 系泊和压载方式对半潜式渔场平台动力特性的影响 [J]. 农业工程学报，35（15）：48-53.

李娟，林德芳，黄滨，2008. 世界金枪鱼网箱养殖技术现状 [J]. 海洋水产研究，29（6）：142-147.

刘碧涛，王艺颖，2018. 深海养殖装备现状及我国发展策略 [J]. 船舶物资与市场（2）：39-44.

农业农村部渔业渔政管理局，2019.2018 年中国渔业统计年鉴 [M]. 北京：中国农业出版社.

唐启升，2017. 环境友好型水产养殖发展战略：新思路、新任务、新途径 [M]. 北京：科学出版社.

王帅杰，王磊，王鲁民，等，2017. 柱桩式铜合金围栏网养殖设施的发展现状与分析 [J]. 渔业信息与战略（3）：197-203.

徐皓，谌志新，蔡计强，等，2016. 我国深远海养殖工程装备发展研究 [J]. 渔业现代化，43（3）：1-6.

徐皓，江涛，2012. 我国离岸养殖工程发展策略 [J]. 渔业现代化，39（4）：1-6.

张振东，2015. 我国水产新品种研发基本情况与展望 [J]. 中国水产（10）：39-42.

Francisco de Bartolomé，Abel Méndez，2005. The tuna offshore unit：concept and operation [J]. Ieee journal of oceanic engineering，30（1）：20-27.

第十章　大洋极地资源探测与捕捞

第一节　大洋极地资源探测与捕捞科技
创新发展战略背景

海洋作为生物资源的宝库，每年提供了 1 亿 t 的优质蛋白，拥有 20 万种生物，是人类生存与发展的重要空间。在广袤的海洋中，64.2%的区域属世界共有，渔业资源丰富，包括南极磷虾、金枪鱼、鱿鱼、秋刀鱼、鳕、鲐、竹筴鱼、沙丁鱼、鳀等重要捕捞对象，"渔权即海权"，世界各国在渔业资源控制和开发权扩张上不遗余力，以维护其全球资源战略利益。

我国政府历来重视大洋极地资源的开发，党的十八大作出了建设海洋强国的重大战略部署，党的十九大进一步要求"加快建设海洋强国"，国务院《关于促进海洋渔业持续健康发展的若干意见》提出了"发展壮大大洋性渔业"，《全国渔业发展第十三个五年规划（2016—2020 年）》明确要求"加大远洋渔业资源调查和探捕支持力度"。"十三五"以来，以大洋与极地资源为主体的远洋渔业发展迅速，2018 年我国远洋渔业产量达 225.75 万 t，产值达262.73 亿元，产量和产值较 2010 年增长了 1 倍左右（中华人民共和国农业农村部，2019），远洋渔业产量与船队规模均已位居世界前列，整体装备水平显著提高，现代化、专业化、标准化的远洋渔船船队初具规模，已进入世界主要远洋渔业国家行列。大洋极地渔业资源开发是战略性产业，是"建设海洋强国"、实施"走出去"战略和"一带一路"倡议的重要组成部分。大洋极地渔业资源的开发，对支撑国内优质水产品供应，保障国家食物安全，促进双、多边渔业合作，维护国家海洋权益等具有重要意义。

一、大洋极地生物资源丰富，是实现海洋强国战略的重要基石

海洋约占地球面积的 71%，拥有丰富的生物资源，为人类提供了约 22%的动物蛋白来源，涉海发达国家均把开发海洋、发展海洋经济和海洋产业定为基本国策。联合国《21 世纪议程》指出"海洋是全球生命支持系统的一个基本组成，也是有助于实现可持续发展的宝贵财富"。世界海洋总面积的 35.8%以领海、大陆架和 200 n mile 专属经济区水域的形式划归沿海国家管辖，其他 64.2%的区域为世界共有，有关国家纷纷投入巨资开发海洋资源。同时南极、北极等海域在主权、渔权归属上存在一定争议，我国正积极参与两极海洋生物资源开发与渔业治理。

在全球大洋极地海域中，太平洋为第一大洋，面积约为 17 868 万 km²，有着丰富的藻类、鱼类、甲壳类和海兽等生物资源，是渔业资源最丰富的大洋。其中，北太平洋渔场是世界上渔业产量最高的海区，其产量约占世界海洋渔业总产量的四分之一，目前日本、韩国、美国、加拿大和中国台湾等在北太平洋的捕捞种类以秋刀鱼、鱿鱼、鳕、鲐以及金枪鱼类等为主。南太平洋的主要渔业资源为金枪鱼类、竹筴鱼等，其中，71 区、77 区和 87 区作为南

太平洋主要金枪鱼类作业渔场，每年捕捞量占整个太平洋捕捞量的85%以上。大西洋为世界第二大洋，面积约为9 165.5万km²，鱼类主要以鲱、鳕、鲈和鲽科为主，拥有北海、挪威海、冰岛、纽芬兰、安哥拉、纳米比亚等渔场。印度洋为世界第三大洋，面积约为7 617.4万km²，也有着较为丰富的生物资源，但相较太平洋和大西洋少得多，主要以中上层鱼类（如金枪鱼类、鱿鱼、鲐类）和底层鱼类（如胸棘鲷等棘鲷科鱼类）为主。极地海洋地区也是世界大洋的重要组成部分，虽然两极地区水温多在0 ℃以下，不利于浮游生物繁衍，生物资源相对较少，但在寒暖流交汇的海域生物资源增多，因此是重要的渔场。南极磷虾是世界各国广泛关注的远洋渔业新资源，产自尚无明确权属的南极海洋，其可捕量达0.6亿～1亿t，而目前产量仅30万t左右，开发潜力巨大（陈雪忠等，2009）。随着海洋重要性的日益凸显和人类对海洋的利用与保护水平的发展，大洋极地生物资源除已被世界各国广泛开发利用的渔业资源外，尚有大量未开发的可为人类提供食物、保健、生活和生产原料的生物资源，可开发利用数量巨大、种类众多的大洋极地资源是有待人类未来发展的资源之一。

二、大洋极地渔业发展迅速，是现代渔业产业的重要组成

大洋极地重要渔业经济种类繁多，带动了远洋渔业的蓬勃发展。远洋渔业产业既是具有竞争潜力的资源性产业、较强带动效应的实体产业，还是争取国际发展空间、扩展对外经济合作的特殊产业，在现代渔业产业中具有重要地位。我国远洋渔业在"十三五"期间，取得了飞速的发展。2018年远洋渔业产量达225.75万t，产值达262.73亿元，产量和产值较2010年增长了一倍左右。目前，我国远洋渔业产量与船队规模均已位居世界前列，同时整体装备水平显著提高，全国作业远洋渔船2 600余艘，总功率220万kW，现代化、专业化、标准化的远洋渔船船队初具规模，已进入世界主要远洋渔业国家行列（中华人民共和国农业农村部，2019）。作业海域现扩展到太平洋、印度洋、大西洋公海和南极海域，公海渔业产量所占比例达到了65%以上。捕捞方式发展到拖网、围网、刺网、钓具等多种作业类型。经营内容开始向捕捞、加工、贸易综合经营转变，成立了130多家驻外代表处和合资企业，建设了30多个海外基地，在国内建立了多个加工物流基地和交易市场，产业链建设取得重要进展。在南极磷虾资源开发方面，自2009年起我国正式立项开展南极磷虾捕捞开发，目前入渔船只数达5艘，年产量达4万～6万t，已跃居世界第二，虾粉、虾油、虾肉等后端加工产业链发展也已初见成果（王鲁民等，2017）。

远洋渔业是开放型、创汇型渔业，科技含量高、经济效益好，是我国渔业产业结构调整优化的重要方向。远洋渔业与极地渔业不仅解决了500多万人的就业，同时还带动了渔业码头、加工厂、冷库等渔业基础设施的建设和生产，船舶动力机械、甲板机械和网具钓具等配套产业以及国内外渔业经济贸易和物流冷藏储运产业的同步发展和技术进步，对促进国民经济发展、农民增收和劳动就业具有重要意义。

三、大洋极地渔业分布广阔，在维护国家海洋权益方面发挥着重要作用

大洋极地渔业在维护国家主权和海洋权益方面发挥着重要作用。远洋渔船是流动的国土，"渔权即是海权"（黄硕琳，2012），一个国家远洋渔船队在全球各大洋中的存在，代表着国土和主权的延伸，是国家影响力和海洋权益的具体体现。

国际渔业资源的管理规则是"占有即是权益",即资源配额的取得是依据历史产量和现有生产状况分配的,一个国家实际拥有的生产能力越强,在国际渔业资源份额分配中的话语权就越大。同时,我国远洋渔业对外合作的国家多在"一带一路"中的经济欠发达地区,渔业是其主要经济支柱,我国远洋渔业企业以技术、资金、管理等方面的比较优势与当地政府和企业合作,共同开发利用这些国家的渔业资源,建立和加强了双边友好合作关系,被誉为"民间大使"。远洋渔业企业在海外突发事件中发挥着特殊作用。我国已在海外建立了130多个代表处、合资企业和后勤补给基地,这些远洋渔业企业的海外机构在一些国家发生动乱和战争的关键时刻,可动用渔船转移我国和其他友好国家驻外机构工作人员及其侨民。

四、积极参与大洋极地国际和区域渔业组织事务,是连接国际合作的纽带

国际海洋渔业管理正在发生重大变革。保护海洋生态环境、可持续资源利用、负责任渔业管理、打击非法、不报告、不管制(IUU)渔业活动等成为国际社会关注的焦点,被联合国列为重要议题;全球所有公海基本纳入区域渔业管理,管理要求日益严格;沿海各国资源环境保护意识不断增强,合作领域和合作方式不断拓展。随着"一带一路"倡议深入开展,农业"走出去"的对外合作稳步推进,渔业转型升级加快实施,对远洋渔业提出了更高要求(中华人民共和国农业部,2017)。我国签订或加入的相关国际渔业公约要求承担履约责任,其中最主要的义务就是开展渔业资源调查和提供渔业资源数据。因此,通过大洋极地渔业资源开发,结合科学调查,深化国际渔业合作,积极参与国际和区域渔业管理组织事务,推动构建公平合理的国际渔业治理机制,对树立我国负责任渔业大国形象,更好地保障和维护我国海洋渔业权益具有重要作用。

第二节　大洋极地资源探测与捕捞科技创新现状与趋势

近20年来,全球海洋捕捞总产量保持在0.8亿~1亿t左右,其中大洋极地渔业约占12%,但在生物可持续限度内捕捞比例持续下降至66%(联合国粮食及农业组织,2018),同时新的海洋生物不断发现,促使国际大洋极地渔业产业呈现保护与竞争并存的发展趋势。面对全球大洋极地渔业资源的持续衰退,可持续利用与负责任渔业已成为全球公海渔业共识,有关渔业管理组织不断加强管理,入渔门槛持续提升,配额划分谈判日趋激烈。一批新的海洋保护区在发达国家的推动下成立,正在谈判的政府间《公海生物多样性协定》也拟将大洋极地渔业资源纳入其中。

在保护与竞争并存的新形势下,相关国家不断加强大洋极地渔业资源监测调查,密切关注潜在开发对象,通过强化区域性渔业组织管理、设定保护区等方式推动资源可持续利用;同时,相关国家也积极推动数字化信息技术、智能装备、新材料与造船新技术等在大洋极地渔业中的应用,大洋极地渔业资源开发朝着集成化、规模化、智能化的方向发展。

一、信息技术推动大尺度多层次探测

20世纪90年代开始,卫星遥感反演SST信息、海水叶绿素等水色信息和海洋动力环境(海面高度等)信息均成功应用到渔场研究和分析领域,卫星遥感的渔场环境监测及渔情预

报进入到成熟阶段。随着全球海洋卫星监测体系的完善以及多元化，卫星遥感的海洋渔场监测及预报应用研究也从单一要素分析进入多要素分析及综合应用阶段，从试验应用研究进入到业务化运行阶段，美国、日本、法国等发达渔业国家代表着最高的应用水平。近十年来，随着大数据及人工智能等新技术的兴起，以及浮标、潜标等海洋立体观测技术的发展，海洋次表层环境信息也逐步被应用到渔场分析及研究应用中。可以预见，海洋渔场的立体观测与分析应用有望得到快速发展，渔场预报信息服务也将向高时空精度的个性化、智能化信息服务拓展。除了开展渔场预报外，近年来国际上也逐步应用到渔场生态环境与栖息地监测、渔业生态系统综合管理和渔业生物功能区划等领域。随着全球各类海洋卫星星座及立体观测体系的建设，透明海洋、智慧海洋将进入实质性发展阶段。因此，空间观测技术发展及其海洋应用，有望使渔场生态环境、鱼类栖息地监测与评估等从试验应用走向业务化应用，从定性理解走向定量研究，从静态的单尺度研究走向动态的点-区域-全球尺度的整合研究，从单一学科的局部性探索走向跨学科领域的交叉研究。

二、自动化装备提升精准捕捞能力

发达国家高度重视大型远洋渔船建设，广泛应用物联网和信息技术，渔船发展向大型高速、绿色节能、智能化、集成化方向发展，在挪威、英国等发达国家，新渔船普遍使用了全船智能控制系统，实现了对全船各关键装备的全面控制，挪威生产的自动拖网系统甚至可以实现岸基远程控制，智能化渔船提高了捕捞效率，减少了人员投入。我国大型化设计的远洋渔船不足，45 m 以上的大型渔船仅占 16%，进口二手船只的现象仍然普遍，在装备水平上与发达国家相比仍存在着明显差距（贺波，2012）。

为了提高自动化程度，国外相当注重助渔仪器的研发与使用，配备的助渔仪器齐全，包括渔具监测仪器（围网监测仪、拖网三维监测仪等）、水平声呐（探鱼仪）、绞机自动控制仪（可根据不同作业情况自动调节纲索程度等）、雷达（搜索海鸟、发现鱼群）等。欧洲已实现拖网作业自动控制，根据拖网作业实际受力变化情况，自动调节曳纲长度，保证网具的正常展开，并结合渔获传感器，调整拖网作业时间。美国为了适应在太平洋、大西洋、印度洋等水域捕捞鲣和金枪鱼的围网作业，安装了先进的渔捞设备，1 100 t 级船上配备各种渔捞机械16 种共 21 台。均采用液压传动和集中控制，整个渔捞过程只需 6 人。日本 116 t 级围网船上有各种机械 21～24 台，达到高度机械化。日本古野电气公司研制的机器人钓机取代传统的鲣和金枪鱼竿钓，由计算机控制投饵钩的频率、位置和角度、放（起）钓的速度、脱钓位置以及花费的时间；利用自动监视系统对远洋渔船的捕捞努力量、捕捞产量等进行监控，显著提高了生产管理水平；针对渔船节能需求，开展了 LED 集鱼灯、节省型船型研究、重油装置研究等。西班牙、比利时、韩国发展了基于无人机侦察金枪鱼的技术；冰岛、挪威等国还使用新型中层拖网、自动扩张底拖网，达到了节约燃料和提高渔获量的目的。挪威开发了拖网、围网使用的多波束声呐，能够探寻深海鱼群；西班牙开发了金枪鱼围网太阳能声学电浮标，用于进行鱼群生物量的声学监测（贾敬敦等，2014）。

三、生态友好型捕捞已成为发展共识

随着世界渔业捕捞能力的急速提高，以及气候、环境和生态系统改变等影响，重要海洋鱼类资源出现了严重的衰退,保护海洋生态环境、资源可持续利用、负责任渔业管理、打击IUU渔业活动等成为国际社会关注焦点,被联合国列为重要议题。当前,全球公海基本纳入区域渔业管理,管理要求日益严格,推动一批保护区成立,正在谈判的政府间《公海生物多样性协定》也拟将大洋极地渔业资源纳入其中。在海洋生态保护日益加强的背景下,生态友好型捕捞装备与技术已成为世界产业发展的共识。

早在20世纪70年代末,以国际海洋考察理事会(ICES)为代表的欧美等17个国家就开始进行生态环保型渔法基础研究。到了80年代,随着水下观察设备和摄影技术的进步以及对海洋鱼类生态习性和行为研究的深入,以保护幼鱼及释放副渔获物为主要目标的渔具选择性研究取得了很大的进展。围绕降低捕捞作业对濒危种类、栖息地生物与环境的影响、减少非目标鱼的兼捕,大力发展环境友好型捕捞渔具与监测系统装备,欧盟和日本等国先后开发出各种类型的选择性捕捞装置,如拖网效能装置和拖网释放副渔获装置(TED)、渔获物分离装置(CSD)、副渔获物减少装置(BRD)、渔获物大小选择装置及选择性捕虾装置等。日本开发了渔获物与濒危鱼种图像识别系统等自动监视系统,对远洋渔船的捕捞努力量、捕捞产量等进行监控;日本开展了鱿钓船LED集鱼灯的新技术研发;开展了防海龟、防海鸟和防鲨鱼的特种金枪鱼钓钩和声学驱赶装置等研究。法国、西班牙等欧盟研究机构开发了生态型人工集鱼装置,能够显著减少海龟、鲨鱼的缠绕并降低海洋污染。兼捕是生态型渔具渔法研究较为关注的问题,包括幼鱼、非目标种类的兼捕,早期的研究主要集中于通过改进网目尺寸或网目形状优化网具选择性能,其研究成果也普遍被用于渔业管理,近年来许多研究开始关注网具的其他结构,如网型、下纲结构、作业水层等。选择性装置研究较多,比较经典设计有Nordmøre分离栅、Sort-X分隔栅等,一些国家已在拖网渔业中强制推广应用。随着科技的发展,通过声、光、电的辅助设备改进网具以减少对海龟、鲨鱼、海豚、海鸟等珍稀物种的兼捕(Wang et al.,2013;Fritsches et al.,2013;Losey et al.,1999),在流刺网渔业中得到较好的应用。

四、高品质捕捞是下一步发展趋势

大洋与极地捕捞产品如金枪鱼、南极磷虾、秋刀鱼、鱿鱼等,具有营养价值高、污染少、品质优等特点,其市场价格与其品质密切相关。以获取优质渔获产品为目标,以现代捕捞装备和技术为核心,以冷链可追溯系统为保障,以船载加工为延伸的新型捕捞模式已成为发展趋势。如在南极磷虾捕捞中,传统网板拖网易造成南极磷虾在拖网内相互挤压,长时间的压迫将导致虾壳中高含量元素氟渗入虾体可食用部分。同时,由于磷虾体内的酶分解迅速,会引起肉质腐败,必须在起捕后的1~3 h内加工处理,并对加工处理后的虾粉、虾肉等通过全程冷链储运实现品质控制(陈雪忠等,2009)。围绕南极磷虾高品质捕捞,挪威已发展建立了集优质渔场判别、泵吸连续捕捞装备、船载真空干燥虾粉加工生产线、全程冷链保鲜储运为一体的技术装备体系,并先后将其应用在"Atlantic Navigator""Saga sea"以及新建的"Antarctic Endurance"号南极磷虾专业捕捞船上,使其垄断了高品质冷冻原虾、饲料级虾粉、食用级虾粉、虾油等产品的国际市场,获得了高额回报。又如大洋渔业的重要捕捞对象金枪鱼类,不同种类、不同品质的金枪鱼市场价值差异巨大。国际市场上对金枪鱼实行严格的按质论价,价格可相差数倍,劣质的渔获甚至会影响到该批次金枪鱼的整体价格。金枪鱼延绳钓捕捞渔船一般可分为常温捕捞、冰鲜捕捞、超低温捕捞等 3 类，高品质的蓝鳍金枪鱼等主要通过超低温渔船捕捞。2013 年一尾重 222 kg 的蓝鳍金枪鱼在日本筑地水产品拍卖市场以 15 540 万日元的价格成交，创下了拍卖纪录。由于金枪鱼本身活动能力强，鱼体内源蛋白酶活性强，捕获后经过剧烈挣扎，很快进入鱼体自溶阶段，因此渔场探查、捕捞技术、船载保鲜加工技术等十分关键。目前金枪鱼捕捞与保鲜加工技术以日本、韩国最为先进，集成渔场探查、高效钓具、船载加工、超低温冷链等装备技术，形成高品质捕捞体系。

五、新型渔用材料助力节能高效捕捞

随着渔船动力化、大型化，助航、助渔仪器和甲板机械的现代化，渔具材料的更新换代以及物理性能、渔用适应性能的不断提高，为捕捞渔具尤其是大洋极地捕捞网具的大型化和高效率提供了有利条件。渔业发达国家率先将超强纤维材料应用于渔业，在保持网具强力需求的条件下，减小网具线、绳直径，提高其滤水性能，成为提高网具性能的重要途径。国外先进渔业国家早在 20 世纪 50 年代已经开始使用合成纤维制造渔具。随着化纤领域超强纤维材料的研发与工业化，80 年代后期，丹麦、荷兰、冰岛等国家在渔具的制造中使用了超强 PPTA 纤维、超强聚乙烯纤维等替代聚乙烯网线，使同等强力网线的直径减小约 50%，并逐步应用于中层拖网、浮拖网、底拖网和桁拖网，及上纲、下纲、浮子纲等围网网具等；对于仍普遍采用的普通材料渔具，国外多数渔具逐步淘汰三股捻线结构的网片，开始使用不同材料混溶纺丝制作的编织线网片，其材料强度可以达到 7~9 g/d，最高可达到 11 g/d（贾敬敦等，2014）。

传统聚乙烯（PE）、尼龙（PA）等渔具材料导致的幽灵捕捞、塑料污染等对海洋生态系统和海洋环境造成严重的负面影响。为了降低抛弃、废弃渔具等对生态环境的负面影响，FAO 近年来一直在组织各国开展减少渔具抛弃的最佳实践的探索，并启动了渔具标识、回收的试点项目。欧洲具有先进的废弃渔具回收技术，已形成完善的产业链，回收的渔具产品可制成各种生活用品等。

第三节　国内外科技创新差距与存在问题

我国大洋与极地渔业发展迅速，特别是"十三五"期间取得了举世瞩目的成就，产业规模位居世界前列，目前大洋公海作业渔船 1 329 艘，占世界公海作业渔船的 6%，产量 132 万 t，占世界公海渔业产量的 12%，船数和产量均居世界前列；装备水平显著提升，更新建设了一批专业化、标准化、现代化的远洋渔船，5 年以内船龄的渔船占远洋渔船总数的 52%，10 年以内的占 72%；大部分船载关键设备和部件实现国产化，渔船信息化水平显著提高；科技支撑明显增强，在国家科技支撑计划、"863 计划"、农业部专项等重大项目支持下，成功开发了北太平洋秋刀鱼新渔场，首次拓展了西非深水作业区，自主研发了南极磷虾等系列新型网具，开发了深水绞机等国产渔用装备与材料（远洋渔业资源与捕捞新技术项目组，2017）。

但在高速发展的同时，仍存在调查探测技术落后、基础研究薄弱、生态高效渔具研发滞

后、信息技术应用不足、捕捞装备技术水平亟须提高、渔业履约能力有待提升等一系列瓶颈问题，整体水平与日本、美国、挪威等发达国家仍有较大差距。

一、国内外科技创新差距

（一）国外持续开展大洋极地渔业资源探测，国内调查系统性不足

日本定期对三大洋金枪鱼、秋刀鱼、鱿鱼、狭鳕、深海鱼类等重要渔业资源进行科学调查，其拓展公海渔业资源开发先期完全都是由国家资助进行渔业资源调查，将获得的调查资料及时反映给国内的远洋渔业生产企事业及管理机构，为其远洋渔业资源开发提供科学依据，如专门派渔业调查船分别进入印度洋中部、中西太平洋、西南太平洋、哥斯达黎加等海域进行金枪鱼围网渔场、金枪鱼延绳钓渔场、鱿鱼钓渔场的调查试捕，同时还与秘鲁、阿根廷等国合作在南美水域进行渔业调查；日本渔业研究机构根据调查评估结果，每年发布一本《国际渔业资源现状》的评价报告，包括金枪鱼类、柔鱼类、鲨鱼类、鲸类、南极磷虾等 67 个重要远洋渔业种类。国际上对智利竹筴鱼开展过众多研究活动，苏联通过 1978—1991 年前后 13 年的调查渔船和船队生产得知，在 40°S 附近，存在一个竹筴鱼分布带横跨整个太平洋。智利相关部门对其外海进行年度鱼卵生产调查与声学调查，并配以渔业观察员制度，支撑其渔业管理。作为先进渔业国家，韩国也是对南太平洋竹筴鱼渔场高度关注的国家之一，并于 2003 年 8—12 月期间使用"TAMGU 1"号和 2 艘商业中层拖网生产船在东南太平洋进行了实验性中层拖网和水声调查。此外，传统渔业强国俄罗斯和西太平洋沿岸国家新西兰均对南太平洋竹筴鱼资源开展过众多科学调查。北大西洋沿海国家，如挪威、英国、法国、加拿大、荷兰和比利时等国，通过海洋开发理事会（ICES）长期开展渔业合作，协调渔业科学研究，对主要捕捞品种，如大西洋鳕、鲱、绿线鳕、鲆鲽类等进行系统的渔业资源联合调查，了解和掌握主要捕捞对象的资源分布和洄游路线、种群数量、重要栖息地和生命史过程等，为科学地制定渔业政策提供依据。南极磷虾分布和生物量评估的调查研究最早始于 20 世纪 30 年代并延续至 60 年代，此后国际上共开展了 3 次大尺度南极磷虾资源分布和生物量调查评估，分别为 1981 年的"BIOMASS 计划"、1996 年和 2006 年的"BROKE 项目（澳大利亚）"以及"CCAMLR 2000 国际联合调查"（陈雪忠等，2009）。同时，部分国家也在南大西洋和南印度洋等海域开展了南极磷虾资源的区域性调查与监测。世界渔业强国在渔业科学调查设备上投入大，依托安装于科学考察船的数字化渔业声学科学仪器，未来将整合卫星遥感技术、船载高分辨海鸟雷达、数字化电子扫描声呐、双频与探测仪助渔仪器探测等技术，建立三维一体的大洋极地渔业资源探测方法。

由于调查条件与手段限制，我国大洋极地渔业缺乏系统连续的科学调查，探捕调查与专业调查成效与国外相比差异显著。2000 年以前，我国主要针对个别渔场开展探捕调查，如北太平洋柔鱼、西非底层鱼类资源、白令海和鄂霍次克海狭鳕资源调查等。2000 年以来远洋渔业探捕累计共设立 80 余项，是以指导我国远洋渔业生产为主，尚未进行系统完整的大洋极地渔业资源与环境专业调查。生产性探捕调查是依靠生产渔船进行的调查，掌握的渔业资源信息不够准确，导致我国大洋极地渔业的整体发展水平与发达国家和地区相比仍存在较大差距。发展大洋极地渔业需要对国际渔业资源进行系统性、科学性的调查和研究，摸清捕捞渔场分布，提高对国际渔业资源的开发利用效率。目前，我国已建成"蓝海 101""蓝海

201"等 2 艘专业大洋渔业资源科学调查船，有望在下一步调查上实现突破。

（二）国外渔具基础理论研究成熟，国内生态高效渔具研发滞后

渔具基础研究方面。渔具技术基础主要包括渔具力学以及鱼类行为学等。早在 20 世纪 30 年代开始，国外一些主要的渔业国家的学者就开始注意到渔具设计、制作与生产中所涉及的物理学问题，并开始应用理论计算分析与实际测试来研究渔具力学，其中具有代表性的有苏联学者巴拉诺夫，先后编著了《渔具理论与计算》和《工业捕鱼技术》。而日本学者田内森三郎，应用力学模拟法来解析网衣在水中形状和力学性能，探索并提出了渔具的模型试验准则。此后狄克逊、弗里德曼、克列斯登生等也先后对渔具模型试验做出了探索和贡献，分别提出了各自的渔具模式试验准则。而我国与国外的差距主要表现在我国尚未提出过自己的渔具模型试验准则，目前一直沿用田内相似准则，在网具网目大型化的当今，田内相似准则的局限性越来越明显，国内虽针对大网目拖网发展，发明了"减少渔具模型试验误差的方法"，编著了《渔具模型试验理论与方法》等；但是在渔具试验准则等理论的系统性研究等方面仍存在差距。渔具与相关鱼类行为学研究方面，挪威、苏格兰、美国等欧美国家，对鲱鲽类、鳕、鲱、虾等开展相当长时间的鱼类行为连续观测，分析鱼类在受到网具等外界因素影响时的行为反应，并分析渔获产量与拖曳时间、拖曳方法、水文变化等因素之间的关系，得出了不同的结论：拖网捕捞分两种形式，一种为"疲劳捕捞（鱼类耗尽体力入网）"，一种为"受惊捕捞（惊吓入网）"，并将其研究结果应用于渔具设计和捕捞活动中。而我国几乎没有开展过系统的鱼类行为研究，对于相关捕捞鱼类行为的认知概念仍停留在 20 世纪 60—70 年代水平。国外渔具研发工作比较系统全面，且注重相互合作。例如，法国曾开发出渔具设计软件，而挪威注重渔具模型试验与渔具性能模拟两者结合，目前欧盟国家通过渔具设计软件可以达到自动化设计，并能即时模拟设计的网具各项性能。与之相比，我国渔具设计仍主要依靠设计人员的经验积累，所发明的以拖网效能参数为依据的拖网优化设计方法、阻力估算、网线规格匹配等相关设计基础研究，以及所设计制造拖网渔具的效能指标等已达国际先进水平，但是在渔具的系统化数字模拟、专业设计软件开发以及数字模拟与模型试验集成应用等方面仍存在差距。

（三）国外渔场渔情预报已实现商业化，国内准确率和应用范围有待提高

国外发达渔业国家的遥感渔场预报与信息服务的应用，主要分为两种方式，一种是以日本为代表的政府拨款为主的公益性服务：主要由日本专门的水产机构即日本渔业情报服务中心（JAFIC）来完成，其是日本专门从事渔场分析预报研究与运行的机构，其信息种类和信息服务海域多样，内容丰富，类似的还有印度遥感服务中心等。另一种是以法国、美国为代表的半商业化企业模式，主要依赖其所建立的较为完善的卫星海洋观测体系，海洋渔业应用只是其重要的应用领域之一。通常以商业公司体系运作，如美国空间影像公司和法国卡撒公司等，以提供遥感反演各种海表观测以及次表层计算的渔场环境信息为主。

早在 20 世纪 60—70 年代，我国就尝试利用调查数据开展过渔场试验预报，20 世纪 80 年代初开始尝试利用飞机航空渔场遥感影像开展渔场试验预报研究。1996 年开始，国家"863 计划"海洋领域，由中国水产科学研究院东海水产研究所牵头，开展了以我国东海为示范海区的海洋遥感与资源评估服务系统研究，初步建成了东海区渔业遥感与资源评估服务系统，其智能化、可视化和应用的广度和深度等技术水平，接近日本同类水平；同时开展了

北太平洋鱿鱼渔场信息应用服务系统及示范试验研究，直接为我国在该海域作业生产的 400 余艘渔船提供信息服务。经过近 20 年的持续研究与示范应用，目前我国遥感渔场监测及渔场预报应用技术水平基本达到国际先进水平，但受经费和人员等条件限制，业务化应用保障存在一定的不足，准确率也有待提升。在大洋极地渔业生态环境及栖息地监测评估方面，我国主要利用国外共享遥感数据开展了初步研究，但研究内容与深度方面，与国外相比有较大差距。总体上，我国虽然应用遥感技术在大洋极地渔场渔情信息服务领域开展了大量的研究，但空间信息技术发展迅速，物联网、大数据、人工智能等许多新技术与新概念相继出现，均表现出在海洋观测和海洋渔业应用上的巨大潜力，仍有必要深入开展相关研究与示范应用。

（四）国外装备自动化水平高，国内总体渔获率低

目前国外大洋极地船舶大型化、智能化程度高，自动化捕捞装备得到广泛应用，已基本实现精准捕捞，不但提高了效率，而且降低了作业能耗。根据联合国有关资料显示，发达国家如加拿大的渔业，每捕捞 1 t 鱼仅耗油 0.47 t，挪威更低至每捕捞 1 t 鱼耗油 0.28 t，而我国海洋捕捞能耗高达 0.63 t/t 鱼，是国外的 1.3～2.3 倍左右。我国大洋极地捕捞装备技术，虽然近年科技含量有了显著的提升，但与国外发达国家水平相比还有一定差距。与境外同类渔船相比，老旧渔船比例高、机械化程度低、劳动强度大、渔获物保鲜能力差，导致总体渔获率低、竞争力差，严重地制约了我国大洋渔业综合生产能力和捕捞水平的提高，难以与装备先进的国外渔船相抗衡。产业发展单纯追求捕捞效率，生态养护型捕捞技术发展不深入，以"生态、优质、效率、节能"为目标的大洋极地捕捞装备和技术体系不完整，人工智能技术融合的广深和深度有待加强，与其他领域的高新技术交叉不够。渔业发达国家率先将超强纤维材料应用于渔业，在保持网具强力需求的条件下，减小网具线、绳直径，提高其滤水性能，成为提高网具性能的重要途径。我国渔用纤维材料的应用研究起始于 20 世纪 60 年代，并逐步成功开发出渔用聚乙烯、聚酰胺等合成纤维，其后由于国内渔具生产厂商多数都是小规模企业，对于渔具材料的研发能力较低，渔具材料基本沿用聚乙烯及聚酰胺作为主体材料，以及以三股捻制的线、绳为主体结构的形式。近年来，国内在渔用材料方面创新较多，包括高强度渔用聚乙烯材料、超高分子量聚乙烯材料以及不同材料的混溶、混纺以及不同线结构的网线、网片等，强度性能有所提升。然而，受捕捞渔业组织化程度、从业人员意识等方面的影响，我国在高性能材料的系列化研发、渔具适配应用研究、效能评价，以及应用范围包括所用渔具种类、应用量、应用区域等方面仍存在一定差距。

二、存在问题

（一）资源调查探测不足

我国大洋与极地渔业发展时间较短，对重要渔业资源的调查以生产性探捕调查为主，范围小、时间短、调查目标单一，缺乏系统性和完整性，对渔场资源掌控能力不强，对重要经济种类的合理利用缺少系统规划和科学技术支撑，捕捞作业多为跟随作业，在国际渔业资源的竞争中处于劣势。

（二）基础研究亟须加强

主要捕捞对象的基础生物学等研究不够深入，对重要渔业资源时空分布以及渔场形成机

制掌握不足;渔具试验准则、渔具力学理论研究等方面滞后,对捕捞鱼类的行为研究基本空白,对于鱼类行为的认知概念仍停留在 20 世纪 60—70 年代水平。

(三)装备国产化水平有待提高

渔具创新能力较为薄弱,渔具的系统化数字模拟、专业软件设计开发以及数字模拟与模型试验集成应用等方面仍存在差距,渔具设计仍主要依靠设计人员的经验积累。装备国产化水平较低,大型渔船、探鱼仪、自动化装备等主要还依赖进口,拖网、围网、绞机也有很大一部分从国外进口,国产渔捞装备比例低,与世界先进捕捞装备相比耗能较大、效率较低。

(四)高品质捕捞技术亟待提升

高品质捕捞技术尚未形成体系,连续泵吸捕捞装备尚未突破,船载冻结与精深加工能力弱,冷链保鲜储运水平有待提高,产品质量不稳定,附加值低,综合效益差,高品质捕捞、加工等技术与日本、挪威、韩国等国家相比差距较大。

(五)信息化与自动化水平较低

对太平洋、印度洋、大西洋公海与南极海域的渔情海况等已经开展了预报工作,但信息覆盖范围与更新频率还有待提高,现有的渔场海况预报系统与远洋船队生产需要存在一定差距。自动化装备研发落后,智能化渔船设计还处于起步阶段,整体水平与国外存在代际差距。

(六)渔业履约能力仍待提升

我国在参与公海渔业管理中履行公约的能力还存在短板,渔业统计、渔业监督、观察员计划等建设有待提升,这削弱了中国参与分享公海大洋性渔业资源的能力;部分远洋渔业企业规模小、实力弱、管理不规范、安全发展意识不强,短期逐利倾向较重,涉外违规事件仍时有发生。

第四节 科技创新发展思路与重点任务

一、发展思路

大洋极地渔业科技创新发展思路是:以习近平新时代中国特色社会主义思想为指导,坚持"创新、协调、绿色、开放、共享"的发展理念,坚持走可持续发展道路,推进环境友好型生产作业方式,提高渔具选择性,促进国际渔业资源可持续利用。以实现大洋极地渔业高质量发展为目标,不断增强科技支撑能力,密切跟踪国际先进技术发展动态,突破资源探测、船舶设计与建造、高效捕捞与加工装备、精深产品研发等瓶颈。针对重点鱼种,发展精准探查装备与技术,研制定向聚捕与高质生态连续获取装备,实现新资源、新渔场的规模化开发。积极参与大洋极地资源国际管理与探查,参与相关国际组织活动,发出中国声音,支撑大洋极地资源可持续开发利用。

二、战略目标

基本完成太平洋、印度洋、大西洋、南大洋等大洋极地区域资源探测,初步掌握重点渔区、重点鱼种分布,初步查明重要资源产出关键过程与渔场形成机制,研发精准探查装备,建立资源探查评估技术体系,开发一批新资源、新渔场;渔场渔情信息服务系统覆盖主要产区，实现其商业化运行；渔具设计基础理论研究取得突破，建立数字化设计平台，大型拖网渔具基本实现国产设计制造；探鱼仪等助渔仪器研发取得突破，实现专业捕捞加工装备自主研制，智能捕捞与高品质捕捞技术得到应用示范，渔业渔船专业化、标准化、现代化程度显著提升；布局建设一批创新平台和科技成果转化平台，培养一批高水平科技人才和创新团队，培育形成创新能力强、发展潜力大、经济效益高的大洋极地渔业产业集群。

三、重点任务

（一）大洋极地资源利用理论基础研究

1. 大洋极地资源产出基础研究

研究大洋渔业重要资源产出过程的生源要素，分析重要渔场生态环境变化和时空格局特征，研究资源量变动趋势。分析捕捞等活动对重要大洋渔业种群变动的贡献率和影响过程，研究建立评估模型与方法，探究渔业生产对大洋资源与生态格局的影响；开展大洋极地渔获物分子分类研究，形成分子鉴定标准，开展新功能及特殊功能基因的发掘和应用。

2. 大洋极地资源捕捞基础研究

开展鱼类游泳行为与外部环境关系、鱼类对外部刺激反应以及鱼群集群机制等研究，阐明鱼类对捕捞渔具的反应行为规律。研究渔具在作业时，渔具及其构件周围的流场及水动力特征、水动力与各种物理参数的关系、渔具形状和作用力之间的关系，为生态友好型渔具渔法研制提供基础理论支撑。

3. 全球大洋极地渔业资源调查与生物区划

利用我国自有科学调查船，开展大范围的渔业资源调查、环境调查和样本采集等工作，通过全球渔业资源科学调查结合序列、大范围的大洋极地渔业捕捞数据分析，全面系统的掌握重要渔业经济种类的生物学特性、栖息环境、洄游规律、资源空间分布及渔场形成机制，提出大洋生物区划标准，进一步提升认知能力。

（二）大洋极地资源开发装备技术研发

1. 生态友好型大洋极地捕捞渔具研发

研发高选择性释放装置，以减少生产能耗，达到高效、节能、生态型要求；研制防海鸟、海龟和鲨鱼等误捕的装置，减少兼捕和混捕。制订新型人工集鱼装置设计规范，实现海洋生物零缠绕并降低海洋污染。开发拖网、围网、钓具类高性能和功能性新型海洋渔用材料，在增强捕捞作业能力、提高安全效能的基础上，实现降低兼捕、缓解幽灵捕捞和减少海洋环境白色污染等目标。

2. 海-空-天一体化捕捞监测技术研究

随着卫星组网、海洋大数据以及透明海洋计划等项目实施，海洋信息的监测、传输与获取将变得更为低廉和简便易行。围绕信息技术的进步，开展海-空-天一体化的海洋渔业活动及捕捞监测，基于大洋生物资源的时空变动与机制，构建大洋极地渔业全产业链和全数字化的数据采集、存储、传输及分析等应用服务平台，为资源开发和管理提供精细化的决策依据。

3. 自动化捕捞与助渔系统装备研制

研制数字化渔业资源立体化探测装备，实现鱼群连续监测、目标自动识别和鱼群动态评估。研制低能耗高效聚鱼装备，实现中上层鱼类定向集鱼。开发拖网作业操控系统，实现拖网作业全过程智能化操控。以机电一体化操控技术、智能化船舶运行与作业技术为主进行捕捞渔船多技术系统集成研究，解决大型拖、围、钓等渔具投网辅助决策系统的关键问题。基于鱼群智能判断、生物量估算和鱼群种类判别等技术，研发多功能综合性声呐探测浮标。

4. 深海渔场资源定向聚捕与智能装备开发

深海渔业资源蕴藏量巨大，是今后海洋开发的重点，但栖息水层深、渔场资源不清，捕捞装备与技术不成熟。针对灯笼鱼等深海渔业新资源开发利用，研制数字化深海资源侦测装备，开发目标识别与自动化处理技术，开展资源动态评估，掌握中心渔场；研制低能耗高效聚鱼装备，开发定向集鱼技术，研制耐高压、变水层深海资源获取装备，开发高效聚捕技术；构建"侦-聚-捕"智能控制系统，实现新资源、新渔场开发。

（三）大洋极地资源开发集成示范

1. 大洋极地高品质捕捞集成示范

针对南极磷虾、金枪鱼等大洋生物资源可持续利用，开发海-空-天一体化立体探查装备与技术，建立生态系统水平的资源评估模型，研发基于船位信息的渔场信息服务系统；研制基于资源密度感知的智能捕捞装备，研制高质生态连续获取装备，开发作业全过程监控系统与智能识别技术，构建全船集成智能一体化控制系统。

2. 南极磷虾资源开发与综合利用

研究掌握南极海域南极磷虾资源的中心渔场、渔汛分布及形成机制、高效捕捞技术、南极磷虾功能性蛋白质/脂质的高效提取、分离、加工利用技术，进一步完善基于海况信息、渔情预报、安全预警、管理策略的南极渔业信息应用服务系统，构建南极海洋生物资源开发利用的产业链，逐步提高南极磷虾单船捕捞年产量，力争达到国际同类先进水平，争取我国在南极地区的海洋权益。

3. 渔船渔情动态管理系统与应用示范

围绕我国大洋极地渔业生产及管理决策需求，综合应用国际前沿的卫星遥感技术、卫星通信技术、地理信息系统技术、全球定位系统技术、电子信息技术等，针对我国渔船管理中的技术难点与关键问题，开展卫星跟踪放流标志、鱼群探测浮标、渔船工况监测与综合信息集成的物联网技术，海面高度、海流与风场的渔场环境业务化应用技术，渔船船位分布遥感解析技术、渔船实时的动态监测技术等研究，构建渔船监测与管理应用示范系统。为提高我国渔船管理与渔政执法管理的效率及信息化水平，有效进行渔业资源的管理与保护，为促进渔业捕捞安全生产提供技术保障。

第五节　科技创新保障措施与政策建议

一、保障措施

（一）加强大洋极地渔业组织管理

完善大洋极地渔业发展战略与管理办法，加强企业组织管理与行业自律，为大洋极地渔业持续健康发展提供有力支撑。积极加入国际渔业管理组织，提高我国在制定国际渔业管理规则中的话语权，参与全球渔业治理，加强远洋渔业品牌建设和专利战略研究。

（二）实施装备与技术创新双轮驱动战略

捕捞装备与助渔装备落后仍是制约我国大洋极地渔业发展的主要瓶颈，通过不同层次的项目支持，针对现代化渔船、大型拖网、助渔仪器、甲板装备、船载加工生产线、冷链保鲜、智能管理系统等不同远洋渔业的装备与技术需求开展重点创新，通过双轮驱动起到对远洋渔业发展的支撑作用。

（三）完善产业链与各项扶持政策

围绕产业链布局各项扶持政策，加大从资源探查、渔船更新建造、基地建设、入渔费、渔船转让、产品加工研发、人才补贴，到市场开拓和产品销售等全产业链的政策支持力度，建立扶持大洋极地渔业发展的长效保障机制。

二、政策建议

（一）增加大洋极地渔业投入，拓展资源和渔场开发空间

开发大洋渔业后备渔场和资源。建议国家安排专项资金，用于新渔场、新资源的开发和常规性调查，一方面为我国大洋极地渔业的发展寻找更多的可利用资源和后备渔场，另一方面为我国大洋极地渔业发展提供技术支撑和保障。大洋性远洋渔业是资源依赖型产业，要大力加强资源探捕工作，增加政府扶持力度，逐步改变或完善传统的、落后的资源和渔场确定方法，融入和利用更多的现代科技手段，建设一支专业的大洋极地渔业资源调查船队，推进渔业资源调查监测常规化。

发展极地渔业，重点关注南极磷虾战略资源。极地渔业是关系国家发展战略的产业。亟须树立资源优先的理念，加强与环极地国家和极地开发大国的综合合作，确保我国利用极地海洋渔业资源的应有权益。极地渔业资源开发面临远离港口、远离补给、远离市场和长途航行等问题，与其他渔业相比，具有一定的成本压力。而化解这些成本压力的途径，就企业而言就是要不断提高产品的附加值，实现产品的综合开发；在政府层面上，就是整合多方资源，加大扶持力度和宣传力度，建立企业主导、政府扶持的共同开发模式，以实现我国南极渔业产业的可持续发展。

（二）完善大洋极地渔业产业发展支撑体系

完善渔业科技推广机制，提高大洋极地渔业科技成果转化率。积极推进"管-产-学-研"四结合体制，促进科技成果的转化。进一步发挥高等水产院校的学科综合优势和水产研究机构的科学技术水平优势，以解决渔业生产的问题为重点，建立紧密型渔业科技推广机制，不断提高渔业科技成果在大洋极地渔业产业中的转化利用效率，实现科技兴渔的发展目标。

实施国家"人才强国"战略，加快大洋极地渔业科技人才队伍建设，努力培养捕捞、加工、经营管理等方面的专业技术人才。一方面要在政策上鼓励有专业知识的人才从事大洋极地渔业，同时要定期对从事大洋极地渔业的各类人才进行培训，从整体上提高大洋极地渔业专业人才的技术水平和管理素质，为我国大洋极地渔业发展提供技术支撑和人才保障。

提高大洋极地渔业的组织化程度。依托中国渔业协会和远洋渔业协会，发挥各种所有制企业的体制和区位优势。依托骨干企业，集中优势力量，加强大洋极地渔业船舶装备升级改造和综合基地建设。强化捕捞渔船和远洋渔船的分类管理，对不能保证安全和破坏生态环境

的渔船实行强制淘汰政策，逐步壮大我国大洋极地渔业实力，维护我国的全球海洋资源开发权益。

（三）加强大洋极地渔业捕捞技术创新

建造大型拖网渔船和加工船，研制国产化助渔仪器，研发系列大型拖网，开展控制系统研究，实现拖网作业高效、安全、节能、自动化。发展大中型围网渔船，开发满足金枪鱼作业需要的围网渔船及捕捞装备，研发多卷筒括纲绞机、支索绞机、吊杆绞机、变幅回转吊杆、动力滑车、理网机等设备及自动化控制系统。发展专业化的金枪鱼延绳钓以及鱿鱼钓船，开发延绳钓机成套设备，提高控制系统的自动化程度。

发展极地渔业产业化支撑技术。积极参与相关国际组织活动，探明南极磷虾资源产出关键过程与渔场形成机制，发出中国声音，支撑南极磷虾可持续开发利用。密切跟踪国际先进技术发展动态，开展南极磷虾资源探测、船舶设计与建造、高效捕捞与加工装备、精深产品研发等关键装备技术攻关，建立高品质南极磷虾捕捞技术体系，开拓、培育南极磷虾衍生产品市场，逐步实现南极磷虾这一全球战略性资源的商业化开发。

参 考 文 献

陈雪忠，徐兆礼，黄洪亮，2009. 南极磷虾资源利用现状与中国的开发策略分析 [J]. 中国水产科学（3）：147-154.

丛明，刘毅，李泳耀，等，2016. 水下捕捞机器人的研究现状与发展 [J]. 船舶工程（6）：55-60.

贺波，2012. 世界渔业捕捞装备技术现状及发展趋势 [J]. 中国水产（5）：48-50.

胡庆松，王曼，陈雷雷，等，2016. 我国远洋渔船现状及发展策略 [J]. 渔业现代化，43（4）：76-80.

黄硕琳，2012. 渔权即是海权 [J]. 中国法学（6）：70-79.

贾敬敦，蒋丹平，杨红生，等，2014. 现代海洋农业科技创新战略研究 [M]. 北京：中国农业科学技术出版社.

乐家华，陈新军，王伟江，2016. 中国远洋渔业发展现状与趋势 [J]. 世界农业（7）：226-229.

联合国粮食及农业组织，2018. 2018 世界渔业和水产养殖状况报告 [M].

唐峰华，岳冬冬，熊敏思，等，2016. 《北太平洋公海渔业资源养护和管理公约》解读及中国远洋渔业应对策略 [J]. 渔业信息与战略，31（3）：210-217.

王鲁民，王振忠，董文，等，2017. 远洋渔业资源与捕捞新技术 [M]. 北京：中国农业科学技术出版社.

徐志强，刘平，纪毓昭，等，2019. 远洋围网捕捞装备的自动化集成控制 [J]. 渔业现代化，46（5）：62-67.

远洋渔业资源与捕捞新技术项目组，2017. "十二五"科技支撑计划项目"远洋渔业资源与捕捞新技术"验收报告 [R].

岳冬冬，王鲁民，黄洪亮，等，2015. 我国南极磷虾资源开发利用技术发展现状与对策 [J]. 中国农业科技导报，17（3）：159-166.

岳冬冬，王鲁民，张勋，等，2013. 我国海洋捕捞装备与技术发展趋势研究 [J]. 中国农业科技导报（6）：20-26.

岳冬冬，王鲁民，黄洪亮，等，2016. 我国远洋渔业发展对策研究 [J]. 中国农业科技导报，18（2）：156-164.

赵宪勇，左涛，冷凯良，等，2016. 南极磷虾渔业发展的工程科技需求 [J]. 中国工程科学，18（2）：85-90.

郑晓伟，沈建，2016. 南极磷虾捕捞初期适宜挤压脱壳工艺参数 [J]. 农业工程学报，32 (2)：252 - 257.

中国赴挪威南极磷虾捕捞装备技术考察团，2018. 挪威南极磷虾捕捞装备与技术考察报告 [R].

朱清澄，花传祥，2017. 西北太平洋秋刀鱼渔业 [M]. 北京：海洋出版社.

左涛，赵宪勇，王新良，等，2016. 南极磷虾渔业反馈式管理探析 [J]. 极地研究 (4)：532 - 538.

Fritsches K，Warrant E，2013. In Biology of sea turtles，vol. 3 (eds J Wyneken，KJ Lohmann，JA Musick) [M]. 31 - 53. Boca Raton，FL：CRC Press.

Losey G，Cronin T，Goldsmith T，et al.，1999. The UV visual world of fishes：a review [J]. Fish Biol. 54：921 - 943.

Wang J，Barkan J，Fisler S，et al.，2013. Developing ultraviolet illumination of gillnets as a method to reduce sea turtle bycatch [J]. Biology letters，9 (5)：20130383.

第十一章 海陆联动加工技术与装备

第一节 海陆联动加工技术与装备科技创新发展战略背景

海陆联动加工顾名思义就是指海上和陆地协同、接力加工，是海洋水产品特别是深远海水产品加工的一种新形式。海陆联动加工主要有三个阶段，第一阶段是海上保鲜与加工，如海上预处理和初加工，其目的是从源头上保障水产品的鲜度和品质；第二阶段是海陆运输，是指将海上的渔获物运输到陆地，如保活运输或保鲜冷链运输，其目的是尽可能减少运输过程中的品质劣变，保障原料品质；第三阶段是陆上加工，是指海上渔获物运抵陆地后进行的一系列加工，如精深加工、综合利用等，其目的是丰富产品种类，提升水产品的附加值。深蓝渔业获取的水产品，需要较长时间的运输才能到达陆地，因此海陆联动加工就非常有必要。这种海陆联动加工模式可以最大限度保持海洋水产品的品质，提高海洋资源利用率，提升产品的附加值，将是未来海洋水产品加工发展的新趋势，发展和应用前景广阔。

一、海洋水产品是我国居民膳食结构的重要组成部分

我国管辖海域面积 300 万 km^2，约占全国陆地面积的三分之一，是我国的"蓝色国土"。我国海洋资源丰富，海洋生物与渔业资源是海洋食品产业的重要原料来源。近年来，我国海洋渔业产业发展迅速，水产品总量由 2010 年的 5 373.30 万 t 增长至 2016 年的 6 901.26 万 t，其中海水产品总量由 2010 年的 2 797.53 万 t 增长至 2016 年的 3 490.15 万 t（国家统计局，2017），占水产品总量的比例超过 50%（图 11-1），相当于我国肉类和禽类年总产量的 30%，是我国食物供应的重要组成部分，是维护我国粮食安全的新途径。为了保障我国食物安全，实现 95% 的自给目标，必须通过"陆海统筹"解决我国的食物安全问题。

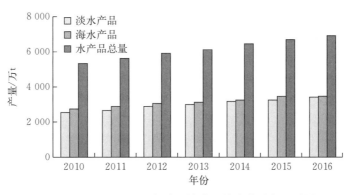

图 11-1 2010—2016 年我国海水、淡水产品加工总量

海洋水产品营养丰富，是国际上公认的优质动物蛋白来源，在我国居民膳食结构中营养来源所占比重快速提高。我国居民食物消费结构经历改革开放前、改革开放至 20 世纪末、21 世纪以来三个阶段。第一阶段，食物结构单一，营养不足，以谷物粮食为主，肉、蛋、奶、水产品普遍不足。第二阶段末，食物消费结构发生较大变化，营养普遍改善。1980 年鱼类和水产品消费量仅为 0.6 kg 和 1.4 kg，2000 年分别增长了 4.0 倍和 3.0 倍。第三阶段，食物结构不断优化，营养失衡与改善并存，其中鱼类和水产品增幅较大，分别增长了 37.2%、30.6%。主要源于水产品的蛋白含量高，且氨基酸配比优越。《中国食物与营养发展纲要（2014—2020 年）》是我国政府制定的食物与营养发展的纲领性文件。《纲要》对 2020 年中国居民食物消费数量和结构提出更高标准和要求。根据纲要要求，2020 年我国水产品人均推荐量为 18 kg，2014 年实际消费量为 10.8 kg，2020 年人均新增 7.2 kg，全国需新增 1 030 万 t，然而海洋水产品的摄入并不均衡。相比沿海地区，内陆地区的人均消费量差距明显。通过开发建立高效的海洋生物资源开发、加工及流通技术体系，不仅能增加海洋水产品的有效供给，还可以满足城乡居民消费水平不断增长和消费模式多样化发展的需求。随着我国"海洋牧场""蓝色粮仓"等战略的实施，能够切实满足城乡居民对改善膳食结构、获得优质蛋白的迫切需求，海洋水产品产业也必然在保障我国食物安全中发挥越来越重要的作用。根据 2017 年联合国粮食及农业组织（FAO）发布的《2017—2026 农业发展展望的报告》，2026 年我国人均水产品消费量将达到 50 kg，水产品需求量将达 7 250 t。可见在未来 10～20 年内，海洋水产品将持续发展，成为我国居民膳食结构的重要组成部分。

二、海洋水产品加工是构建海洋蓝色经济体系，建设海洋强国的重要支撑

习近平在十九大报告中强调"要以'一带一路'建设为重点，坚持'引进来'和'走出去'并重，遵循'共商、共建、共享'原则，加强创新能力开放合作，形成陆海内外联动、东西双向互济的开放格局"。为进一步贯彻落实"一带一路"倡议，《"十三五"渔业科技发展规划》强调了渔业发展要"积极实施'一带一路''走出去'战略，充分利用'两种资源、两个市场'，在经济全球化的过程中，提高我国渔业的国际竞争力，开拓更广阔的发展空间"。"一带一路"倡议涵盖了世界上主要渔业国家，其水产品总量达世界总量的 80% 以上，这既为我国水产品的国际贸易与交流合作创造了新的机遇，也提出了新的挑战，在开拓新兴市场与国际交流合作的同时，也面临着更加激烈的市场竞争环境。以科技创新为驱动力，对海洋食品产业走出国门，推广我国成功经验，讲好海洋食品的"中国故事"，提升我国国际地位与影响力，进而实现海洋食品经济强国建设具有重要的决定性意义。

习近平总书记 2018 年 6 月在山东考察调研时强调"发展海洋蓝色经济"，海洋科研是推动我国强国战略非常重要的方面，海洋渔业作为海洋经济、海洋科研的一个重要组成部分，具有非常重要的战略意义。蓝色经济包括开发海洋资源和依赖海洋空间而进行的生产活动，也包括直接或间接为开发海洋资源及空间服务的相关产业。在众多沿海国家和地区，蓝色经济成为区域经济发展的新的增长点。20 世纪 90 年代以来，我国蓝色经济得以快速发展，已经发展成为国民经济的重要组成部分，大力发展海洋经济，对于提高国民经济综合实力、加快转变经济发展方式具有重大战略意义。据《2017 年中国海洋经济统计公报》初步核算，2017 年全国海洋生产总值 77 611 亿元，比上年增长 6.9%，占国内生产总值的 9.4%。其

中，海洋第一产业增加值 3 600 亿元，第二产业增加值 30 092 亿元，第三产业增加值 43 919 亿元，海洋一二三产业增加值占海洋生产总值的比重分别为 4.6%、38.8% 和 56.6%（国家发展和改革委员会等，2017）。

2016 年，全社会渔业经济总产值为 2 366.29 亿元。2017 年，海洋渔业总产值 4 676 亿元，其中包括海洋水产品加工、海水养殖、海洋捕捞、远洋捕捞和海洋渔业服务业等活动。作为海洋开发的重头型产业——海洋水产品加工产业取得了长足发展，据统计，2016 年，我国海水加工产品 1 775.07 万 t，海水产品加工率为 50.22%。海洋生物以及海洋制药等新兴海洋产业快速增长，全年实现增加值 385 亿元，比上年增长 11.1%，产业集聚逐渐形成。可见，海洋食品、海洋功能食品甚至海洋医药产业已经成为一支蓝色经济的新兴力量，从幕后走上前台，以蓬勃、健康的发展态势，成为中国蓝色经济的重要组成部分（国家发展和改革委员会等，2016）。

三、海洋水产品加工是积极推进供给侧结构性改革，实现中国梦的重要引擎

党的十九大报告中明确指出"深化供给侧结构性改革"。在过去相当长的时期，我们主要从需求侧拉动经济增长。随着消费结构不断升级，原有的供给结构已经越来越不适应需求结构变化，需要从生产端入手，提高供给体系质量和效率。通过一系列政策举措，推动科技创新、发展实体经济、保障和改善人民生活，解决我国经济供给侧存在的问题；减少无效和低端供给，扩大有效和中高端供给，增强供给结构对需求变化的适应性和灵活性。而深化供给侧结构性改革，对实现"两个一百年"奋斗目标和中华民族伟大复兴的中国梦具有重大意义。

我国海洋水产品的加工能力稳步增长，产业结构由初步加工、粗加工向精深加工、营养健康方向发展转变。我国海洋水产品加工企业数由 1979 年的 52 家猛增至 2015 年的 9 892 家，加工能力飙升至 2 810 万 t/年，加工率由 2010 年的 48.28% 增长到 2016 年的 59.16%。而仅进行冷冻的初级加工产品占海洋水产品加工总量的 32.5%。2015 年我国拥有冷库 8 654 座，使海洋水产品原料冻结能力和冷藏能力有了较大的提高，使加工原料和加工产品的质量进一步提高。在我国渔业活动中，作为第一产业的捕捞和养殖的产值占 51.5%，作为第二产业的渔产品深加工占 23.1%，而第三产业占 25.4%。相比之下，2015 年国内生产总值中，一二三产业的产值比例分别为 8.9%、40.9%、50.2%（国家统计局，2016）。由此可见，我国渔业经济产业第一产业所占比例过高，而二三产业发展相对滞后。

人们对美好生活的向往，对海洋水产品产业提出了更高的要求。海洋水产品产业要全面加强基础科学研究的部署，突出科技创新，推进海洋水产品加工产业"产-学-研"更加紧密地结合，推动科研成果转化和加工技术交易。依靠科技创新，开发更多适合国内市场销售的新产品，走差异化发展之路，积极地推动海洋水产品加工产业的供给侧结构性改革，海洋渔业经济产业结构调整与升级转型已势在必行。通过大力优化海洋水产品加工产业的产品品种、品质结构，缓解库存较大的海洋产品供需矛盾，增加绿色优质安全和特殊海产品供给，合理配置海洋水产品加工产业资源要素，提升海洋水产品加工产业发展的质量效益和竞争力，加快推动海洋水产品加工产业向质量效益型转变，为实现伟大中国梦奠定坚实基础。

四、海洋渔业将向深远海延伸，海陆联动加工重要性日益凸显

近些年来，由于环境污染和过度捕捞，近海鱼类的产卵场遭到严重破坏，曾经物产丰富的近海渔场，逐渐出现了渔业资源衰减和水域荒漠化现象。随着近海渔业资源的日益枯竭以及国家对环境保护力度的逐渐加大，近海捕捞和近海养殖产业都面临着转型升级，保持进一步增长的空间十分有限。因此，要满足消费者对海洋水产品不断增长的需求，海洋渔业向深远海延伸将是一种必然趋势，大力发展深远海渔业符合国家战略需求和行业发展需要。

远洋捕捞、极地渔业和深远海养殖是获取深远海渔获物的主要途径，但由于远洋捕捞和深远海养殖作业都远离陆地，渔获物捕获后需经过较长时间的运输才能到达陆地，受海上加工物流条件的制约，目前我国的深远海渔获物船载加工比例低，船载加工技术和装备水平落后，除金枪鱼等少数经济价值特别高的鱼类在船上经一定的预处理和初加工后冷冻保鲜，南极磷虾由于其原料的特殊性进行船载虾粉加工外，大部分的渔获物仍然是采用捕获后直接冷冻储藏后随捕捞船或通过运输船运回陆地，再进行销售和后续加工的模式；冷冻前没有经过预处理或初加工，影响原料的洁净度与鲜度；海陆运输过程中，有时会出现冷链断链、温度波动等现象，容易造成损耗大、品质下降、冷冻能耗高等后果；陆上加工方面，我国海洋水产品的加工量和加工率持续稳定增长，海洋水产品加工率由 2010 年的 48.28% 增加至 2016 年的 59.21%（农业部渔业渔政管理局，2011—2017），与国外发达国家大于 70% 的加工率相比，还存在一定的差距。但是这部分加工产品中，冷冻加工产品的所占比例大于 50%，总体来说存在加工比例低、初加工产品多、精深加工产品少、副产物综合利用率低、加工装备水平落后等问题，亟须在加工物流技术与装备上取得突破，因此海陆联动加工的重要性日益凸显。

第二节 海陆联动加工技术与装备科技创新现状与趋势

一、船载加工技术与装备取得了较快发展

船载加工的目的是从源头上保障水产品的品质，主要是保鲜、预处理和初加工。船载加工技术与装备方面，日本比较成功，早在 20 世纪 70—80 年代就开始了鳕的船上去脏、清洗加工，鲭的去鳞、去骨加工，后来又研发了鳀、毛虾等小型水产品的船上低温干燥和鲭罐头加工，国际上对南极磷虾的开发利用始于 20 世纪 70 年代，已有超过 40 年的历史。目前从事南极磷虾渔业的国家主要有挪威、韩国、中国、乌克兰、波兰、智利等。南极磷虾特殊的理化特性决定了磷虾加工产业是一种海陆接力型产业。磷虾壳中氟含量很高，需脱壳处理才能规避食品安全风险；磷虾消化酶系发达，易自溶，须在捕捞后尽快加工，日本和波兰在船上用滚筒脱壳法对南极磷虾脱壳，效率较高，每小时能加工 500 kg 虾，日本渔船生产南极磷虾虾仁同时，利用废料生产饵料，并在废水中回收蛋白质；德国渔船通过嚼碎、脱壳、离心、压榨、速冻、包装冷藏得到南极磷虾虾肉糜（谌志新，2019）。

中国的船载加工起步比较晚，2007 年，浙江瑞安市华盛水产有限公司率先打造了第一艘海上加工船——"渔加 1"号，将捕获的鲜活鱼虾，在海上直接加工成成品，低温干燥生产线等加工关键技术与装备大多从日本引进，渔业机械仪器研究所研发了清洗机、蒸煮机等

配套设备，并进行生产线的总体布局和设计，加工工艺和技术方面，浙江工业大学和南海水产研究所等根据渔获物的特点进行了优化；2012 年，"渔加 2"号投入生产，船上配备了全自动水产品加工流水线和大容量冷藏库，可以一次性将 120 t 新鲜渔获物加工成干制品；2013 年，浙江宏利水产有限公司投资建造的"浙苍渔冷 00888"号海上水产干制品加工船在宁波江东造船厂下水，船上配建三条全自动流水线加工设备，能在海上直接进行丁香鱼、虾皮加工，船上加工队伍逐渐壮大，加工技术和装备水平也逐渐提高；海南也于 2012 年引进了集捕捞、冷冻、生产加工等于一体的"海南宝沙 001"号综合鱼品加工船，该船是海南三家渔业企业与希腊艾斯迪士集团共同投资 15 亿元组建的现代化海洋渔业生产船编队中的一艘，船上拥有 4 间工厂、14 条生产线，可容纳 600 余名工人生产生活，可连续在外海工作 9 个月左右。船上拥有不同鱼种生产加工作业线，配备不同标准质量检测仪器，每天可加工处理 2 100 t 渔获物、生产 35 万听罐头、660 t 低温速冻鱼、70 t 鱼粉等，还可与小渔船互补，收购鲜鱼进行加工，未来还将运用水上飞机保障联络运输；南极磷虾船载加工方面，辽渔集团和中国水产集团有多艘具备集南极磷虾捕捞和加工于一体能力的远洋渔船，配备有冷冻虾生产线和虾粉生产线，为了进一步开发南极磷虾资源，2012 年，辽渔集团又从日本购进了具备世界一流水平的大型专业磷虾捕捞加工船——"福荣海"号，配备南极磷虾冷冻原虾、熟虾、整形虾肉、饲料级虾粉和食品级虾粉等多套生产加工设备，填补了我国在南极磷虾专业性捕捞及加工技术上的空白。在南极磷虾船载加工关键装备的开发上，依托国家"863 项目"、国家重点研发计划项目等一批科研项目，形成了一批具有自主知识产权的科研成果，中国水产科学研究院渔业机械仪器研究所研发的专业化南极磷虾虾肉加工设备，单机最高处理量达到 1 000 kg/h，脱壳虾肉平均得率 20%，形成的南极磷虾脱壳生产线为国内首创，填补了我国在南极磷虾专业化加工装备研制领域的空白，并成功应用在国内正在建造的最先进的南极磷虾专业捕捞加工船"深蓝 1"号上，为我国南极磷虾捕捞船的专业化改造和装备提升提供技术支持，迈出了实现磷虾加工装备的国产化重大突破的关键步伐，在南极磷虾虾糜加工方面，渔业机械仪器研究所开展了高品质磷虾虾糜加工技术研究，发明专利"一种南极磷虾虾糜制取方法"完成了专利许可，首次实现了加工技术的推广应用，为磷虾加工企业提供了技术支撑；在船载虾粉加工技术与装备方面，研发了南极磷虾梯度蒸煮设备，开展了陆上中试试验，通过专家验收，可实现南极磷虾的快速蒸煮，保障蒸煮后南极磷虾的品质，目前正在进行海上试验，为我国南极磷虾捕捞船的专业化改造和装备提升提供技术支持。

二、海洋水产品冷链物流不断完善，但依然任重而道远

物流是以冷冻工艺学为基础，以人工制冷技术为手段，使冷冻类食品在生产、储藏、运输、销售到消费前的各个环节中始终处于规定的低温环境中，以保证食品质量安全，减少食品腐败损耗的一项系统工程。海洋水产品的冷链物流就是原料从捕捞起水，到海上、陆地储存，周转运输至销售等各个环节，连续性地在低温设备中流通，以保证其鲜度和质量的低温流通体系（章超桦，2010）。

美国在 20 世纪 60 年代就已普及冷链技术，低温食品的销售量和人均占有量均遥遥领先于世界各国，冷冻食品的年产量达 2 000 万 t，品种达 3 000 种，年人均占有量 60 kg 以上；日本自 20 世纪 60 年代开始研究冷链物流技术，80 年代完成了全国范围现代化冷链系统的

建设。目前，美国、加拿大、德国以及日本等发达国家也已形成了生产、加工、储存、运输、销售等一整套完备的食品冷链物流体系，有些国家的冷链物流食品量已经占到销售总量的 50％（谢晶，2010）。

我国制冷学术界的专家们早在 1982 年就提出了建立和健全食品冷藏链的建议，但直到 20 世纪 90 年代食品冷藏链技术才真正起步，经过多年的科学研究和技术研发，我国的水产品冷链物流作为一项系统工程得到了较大的发展，形成了依托公路、铁路、机场、水运等交通网络和各类运输工具（冷藏汽车、冷藏集装箱），以生产性、分配性水产冷库为主，加工基地船、渔业作业船为辅的冷藏链。近年来，我国冷链市场需求逐年扩大，2016 年我国冷链物流需求总量达到 12 500 万 t，冷链物流总额 3.4 万亿元，冷链物流业总收入 2 250 亿元；全国冷库储量新增 460 万 t，总量达到 4 200 万 t（折合为 10 500 万 m³）；冷藏车保有量估计新增 21 600 台，达到 115 000 台；但冷链物流百强企业市场份额没有明显扩大，占整个冷链市场份额的 10％左右，说明我国冷链物流行业市场规模仍旧不大，且行业集中度不高。目前我国冷库储藏的商品品类以果蔬、肉制品和水产品为主，占比分别为 30％、24％和 17％。近年来冷链运输市场呈现快速发展变化的局面，多种冷链运输方式间竞争加大，逐步摆脱以往以公路冷链运输为绝对主力的固有格局，2016 年公路、铁路、航运和航空冷链运输分别占比为 75％、12％、8％和 5％，并且各种冷链运输方式间出现了组合式搭配，进一步提高了冷链运输效率，降低了冷链运输成本。2016 年，商务部和国家标准化管理委员会共同出台了《关于开展农产品冷链流通标准化示范工作的通知》，联合开展农产品冷链流通标准化示范工作，将按照"以点带链，由易到难"的总体思路，重点围绕肉类、水产品和果蔬等生鲜农产品，培育一批设施先进、标准严格、操作规范、运营稳定的农产品冷链流通标准化示范企业和示范城市，推动完成农产品冷链流通标准体系，标志着我国冷链标准化迈入了一个全新的历史阶段（中国冷链物流发展报告，2017）。

但是我国的冷链物流与发达国家相比，无论在冷链设备及技术水平上，还是在科学研究及技术研发方面都还存在较大差距，冷链物流是确保储运过程中水产品质量安全的关键手段和重要保障。水产品损耗主要因素有储藏和运输温度无法保证、操作时间控制不当及转运衔接不好引起的变质腐败等，这都是造成我国水产品流通成本一直居高不下的主要原因，目前大约 90％的肉类、80％的水产品、大量的牛奶和豆制品基本上是在没有冷链保证的情况下运销，因此，海洋水产品冷链物流建设和发展仍将是任重而道远。

三、海洋水产品陆上加工技术创新能力不断增强

国外发达国家的海洋水产品加工比国内起步要早，国外的海洋水产品加工技术与装备取得了较快的发展，半个多世纪以来，在全世界范围内不管是经济发达国家还是发展中国家，海洋水产品的消费量逐年增加，近 50 年间人年平均消费量翻了一番，其中美国和欧洲国家的增长速度显著高于其他国家。据 FAO 推测，今后全世界对海洋食品的需求量会持续增长。海洋水产品与其他动植物食品相比，具有吸收快、蛋白质和高不饱和脂肪酸丰富、胆固醇含量低、微量元素丰富等优点，符合现代人的健康饮食需求。国外海洋水产品加工经历了从初加工到精加工，陆上加工到船上加工，干燥、腌制、冷冻到鲜活流通，资源的部分利用到全利用，一般食品到保健食品等的生产发展过程。近年来，随着消费者对海洋水产品的期

望值的提高，企业在加工技术方面更加注重高品质、安全、富营养、方便、标准化、适应快速物流、个性化等，因此国外企业在新资源的开发利用，产品生产过程中新技术、新设备的导入，功效成分的研究与开发利用，加工副产物的高附加值利用等方面表现出积极的态度。另外在国家层面上也从国民的粮食安全保证、有限资源的高效利用、降低环境污染、为国民提供优质、品种多样的海洋水产品等方面来满足日益提高的国民饮食需求考虑，积极引导和支持海洋水产品产业的发展。经过较长时间的发展，积累了深厚的技术基础，形成了成熟、完整的产业链，特别是一些典型水产品，已经形成规模，处于全球领先地位，如挪威三文鱼产业和南极磷虾产业，日本的鱼糜及其制品产业，秘鲁和智利的鱼粉、鱼油产业等（朱蓓薇，2016）。

我国非常重视海洋前沿科技创新的研发投入，"十一五"和"十二五"科技规划中海产品加工和海洋生物科技均被列为重点发展方向。近年来，我国海洋水产品资源高效利用、精深加工、质量安全以及产业发展的科学基础研究与技术开发等科技创新活动不断深入，组建成了一系列科研平台，取得了重要进展，海洋水产品加工科技创新能力不断增强。在海洋水产品加工基础研究方面，近十多年来，国家及沿海省市的自然科学基金项目、国家"973项目"在海洋水产品资源开发与利用方面给予了大力支持。自2010年以来，国家自然科学基金在海洋水产品资源开发利用方面共资助约281项，其中涉及海洋水产品原料加工储藏过程品质变化机制的100余项、海洋水产品营养成分与营养机制的110余项、海洋水产品质量安全的60余项；在重大技术突破方面，不断涌现国家级奖励成果，近十多年来，在国家科研项目的资助下，我国科技工作者在海洋水产品精深加工的共性关键技术、加工废弃物综合利用技术、保活、保鲜储运等物流关键技术、冷链物流技术、动物和植物源海洋水产品加工技术、营养功能性产品开发等方面取得了大量突破性成果。自2005年以来，海洋水产品加工领域共获得国家技术发明一等奖1项、技术发明二等奖2项、科技进步二等奖12项。在海洋生物多糖前沿技术方面，特别是在海洋寡糖的高效可控规模化制备、定向分离及分子修饰技术等方面取得重大突破，推动了海洋藻类资源的开发，获得2009年国家技术发明一等奖。在高值（海参、鲍鱼、金枪鱼等）和低值海产品蛋白质资源的精深加工及高值化利用方面取得了一系列的重要进展，并先后多次获得国家科技进步二等奖和国家技术发明二等奖。以金枪鱼质量保鲜与精深加工关键技术，开发了金枪鱼生鲜产品、冻煮产品以及休闲调理、活性肽、鱼油等五类精深加工系列产品，取得了显著的经济效益。海洋水产品脂质加工关键技术取得了重要进展，攻克了EPA、DHA等脂质的高效提取、精制及活性固化关键技术难题。突破了海洋水产品质量与安全控制的关键技术，提升了传统海洋水产品的质量与安全，开发了贝类毒素、有害微生物及重金属的脱除技术，海洋水产品过敏原的消减技术，建立了快速判别水产品品质、鉴别海参质量的关键技术。海洋水产品保鲜、保活技术取得了重大进展。在海洋水产品保鲜方面，低温保活技术、无水保活技术、麻醉保活技术、充氧保活技术等满足了海产品保活运输的内在需求。随着社会经济发展和人民生活水平的不断提高，人民对美好生活的向往促使人们膳食结构向高蛋白、低脂肪、营养健康方向调整，从而促进我国海洋水产品产业发展焕发蓬勃生机，并在整个水产品产业中占有特殊地位。在改革开放的40年间，我国海洋水产品产业科技发生巨大变化，伴随科技进步，我国海洋水产品产业从以较低技术水平的加工出口带动型逐步向内涵式发展转型升级，并带动了一二三产业融合发展，产业规模竞争优势显现，产业布局集聚效应形成，取得丰硕成果。

四、海洋水产品加工逐步向机械化自动化方向发展

欧美、日、韩等发达国家在水产品加工装备研究方面起步比较早，经过几十年的发展，目前处于行业领先水平，具有加工精度好，自动化水平高等特点；如德国研制的鲑、鲷等鱼片加工生产线，在加工过程创新性引入光电测量系统，结合计算机控制和鱼体导向装置，整个生产线通过控制系统集中控制，只需要少数几个工人配合即可完成生产。冰岛研发的水力喷射鱼片切割机，以高压水为切割刀，可实现鱼片的快速切割，同时采用 X 射线对鱼片中的鱼刺进行快速检测；瑞典开发的中上层鱼类加工生产线可实现自动化去鳞、切头去尾、剖腹、去脏、去鳍等；日本在鱼糜加工设备、大型鱼类切割设备、船载鱼类加工装备等方面均处于世界领先水平，在生产线集成方面经验丰富，如鱼类前处理加工生产线、鱼糜及制品加工生产线、远洋捕捞加工船的集成设计等；韩国研制的鱼类自动去骨切片机可进行半解冻的产品去骨切片作业，效率显著提高。虾加工方面，美国率先研制出对虾剥壳加工成套设备；20 世纪 70 年代初，国外成功研制南极磷虾捕捞加工船，船上配备南极磷虾冷冻原虾、熟虾、整形虾肉、虾粉等多套加工设备；日本和波兰在船上用滚筒脱壳法对南极磷虾脱壳；德国渔船通过绞碎、脱壳、离心、压榨、速冻、包装冷藏得到南极磷虾肉糜。挪威是目前磷虾开发利用最成功的国家，配置了专业的精深加工成套装备，实现了自动化生产。贝类加工方面，日本研制了一种无水喷雾保活装置，可在厢式运输车内形成低温高湿环境，促进水产品在低温下进入冬眠状态，降低新陈代谢水平，使其在离水条件下长时间维持生存；日本研制的扇贝自动加工设备，通过蒸汽加热使贝壳张开，再利用真空管道将外套膜及周边脏器去除，实现机械化脱壳；美国研制出超高压扇贝加工设备，可使扇贝在很短的时间实现壳肉分离；冰岛研制的船载扇贝加工生产线，可实现扇贝成批量加工，自动化程度较高（欧阳杰，2014）。藻类加工方面，丹麦成功开发了一种过热蒸汽流化床干燥设备，具有节能、干燥时间短和对环境无污染等优点；日本的紫菜加工设备在全球处于领先地位（江涛，2017）；头足类加工方面，韩国、日本的加工装备性能处于领先地位，如韩国开发的鱿鱼加工生产线，可实现鱿鱼的脱皮、剖片、切圈和切花等机械化作业。

我国海洋水产品加工仍然存在以劳动密集型生产方式为主的情况，机械化、自动化程度不够高。水产品加工企业使用的加工装备约 50% 处于 20 世纪 80 年代的水平，40% 左右处于 20 世纪 90 年代水平，只有不到 10% 装备达到或接近世界先进水平，远低于国家对农业综合机械化率中长期发展规划提出的目标要求。近年来，我国逐步形成了以高校、科研院所和企业为主的装备研发和制造团队，在现代化海洋水产品加工装备技术上不断突破创新，成果转化效益明显。海洋水产品加工自动化装备创新发展主要集中在：大宗海洋水产品初加工关键装备研发与生产线构建、海洋水产品精深加工关键装备研发、海洋水产品加工装备智能化技术研究与应用、海洋水产品保鲜与冷链物流装备技术研究与应用、海洋渔获物船载加工关键装备技术研究与系统集成。在保鲜/保活方面，通过制冰设备、水处理系统、无水保活系统、冰温保鲜装备等的推广，配套杀菌、水质净化、充氧等设备联合应用，开发保活运输车、船、箱，形成海-陆-空全方位保鲜储运模式；在前处理方面，通过清洗机、分级机、去头机、去鳞机、去内脏机、去皮机等加工装备的应用及前处理生产线的集成，以减少操作工

人数量，提高处理效率和产品安全性，还有利于副产物的集中收集和处理。海洋水产品精深加工装备快速发展，各种精深加工产品的加工逐渐从小作坊式劳动密集型向机械化、自动化、智能化的技术密集型转变，如鱼糜制品油炸、蒸煮设备优化；海参蒸煮、干制、腌渍加工、干制品复水等规模化加工成套设备；开发智能化包装设备，紧密融合海洋水产品加工装备与工艺，不断提高海洋水产品加工装备智能化水平。创新突破鱼类前处理技术与初加工技术装备，构建机械化生产线；开发了鱼类、虾类、贝类、藻类和海珍品等加工装备，集成海洋水产品高值化加工装备系统：鱼类去鳞方面，研发了弹簧刷去鳞机和卧式多滚筒去鳞机，加工能力可达 1 200 条/h，显著提高了鱼类去鳞效率；研制了基于直线切割的圆盘刀去头机和基于弧线切割的弧形刀去头机；去脏方面，研制了针对海水小杂鱼的开腹去脏设备，并应用于实际生产；保鲜物流方面，以节能提效、高效保活与信息化为重点，开展了活鱼运输关键技术研究，研发了活鱼运输箱水质自动控制系统；鱼糜加工方面，完成了冷冻鱼糜生产工序模块化设计，创新开发了冷冻鱼糜加工组合式生产工艺技术、多级回收系统、鱼糜加工升温抑制技术，提高了鱼糜加工装备的适应性、鱼糜产品品质、得率和企业的投入产出比；鱼类副产物综合利用方面，创新研发了鱼副产物破碎、动植物蛋白复合发酵等设备，改进和完善了酶解设备、鱼粉加工成套设备。南极磷虾加工方面，随着国家对南极磷虾资源开发的不断重视，加工装备的自主创新研发能力不断进步。捕捞加工船方面，国内有企业正在自主设计制造南极磷虾专业捕捞加工船，以填补我国南极磷虾专业性捕捞加工船的空白。关键装备开发方面，渔业机械仪器研究所创新研发了南极磷虾脱壳设备，脱壳效果良好，但在加工能力、进料均匀性等方面还需进一步完善。贝类加工方面，研制了蛤类清洗分级设备和牡蛎组合式高效清洗设备，可提高清洗效率 30 倍以上。海藻前处理加工方面，研制了基于 PLC 控制夹持力的海带自动上料机，以及基于悬链线理论的海带打结机。海参加工方面，开发了预检筛分、连续蒸煮及整形等关键装备，集成了国内第一条海参机械化前处理生产线。副产物综合利用方面，研制了车阵式和履带式连续发酵装置，提高了发酵过程的均衡性，研发黏性物料流化干燥设备，集成成套生产线（欧阳杰，2017）。

海洋水产品加工装备的系统化和自动化研发与应用，推进我国海洋水产品产业逐步向机械化、自动化方向发展，有效降低生产人力成本，降低人工处理时的不可控因素影响，有效防止加工过程中的二次污染，使得产品质量更稳定，产品更安全，效益更高。

第三节　国内外科技创新差距与存在问题

一、国内外科技创新差距

（一）国外注重新技术的研发和应用，国内亟须加强技术创新

国外发达国家非常注重加工新技术的研发和应用，如超微粉碎技术、热泵干燥新技术、冷杀菌新技术、超临界萃取技术等食品加工领域的新技术，在海洋水产品加工和综合利用过程中得到了应用，发挥着越来越重要的作用，并根据海洋水产品原料的特点，对这些技术进行改进，使之更适用于水产品的加工。如利用生物技术中酶技术对低值鱼及水产加工废弃物进行水解、提取等深加工，制成水解鱼蛋白，用作蛋白强化剂或研制药物及功能食品原料的研究已在国外开展；利用微胶囊技术对鱼油和虾油进行微胶囊化，使之与外界环境隔离，最

大限度地保持其生物活性，防止营养物质破坏和损失；利用膜分离技术进行胶原蛋白、硫酸软骨素、岩藻多糖、壳聚糖等海洋水产品的加工与生产，对双组分或多组分的溶质和溶剂进行分离、浓缩、纯化等；利用超高压技术使酶、蛋白质、淀粉等生物高分子物质分别失去活性、变性和糊化，同时可有效杀灭微生物，国外采用高压技术在开发生食牡蛎方面取得了可喜的成果，经高压处理后的牡蛎用海水包装在低温下可以保持一个星期以上不变质；在海洋水产品保鲜方面，国外利用生物、辐照、气调、超高压等技术方法延长保鲜期，缓解品质劣化。这些技术的研发和应用，大大提高了水产品加工的技术水平。国内的海洋水产品加工在近十年来取得了长足的进步，产业规模初具竞争力、产业布局呈现集聚效应、产业结构逐步调整完善，科技创新能力日益提升，技术水平有了显著提高，但加工技术多以引进吸收国外先进技术为主，自主创新能力还比较薄弱，特别是精深加工方面，与国外发达国家相比，还处于跟跑阶段，领跑和并跑的技术比较少，亟须加大基础研究力度，加强技术创新。

（二）国外加工装备自动化程度高，国内迫切需要提升自主研发能力

加工装备方面，国内应用的水产品加工装备以前处理和初加工装备居多，精深加工装备水平比较落后，如活性物质提取、鱼油精炼、自动称量包装等大型生产线，除部分单机已国产化外，核心装备还依赖进口，国外发达国家则非常重视精深加工装备的发展，注重产品附加值的提升，精深加工装备具有较高的水平。加工装备性能方面，国产装备在加工效率、精度、连续性、稳定性、自动化程度等方面与发达国家相比还存在较大差距，材质、外观、耐用性等也还有待提高。在生产线集成方面，国内水产品加工装备以单机设备为主，成套设备研发、工艺创新与集成能力与国外相比还存在较大差距，如中国远洋捕捞船载加工装备集成能力落后，国外专业化捕捞加工船上配备的加工装备，针对性强，自动化程度高，可以实现机械化初加工、冷冻包装及品质控制，生产线集成度高。我国水产品加工装备创新设计能力与机械制造水平与德国、日本等发达国家还存在较大的差距，加工总体上还属于劳动密集型产业，机械化水平较低，能耗和排放较高，特别是精深加工装备与成套装备，其智能化、规模化和连续化水平相对较低，加工装备的精准性、稳定性、可靠性以及设备质量、性能等也还有较大的提升空间。长期以来，我国的水产品加工装备研发形成了"引进、消化、吸收、再创新"的模式，基础理论研究积累较少，自主创新设计能力还有待提高。全面提升我国水产品加工装备制造的整体技术水平，打破国外的技术垄断，实现水产品加工装备的更新换代，迫切需要提升自主研发能力（欧阳杰，2017），国内外水产品加工装备对比分析见表11-1。

表11-1 国内外水产品加工装备对比分析

项目	国外	国内
加工产品	以无刺产品为主，如鱼片、鱼糜制品、贝类、头足类和保健食品等	产品多样化，生鲜、干、腌、熏、烘烤、油炸等各种产品都有涉及
加工装备类型	非常重视精深加工装备的发展，注重产品附加值的提升，精深加工水平较高	前处理和初加工装备居多，精深加工装备水平比较落后

（续）

项目	国外	国内
加工装备性能	装备性能、材质、外观、加工精度、耐用性等都处于行业领先水平	产品装备在加工效率、精度、连续性、稳定性、自动化程度等方面与国外还存在比较大的差距
生产线集成	生产线衔接好，集成度高，集中控制，自动化水平高	以单机设备为主，成套设备研发、工艺创新与集成能力与国外还存在较大差距，自动化水平较低

（三）国外冷链物流信息化程度高，国内冷链技术基础设施尚不完善

国外冷链物流体系比较完善，信息化水平高，北美的水产品冷链物流信息化程度高，进入了自动化管理和网络应用阶段，特大型农场形成了"计算机集成自适应生产"模式，冷链基础设施发达，物流规模化和专业化程度高；西欧的水产品冷链信息化网络发达，冷链物流设施体系齐全，已经形成了较为完善的冷链物流系统；日本建立了贯穿水产品供应链的公共网络信息平台，实现了上下游企业信息资源共享。国内的冷链物流体系建设起步晚，发展缓慢，目前还处于发展的初级阶段，冷链基础设施不完善，水产品冷链物流信息数据还没有得到有效利用，大部分水产品冷链物流企业只注重企业内部环境的信息管理，完全忽视了在水产品流通过程中产生的对企业自身、食品安全、终端消费者有巨大利用价值的信息，导致水产品货源和仓储管理信息化水平低，水产品捕捞与养殖的是散户或者小规模的生产商，分布太散，大量水产品从业者不熟悉互联网技术，也不情愿负担相对较高的信息化实施及运行费用，更缺乏信息技术技能培训；在仓储管理中很多冷藏、冷冻库建设不到位，没有配备相关信息化设备，无法实时对冷藏品质状态、进出库环境关键参数等进行监测，缺乏信息化的设施设备，冷链配送中信息采集率低，物流信息共享程度低，亟须完善冷链技术与基础设施。

（四）国外精深加工产品比例高，国内仍以初加工和冷冻加工产品为主

受饮食习惯的影响，欧美国家喜欢食用无刺的水产品，如鱼片、鱼糜制品、贝类、头足类和水产保健品等，而国内饮食习惯具有多元化和多样性的特点，生鲜、干、腌、熏、烘烤、油炸等各类产品都有涉及，加工对象鱼、虾、贝、藻等全覆盖；在加工产品方面，如我国海洋水产品加工层次较低，以欧美等发达海洋水产品强国为例，其海洋水产品加工比例高达70%以上，加工产品中，精深加工产品比例高；而我国水产品的总体加工率仅为35%，海洋水产品加工率为50%，主要加工形式为冷冻品、冷冻加工品、鱼糜制品及干、腌制品，以上四种形式的制品占水产品加工总量的80%，精深加工和综合利用率低，产品附加值不高。其中，仅进行冷冻的初级加工产品占水产品加工总量的32.5%，而40%~60%下脚料等低值海洋生物资源（如鱼骨、内脏等），或被废弃或仅作为饲料使用，造成海洋生物资源的严重浪费；初级加工品的加工大量依靠机械脱水、制罐加工、浸渍加工和初步浓缩等传统工艺，对真空冷冻干燥、生物发酵、高纯度制备等新技术应用仍相对较少。与传统海洋水产品相比，我国经精深加工的海洋功能食品市场占有率相对较低，海洋水产品产业整体利润率偏低。美国和日本的水产品加工利润高达90%以上，而我国的仅为10%~18%，这严重制约了我国海洋水产品产业的发展和海洋资源的高效利用。

二、存在问题

（一）冷链物流体系尚不完善，技术设备水平还有待提高

我国水产品冷链发展起步较晚，水产品冷链流通率远远低于发达国家水平，冷链物流信息化发展仍处于起步阶段，规模化、系统化的冷链物流体系尚未形成，关键技术薄弱，配套设施不完善，冷链流通体系中大部分环节仍处于较低水平，致使冷链物流建设成本、运营成本高，且资金回流慢；信息技术落后，没有建立起完善的冷链物流信息系统；物流技术落后，自动化、智能化水平低，导致其效率不高；组织运行管理落后，没有建立起战略联盟，无法实现上下游企业互利共赢。目前我国水产品冷链以集团性或企业独自性的配置居多，离形成区域性、全国性的冷链网络还有较大的差距，片段分散式的冷链系统使得冷链标准无法连贯地执行，全程冷链温度记录无法发挥作用，冷链交替过程比较复杂；一般市场上冷链配置建设不完整，水产品物流设备比较落后，80%的水产品在运输与销售过程中存在冷链不完善、断链的现象，冷冻水产品终端运输方式采用人力运输车还比较普遍，造成水产品品质大幅降低；运输过程中缺乏统一化的包装配置和物流形态，例如，活鱼运输桶内 3/4 装水，只有 1/4 是活鱼产品，大大提高了水产品物流成本；冷链物流全程温度控制管理不仅需要先进的信息技术，还要加强水产品保鲜库、冷藏库的建设和增加控温设备。与国外相比我国的冷链物流信息化建设落后，具体表现在水产品货源和仓储管理信息化水平低，信息增值服务体系尚未成型，冷链配送中信息采集和共享程度低等。

（二）精深加工比例亟须提高

我国海洋水产品加工利用有了长足发展，但是从整体上来讲，我国海洋水产品加工层次较低，品种比较单一。以欧美等发达海洋水产品强国为例，其海洋水产品深加工比例高达 70%，而我国却仅为 35%。目前，我国海洋水产品的主要加工形式为冷冻品、冷冻加工品、鱼糜制品及干/腌制品，以上四种形式的制品占水产品加工总量的 80%。其中，仅进行冷冻的初级加工产品占水产品加工总量的 32.5%，而 40%～60% 下脚料等低值海洋生物资源（如鱼骨、内脏等），或被废弃或仅作为饲料使用，造成海洋生物资源的严重浪费。初级加工品的加工大量依靠机械脱水、制罐加工、浸渍加工和初步浓缩等传统工艺，对真空冷冻干燥、生物发酵、高纯度制备等新技术的应用仍相对较少。"十二五"期间，海洋水产品的精深加工水平有所提升，如金枪鱼质量保证与精深加工、南极磷虾精深加工及产业化等取得突破性进展，但与欧美等发达国家和地区相比仍有上升空间。

（三）加工装备水平有待提高

国务院印发的《中国制造 2025》，将发展智能制造作为长期坚持的战略任务。工业和信息化部、财政部联合发布了《智能制造发展规划（2016—2020 年）》，提出 2025 年前，基本建成智能制造支撑体系，重点产业初步实现智能化转型。因此，现代海洋水产品加工业走机械化、规模化发展道路，替代传统劳动密集型加工方式，不断提升加工装备水平，符合国家战略需求。而面对人口红利的渐失，未来海洋水产品加工模式向自动化、智能化发展也是不可逆转的趋势。尽管我国水产品加工技术与装备水平日益提高，极大提高了生产效率和质量。然而，与发达国家相比，我国海洋水产品加工装备在创新能力、制造水平以及智能化和规模化等方面仍存在较大差距，如冷链流通不完善、综合利用率低、装备精准化水平不高

等，亟待进一步提升与完善。具体表现为：自主创新能力和制造水平相对低，海洋水产品加工仍以劳动密集型产业为主，机械化水平较低，尤其缺乏智能化、规模化和连续化水平高的精深加工装备与成套装备，冷链流通不完善，高新技术装备长期依赖高价进口和维护；我国专业从事海洋水产品加工专用设备研发的机构少，且由于设计和制作周期较长、研发成本高等原因，企业不愿参与共同研发，导致加工装备远远落后于加工工艺的更新速度，进一步使得企业不得不依赖于外国成熟的高新设备；水产品原料的加工特性存在较大差异，使得通用机械的操作具有一定的难度。由于国内的机械制造业水平还比较落后、加工精度不高，导致生产的加工装备精度较低、故障率高，影响了生产的连续性，造成生产效率偏低。

（四）质量安全监管有待进一步加强

食品安全始终是关系我国国民经济发展、社会稳定和国家独立的全局性重大战略问题。近年来，海洋水产品产业保持着快速稳定的发展势头，销售区域也从传统的沿海地区逐渐向内地市场扩展，消费群体越来越大。然而，高速增长的背后，海洋水产品产业所暴露出的问题也随之愈发严重。主要问题有：一是渔业生产者的质量安全意识比较淡薄，生产条件低下，市场竞争不够规范；二是缺乏完善的法律支撑体系和约束机制；三是渔业投入品的管理和使用比较混乱；四是海洋水产品检测体系不够完善；五是渔业环境污染严重。从技术角度分析，相对于陆源食品而言，海洋水产品的质量安全把控难度较大，主要原因包括：①海洋环境作为污染物的最终环境归宿，安全危害因子众多，涵盖了微生物、生物毒素、药物残留、有机污染物、重金属等大量有毒有害风险因子，造成海洋水产品风险来源途径复杂、可控性差。②海洋生物种类繁多，种属间风险程度不一。③生产周期和产业链条较长，海洋水产品风险管控环节增多。总之，海洋生态环境、水产养殖以及储藏加工、物流与销售等海洋水产品全产业链的诸多环节对海洋水产品质量与安全都可能产生重大的影响。

第四节　科技创新发展思路与重点任务

一、总体思路

发展海洋水产品加工应牢固树立与贯彻以科技创新驱动产业的绿色、协调、高质量发展的理念，坚持陆海统筹，充分利用快速加工、生物加工、精深加工等现代技术手段，结合自动化、智能化现代装备制造技术，突出海洋水产品的营养功能、高品质、多元化、加工装备智能化、绿色开发及质量安全导向，推动海洋水产品产业持续健康发展。重点开展水产品保鲜、保活与冷链物流，加工产品品质提升与调控，南极磷虾资源高效利用，加工副产物高值化利用，具有自主知识产权的智能化、精准化核心装备研发等工作，全面推动海洋水产品加工现代化关键技术创新升级，显著提高我国海洋水产品加工装备自给率、工程化能力、智能化水平和国际竞争力，积极引导海洋水产品加工产业的结构调整与现代化产业转型。力争到2025年，完成我国主要大宗海洋水产品冷链物流技术体系的建立，突破一批海洋水产品加工新技术，制定一批海洋水产品加工相关的标准与规范，研发一批海洋水产品加工新装备，基本实现海洋水产品加工机械化与标准化；到2035年，建立全国性的水产品冷链物流网络，冷链物流技术及装备研发居世界前列；形成远洋渔业资源的捕捞、保鲜和加工一体化的船上保鲜和加工模式；显著提高我国海洋水产品加工的现代化精深加工水平，生物制造、绿色加工比例大幅度提升；海洋水产品加工综合利用率提高 20％以上；研发一批智能型、精准化加工装备，推动海洋水产品加工装备现代化，基本实现海洋水产品加工的自动化与智能化。

二、战略目标

海洋水产品产业的发展应紧紧围绕可持续发展和以环境保护为基本方针，积极将先进的高新技术引进和创新应用到海洋水产品产业中，形成保持营养、提高质量、增强效能、减少排放的新模式。建立以生物加工等多技术集成为特征的功能保健水产品加工技术体系，培育多功能、高效益、以高科技为依托的海洋水产品营养与健康产业；建立以工业化和规模化为特征的海洋水产品生产技术体系，提升传统海洋水产品质量及加工水平；建立现代物流保障体系，推进海洋水产品保鲜、保活产业技术提升；建立以规模化、自动化为特征的海洋水产品专用加工单元设备与成套设备开发体系，提高我国水产品装备制造能力和自主化水平；建立以先进的国际标准为要求的海洋水产品质量安全保障体系，突破贸易和技术壁垒，提高我国在国际上的话语权。进而以新的技术体系为保障，提高产品档次、增强高科技含量、提升高附加值产品的比例，提高我国海洋水产品加工产业工业增值率，增强在国际市场的竞争力。

三、重点任务

（一）船载保鲜与加工关键装备技术研究与系统集成

1. 船载保鲜关键技术与装备研究

围绕绿色低碳、安全高效、标准化、智能化和可溯化海洋水产品保鲜储运物流产业发展需求，针对常规冷冻保鲜加工冻结过程速度缓慢，冻结过程中的冰晶破坏海洋水产品的品质，使得海洋水产品的品质有所下降的问题，开展海洋水产品低温加工新技术与装备研究，加快节能环保的各种新型冷链物流技术的自主研发、引进消化和吸收，重点加强各种高性能冷却、冷冻设备，自动化分拣、清洗和加工包装设备，冷链物流监控追溯系统、温控设施以及经济适用的水产品预冷设施、移动式冷却装置、节能环保的冷链运输工具、先进的陈列销售设备等冷链物流装备的研发与推广，完善科技成果转化的有效机制，不断提高冷链物流产业的自主创新能力和技术水平；针对现有加冰保鲜覆冰自动化程度低，不能实现连续生产等问题，开展液态流体冰制备工艺及其保鲜特性能研究，建立液态流体冰温保鲜系统，研发液态冰生成与输送装备，解决连续加冰保鲜技术与装备难题。针对目前船上保鲜储运能耗高、余热利用率低的问题，研究冷海水循环喷淋保鲜储运技术、渔船尾气回收利用技术，研制节能保鲜储运装置、渔船尾气制冷设备；针对船载保鲜以冷冻为主、缺少冰鲜产品的问题，突破高海况下制冷系统正常运行的技术瓶颈，研发船用的抗风浪流体浸渍式冰温保鲜装备，实现海洋水产品高效即时保鲜技术的革新。

2. 深远海渔获物船载加工技术与装备研究

针对深远海捕捞离岸远，渔获物储运时间长，特别是经济价值高的渔获物，容易出现在长期储运过程中品质急剧下降等问题，开展海洋捕捞渔获物的源头保鲜和海上加工装备研发，通过船载保鲜技术与装备研究，开发船上保鲜冻结设备、适合船上应用的冷杀菌、减菌与冰温保鲜集成的保鲜装备；通过研发船用鱼体切割装备、船上鱼、虾粉加工装备等，提高船上保鲜与加工机械化水平，提升产品品质，减少环境污染，有效提高海洋资源的利用率，提升海洋渔获物的利用价值。

3. 南极磷虾船载加工关键技术与装备研究

针对我国南极磷虾产业链短、产品组成单一、产品质量低的问题，开展南极磷虾快速处理、原虾冷冻（冷藏）、磷虾壳肉分离、虾粉、虾油制品的船载加工工艺研究，突破南极磷虾冷冻（冷藏）、磷虾高效快速脱壳、虾粉、虾肉以及虾油加工工艺等的关键技术瓶颈，在此基础上，重点开展南极磷虾船载壳肉分离专用装备开发与生产线构建，虾粉、虾油制品船载加工成套装备及其生产线的自动化控制技术研究，研发具有自主知识产权的磷虾粉加工装备和磷虾去壳装备与加工工艺，研发形成系列化配套加工装备和生产线自动化控制模型，研制与磷虾快速加工工艺配套的自动化成套装备及控制系统，构建磷虾专业化高效加工运行模式，系统地解决深远海船载加工的关键技术与核心装备问题，提高我国南极磷虾船载加工能力和核心竞争力。

（二）智能化冷链物流系统构建关键技术与装备研究

针对我国海洋水产品冷链物流不完善、温度波动大、标准化程度低、品质劣变严重及物流损耗、能耗和成本过高等问题，开展以海洋水产品冷链物流关键技术与装备研究及冷链物流系统构建，加强水产品冷链物流的调控与监测技术研究，结合我国现有的冷链物流技术，分析冷链物流体系，完善水产品品质保障系统，针对冷藏流通过程中水产品品质变化和微生物等问题，研发水产品物流实时动态监测技术，开发基于 RFID 的物联网水产品供应链追溯平台，通过无线网络实现水产品运输、储藏、销售全过程的质量安全监控。开展水产品冷链多源信息预测与调控技术研究，针对水产品冷链环境控制对水产品卫生、营养、品质等的重要性，融合"环境调控-优化节能-智能控制"手段，为传统的水产品冷链流通过程提供多源信息追踪、环境调控、节能优化等核心技术，开发保质储藏智能化调控系统与技术、全程质量管理系统，形成集成储运成套技术，开发冷链流通动态监测及高效低温物流技术，构建基于大数据的全产业链预警技术体系，提升水产品冷链智能化水平；开发多元一体的水产品质量安全控制与溯源系统，建立水产品运输监控系统，构建水产品冷链物流信息化平台和体系，保障冷链运输过程中的质量安全。

（三）海洋水产品陆基加工关键技术与装备研究

1. 海洋水产品蛋白质高效利用技术及产业化示范

深远海捕捞离岸远，渔获物储运时间长，特别是经济价值高的渔获物，容易在长期储运过程中品质急剧下降，而低值小杂鱼和新资源的加工利用技术落后，经济价值难以提升，针对不同来源的海洋动物蛋白进行精深加工，开发高值化产品，形成产业化示范。中上层海洋鱼类是红身鱼类，脂肪含量高、易氧化，而且鱼肉蛋白易变性。重点开展中上层海水鱼类的脱脂技术、小杂鱼等低值鱼类蛋白质的重组技术和混合海鲜调味料生产技术的研究。利用酶法脱脂技术、冷冻鱼糜加工技术、抗冻变性技术、鱼肉蛋白组织化技术开发新产品，解决上层海水鱼类和小杂鱼的加工问题。鱼糜及鱼糜制品加工技术的研究与开发；利用海洋动物蛋白作为中间素材，开发无盐鱼糜制品加工技术、膨化鱼糜制品加工技术、发酵鱼糜制品加工技术、鱼肉火腿肠产品加工技术。海洋蛋白活性肽工程化制备技术集成与产业化开发；利用生物工程技术对海洋动植物蛋白进行定向水解，得到具有生物活性的多肽和调味料。重点研发海洋动植物蛋白水解过程中的脱腥和脱苦技术，开发含盐量低、风味突出的高档水产品调味基料、配料及调味品。

2. 传统海洋水产品加工技术的集成与产业化示范

海洋水产品新型烟熏技术研究与产业化示范，以海鳗、军曹鱼、鲕和贝类为原料，研究烟熏加工过程中影响质量安全的主要因素，确定加工过程中的危害因子和关键控制技术。针对传统腌制水产品存在的加工技术落后、经验式、作坊式加工，产品存在质量安全隐患如存在亚硝酸盐、亚硝基化合物、生物胺、脂肪氧化等问题，针对这些问题进行改进并在产业中进行应用示范。以多脂、中脂和少脂海水鱼为研究对象，研究海水鱼类腌干制品的品质特征，脂肪氧化降解与品质之间的关系，在不同加工阶段就鱼体中脂肪酸的变化和脂肪氧化进行分析。食盐对鱼肉蛋白的变性及质构的影响，研究咸鱼中主要的挥发性成分与风味的关系，研究咸鱼中亚硝基化合物的控制技术，阐明腌/干鱼类制品加工、储藏过程脂肪氧化分解的主要影响因素，在此基础上，建立咸鱼品质评价体系，研究低盐快速咸鱼腌制工艺技术。

3. 渔业资源高值化加工技术的研究与产业化

逐步提高渔获物的利用率，海洋水产品的开发形式也逐渐向方便食品、休闲营养食品转变。开发节能脱水干燥新技术以及低温除湿干燥技术等节能加工处理新技术，研制干制品、风味食品、休闲食品等高值新产品。南海低值水产品及副产物蛋白高效利用技术研究，开展低值水产品肌肉蛋白分离技术及其功能特性研究，研制鱼露的快速发酵及品质控制关键技术、利用蛋白重组技术制备复合鱼浆产品关键技术、胶原蛋白多频超声辅助生物制备及改性技术，采用可控定向酶解生产呈味基料，建立呈味基料呈味模式，实现产品风味控制。低值鱼综合加工利用过程中废水和废渣的处理技术，利用膜分离技术回收低值水产品加工处理液中的营养物质，研究高效膜分离装置及自动控制系统。围绕水产品的节能加工及水产蛋白的高值化利用进行自主创新和集成创新，综合运用现代高新技术解决近海养殖水产品及低值渔获物的高值化加工关键技术问题，建立新型水产品蛋白精深加工模式及技术体系，形成安全、环保、高效的蛋白高值化加工新工艺，开发一批近海水产加工产品，并对研究成果进行示范推广。

4. 海洋水产品智能化加工装备与关键技术研发

大宗水产品加工关键装备研发与生产线构建。针对大宗海洋水产品前处理与初加工过程中存在的劳动力密集、成本高、效率低、装备连续性差、自动化程度低等问题，开展海洋水产品初级加工装备主要技术参数对产品品质变化影响的研究，建立海洋水产品初级加工品质评价标准体系；开展机械化加工前分级、排序、定位、喂料、脱料等辅助设备研究；开展海洋水产品清洗、去脏、切片等初级加工技术与装备研究，研制初级加工专业设备，构建连续式鱼类初级加工生产线；针对虾类脱壳产业化加工装备尚不成熟，实际应用较少的问题，开展对虾剥制技术与装备研究，提升剥壳设备成品得率、稳定性、连续性及产能等性能，研制对虾分级机、对虾脱壳机等关键设备，集成一体式成套对虾剥壳生产线；针对贝类初加工中存在的清洗、分级、开壳等工序机械化程度低、劳动强度大的问题，开展贝类高效清洁、智能分级、生鲜开壳等技术装备研究，研制清洗、分级、开壳等关键设备，构建包含清洗、分级、开壳等工序的贝类初级加工生产线；针对传统海带养殖模式中采收与整理工作量巨大，切丝、打结、脱沙、脱盐等工序机械化程度低等问题，开展海带海上机械化采收与整理技术装备研究，提高采收整理效率，减轻劳动强度，开展海带高效初加工关键设备研制，提高海带初级加工产品品质和生产效率；针对海参加工过程中外表品相及品质不均的问题，开展自动化分级、柔性加工技术、新型干燥技术及配套装备研究，构建海参加工全套生产线，进一步提高海参加工自动化程度，提升加工效率与品质。

智能化加工装备与关键技术研发。针对海洋水产品加工与流通智能化程度低，过程控制能力弱，可追溯性不强等问题，开展海洋水产品加工与流通过程关键点筛选分析研究，确定加工流通关键点、环境、过程等信息数据，建立加工流通关键数字信息数据库；通过应用三维激光、红外定位、机器视觉等新技术，进行信息采集和定位，开展加工信息数字化技术研究，建立加工流通专家系统，研究数据、模型、储存等信息组合处理技术、信息定位和维护技术；优化设计加工流通工艺流程，研究加工装备选型及装备数字化表达技术，加工流通传感器技术、嵌入式系统技术、无线连接技术、控制技术；研究开发加工流通过程控制、管理软件，研究通讯单元和其他节点数据交换技术，研究获取信息融合、判断、反馈技术，研究网络接入、路由、数据传输、发布/订阅技术，建立加工流通生产链的网络控制平台；建设基于CPS系统的水产加工系统工程，通过对设备的实时监控与数据采集，可快速、及时地调整控制关键参数，实现高效稳定生产；通过真实的海量数据分析功能，可快速定位生产瓶颈，并找出最合理的应对措施，从而最大限度地提升设备的有效利用率；对加工过程的主要工艺参数等进行综合分析，为生产改进提供科学、客观的参考数据，实现加工过程优化及智能控制。

第五节　科技创新保障措施与政策建议

一、保障措施

(一)强化海洋水产品加工领域基础研究

瞄准国际海洋水产品加工领域研究的重点方向和科学前沿热点，统筹目标导向和自由探索相结合，结合国家重点研发计划重点专项、政府间国际合作专项、支持"非共识"创新研究等方式，系统地开展海洋水产品加工重大基础交叉前沿领域的科学研究，充分发挥高校和科研院所的作用，力争揭示海洋水产品相关的重要机理性科学问题，取得重大原始性创新成果，使我国海洋水产品领域基础研究水平尽快赶上世界先进水平。

(二)聚焦海洋水产品加工关键核心技术

紧紧围绕我国海洋水产品产业发展的重大需求，坚持战略和前沿导向，发挥企业创新产品研发主力军作用，加快突破海洋水产品领域关键核心技术和装备瓶颈。通过实施一批国家重大专项和国家重点研发计划，催生一批具有引领性、带动性的颠覆性技术，加快形成若干战略性技术和战略性产品，培育现代化及标准化的海洋水产品加工产业，实现海洋水产品产业持续健康快速发展。

二、政策建议

(一)加强顶层设计与战略布局，加快科技创新体系建设

在"拓展蓝色经济空间""坚持陆海统筹，壮大海洋经济"与"建设海洋强国"等战略

规划支持下，瞄准世界前沿，突出国家战略目标和任务导向，加强海洋水产品加工产业科技创新战略研究与系统布局，加快海洋水产品产业创新驱动发展战略的顶层设计，完善海洋水产品产业科技创新战略规划和资源配置体制机制，谋划布局"深蓝渔业""海洋水产品营养提质工程"等重点专项，集聚国内优势创新力量，持续加强我国海洋水产品领域基础研究、核心技术创新与成果转化应用，全面提升我国海洋水产品加工科技创新能力，力争取得一批具有世界影响力的原创性科技成果，以赢得海洋水产品加工产业的发展先机和主动权。

围绕深入贯彻落实国家"创新驱动发展战略""乡村振兴战略""健康中国战略"等国家战略需求，推进陆海统筹，建设海洋强国，推动我国海洋水产品产业结构转型升级，以问题为导向，以需求为牵引，分析我国海洋水产品加工科技创新与产业现状，梳理典型国家海洋水产品加工产业科技创新主要做法，聚焦我国海洋水产品加工战略目标和重点发展领域，围绕战略规划布局、科技创新研发、成果转化与产业化、学科建设与人才培育、深化国际合作交流等方面，推动产-学-研协同创新合作与全产业链发展，明确创新主体在创新链不同环节的功能定位，激发各类创新主体的激情和活力，加快建立健全各主体、各方面、各环节有机互动、协同高效的海洋水产品加工创新体系。

（二）支持远洋渔业资源的船上保鲜与加工

远洋渔业是多部门、多行业相互协作的综合性产业，也属于国家的战略型产业，需要在国家层面提供综合性的支持政策推动远洋渔业的发展。针对远洋渔业生产成本的不断攀升问题，需适度提高对远洋渔业企业的燃油补贴发放标准，引导捕捞渔船转向远洋深海捕捞作业；以提升产业化水平为契机，强化远洋渔业产业化组织培育及产业链延伸与整合，大力培育渔业"龙头"企业；鼓励和引导远洋渔业龙头企业走出去拓展市场，加大远洋渔业水产品回运和精深加工投入；鼓励有实力的远洋渔业企业向冷藏运输、水产品加工、市场营销等产业链环节延伸；提升远洋渔船的船上保鲜加工技术装备水平，通过科技部或海洋渔业部门，设置一定数量的科研项目支持远洋水产品保鲜技术的研发。

（三）增加科技投入，提升加工装备研发水平

加工装备的研制，需进行样机制作，并通过中试试验不断改进和完善，研发周期长，投入大，目前我国在加工装备基础研究方面相对薄弱，加工装备研发机构普遍面临科研经费不足的问题，影响加工装备的研发和更新换代。建议加大对加工装备基础研究、创新和升级等方面的支持力度，同时呼吁企业增加装备投入，从而形成长期、稳定的科技投入机制；海洋水产品加工企业受制于规模、成本等因素，除部分大型加工企业外，大部分中小企业加工设备简单，缺乏专用装备，加工装备普及率低，亟须加快加工装备的普及与应用，在大农业领域，通过推行农机补贴，极大提高了农业机械化水平与农业生产效率；而在渔机领域，除远洋捕捞渔船有燃油补贴外，其他渔机补贴甚少，因此，建议加大渔机补贴力度，鼓励加工企业普及加工装备，加快实现海洋水产品加工现代化；加工装备的发展要注重技术革新，不断开发新技术，应用新技术，提高加工装备的精度与可靠性，加强检验与测试，减少设备故障率，提升海洋水产品加工装备的性能与效率，使海洋水产品加工装备朝更先进、更专业的方向发展。

参 考 文 献

谌志新，王志勇，欧阳杰，2019. 我国南极磷虾捕捞与加工装备科技发展研究［J］. 中国工程科学，21

（6）：48-52.

国家发展和改革委员会，国家海洋局，2016. 中国海洋经济发展报告（2016）［R］. 北京：海洋出版社.

国家发展和改革委员会，国家海洋局，2017. 中国海洋经济发展报告（2017）［R］. 北京：海洋出版社.

国家统计局，2016. 中国统计年鉴［M］. 北京：中国统计出版社.

江涛，黄一心，欧阳杰，等，2017. 大型海藻干燥技术研究进展［J］. 渔业现代化，44（6）：80-88.

农业部渔业渔政管理局，2011. 中国渔业统计年鉴［M］. 北京：中国农业出版社.

农业部渔业渔政管理局，2012. 中国渔业统计年鉴［M］. 北京：中国农业出版社.

农业部渔业渔政管理局，2013. 中国渔业统计年鉴［M］. 北京：中国农业出版社.

农业部渔业渔政管理局，2014. 中国渔业统计年鉴［M］. 北京：中国农业出版社.

农业部渔业渔政管理局，2015. 中国渔业统计年鉴［M］. 北京：中国农业出版社.

农业部渔业渔政管理局，2016. 中国渔业统计年鉴［M］. 北京：中国农业出版社.

农业部渔业渔政管理局，2017. 中国渔业统计年鉴［M］. 北京：中国农业出版社.

欧阳杰，沈建，郑晓伟，等，2017. 水产品加工装备研究应用现状与发展趋势［J］. 渔业现代化，44（5）：73-78.

欧阳杰，沈建，2014. 中国贝类加工装备应用现状与展望［J］. 肉类研究，28（7）：28-31.

谢晶，2010. 我国水产品冷藏链的现状和发展趋势［J］. 制冷技术（3）：5-10.

章超桦，薛长湖，2010. 水产食品学［M］. 北京：中国农业出版社.

中国物流与采购联合会冷链物流专业委员会，国家农产品现代物流工程技术研究中心，2017. 中国冷链物流发展报告（2017）［M］. 北京：中国财富出版社.

朱蓓薇，薛长湖，2016. 海洋水产品加工与食品安全［M］. 北京：科学出版社.

第十二章　海上物流通道与信息保障

第一节　海上物流通道与信息保障科技创新发展战略背景

信息技术创新日新月异，以数字化、网络化、智能化为特征的信息化浪潮正在蓬勃兴起。党中央、国务院对信息化建设高度重视，多次强调没有信息化就没有现代化。十九大报告更是明确指出"要加快推动互联网、大数据、人工智能和实体经济深度融合，在中高端消费、创新引领、绿色低碳、共享经济、现代供应链、人力资本服务等领域培育新增长点，形成新动能。"这些论断和要求为当前和今后一个时期渔业海上物流通道与信息建设指明了发展方向，明确了重点领域，点明了实现途径，是开展海上物流信息通道与信息化建设工作的必然遵循。

深蓝渔业作为面向深远海、大洋和极地水域，开展海洋生物资源开发、工业化绿色养殖和海上物流信息通道建设，构建"捕-养-加"一体化、"海-岛-陆"相联动的全产业链渔业生产体系的系统工程，更需要创新技术的支撑和提升。其中信息技术是实现渔业现代化的重要途径，可贯穿渔业生产、加工、流通、交易与消费等产业链环节，渗透和覆盖到所有支撑渔业发展的技术装备和设施，更能满足深蓝渔业水域远离大陆、环境复杂情况下对捕捞、养殖、加工等生产作业的需求，是实现深蓝渔业系统性科技创新的主要手段。

一、海上物流通道与信息技术是深蓝渔业实现"捕-养-加"融合发展的促进力量

可持续的海洋捕捞与水产养殖生产方式为世界所关注，南极磷虾资源的有序利用、海洋中层生物资源有效开发以及深远海高效养殖模式构建，已成为世界渔业的发展热点，聚焦成深蓝渔业发展模式，将形成以海洋生物种群资源探查与高效利用、海洋生物遗传资源开发产业化利用为目标的现代海洋渔业技术、海洋工程技术、海洋环境科学技术融合发展的格局。深蓝渔业使海洋生物资源利用效率更为高效，产业格局逐步由"以捕为主"向"以养为主"转变，"捕-养-加"联动更加密切，生产平台更为大型化、离岸化并适宜居住，生产手段由机械化向智能化发展，生产网络沿着产业链和全球性水域纵横覆盖，这些特点决定了深蓝渔业必然是"捕-养-加"融合发展。

海上物流通道与信息技术在促进"捕-养-加"融合发展方面具有先天的优势，围绕数据库、信息系统、模型、决策支持、专家系统、智能控制、精准渔业、3S、物联网和智能装备等信息技术在深蓝渔业中应用，构建基于产业链的海上物流通道与信息技术主体框架，通过开展养殖环境监测、养殖对象数字化表达、养殖环境智能调控和智能化养殖设施装备等养殖信息化，海洋渔业生态环境与渔场监测、海洋渔船监测管理及船港一体化监测和渔船捕捞装备数字化等捕捞信息化，以及水产品质量可追溯和物流管理等加工信息化的关键技术研究

与示范应用，形成"需求驱动、过程监控、效率提升、物流跟踪、信息服务"的深蓝渔业"捕-养-加"融合发展新格局。

二、海上物流通道与信息技术是深蓝渔业实现高效科技创新和生产的主要手段

以"3S"为核心的空间观测技术和无线传感网络技术应用于深蓝渔业，会监测得出大量有价值的数据，包括生产、科研、资源管理、水面利用和区划管理、气象、渔情预报和鱼群探测、渔船导航和海上生产作业实时指挥等数据，提升渔业相关科研依托平台，改进科研活动方式方法，为推进渔业科技创新提供重要条件和保障。信息化凭借网络平台，通过远距离、大范围信息传输与交流，可以加强国家管理部门、国家与地方科研机构及渔民之间的纵向联系以及各地方科研机构间的横向联系，促使跨学科、大规模的科研合作以及突破时间、空间、物理障碍的资源共享与协作成为可能，从而提高渔业科研效率。通过深蓝渔业工程和信息化技术的有机结合、密切协作有助于实现我国渔业科技的发展从"跟跑"到"领跑"。

海上物流通道与信息技术最终是要服务于渔业生产。因此，面向特定目标把渔业信息技术组合集成，形成能在生产实践和管理决策中应用的各种实用渔业信息系统是渔业信息化的一个重要环节。一方面，实用渔业信息系统的应用可以充分利用渔业信息技术的研究成果，真正体现科学技术是第一生产力的作用；另一方面，在应用中发现的问题还可以对渔业信息技术的研究提出新的要求，促进渔业信息技术的发展。例如：在捕捞方面，利用地理信息系统技术，实现渔政船和海洋渔船船位跟踪，提高渔政管理水平和渔船生产作业效率；在养殖方面，研究开发各类计算机专家系统，对养殖水体环境的监测处理、饲料配方、投饵技术、多品种混养、病害防治等进行实时监控；在生产管理方面，利用虚拟技术、专家系统技术、多媒体技术、动画技术等开发水生生物生长过程和计算机模拟生态系统，对水产养殖生产管理措施进行优化。

三、海上物流通道与信息技术是深蓝渔业实现准确、科学决策的重要技术支撑

随着信息化在电子政务中的应用，管理的方式方法也随着改变，与其他行业一样，深蓝渔业作为现代渔业的一个阶段，各过程和环节管理模式也应从传统渔业的点状管理向系统化管理转变，打通数据采集、传输、处理各环节，为管理决策提供技术支撑，加快信息传递速度，简化深蓝渔业在"捕-养-加"过程中运作的环节和程序，缩减甚至取消中间层，不断提高信息传递的速度和效率，优化管理模式，降低运行成本，极大地提高管理效率。

深蓝渔业作为一个系统化工程，渔业捕捞、生产和加工等各环节均可以产生大量直接数据和中间数据，呈现出大数据的"4V特性"，即容量性、多样性、高速性以及有价值性，建立海洋渔业不同种类的数据资源库，作为科学基础数据库，如建立生物资源数据库、环境数据库、市场信息数据库、灾（病）害数据库、海水及天气数据库、海洋交通数据库、文献专利数据库等，为海洋捕捞、海水养殖和海洋水产品加工等领域的决策提供精准的数据支持。

四、海上物流通道与信息技术是深蓝渔业实现产业化的有力推手

现代渔业的发展方向是养-捕产量比例合理、优势品种产量稳步上升、渔业与旅游娱乐

业紧密融合，最终实现产业化。产业化也作为深蓝渔业工程的最重要目标，信息化可以促使经营水平进一步提高，产业链中各产业相互关联、相互作用形成"关联效应"，且随着产业链的环节增多而放大应用，信息技术促进水产品产业链的形成和高效运转。本着以对产业链的产前、产中和产后三个环节起到各自作用和综合联动的协同作用的信息服务为宗旨，以当前成熟的计算机网络技术、数据库技术、系统安全技术、GIS 技术和数据交换技术等为手段，在数据基础上建设渔业产业链信息服务平台，实现水产信息资源的整合与共享，进一步实现对全国水产品生产、加工、运输销售过程和质量安全可追溯监督管理，进行智能化、精准化管理与服务，全面提高渔业信息化服务和管理水平。

第二节　海上物流通道与信息保障科技创新现状与趋势

一、多种信息化技术在渔业捕捞领域有着成熟的应用

渔业环境和资源分析技术从单一要素进入多元分析及综合应用阶段。国外卫星遥感技术的海洋渔场分析研究始于 20 世纪 70 年代初，主要是美国、日本等国家利用气象卫星提取的海表温度数据进行渔场分析预测（贺波，2012）。目前为止，卫星遥感反演 SST 信息、海水叶绿素等水色信息和海洋动力环境信息都已成功应用到渔场研究和分析领域。海洋环境遥感的技术发展及成熟大大促进了渔场分析预报、渔业资源评估、渔业生态系统动力学和渔业管理等的深入发展。卫星遥感的海洋渔场应用研究已经从单一要素进入多元分析及综合应用阶段，并且从试验应用研究进入到业务化运行阶段，美国、日本、法国等发达渔业国家代表着最高的科技水平（乐家华，2013）。80 年代，自国家"863 计划"、海洋监测技术主题"海洋渔业服务地理信息系统"和"海洋渔业遥感服务系统"设立以来，中国利用遥感技术进行渔场研究进入活跃阶段，并取得一定成果（谌志新，2005）。随着海洋遥感技术在渔场分析中运用的研究不断深入，提出并逐步建立优化的渔场渔情预报模型，提高渔场渔情的预报精准度，能够为渔业的高效生产和渔业部门即时有效的管理提供重要的技术决策支持。近年来遥感不断向高光谱遥感和定量遥感方向发展，为渔场资源的定量评估提供重要条件。

船位监控和资源管理相融合逐步成为渔船监控及管理技术研究方向。国际上，新西兰、澳大利亚、日本、加拿大等多个国家和组织机构都建立了统一的渔业专题数据库系统或渔业数据管理系统。例如，加拿大海洋渔业管理局开发了加拿大长鳍金枪鱼渔获量与捕捞努力量的关系型数据库系统。通过将多源的金枪鱼环境和渔获量等数据进行空间化处理与分析，辅助渔船在太平洋的捕捞生产管理，解决捕捞量和销售量下滑等问题（王亚楠等，2018）。太平洋共同体秘书处（SPC）的海洋渔业计划，建立了金枪鱼业数据管理系统（TUFMAN），实现了对渔获量的统计、制图、统计报表、渔船的轨迹跟踪等功能，并系统集成了空间环境动力模型 SEPoDyM，用以分析渔场环境对金枪鱼产量的影响。FAO 渔业署也建立了包括捕捞种类、分布海域等多种信息的海洋渔业信息系统，可以实现网络查询。随着渔船监控系统（VMS）在我国的不断完善和监控渔船数量的增加，积累了海量的基于 VMS 系统的渔船船位监控数据（张铮铮等，2015）。通过对这些 VMS 系统获取的船位大数据的深度挖掘和研究，初步展现了其在渔船捕捞状态与类型识别、捕捞努力量评估等方面的应用价值潜力（卢昆，2016）。我国安装有船载北斗终端的渔船船位数据空间分辨率约为 10 m，采样时间

间隔 3 min，获取并记录了高时空精度的渔船位置、时间、航速、航向、转向率等数据。通过北斗船位数据挖掘可以识别渔船作业类型、判断渔船捕捞状态、计算捕捞努力量、分析渔船捕捞行为特点等，从而为精细化的渔船管理和制定渔业资源保护措施提供决策数据（刘晃等，2016）。

水声多波束和宽带技术在高端助渔仪器中普遍使用。近年来，国外探鱼技术得到了长足的发展，单波束、窄带技术发展为复杂的数字多波束和宽带技术。多波束技术的特点是只利用一个声呐探头预成多个波束进行水下探测，应用多波束技术的探鱼声呐不仅能够对水下鱼群进行精确定位，且能同时对多个方向的鱼群信息以及海底地形地貌进行探测，能够从二维或三维观测水下鱼群的行为及其空间分布特征。离散多频探鱼技术逐渐发展为宽带探鱼技术。宽带探鱼技术由于采用宽带信号作为信息载体，所以就具有宽带信号固有的优点。宽带探鱼声呐可以直接用来研究海洋生物散射数据的脉冲响应，而且可以获得不同类别海洋生物的特征谱。近年来，我国科研机构如：中国科学院声学研究所、渔业机械仪器研究所、厦门大学、哈尔滨工程大学等单位相继开展探鱼技术的研究工作。2015 年哈尔滨工程大学围绕有鳔单条鱼及鱼群声散射建模及特性分析、多波束鱼群信息综合获取技术、鱼声散射多源特征提取方法以及分类算法的实现等方面开展研究，并取得一定的成果（梁铄等，2017）。2013 年在"远洋捕捞技术与渔业新资源开发"项目支持下，渔业机械仪器研究所开展了多波束渔用声呐研制工作，并成功研制了我国第一台全数字多波束探鱼仪，能够实现水平360°和垂直 35°扇面的三维搜索，具备探测 3 000 m 距离 0 dB 目标的能力，探测能力方面已达到国际同类产品的水平，但设备的稳定性、抗干扰能力及产品化功能上与国外商用探鱼仪还有差距。

二、智能化、信息化技术正在渔业养殖提质增效全过程中发挥越来越重要的作用

基于信息技术的数据采集已成为支撑科技发展的必要组成部分。3S 技术普遍应用于资源环境监测。利用卫星遥感技术的海洋渔场判读应用，国外的研究起始于 20 世纪 70 年代初期，主要是美国、日本等国家利用气象卫星提取的海表温度数据进行渔场分析预测（曹威等，2008）。目前为止，卫星遥感反演 SST 信息、海水叶绿素等水色信息和海洋动力环境（海面高度等）信息都已成功应用到渔场研究和分析领域。综合利用光学、声学等拟人化感知技术的养殖对象数字化表达技术是近 30 年发展起来的，通过针对养殖对象外形特征、体表颜色、行为过程和种群特征进行测量，为养殖过程综合判断提供了有效的数据支持，是实现自动化控制和智能化管理的一种重要技术方式。欧美等水产强国已经出现了相关产品，冰岛的威凯（Vaki）公司生产的基于机器视觉的鱼苗自动计数设备能够准确计量体重在 3～12 000 g范围内的鱼体数量（Shardlow T F et al.，2004）；德国巴德公司生产的基于声呐技术的残饵检测设备，在估算养殖残饵情况方面取得了不错的效果（Foster M et al.，1995）。近年来，国内研究机构针对行业特点，已经开展了相关传感器技术和信息采集方式（方法）的研究，但不论从传感器种类、设备工作稳定性、设备价格等方面距离实际应用还存在较大差距。近年来，北斗导航技术也已经在东海和南海等我国近海渔船监测中得到成功应用，有效保障了渔船作业安全，但是应用面还不广。随着我国北斗导航技术的全球观测能力发展，

也将应用到我国远洋渔船监测与管理中。

养殖过程和生产操作向数字化方向发展。国外渔业研究机构在养殖生态化调控与管理方面做了不少研究，提出了可持续水产养殖的理念。法国国家海洋开发研究院通过对石首鱼和其他海洋有鳍鱼的行为研究，构建了水循环控制模型（贾晓刚，2010）；挪威、丹麦、爱尔兰等国家自 20 世纪 80 年代开始，以大西洋鲑等主养鱼类品种为研究对象，建立了鱼类生长数学模型，并建立了与其生长相关的环境及营养、圈养密度等方程，开发出养殖管理装备系统并规范养殖过程管理，从而大大降低了劳动强度，有效减少人为的疏失（张成林等，2019）。近年来，我国科研工作者已经开展了针对养殖水质、污染物排放等一系列模型构建技术研究，但相对于信息化的生产过程管理需求还存在较大差距，数据处理和模型化技术研究尚处于起步阶段，缺乏系统的信息转化和应用模式。例如开展了多种水环境相应模型技术研究，但各模型间缺乏有机联系，很难综合各种模型形成生产力（程香菊等，2019）。

养殖设施与工程装备向智能化方向发展。挪威 AKVA 集团综合利用生物学、工学、电学、计算机科学等技术，开发了网箱养殖自动投饵系统；该集团还通过应用一系列传感器包括多普勒残饵量传感器、喂料摄像机、环境（温度、溶解氧、潮流和波浪）传感器，开发出网箱养殖综合监控系统。近年来美国、以色列、日本等国家还相继开发了藻类整合型水产养殖自动控制系统，微电脑估算与控制饵料供给的系统，自动化生物反应器和水产养殖工业化过程控制系统（雷霁霖，2013）。与农业其他产业相比，渔业装备信息化发展相对滞后，总体处于从机械化向自动化、精准化发展的初级阶段，还不能满足精准渔业要求。国内研究方面，水产养殖数字化设施设备研究与应用，取得了一定进展。但在自动化、智能化、信息化等高新技术应用上基本停留在简单的、局部的生产控制和单一设备层次，更缺乏系统性和整体性的装备研究，这方面与国外相比存在较大差距（宿墨等，2018）。

三、现代信息化技术全面提升了水产品物流跟踪及产品质量可追溯能力

智能化技术在水产品保活储运方面有一定应用。水产品保活储运产业主要集中在国内，国外相对较少。据国外媒体报道，澳大利亚运输设备制造公司使用全球唯一获批的由氧气维持的保活运输系统模拟澳洲青边鲍鱼生活环境，成功完成了活鲍鱼运输。该设备通过利用智能化调控措施，成功地将 400～900 g 规格澳鲍以零死亡率从澳大利亚墨尔本运到美国洛杉矶。国内学者在保活运输系统的研究主要集中在鱼类保活运输工艺、运输设备及其控制系统上，专门针对水产品保活装备的研究较为匮乏。朱健康开发了海水活鱼运输设备（朱健康等，2005），国内的学者研究了一套活鱼运输箱自动监控系统（洪苑乾等，2013），使用检测仪器和传感器测定主要水质参数；通过过滤系统清除运输过程中鱼的排泄物以控制 pH，通过增氧泵及复合增氧剂控制水中溶解氧量，通过冷热水机组控制水的温度。宗慎强针对水产品运输车箱体环境设计过程中所采用的水温控制方法，设计了一个鲜活水产品运输车箱体环境控制系统（宗慎强等，2011），并利用 SolidWorks 软件中的 Flow Simulation 模块对控制装置的降温效果进行了仿真分析。仿真结果表明，水体环境的散热响应好，降温效果明显，可以满足运输过程中鲜活水产品对环境温度的要求。周晓龙以液氮充注气保鲜运输车为设计平台，开发了以 ARM11 系列 S3C6410 微处理器为核心的控制系统（周晓龙等，2013）。近年来针对高值贝类保活有学者提出了冷海水喷淋保活法，并初步开展了一些研究，冷却海水

喷淋保鲜技术与生态冰温技术相结合，可实现高值贝类的保活运输（倪锦等，2013）。

水产品冷链基本实现各环节信息化无缝衔接。欧美及日本等发达国家，冷链物流设施完备、物流信息化程度高，全程使用冷藏车或冷藏箱运输，设置冷却、加温、测温和通风等装置，各环节基本实现了无缝衔接。国外先进的水产品冷链涉及的信息技术主要有，运输阶段的 GPS 技术、GIS 技术、EDI 电子数据交换技术、RFID 无线射频识别技术和人机交互的管理信息系统技术（颜波，2013）。我国目前水产品储运装置的研究大部分集中在保鲜和保质，而对储运条件下水产品环境信息实时采集及智能化调控涉及较少，缺乏关键技术及理论支撑。虽然目前我国的水产品冷链物流技术已经得到了较好的发展，但是与西方发达国家相比，仍然存在着许多不足（王荧荧等，2013）。目前我国还需要积极引进人工智能技术以及信息技术进行实时的跟踪，使得物流信息能够更加高效快捷的传递，从而进一步促进水产品冷链物流技术的有效发展。

水产品品质可追溯技术已实现信息共享与实时监控。在水产品品质溯源系统开发方面，欧美等发达国家在水产产品流通的信息实现共享与实时监控，广泛应用电子数据交换技术、远程控制平台、自动识别射频技术、大数据技术、条形码追溯系统等实现了与供应链的其他环节相适应，即记录、存储和转移信息方法要能确保供应链的前导环节和后续环节的无缝连接。国内针对可追溯制度开展了一些研究，制定了一些标准，正朝着体系建设前进。在可追溯技术方面，刘俊荣等通过分析养殖鱼的供应链业务流程对水产品追溯系统进行了研究，张珂和张志文以我国水产品市场现状为基础，设计了水产品追溯系统基础结构。国内学者对追溯系统的研究主要集中在应用层面，2008 年王秋梅等人采用射频标签技术并建立了数据库，初步建立了基于水产品鱼类流通链的可追溯系统。但存在信息面比较窄、数据模型设计混乱等问题。2008 年杨明以条形码和 RFID 技术为标识，并结合 GSI 系统的 EAN.UCC 编码体系，同时采用 B/S 结构，开发实现了基于 .NET 构架的对虾可追溯系统，建立了从养殖到销售的全程质量监控和追溯系统。2009 年周慧等人以水产加工品为研究对象，基于 HACCP 原则重点分析了追溯系统中涉及的信息采集、产品编码及基于 XML 的数据传递等关键技术，建立了由核心企业管理系统、中心数据库、面向消费者的追溯平台组成的追溯体系。

第三节　国内外科技创新差距与存在问题

一、国内外科技创新差距

(一) 我国渔场资源环境的综合监测分析少，信息集成度低

我国虽然应用遥感技术在远洋渔场渔情信息服务方面开展了大量的研究，但空间信息技术发展迅速，物联网、大数据等许多新技术与新概念相继出现，均表现出在海洋观测和海洋渔业应用上的巨大潜力。卫星遥感渔场预报技术方面，我国"海洋 2 号"卫星将逐步实现业务化应用，开展自主海洋动力卫星的海洋渔场分析是亟须开展的工作。在实际捕捞作业中，我国渔船几乎全部使用国外鱼群侦查仪器，利用 3S 技术，开展鱼群的侦查也是提高远洋渔业技术水平的有效手段，国际上有电浮标、卫星标志放流技术等，而我国则处于技术空白。

(二) 基于北斗的渔船监管方案有待改进，渔业船联网构建与应用有待展开

我国北斗船载终端作为一种集定位、报警、收发短报文等功能于一体的无线电通导设

备，其在渔民出海作业时，可以发挥一定的助渔、助航作用。但是，因为终端的设计场景与渔船实际作业状态存在一定差异，故在使用中不可避免会出现一些问题。设备兼容问题，不同厂家生产的设备接口不同，各省的监管平台不同，系统之间互不兼容，不能共享有关信息。使用上的问题，北斗船载终端作为渔船通导高科技产品，对无线电管理人员的专业性和技术性要求较高。目前多数乡镇无线电管理站值班人员缺乏专业技能，对北斗终端在渔船上的使用状况不了解，也没有对实际使用时存在的问题进行仔细研究。

渔业船联网针对深蓝渔业的远海数据传输需求，设计渔业专用卫星通信系统，安装船载卫星通信终端，实现卫星系统通信和控制功能；研究选取覆盖适当海域的 Ku 频段卫星转发器，实现渔船终端宽带实时传输。构建渔业船联网专用卫星通信系统，结合我国自主卫星通信系统和沿岸公众移动网络，设计渔业卫星通信地面站并开发网络管理软件，形成覆盖各类海域的多元数据传输网络，为船与岸之间的数据传输提供安全、实时、可靠的通信链路。

（三）渔业空间规划养殖环境基础信息收集手段落后

作为信息化基础的渔业空间和环境信息采集主要还立足于传统的事后统计思维方式，时效性、精准性不强，对产业提升作用不够显著，亟须以信息化思维方式提升产业和转变生产方式，搭建渔业空间和环境信息采集体系。

（四）生产管理方式陈旧，信息技术应用滞后

我国渔业信息化生产管理等信息技术应用发展缓慢，养殖生产管理主要依靠劳动者经验，定量化不足；养殖生产过程带有相当的盲目性和偶然性，安全和监管堪忧；生产过程监管方式粗放，难以完全到位，食品安全事故频发。因此，发展简便易用适合大众化的信息技术产品，成为必不可少的关键步骤。

（五）产业可追溯信息水平有待进一步提升

水产品从养殖、加工至销售整个过程周期长，环节众多，目前水产品的可追溯主要局限在某一环节或者某一过程，全过程的可追溯还未实现。各个环节的可追溯信息模式不一致，缺乏通用的标准，可追溯信息化的研究非常薄弱，全产业链的可追溯难度大。在国内先建立起来的可追溯体系成功案例中所用到的软件及硬件技术成果没有实现规范标准化，现有的追溯体系可扩展性不够理想，不便于整个产业内信息化统一发展。

二、存在问题

（一）渔业捕捞船舶智能化和装备自动化程度不高

我国渔船信息化研究在现阶段发展中面临的问题主要有以下几点，渔船船型偏小，造价低，装备落后，老化严重，机电、导航通信设备配置简陋，导致捕捞渔船信息获取平台难以实船构建。

我国渔业捕捞装备自动化程度不足，国内捕捞装备目前尚处于缓慢发展阶段，自动化程度非常低，使用的多是简易的液压绞纲机，产品的故障率仍然很高，整船捕捞装备集中控制应用不足，用声呐、网位仪等先进的仪器来高效精准捕捞的渔具渔法缺失，缺少幼鱼保护技术与方法。

（二）国产中高端助渔、通导仪器产品尚处空白

由于受到技术发展水平，尤其是关键器件等一些关键技术发展水平的制约，我国的探鱼

声呐技术水平与世界先进水平相比，在多数领域还存在着较大的差距。探测设备的抗干扰方法、鱼类声散射信号特征提取方法、鱼群高分辨率探测及成像技术等多项关键技术还需要进行攻关，产品的高集成化和产品化开发等方面都存在较大差距。

（三）初步实现机械化，面临信息化的新要求

我国渔业劳动生产效率低下，面临劳动力短缺等的严峻挑战。比如，养殖生产增氧设备、投饲设备等已经得到广泛应用，但缺乏智能增氧、精准投喂控制；养殖机械成套化、自动化不足，部分甚至还是以手动操作为主，总体处于从机械化向自动化、精准化发展初级阶段，还不能满足精准渔业要求。

（四）保活储运装备智能化程度极低

虽然我国的水产品保活流通产业发展迅速，但是保活装备的研究薄弱，缺乏系统性和整体性。水产品种类繁多，有效的保鲜保活技术开发难度大，专门的适合保活流通的信息化监测手段还十分缺乏，在线监控技术还不完善，缺乏智能化的保活运输装备，且缺乏信息沟通，目前为止还没有具备信息化、智能化的保活流通装备，这严重阻碍了我国水产品保活运输产业的发展。

（五）冷链产业缺乏完善的信息化管理手段

我国水产品冷链尚未形成统一的流程模式体系，关键技术薄弱，配套设施不完善，冷链流通体系中大部分环节仍处于较低水平，设施低水平重复建设，运行管理效率低下。水产品冷链的整个过程缺乏完整的信息化预测、智能化判别与控制等手段，采用的控制手段较为落后，没有建立全过程的信息化管理系统，没有建立起完善的冷链信息系统，物流技术相对落后，自动化与智能化水平低。

（六）加工装备的整体发展水平较低

与国外渔业发达国家相比，我国加工装备的整体机械化水平低，只有少数装备具备了一定的自动化水平，涉及智能化、信息化范畴的装备研发缺乏。在南极磷虾加工装备方面，国内尚未形成完整的装备产业链，冷冻、冷藏、虾粉加工等装备大多通过现有陈旧设备改造，国内已经研发了较为先进的脱壳装备，但也仅仅实现了机械化，总体来说，南极磷虾加工装备在机械化、自动化、智能化领域还需突破相关技术瓶颈，加大科研投入，这样才能提升整个装备的信息化水平。

第四节　科技创新发展思路与重点任务

一、总体思路

以"四化同步"和《国家信息化发展战略》为指引，秉持"创新、协调、绿色、开放、共享"的发展理念，依据"需求驱动、创新引领"的原则，针对制约渔业可持续发展的关键问题，围绕资源监测和信息采集、获取、传输、存储、处理及分析等技术环节，结合深蓝渔业产业格局逐步由"以捕为主"向"以养为主"转变，以及"捕-养-加"联动更加密切，生产平台更为大型化、离岸化并适宜居住，生产手段由机械化向智能化发展，生产网络沿着产业链和全球性水域纵横覆盖等特点，构建基于"捕-养-加"产业链的深蓝渔业信息化技术主体框架，为进一步加快提高我国渔业信息化水平、增强我国渔业产业竞争力发挥引领作用。

二、战略目标

深蓝海上物流通道与信息工作总体目标是实现物联网技术和大数据技术在深蓝渔业"捕-养-加"各领域和跨领域的具体应用，全面提升我国海洋海上物流通道与信息化水平。开展基于渔业数据的信息获取和提取研究工作，其研究成果用于指导深蓝捕捞、智能养殖和与加工物流相关的信息化过程和技术，重点突破船载信息处理与决策、自动化捕捞装备、精准助渔仪器、养殖对象数字化表达、智能化养殖装备、智能保活储运设施等关键技术，促进深蓝渔业研究科技创新效率和生产效率的全面提升，建立"需求驱动、集成创新、示范应用、信息服务"的研究与创新发展新格局，凸显渔业信息技术创新对深蓝渔业产业发展的促进作用，实现对整个渔业过程的可追溯和智慧化渔政管理，推动深蓝渔业全面产业化。

三、重点任务

开展物联网技术和大数据技术在深蓝渔业"捕-养-加"各领域和跨领域的具体应用研究，全面提升我国海洋海上物流通道与信息化水平。开展基于渔业数据的信息获取和提取研究工作，指导深蓝捕捞、智能养殖和与加工物流相关的海上物流通道与信息化过程和技术，开展渔业过程的可追溯和智慧化渔政管理工作研究，推动深蓝渔业全面产业化。

（一）深蓝捕捞专项重点任务

1. 渔业环境和资源分析技术研究

开展全球海洋生物及渔业区划研究，发展基于生态系统的渔业资源评估与管理技术，通过长时间对系列卫星海洋遥感资料、大洋生态环境以及渔业资源量等历史资料的收集，围绕大洋生物资源开发所涉及的大洋生物功能区划分、大洋沙漠化以及极地融冰所引起的全球温度变化、远洋渔业资源对气候变化的响应、大洋渔业栖息地识别等关键科学问题开展研究，发展与创新多尺度的大洋生态系统耦合模型，为我国大洋生物资源开发和远洋渔业发展服务。基于生态系统的渔业资源评估与管理技术代表了当前国际渔业资源管理的新趋势，是对传统的基于单一种群的渔业资源评估和管理的新发展。通过对我国近海渔业生态系统结构、功能和种群动力学等的综合研究，发展具有我国特色的渔业资源评估与管理技术，为维护我国深蓝渔业生态系统健康和实现海洋渔业可持续发展提供理论依据。

2. 渔船监控及基于大数据的渔业相关数据应用技术研究

针对深蓝渔业数据特点及应用需求，开展基于渔业船联网的精准信息服务技术研究。具体包括，渔场环境信息的高效存储管理和自动化抽取技术：从基于船位信息服务的需求出发，研究开展基于船位信息服务的渔场环境及相关数据的管理和信息抽取策略，实现基于当前船位的海洋环境信息的高效存储管理和抽取；实时渔船船位信息的数据挖掘技术研究：针对远洋渔业资源和捕捞对象资源评估、参与国际渔业谈判的需求，研究实时船位数据挖掘的模型与方法，进行渔船作业状态、捕捞强度、渔场识别等信息的自动化提取，为针对性定制单船的渔场信息服务提供选择规则或判断依据；基于船位的渔船信息服务内容开发：研究基于单船的渔场预报、渔船作业安全预警、气象、海洋预报以及相关的入渔规定等信息服务形式及信息产品的自动化生成技术；渔场渔情信息服务终端可视化技术：结合卫星通信及导航技术等，开发可视化的渔场渔情信息服务终端，实现多种信息的一体化综合分析，形成船载一体化渔场海洋环境信息综合分析平台。

渔业大数据是渔业规划、计划、生产、销售、管理、科研等环节产生的所有数据的集合，也包括影响这些环节的数据，如地理、气象、水文、环保、政策、市场等方面的数据。通过对这些数据的获取、分析、存储、挖掘，提供有效的技术手段，建立一套完整的"海洋渔业大数据分析决策平台"，从而为深蓝渔业海洋捕捞业、海水养殖业以及海洋产品加工提供有效的决策信息支持，提高其综合生产力。

3. 渔业捕捞船舶智能化和装备自动化技术研究

采用信息化技术，提升渔船装备电气化、自动化、智能化水平及拓展功能；构建全船信息化系统，将渔船机电设备、捕捞、加工、冷藏装备、助渔通信设备也纳入全船监控系统，形成一个完善的信息化控制网络，实现渔业捕捞船舶的智能化、无人操控；利用液压传动技术与电子自动化技术有效结合，实现拖网作业装备高效、安全、自动化。发展大中型围网渔船，特别是应尽早开发满足用于金枪鱼捕捞作业需要的围网渔船及捕捞装备。由于金枪鱼围网作业要求高速起网，捕捞设备控制协调性尤为重要，应通过计算机控制技术使多卷筒括纲绞机、支索绞机、吊杆绞机、变幅回转吊杆、动力滑车、理网机等液压传动设备的运行控制协调化，完成围网作业的自动化，重点开展多卷筒绞纲机、动力滑车、理网机及其控制系统研究。

4. 助渔仪器智能化技术研究

以我国深蓝渔业捕捞作业的重大需求为导向，以实现主要捕捞助渔仪器与设备的国产化为目标，研发相关技术设备并进行试验应用，为我国远洋捕捞提供技术支持，全面提高我国渔船助渔仪器设备的国产化率和技术竞争力。利用现代化的无线通信和声学技术开发探鱼仪、网位仪、无线电和集成 GPS 的示位标等渔船捕捞信息化系统在我国基本属于空白，例如，研制 360°远距离电子扫描声呐高分辨探鱼仪以及深水垂直探鱼仪，拖网无线网位仪，金枪鱼围网海鸟雷达和延绳钓无线电跟踪示位标等。

（二）智能养殖专项重点任务

1. 养殖对象数字化表达技术研究

以养殖对象在不同生境和摄食等特定条件下生理生化反映的内在机制为基础，以光学和声学等探测技术为手段，获取目标物外形、体色、行为特征等有效信息，构建养殖对象特征数字化参数库。综合利用模糊数学、神经网络、回归分析等技术手段对目标物体的外形、体色、行为过程等信息进行统计分析，突破特征行为提取、识别和判断技术，初步构建养殖对象特征行为数字化表达模式，为信息化水产养殖模式构建提供基础支撑。

2. 信息化养殖模型技术研究

针对主要养殖类型和养殖模式，基于我国主要养殖区域养殖环境特点，重点开展养殖气象大数据应用技术研究，养殖水体关键因子响应规律研究，构建气候特征因子与养殖环境关键因子之间的作用关系模型。基于养殖环境自然生境模型和调控手段等人为干扰与响应，开展养殖环境调控技术研究，构建养殖环境智能化控制模型。根据养殖对象在不同生长环境下的生长特点，开展养殖对象生理和生长规律以及病害表现研究，构建鱼类营养与生长模型和病害防治模型。集成典型养殖品种养殖模式的养殖预测模型，构建基于大数据和云计算的养殖专家系统。

3. 基于大数据的环境友好信息化养殖模式的构建及相关设施、设备研发

针对智能化、标准化的水产养殖需求，基于养殖水质预测模型、水质调控模型、水质调控过程反馈控制模型，研发水质综合调控设备，重点研发循环水自动调控设施、信息化调控设备等数字化环境调控设备和智能化精准投喂装备。研发养殖水质数据自动采集、无线传输、信息处理预警等设备及系统，研发养殖环境视觉、视频设备系统，集成以物联网技术为核心的"产-供-销"一体化养殖系统。

（三）加工与物流专项重点任务

1. 全程定位跟踪和信息监控的水产品保活储运系统研制

发展模块化的保活储运设施，发展智能化的远程监控系统，实现保活储运装备的标准化、信息化，加强保活储运信息管理系统建设，实现流通环节的全程定位跟踪和信息监控，实现保活储运过程的信息共通共享。

2. 实时动态监测水产品冷链技术研究

发展水产品冷链物流实时动态监测技术，结合我国现有的冷链物流技术，分析冷链物流体系，完善水产品品质保障系统，针对冷藏流通过程中水产品品质和微生物变化等问题，研发水产品物流实时动态监测技术，开发基于 RFID 和 EPC 物联网的水产品供应链追溯平台，通过无线网络实现水产品运输、储藏、销售全过程的质量安全监控。

发展水产品冷链多源信息预测与调控技术，针对水产品冷链环境控制对水产品卫生、营养、品质的重要性，融合"环境调控-优化节能-智能控制"技术手段，为传统的水产品冷链流通过程提供多源信息追踪、环境调控、节能优化等核心技术，开发保质储藏智能化调控系统与技术、全程质量管理系统，形成集成储运成套技术，开发冷链流通动态监测及高效低温物流技术，构建基于大数据的全产业链预警技术体系，提升水产品冷链智能化水平。

发展水产品冷链智能监控装备，基于物联网技术的储运环境信息（温度、相对湿度、氧气浓度）实时感知和无线传输技术，建立环境信息时空分布模型，构建冷藏运输环境预测与冷源能耗优化调控模型，研制储运环境高精度调控装置，实现冷库、冷藏车、冷藏货架等储运条件下的环境信息实时采集和智能化调控。

3. 南极磷虾智能化加工装备研发

南极磷虾脱壳生产线的智能集中控制系统研发，针对南极磷虾脱壳生产线对智能化生产管理、自动化运行以及集中控制的需求，开展南极磷虾脱壳生产线现场数据采集、信号处理与传输技术研究，研发实时数据动态采集处理技术；开展南极磷虾脱壳生产线自动化运行模式与智能运行规则研究，研发智能动态管理技术；开展南极磷虾脱壳生产线的信号集成、通信方式与监控模型研究，研发适合船载的集中监控技术；开展南极磷虾脱壳生产线的管理系统与监控系统的集成研究，研发南极磷虾脱壳生产线的智能集中控制系统。

4. 构建多元一体的水产品质量安全控制与溯源系统

集成储运过程实时环境信息数据和水产品货架期预测模型，建立基于大数据和深度学习技术的"时间-环境-品质"耦合模型，突破储运过程多源信息实时感知与无线传输技术，集成货架期品质预测模型、储运过程多源实时信息感知，开发多环节的水产品品质预测和管控系统，集成区块链、移动服务和云计算等技术，搭建水产品储运过程质量安全控制与溯源系统，构建服务于生产商、经销商、物流商、零售商的水产品品质溯源系统。

第五节　科技创新保障措施与政策建议

一、保障措施

（一）加强信息化科技工作顶层设计

重点企业及各级渔业行政部门要加强组织领导，进一步统一思想，提高认识，凝聚力量，把渔业智能化、信息化科技工作摆在现代渔业发展的最突出位置。结合当地实际，提出整合现有能力，实施"分步走"的战略思路，制定切实可行的渔业信息化科技发展规划，明确工作任务、目标和措施，逐项抓好落实，力争在重点领域、关键环节和核心技术的自主创新与推广应用方面取得重大突破。

（二）加大渔业信息化科技投入

积极争取国家财政对渔业信息化科技的稳定支持，争取渔业信息化科技投入占渔业科技总投入明显提高。整合现有各项建设投资和财政专项资金，重点向提升自主科技创新能力方面倾斜。通过多种渠道，积极争取地方财政加大渔业信息科技投入，加强科技创新和成果转化工作。同时，鼓励和引导企业增加研发投入，逐步形成多元化、多渠道的渔业信息化科技投入格局。

（三）培养高素质科技人才

人才短缺问题将会严重制约未来渔业信息化、智能化的健康发展，大力培养专业人才，坚持不懈、持之以恒，不断优化人员结构、扩大规模、壮大队伍。加快培养一批跨渔业及信息化技术领域的作业技术人员，促进最前沿的信息技术能在渔业"捕-养-加"各领域应用。

二、政策建议

（一）完善科技创新体系

统筹基础研究、关键技术研发、产品创制与示范应用的有机衔接。以科技创新链条为主线，聚集优势科研院所、大专院校、企业人才，组建联合攻关团队，发挥具有创新能力的企业技术创新主体作用，形成"产-学-研"协同攻关模式，推进全国大联合和大协作。

（二）鼓励科技自主创新

在现代信息技术快速发展的背景下，渔业信息化面临前所未有的重大发展机遇，应该从渔业"捕-养-加"相关学科需求角度出发，着眼于整个渔业船舶、设施、仪器和对象的全过程信息化来考量，系统规划并作长期发展的统筹布局。

（三）深化国际合作与交流

积极主动参与国际科学研究计划，消化吸收国际先进技术，继续保持我国渔业科技创新的优势领域，增强科技竞争实力和科技发展能力。围绕"一带一路"倡议实施，通过"走出去"战略，加强我国领先研究领域的国际合作和技术输出，建立稳定、通畅的国际合作渠道，扩大对外开放。

参 考 文 献

曹威，邹逸江，2008. 基于"3S"技术的渔场渔情信息预报系统初步框架研究［J］. 黑龙江工程学院学报

（2）：26-31.

谌志新，2005. 我国渔船捕捞装备的发展方向与重点 [J]. 渔业现代化 (4)：3-4.

程香菊，具家琪，胡佳纯，等，2019. 循环水养殖模式下鱼生长对水环境因子的响应模型构建 [J]. 农业工程学报，35 (11)：188-194.

洪苑乾，胡月来，黄汉英，2013. 活鱼运输箱水质自动监控系统的研究 [J]. 渔业现代化，40 (5)：48-52.

贾晓刚，2010. 工厂化养殖中的水循环处理 [J]. 齐鲁渔业，27 (2)：47-50.

乐家华，2013. 日本远洋渔业发展现状及趋势 [J]. 世界农业 (5)：37-40.

雷霁霖，2013. 略论中国发展工业化水产养殖的路径和方法 [J]. 科技导报，31 (33)：3.

梁铄，王金枝，2017. 我国远洋捕捞业发展研究综述 [J]. 产业与科技论坛，16 (6)：20-21+106.

刘晃，胡佩玉，李月，等，2016. 我国渔船装备技术存在问题及转型升级对策研究 [J]. 渔业现代化，43 (6)：61-64+75.

卢昆，2016. 远洋渔业资源高效开发的关键抓手及推进措施选择 [J]. 中国海洋经济 (1)：31-42.

倪锦，沈建，2013. 冷海水喷淋对皱纹盘鲍生态冰温保活的影响 [J]. 现代食品科技 (5)：93-956.

宿墨，顾小丽，张智敏，等，2018. 创建智慧渔业水产养殖模式 [J]. 中国水产 (9)：41-42.

王亚楠，韩杨，2018. 国际海洋渔业资源管理体制与主要政策：美国、加拿大、欧盟、日本、韩国与中国比较及启示 [J]. 世界农业 (3)：78-85.

王荥荥，张敏，朱文英，2013. 农产品冷链物流安全评估体系研究 [J]. 物流技术 (19)：4-6.

颜波，石平，黄广文，2013. 基于 RFID 和 EPC 物联网的水产品供应链可追溯平台开发 [J]. 农业工程学报 (15)：172-183.

张成林，张宇雷，刘晃，2019. 挪威渔业及大西洋鲑养殖发展现状及启示 [J]. 科学养鱼 (9)：83-84.

张铮铮，李胜忠，2015. 我国远洋渔业装备发展战略与对策 [J]. 船舶工程，37 (6)：6-10+66.

周晓龙，吕恩利，陆华忠，2013. 基于 Linux 的车载气调保鲜运输控制系统 [J]. 农业机械学报 (A2)：155-160.

朱健康，卢俊杰，游远新，2005. 海水活鱼运输装置及应用效果试验 [J]. 农业工程学报，21 (10)：187-189.

宗慎强，沈辉，王志军，等，2011. 鲜活水产品运输车环境控制装置研究 [J]. 机械工程与自动化 (6)：141-143.

Foster M，Petrell R，Ito M R，et al.，1995. Detection and counting of uneaten food pellets in a sea cage using image analysis [J]. Aquacultural engineering，14 (3)：251-269.

Shardlow T F，Hyatt K D，2004. Assessment of the counting accuracy of the Vaki infrared counter on chum salmon [J]. North American journal of fisheries management. 24 (1)：249-52.

第三部分

典型案例

第十三章 深蓝生物资源利用案例

第一节 南极磷虾

南极磷虾（*Euphausia superba*），属于节肢动物门、甲壳纲、磷虾目，广泛分布于南极水域，体长约 30～70 mm，一般寿命为 5～6 年。南极磷虾资源储量丰富，约达到 6.5 亿～10 亿 t，是全球海洋中最大的单种可捕生物资源，生物学年可捕量约为 1 亿 t，相当于目前世界现有渔业产量的总和（陈雪忠等，2009）（图 13-1）。南极磷虾个体虽小，却浑身是宝，是人类重要的蛋白质储存库，同时富含多不饱和脂肪酸、磷脂、虾青素等海洋活性脂质，可以制成食品、保健食品以及养殖饲料等系列高附加值产品。我国南极磷虾渔业自 2009 年入渔以来，经过 10 年的艰苦努力，已取得长足进步，我国南极磷虾资源开发产业链雏形已基本形成。目前南极磷虾是全球仅存的资源极其丰富且开发利用程度很低的单种可捕生物资源，积极推进南极磷虾资源开发，拓展渔业发展新空间，对打造我国第二个远洋渔业、促进我国极地渔业发展以及培育海洋生物新兴产业具有重大的战略意义。

图 13-1 南极磷虾（*Euphausia superba*）

一、发展历程

南极丰富的磷虾资源在 20 世纪之初即为人所知。南极磷虾资源开发尝试始于 1962 年苏联在南极海域的渔业探捕活动，商业化开发活动则形成于 10 年之后。图 13-2 展示了 40 多年来南极磷虾的历年产量。南极磷虾产业的发展历程可分为三个阶段，因其在渔业装备技术、产品类型和渔业管理方面分别具有明显的时代特征（赵宪勇等，2016）。

（一）南极磷虾产业第一次发展期

自苏联和日本分别于 1972 年和 1973 年正式启动商业化开发后，南极磷虾资源开发利用形成第一次发展高潮，20 世纪 80 年代即形成年产 4×10^5～5×10^5 t 的渔业规模，1982 年的产量为历史最高，达到了 5.28×10^5 t，其中 93% 由苏联捕获。此时的南极磷虾捕捞国除苏

联和日本外，波兰、智利、韩国等也先后加入其中；生产方式历经舷侧框架拖网、8 000 余t
大型加工母船、不足 400 t 小型拖网船队等尝试，最终初步形成 4 000 t 左右单船艉滑道中层
拖网加工船的经典传统生产模式；该时期南极磷虾的产品尚处于初级阶段，主要用于人类食
用和动物养殖饲料。

南极磷虾是须鲸、企鹅以及鱼类和飞鸟的主要食物，是南极海洋生态系统的关键物种
（Everson I，2000）。南极磷虾渔业的快速发展迅即引起生态学家的担忧。1977 年《南极条
约》协商国开始就《南极海洋生物资源养护公约》进行谈判，1982 年南极海洋生物资源养
护委员会（CCAMLR，是集政治、法律和经济于一体的政府间国际组织，目前拥有 25 个正
式成员国；中国于 2007 年成为该组织的新成员，并从此享有南极海洋生物资源开发利用权）
正式成立并对南极渔业实施管理。另外，南极科学研究委员会（SCAR）等国际组织于 1976
年即推出了南极海洋生态系统及种群生物学调查计划（BIOMASS），并于 1980—1985 年实
施了 2 次大规模调查，对南极磷虾资源的评估结果为（$6.5 \times 10^8 \sim 1.0 \times 10^9$）t（王荣等，
1995），该结果展示了南极磷虾资源的巨大开发潜力。1991 年南极海洋生物资源养护委员会
首次针对南极磷虾引入捕捞限额管理机制，依据南极海洋生态系统及种群生物学调查计划的
调查结果将南大西洋西侧 FAO48.1—FAO48.3 三个渔业统计亚区的预防性捕捞限额设定为
1.5×10^6 t，并进一步设定了一个 6.2×10^5 t 的触发限额，以避免局地过度捕捞。所谓触发
限额，是指当南极磷虾捕捞量达到 6.2×10^5 t 时，则触发新的管理机制，即须将三个亚区总
的预防性捕捞限额进一步分配至更小的管理区域。其中 6.2×10^5 t 是 FAO48.1—FAO 48.3
三个亚区各自历史最高产量之和，该触发限额的设定是磋商谈判的结果，并非依据科学数据
设定。

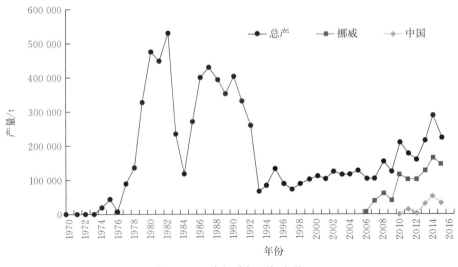

图 13-2　南极磷虾历年产量

（二）南极磷虾产业滞长期

1991 年苏联解体后，南极磷虾渔业规模大幅下降并进入 10 余年的滞长期，年产量在
1×10^5 t 左右波动；此阶段的南极磷虾主要捕捞国为日本、韩国、乌克兰、俄罗斯、波兰、

智利等。南极磷虾渔业规模的滞长并未阻碍生产技术的进步。以日本为代表的船舶与捕捞技术经过不断革新，捕捞能力大幅提升，日产量由 50 t 左右提升到 200 t 左右（Everson I，2000）；产品类型也日趋多元化，涵盖了去壳虾肉和蒸煮磷虾等人类食用产品、冷冻原虾等游钓和水族饵料产品以及养殖饲料用磷虾粉等（图 13-3）。

图 13-3　南极磷虾主要产品类型
A. 南极磷虾油　B. 南极磷虾粉　C. 南极磷虾蛋白肽
D. 冻南极磷虾　E. 冻熟南极磷虾和南极磷虾脱壳虾肉　F. 南极磷虾干

与此同时，南极磷虾资源调查与渔业管理也在不断跟进。2000 年，南极海洋生物资源养护委员会针对 FAO48.1—FAO 48.4 四个渔业统计亚区组织了 4 国南极磷虾资源声学调查，当时的资源量评估结果为 4.429×10^7 t，并据此将预防性捕捞限额调升至 4×10^6 t（CCAMLR，2000）。

（三）南极磷虾产业新的发展期

为满足三文鱼养殖饲料的需求，在经过多年的研发储备之后，2006 年挪威斥巨资改造的 5 000～9 000 t 级专业捕捞加工船进入南极磷虾渔业，船上配备了水下连续泵吸专利捕捞设备和船上虾粉、水解蛋白等加工设备。南极磷虾渔业在 1×10^5 t 规模上徘徊了近 20 年后迅速回升，2010 年即超过 2×10^5 t，2014 年又达到了 3×10^5 t（CCAMLR，2015）。同时以南极磷虾粉为原料的水产和宠物养殖饲料以及以南极磷虾油为主要成分的保健产品已在全球各大洲陆续上市（图 13-3），将南极磷虾产业打造成由创新性捕捞技术支撑、高附加值产品市场拉动、集捕捞和加工于一体的新型产业，南极磷虾渔业已进入一个全新的发展时期。

2010 年南极海洋生物资源养护委员会利用其开发的新方法对 2000 年的调查数据进行了重新分析，并将南极磷虾资源量的评估结果修订为 6.03×10^7 t，预防性捕捞限额也相应地调升至 5.61×10^6 t（CCAMLR，2010），但触发限额仍然维持未变。目前从事南极磷虾渔业的国家主要有挪威、韩国、中国、乌克兰、波兰、智利等。传统强国日本由于挪威高新专利技术与产品的出现和渔船老旧等问题于 2013 年暂时退出南极磷虾渔业。挪威新型磷虾渔业的快速发展以及中国磷虾渔业的兴起推动了南极磷虾渔业新的管理措施的出台。2009 年南极海洋生物资源养护委员会进一步将 6.2×10^5 t 的触发限额在 FAO48.1—FAO48.4 四个亚区间做了分配,其中 FAO48.1 亚区因捕捞量达到 $1.55×10^5$ t 的事实限额已连续 4 年提前关闭。同时南极海洋生物资源养护委员会于 2011 年即着手建立一种"反馈式"渔业管理机制(SC-CAMLR,2011),其中常规性的南极磷虾资源调查研究成为该管理机制的重要组成部分。

二、主要做法

南极磷虾产业单纯依靠捕捞生产难以产生足够的经济效益驱动产业发展,建立涵盖海上捕捞业、船载加工业和陆基精深加工业的垂直产业链发展模式至关重要。目前,挪威阿克海洋生物技术股份有限公司(邱洁等,2018)和我国辽渔集团有限公司(岳冬冬等,2018)是采用垂直产业链发展模式进行南极磷虾资源开发与利用的典型代表。

(一)挪威阿克海洋生物技术股份有限公司的南极磷虾资源开发与利用

挪威阿克海洋生物技术股份有限公司(Aker Biomarine,简称阿克公司)成立于 2006年,公司总部设立于挪威奥斯陆,是一家年轻的从事南极磷虾产业的生物技术创新企业,主要开发基于南极磷虾提取物的保健品、水产养殖饲料和宠物饲料等,是全球最主要的南极磷虾产品供应商。

阿克公司拥有专有南极磷虾生态捕捞技术(Eco-Harvesting),该技术利用泵吸系统在水下拖网捕捞南极磷虾,通过泵吸水管连续轻缓地将南极磷虾运送到船上进行加工处理,系统外围设有逃逸网,防止大于南极磷虾的生物进入网中,以此来减少副渔获量。相较于传统拖网捕捞技术,这一泵吸捕捞技术具有副渔获物少、南极磷虾完整度高的优点。该公司有 2 艘南极磷虾捕捞船"Saga Sea"和"Antarctic Sea",这 2 艘船都能够实现南极磷虾捕捞上船后即刻进行初级加工,保证南极磷虾产品最佳质量,该公司还有 1 艘货物补给船"LaManche",负责补充燃料补给和卸载渔获物。此外,阿克公司还有一艘新型环保生态捕捞船在建,这艘船搭配了最新绿色科技。配置完善的捕捞船、高效率运作的捕捞技术,使阿克公司在产业链上游始终占据领先地位。阿克公司生产的南极磷虾产品依托先进的 GPS 定位系统,捕捞、生产的每一个环节都有标签记录,消费者可以通过标签数据查到产品捕捞、加工、销售的具体的时间和地点等信息,实现从源头捕捞到终端产品的全程追溯,透明产业链运作方式也是阿克公司得以立足于南极磷虾开发行业前端的有力支撑。

目前,挪威捕捞加工船舶的加工处理系统在加工能力和系统集成方面非常先进,设备基本采用集成式设计,减小空间占用率,增大作业处理效率,产品形式相对较多。对于船用虾粉加工系统设备,技术已较为成熟,产品可应用于养殖饲料和人类食品开发,其中养殖饲料重点针对高经济价值的养殖品种,市场十分可观。磷虾蛋白和磷虾油的生产属于更高附加值的产品加工方式,目前磷虾蛋白和磷虾油产品需符合食用或药用相关法规标准,生产过程涉及高速分离、萃取、脱溶等工艺环节,对加工设备和仪器要求很高,而且磷虾蛋白属于磷虾粉加工的副产品,需要与磷虾粉生产设备关联布局。受以上因素影响,目前提取磷虾蛋白和磷虾油的船用系统设备仅在挪威一条磷虾加工船上采用,其他的仅为研究型设备,主要的精深加工仍集中在陆基开展(潘云鹤等,2017)。

阿克公司研发的基于南极磷虾的终端产品主要涵盖了人类保健品、水产养殖饲料和宠物饲料等三个领域(图 13-4),具体为:(1)人类保健品 Superba™ 系列。Superba™ Krill 是阿克公司开发的首款南极磷虾油保健品,在挪威市场占有较大份额,该产品有助于维护人类心脑血管和骨骼关节健康，平衡人类饮食结构。2016 年该公司又推出首款南极磷虾油浓缩产品 Superba Boots™，与上一代产品 Superba™ Krill 相比，该产品富含更多的人类必需脂肪酸、磷脂质和 Ω-3 系列多不饱和脂肪酸，并且该产品口感和气味较上一代产品均有提升；（2）水产养殖饲料 Qrill™ AQUA。这是一种以南极磷虾为原料制成的饲料，富含 Ω-3 多不饱和脂肪酸成分，可以促进鱼类快速生长，提高水产养殖生物健康水平；（3）宠物饲料 Qrill™ PET。这是一种由冷冻南极磷虾制成的宠物饲料，含有天然 Ω-3 系列多不饱和脂肪酸、蛋白质和抗氧化剂虾青素，这些成分对宠物皮毛、骨骼和器官生长有很大益处。总体而言，阿克公司产品长度为 3，宽度为 4，产品组合有一定深度，种类涵盖面广，品牌影响力显著，在南极磷虾产品市场上具有较好口碑，并且该公司还在深入研究南极磷虾高附加值产品，产品线有望进一步拓宽。

图 13-4　挪威阿克海洋生物技术股份有限公司南极磷虾系列产品

阿克公司整体运营情况平稳，根据企业资产运作的行业标准，资产负债率反映债权人所提供的资金占全部资金的比重，以及企业资产对债权人权益的保障程度，这一比率越低（50% 以下），表明企业的偿债能力越强。根据阿克公司近年公布的资产负债表，整体而言，阿克公司流动资产均低于非流动资产，非流动负债和非流动资产占比超过 50%，说明阿克公司资金周转能力较弱，资产流动性不强。2014—2016 年流动资产、非流动资产、股东权益等发展趋势均较为平缓，因此该公司资产结构总体来说较为稳定。根据阿克公司年报中的数据统计，在营业利润方面，2016 年阿克公司总收益为 1 167 373 美元，年利润为 -2 055 美元，与 2015 年相比，总收益增长了 1 062 252 美元，增长原因是品牌 Qrill 销售量增长。2015 年以来，随着南极磷虾产品销售量增长，营业额随之获得增长，但由于阿克公司花费不少资金在成本控制和创新研究等方面，导致营业外支出较多，使该公司整体处于亏损状态。中挪贸易的逐渐稳定，也可能会为阿克公司拓展中国市场提供良好契机，从而带动该公司收入的增长。同时，该公司新型南极磷虾船的建成与投入生产，预期也会带来可观的收益。

（二）辽渔集团有限公司的南极磷虾资源开发与利用

辽渔集团有限公司（简称辽渔集团）始建于 1945 年，公司总部设立于辽宁大连，是我国重要的海洋经济骨干企业。企业海陆总面积 400 万 m²，资产总额达 110 亿元，是国内最具综合规模优势、产业链最为完整的现代化渔业基地，企业整体综合评价指标多年连续保持国内同行业领先地位。在辽渔集团，与南极磷虾资源开发利用有关的下设公司主要是辽宁远洋渔业有限公司和辽渔南极磷虾科技发展有限公司，均系辽渔集团的全资子公司，其中，辽宁远洋渔业有限公司是最早参与中国南极磷虾捕捞的企业，目前主要从事南极磷虾捕捞和船上加工；辽渔南极磷虾科技发展有限公司则主要专注于南极磷虾资源精深高值化利用。辽渔集团有限公司及其下设子公司近年来先后获得国家"863计划""国家科技支撑计划""国家重点研发计划""农业农村部远洋渔业资源探捕"等多项国家级和省部级项目支持，在南极磷虾捕捞生产、加工研发及市场开拓等全产业链布局方面取得一定成效。

目前我国尚无自主研制的专业南极磷虾加工船，2012年辽渔集团从日本引进了中国第一艘世界级大型专业磷虾捕捞加工船"福荣海"轮，加上"安兴海""连兴海"两艘磷虾捕捞加工船，辽渔集团先后在南极海域投入生产作业的南极磷虾捕捞加工船达到3艘，其中"福荣海"搭载了Simrad EK 60声学设备，"安兴海"搭载了Furuno ETR30-SV回声探测-积分仪和Furuno FCV-1200L商用探鱼仪，主要用于南极磷虾集群数据采集和资源分布评估，提高了捕捞生产效率。自2012/2013年渔季以来，"福荣海"成为中国南极磷虾捕捞产量主要贡献来源。"福荣海"号是一艘大型远洋拖网加工渔船，针对南极磷虾捕捞也是采用传统的尾拖网、起网的方式作业，这种"拖网、起网、卸货再放网"的方式，使得磷虾从捕捞到加工的时间周期变长、生产效率降低，且磷虾在起网和甲板卸货时受挤压产生损伤，对磷虾的品质有一定影响。同时，船上配置的加工设备性能不够理想，加工技术与挪威相比存在较大差距，加工能力因受设备和技术的限制而显露不足，产能不高。船上加工产品种类主要为冻南极磷虾、南极磷虾脱壳虾肉和南极磷虾粉，其中，磷虾粉质量与国际优质水平相比仍存在提升空间（潘云鹤等，2017）。

辽渔集团经过多年科研攻关投入，同时结合原国家卫生计生委2013年12月24日批准将"南极磷虾油"正式列入中国新食品原料目录的发展契机，在船上和陆上建立多条生产线，开发了包括南极磷虾油、南极磷虾肉、南极磷虾粉等十余种南极磷虾系列产品（图13-5）。其中，南极磷虾油、南极磷虾水饺、食用熟南极磷虾、南极磷虾肉、南极磷虾粉共5种产品具有较大的市场影响力和推广价值，成为辽宁省重点推广应用食用产品，被列入2017年《辽宁省重点推广应用工业产品目录》。同时，辽渔集团围绕南极磷虾产品构建了包含自有产品营销渠道、与产品开发制造商合作营销、大型电子商务平台产品营销、展会推广产品营销等在内的全方位营销体系，推广南极磷虾系列产品，提高其市场知名度和占有率，带动公司经济效益的提升。

图13-5 辽渔集团有限公司南极磷虾系列产品

三、取得成效

南极磷虾产业是以极地公海生物资源开发为基础的战略性新兴产业，经过 40 余年的发展，国际南极磷虾产业已初步形成集高效捕捞技术支撑、高附加值产品拉动、捕捞与船载加工及陆基精深加工于一体的全新型产业形态，完整的新型磷虾产业链雏形基本呈现。

（一）南极磷虾生物学基础与南大洋生态系统认知不断加深

南极磷虾是南大洋生态系统的重要组成部分，开发南极磷虾资源需以维持南极生态系统稳定为前提。目前国内外科研工作者围绕南极磷虾生物学基础及其与南大洋生态系统间的交互关系开展了大量基础研究，在南极磷虾虾龄与性别鉴定、种群结构、营养策略、资源时空分布及其与环境因子的关系、在南大洋食物网中的作用等方面的认知不断深入。

（二）南极磷虾资源评估技术与渔场特征基本掌握

基于南极磷虾渔业商业性开发和连续的资源调查研究，美国、英国、德国以及挪威等国家基本掌握了南极磷虾资源评估技术，查明了南极磷虾的分布区域与渔场分布特征，并升级为 CCAMLR 主要成员国。

我国南极磷虾渔业起步较晚，经过近 10 年发展，目前基本掌握了作业区域渔场环境情况，取得了有关捕捞群体的磷虾生物学基础资料，并利用渔船开展了南极磷虾资源评估方法与标准研究。我国科学家担任南极海洋生物资源养护科学委员会副主席、针对磷虾资源评估的声学调查与分析方法工作组召集人等职务，在南极磷虾渔业管理决策过程中拥有了实质性话语权。

（三）南极磷虾捕捞技术装备显著提升

目前南极磷虾捕捞主要有三种代表性捕捞方式，第一种为以日本、韩国为代表较传统的网板拖网的捕捞方式；第二种为传统网板拖网与泵吸结合的捕捞方式；第三种为以挪威为代表的不间断连续捕捞方式。其中，不间断连续捕捞方式具有捕捞效率高、南极磷虾破损率低等优势，是目前最高效的南极磷虾捕捞方式。

目前我国初步实现了南极磷虾捕捞技术与装备的自主研发，开展了南极磷虾专用拖网与水平扩张装置的优化设计与自主研制、适宜全捕捞水层连续泵吸技术研发与设备选型等研究，并已尝试了实物生产应用试验，总体捕捞效果有明显改善，与国际先进的专业化磷虾捕捞技术的差距正逐步缩小。

（四）南极磷虾加工技术与标准体系日趋完善

国际上，挪威拥有磷虾专业捕捞加工船，可直接进行船载南极磷虾粉加工；日本拥有船上生产脱壳磷虾肉技术；挪威阿克公司、加拿大海王星公司（已被挪威阿克公司收购）等已将受国际专利保护的南极磷虾油提取精制技术应用于实际生产，建立成熟的生产线，已实现南极磷虾油产品商业化生产和销售。挪威等国制定了南极磷虾粉的氟限量指标与南极磷虾油质量安全标准。

我国南极磷虾船载加工产品主要以冻南极磷虾和南极磷虾粉等初级产品为主，已研制船载磷虾脱壳设备并进行了生产应用试验；陆基精深加工业已开发了南极磷虾油提取技术并建立了成熟的生产线，开发了南极磷虾油及其衍生产品、南极磷虾蛋白肽、风味制品等产品，高值化产品体系逐渐丰富，国际市场竞争力不断提升；同时针对氟、砷等关键危害因子的分析方法、迁移机制、代谢毒理学、控制技术等开展研究，并通过《食品安全国家标准　保健食品》《南极磷虾油》《水产品及其制品中虾青素含量的测定　高效液相色谱法》《水产品及其制品中磷脂含量的测定　液相色谱法》等标准的制（修）订工作，逐步完善南极磷虾标准体系建设。

（五）南极磷虾捕捞加工船向专业化、自动化、大型化方向发展

捕捞和船载加工是南极磷虾资源开发产业的源头，从量和质两个维度影响产业的后续发展空间。世界渔业发达国家充分利用数字化设计建造技术研发出高效、生态、节能、环保型专业化渔船，挪威目前拥有最为先进的南极磷虾加工船船型技术，以及世界上最先进的南极磷虾捕捞加工船"JUVEL"号。

我国目前从事南极磷虾捕捞生产的渔船中仅 1 艘为从日本进口的船龄 30 年的专业磷虾捕捞加工船，其余均为略加改造的拖网渔船。我国专业化南极磷虾捕捞加工船的研究逐渐起步，在船型总体方案设计、甲板设备合理布局、船型经济与技术论证等技术体系方面重点攻关，追赶世界先进水平。2019 年由江苏深蓝远洋渔业有限公司投建的我国首只专业化南极磷虾捕捞加工船"深蓝"号完成试水和首次海试之旅，该船配有目前世界最先进的连续泵吸捕捞系统和全自动磷虾产品生产流水线，可以完成南极磷虾肉、冻南极磷虾、南极磷虾粉及南极磷虾油等产品的连续加工处理和自动包装运输作业。"深蓝"号南极磷虾捕捞加工船是目前我国最大、最先进的远洋渔业捕捞加工一体船，该船的建成标志着我国南极磷虾捕捞加工船自主研制与建造能力进入新阶段。

四、经验启示

（一）"政-产-学-研"紧密结合的协作机制是南极磷虾产业发展的保障

党的十八大报告明确提出"提高海洋资源开发能力，坚决维护国家海洋权益，建设海洋强国的要求"，《国务院关于促进海洋渔业持续健康发展的若干意见》提出了"积极参与开发南极海洋生物资源的指导意见"，相关指示精神与扶持政策为南极磷虾产业发展指明了方向，并提供了历史机遇和动力。我国南极磷虾资源开发实施之初即采用了"政府主管部门指导、科研院所支撑、企业具体实施"的模式。近年来，在国家重点研发计划项目、科技支撑计划项目以及中国工程院重大咨询项目等支持下，十余家科研院所及企业共同协力全面推进了南极磷虾资源环境调查、捕捞技术与装备、船载加工技术与装备、陆基产品精深加工、磷虾船舶设计等方面的攻关研究与成果应用示范，"政-产-学-研"优势团队的集聚为南极磷虾产业发展提供了良好的保障。

（二）与时俱进的发展战略规划是南极磷虾产业发展的纲领

在中国工程院《海洋强国建设重点工程发展战略》以及农业部《"十三五"渔业科技发展规划》等的指导下，我国南极磷虾产业近年来飞速发展，技术装备水平得到大幅提升，但仍需继续追赶国际领先水平。制定与时俱进的短期和中长期产业发展战略规划，指导形成"捕捞-加工-高值化产品"为一体的新兴战略产业集群，全面提升我国磷虾资源开发装备技术水平和核心竞争力，推动磷虾产业链快速形成与规模化发展。

（三）先进自主的技术装备体系是南极磷虾产业发展的根本

科技创新是驱动产业发展的首要力量。随着全球一体化进程的加快，以知识创新和技术

升级为主要特征的国际竞争愈演愈烈，科技体系的领先程度直接关系我国在世界分工格局中的话语权和自主权。针对制约我国南极磷虾产业发展的资源探测与渔场预报、船舶装备设计与建造、产品研发与质量标准体系建设等重点领域难题，尽快完成关键技术攻关，形成以知识产权为核心的国际领先技术体系，是支撑我国南极磷虾产业链高效延伸与持续发展的根本。

第二节　全球中层鱼

中层鱼是指栖息在全球大洋和极地水域中层（200～1 000 m）的游泳动物类群，其具有分布范围广、栖息水层深、资源量巨大等特征。中层鱼摄食浮游动物，同时又被更高级的生物所捕食，是大洋中深层海洋生态系统食物网物质转换和能量传递的重要枢纽；其通过昼夜垂直迁移（diel vertical migration，DVM）能够将海洋上层的有机碳元素转至深海，实现碳元素从大气到深海的固定，是深海生态系统物质和能量的重要来源。除部分种类可直接食用外，中层鱼主要被用作生产饲料鱼粉和鱼油的原料；其巨大的资源储量吸引国际社会竞相持续开展中层鱼调查评估、资源利用及其产品深加工等相关研究。

一、发展历程

从 20 世纪 60 年代开始，关于深海散射层（deep scattering layer，DSL）垂直分布和昼夜迁移的研究在不同海域陆续开展。随着观测技术的进步和调查内容的深入，研究发现鱼类、头足类及其他游泳动物是 DSL 生物的重要组成，中层鱼的概念也逐渐形成，并认识到中层鱼在大洋中层和上层周期性昼夜迁移是其普遍而典型的特征（Catul et al.，2011）。目前中层鱼是指栖息在海洋中层（200～1 000 m）的小型游泳动物类群，分布于全球大洋和极地水域，资源量巨大。

全球中层鱼资源的大规模调查始于 20 世纪 70 年代。80 年代基于中层拖网调查数据，FAO 对全球中层鱼资源进行了调查，结果显示，在被调查的众多中层和深海鱼类中，灯笼鱼与钻光鱼占 80% 左右，在资源量方面占据主导地位，其中，灯笼鱼的集群性较好，具有潜在的商业开发前景（Catul et al.，2011；Gjøsaeter et al.，1980；Lam et al.，2005）。此后，多国科学家开始采用声学与拖网结合的方法研究中层鱼，发现中层鱼对网具的逃避和逃逸行为导致中层鱼拖网评估的结果比声学评估的结果至少低了一个数量级，研究认为中层鱼对网具的逃避和逃逸导致中层鱼拖网评估的结果被极大地低估。最新的研究表明，全球中层鱼生物量高达 110 亿～150 亿 t，占世界海洋鱼类生物量的 95%（Irigoien et al.，2014）。

中层鱼类在大洋生态系统中占有重要地位，是海洋食物链中连接浮游动物和更高一级乃至顶级捕食者的关键种类，对其他海洋生物的数量变动有着直接或间接的影响（图 13 - 6）（Choy et al.，2012）。中层鱼"阶梯迁移"理论认为，中层鱼昼夜垂直迁移的水层与深海捕食性动物栖息水层存在重叠，甚至有中层鱼迁移至 4 000～5 000 m 供应食物，通过其垂直迁移将有机物向更深水层主动传输，是海洋营养循环中很重要的一部分。如果该理论被证实，中层鱼将在深海食物链研究中产生重大影响。中层鱼中很多种类都具有昼夜垂直移动的行为习性，它们通常会在夜间上升至 200 m 水层以上甚至表层水域，这种行为将大量有机碳转移至深海，从而驱动甚至加速有机碳的垂直通量，很多研究都曾指出中层鱼类是海洋中连接中上层和底层的生物泵（Davison et al.，2013）。

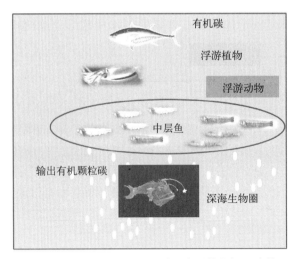

图 13-6　中层鱼在深海海洋生态系统的枢纽功能

　　随着全球范围内对水产品需求的日益增长，海洋中的传统渔业资源大多已被充分开发或过度捕捞（FAO，2014）。近年来，人们开始将目光转向深海中层鱼资源。作为可以利用的潜在大宗生物资源，中层鱼可能成为人类重要的动物蛋白来源。随着研究方法和技术手段的不断进步，中层鱼巨大的资源量及其在海洋生态系统中所发挥的重要作用逐渐被认识，对中层鱼类研究也逐渐成为热点。中层鱼类过去由于捕捞及加工难度大、成本高，所以未被大规模开发利用。随着捕捞加工技术的进步，以及资源和人口双重压力的倍增，中层鱼类已成为待开发资源的选择对象。另外，对中层鱼类生态作用的研究，有助于了解深海高营养层次渔业资源的产出机理和可持续利用前景。近年来随着我国海洋渔业资源需求不断增加以及对近海生态系统的保护愈加迫切，我国对深海中层鱼类资源的研究越来越重视。

二、主要做法

（一）中层鱼资源调查和探捕

　　全球中层鱼资源的大规模调查始于 20 世纪 70 年代。为了开发新的渔业品种，由 FAO 组织挪威等国家开始对全球中层和深海水域的鱼类资源进行调查。调查结果显示，灯笼鱼与钻光鱼占 80% 左右，在资源量方面占据主导地位，其中，灯笼鱼的集群性较好，具有潜在的商业开发前景。国际科学理事会海洋科学研究委员会（SCOR）在一份开展灯笼鱼渔业的建议中也认为，灯笼鱼约占全球中层和深海鱼类生物量的 65%（Catul et al.，2011）。在此之后，由于中层鱼类并未作为经济物种，各区域对其资源储量方面的研究较少。Gjøsaeter 等根据 70 年代全球各个区域的拖网及声学资料评估全球各个大洋及边缘海的中层鱼类生物量，并认为其评估结果低估了中层鱼类的全球生物量，实际值约为其评估量的 3 倍（Gjøsaeter et al.，1980）。Lam 等统计了 Gjøsaeter 等人 1980 年评估的全球中层鱼类生物量约为 8 亿～10 亿 t（图 13-7）（Lam et al.，2005）。Irigoien 等基于环球科考航次调查结果的声学观测的数据分析认为在全球 40°N—40°S（Irigoien et al.，2014）间的中层鱼类的生物量比之前 10 亿 t 的结论至少还要高一个数量级，因此全球中层鱼类亟待重新评估。也有一些学者使用食物网模型推算全球中层鱼类的生物量为 9 亿～20 亿 t，与东北太平洋根据碳循环推测的中层鱼类生物量相符。

从 20 世纪 70 年代前后至今，苏联、中东地区国家、韩国、印度和日本等许多国家先后对印度洋、大西洋南部和非洲西部等海域的灯笼鱼资源进行调查和探捕。1988—1990 年，苏联的渔船在南大西洋使用围网捕捞灯笼鱼，每年的产量约为 2 万 t，1991 年产量曾达到 7.84 万 t。之后，随着苏联的解体，该渔业调查自行结束。调查报告显示印度洋的灯笼鱼资源非常丰富，各国对灯笼鱼的资源调查、探捕和开发活动大都集中在这一海域。其中，阿拉伯海被认为是世界上灯笼鱼资源最丰富的地区。

图 13-7　世界各大洋中层鱼密度（g/m²）（灰色阴影代表 FAO 区域）

最近几十年间，伊朗国内的渔业组织和渔业科研机构对阿曼湾伊朗一侧海域灯笼鱼资源商业性开发的可行性进行了一系列研究。研究结果认为，该海域的灯笼鱼资源约为 100 万～400 万 t，且渔场条件也较适宜捕捞生产。目前，伊朗已经开始在阿曼湾伊朗一侧海域进行灯笼鱼的商业性开发，但是生产情况并不乐观，产量总体低于预期，2009 年的产量只有 5 700 t（Kiaalvandi et al.，2012；Valinassab et al.，2007）。自 2011 年以来，中国渔业企业开始进入伊朗海域进行灯笼鱼捕捞生产，主要作为带鱼、马鲛等经济鱼类的副渔获，产量不足 2 000 t。

历次调查结果表明，南海的中层鱼资源蕴藏量丰富，且分布广泛。1997—1999 年实施国家海洋勘测专项期间，南海水产研究所科研人员利用"北斗"号的声学（EK500）技术对南海小型中上层鱼类进行了资源评估，发现中层鱼在 200 m 等深线以浅海域的资源量密度较低，而在 200 m 等深线以深海域的资源量密度较高（图 13-8）（李永振等，2005）。并在随后的南海中南部海域的补充调查中也发现了密集的中层鱼生物声学影像，主要种类有钝吻灯笼鱼、长钻光鱼、粗鳞灯笼鱼、瓦氏眶灯鱼及条纹多光鱼等。

2013—2017 年，南海水产研究所科研人员利用"南锋"号在南海深海进行的 12 航次的系统数据调查，运用国际先进的双频声学（38 kHz 和 120 kHz）技术，结合中层拖网取样技术，对中层鱼的资源量进行了全面评估（图 13 - 9）。结果表明，南海中层鱼的资源密度在 0.08~0.36 g/m³，平均资源密度为 0.15 g/m³，评估的资源量为 0.83 亿~1.82 亿 t，据此估计的年可捕量可达 0.55 亿~1.29 亿 t（$Y=0.5MB_0$；取 $M=1.5$，$B_0=0.73$ 亿~1.72 亿 t），呈现出令人振奋的可研究价值和开发前景（张俊等，2017）。

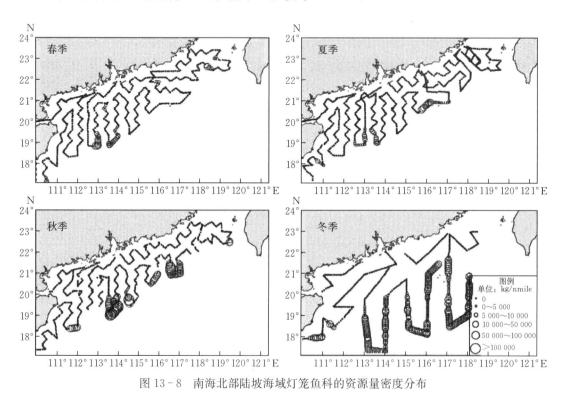

图 13 - 8　南海北部陆坡海域灯笼鱼科的资源量密度分布

（二）中层鱼群落结构和渔业生物学

中层鱼类是根据水层定义的鱼类类群，指海洋中日间栖息于约 200~1 000 m 水层的鱼类。Gjøsaeter 等曾总结出主要中层鱼类所归属的 30 科，然而这 30 科中也有栖息于上层和底层海域的种类。在不同的大洋和海域中层鱼类的种类也有差别，但在各个大洋及海域灯笼鱼科和钻光鱼科在数量和生物量上都占小型鱼类渔获的 60%~90%，因此从生态学和分类学的角度他们都是中层鱼类最重要组成部分（Catul et al.，2011；Gjøsaeter et al.，1980）。

生长速度快、性成熟早是中层鱼类的主要特征。生活于暖水的中层鱼类往往生长速度快，而且其中大多数种类往往一年或者不到一年就能达到其最大体长。一般说来，生活于冷水的中层鱼类生长较缓慢，但其生长的第一个阶段生长速度会较快。中层鱼类的生命周期短，灯笼鱼科的鱼类的寿命往往为 1~5 年。大多数热带灯笼鱼以及小型的钻光鱼是一年生的，生活于冷水水域有更长的生命周期。热带、亚热带的灯笼鱼以及小型的钻光鱼一年内可

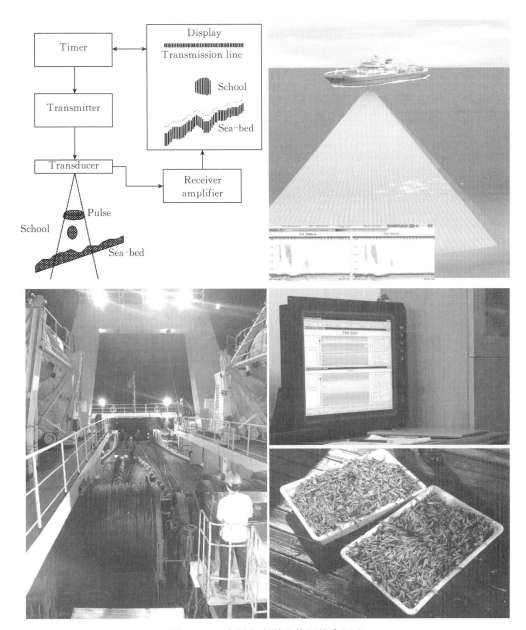

图 13-9　中层鱼声学和拖网综合调查

达到性成熟。中层鱼类的某些种类会出现雄性个体较小、性逆转及雌雄同体的现象。中层鱼类的繁殖力仍待进一步研究，过去的研究往往认为多数种类繁殖力较低，如雌性灯笼鱼每次大约产 100～2 000 个未受精卵，但近期的研究发现某些种类的中层鱼类在一个生殖季节内，通过多次产卵活动分批将卵子排出，为分批产卵类型，因此其生殖力为不确定型（Fujino et al.，2013）。

2012 年至今，南海水产研究所对南海中层鱼的调查表明，南海深水区共有中层鱼 455

种，其中鱼类为 399 种，占渔获物种类总数的 87.69 %；头足类为 16 种，占渔获物种类总数的 3.52 %；甲壳类为 40 种，占渔获物种类总数的 8.79 %。主要优势种为黑色珍灯鱼、尾明角灯鱼、柳叶鳗、喀氏眶灯鱼、菲氏眶灯鱼。中层鱼的年龄为 183～405 d，其最适生长方程为 Von Bertalanffy 模型（图 13 - 10）。生长速度随着年龄的增加不断减小，最大生长速度出现在变态后时期（Zhang et al.，2019）。南海中层鱼的饵料以甲壳动物占绝对优势，包括桡足类、磷虾类、端足类、介形类、十足类、莹虾类和等足类，属浮游动物食性鱼类。

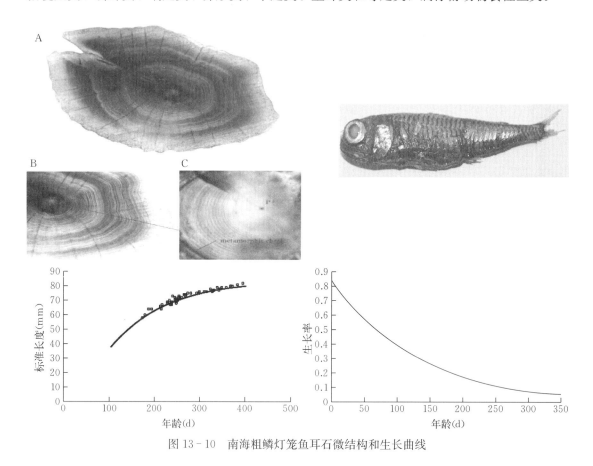

图 13 - 10　南海粗鳞灯笼鱼耳石微结构和生长曲线

（三）中层鱼昼夜垂直迁移过程及其机制

　　中层鱼类栖息于较深的暮光层，其中很多种类体型与生活在浅海的鱼类有一定的差异。这些鱼类大多数体型较小，常常为几至十几 cm；眼部特化或退化；部分种类骨质脆弱，肌肉疏松；许多种类的身体一处或多处具有发光器；部分种类成鱼的鳔中充满油脂。这种独特的形态、生理特征是对阳光少、食物贫乏、海水压力大、氧气稀少的深海环境的适应结果。昼夜垂直移动是中层鱼类非常重要的特征，许多中层鱼类的种类有昼夜垂直移动的习性。其昼夜垂直移动模式会因生命阶段、性别、纬度、水文条件、海底地势以及季节的不同而存在差异（Davison et al.，2013）。大多数中层鱼类昼间栖息于 200 m 以下，不同地区、不同种类的中层鱼类具体分布的水层有差异。现有研究表明，灯笼鱼有 4 种迁移模式，分别是：（1）明显的昼夜垂直迁移习性，高峰期出现在夜晚的 200 m 以内浅海的表层，如巴氏标灯鱼、泰勒肩灯鱼、加州眶灯鱼、日本肩灯鱼、尾明角灯鱼以及巨眶灯鱼；（2）半垂直迁移习性，晚上迁移到表层的种类仍有部分停留在白天栖息的水层。迁移种类和不迁移个体的分布水深并不重叠，如白身臂灯鱼；（3）被动迁移习性，没有单独的昼夜垂直迁移习性，而是随饵料移动。白天该类群分布水深的上限会在晚上转向较浅的水层，如乔氏珍灯鱼；（4）完全不迁移习性，宽尾臂灯鱼和汤氏原灯笼鱼。单次迁移过程中，小个体迁移的速度为 10～170 m/h，而大个体速度为 100～200 m/h。影响中层鱼类中的许多不同鱼类昼夜分布的因素较多，主要有三类。第一，光照条件。有学者认为某些中层鱼类对光线的变化较为敏感，变化规律的光线可能是调节它们昼夜垂直移动的重要因子；第二，食物因素。浮游动物的昼夜垂直移动很明显，夜间上升到水面的表层，白天下降，鱼类也因追逐这些饵料，相应地做垂直的移动，比如在法兰德斯角海域对冰底灯鱼的研究认为其昼夜移动的主要驱动力为对桡足类的捕食；第三，温度因素。洋面上层或表面水温较高，摄食和消化过程进行较快，促使鱼类游至洋面活动。通常相同属的种类，垂直分布的习性是类似的，有时冷暖水团也会限制某一种类的垂直分布。

2012 年以来的调查表明，白天南海中层鱼主要分布于 300～800 m 水层，不同季节分布水层大致相同。日落时刻，部分中层鱼进行大尺度垂直向上迁移，在 0～200 m 形成强的表层散射层；同时，少量中层鱼迁移至 200～300 m 水层；其他中层鱼则仍停留在白天所在水层不进行迁移（Zhang et al.，2017）。日出时刻，表层中层鱼向下迁移，返回至白天所在水层。中层鱼昼夜垂直迁移存在区域和季节差异。春季昼夜垂直迁移量最低（38%），秋季迁移的比例最高（55%）。在大尺度昼夜垂直迁移过程中，中层鱼从深海到表层经历超过 20 ℃的温度变化以及超过 2 mL/L 的溶解氧差异，表明其对环境具有较强的适应性。中层鱼白天分布水层的声学密度重心与对应水层的平均温度呈显著正相关，夜间在表层分布水层的声学密度重心与对应水层的平均温度和溶解氧均呈显著正相关。表明随着海水平均温度的升高，中层鱼白天分布水层和迁移类群夜间分布水层的密度中心趋向于变深（图 13-11）。

南海海域 43 种鱼类和头足类显示出强昼夜垂直迁移习性，其中灯笼鱼 23 种，头足类 8 种，其他鱼类 12 种。耀星眶灯鱼、小眼孔头鲷、长银斧鱼等 6 种鱼类显示出弱昼夜垂直迁移习性，其中灯笼鱼 1 种，其他鱼类 5 种。低褶胸鱼、高银斧鱼、褶胸鱼等 13 种鱼类无昼夜垂直迁移习性。其他 178 种中层鱼类的昼夜垂直迁移习性无法明确判定。灯笼鱼是昼夜迁移的优势生物类群；头足类是昼夜迁移的重要生物类群。中层鱼种类组成具有明显的深度依赖特征。南海中南部海域中层鱼日落前开始向上迁移，大规模向上迁移过程在天黑后 30～120 min 内结束，天亮前开始向下迁移，大规模向下迁移过程在日出后 10～50 min 内结束；白天主要分布水层是 350～700 m，声学迁移比例介于 25.7%～58.0%。

（四）中层鱼对深海生态系统的作用

中层鱼类是连接浮游动物和更高一级乃至顶级捕食者的关键种类，具体的捕食者和捕食对象会因地区、种类、个体发育的时期、季节而略有差异（Hudson et al.，2014）。总体来说，中层鱼类的捕食行为依循机会主义策略，捕食它们所分布的水层的食物。中层鱼类的捕食对象多为甲壳动物，主要包括桡足类、磷虾、介形类、端足类、小型的十足类。它们捕食的对象一部分为草食性的，一部分为肉食性的。多数研究认为它们对食物选择随机性很强，但也有某些研究发现某些种类有一定的选择性。

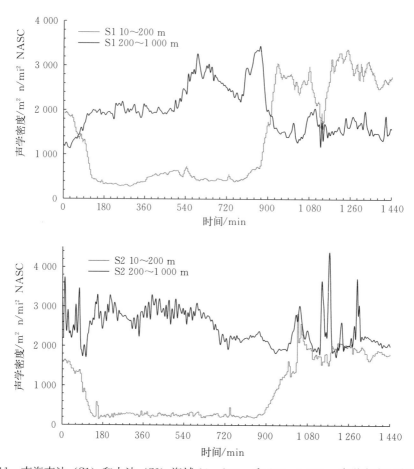

图 13-11　南海南沙（S1）和中沙（S2）海域 10～200 m 和 200～1 000 m 声学密度昼夜周期变动

中层鱼类是许多种类的头足类、海洋哺乳类、海鸟、海洋鱼类的重要食物来源，其所含的大量脂质是顶级捕食者的重要能量来源，尤其是在这些捕食者的繁殖季节。捕食中层鱼类的头足类有茎柔鱼、鸢乌贼等，而且中层鱼类是其食物的重要组成部分。捕食中层鱼类的海洋哺乳类有鲸、海豚、海豹等，中层鱼类是其中某些种类的重要食物。捕食中层鱼类的鸟类主要为有潜水能力的海鸟，如企鹅、海燕、海鸦等。鱼类中捕食中层鱼类的主要有金枪鱼类、鳕等大洋性经济鱼类。有研究认为，由于对海洋中大型掠食性鱼类的过度捕捞，中层鱼类等小型鱼类的数量呈现不断增长的趋势。曾有学者估计南极海域大王酸浆鱿每年消耗的 1.2 亿 t 食物中，中层鱼类约占 80%，灯笼鱼类约占 50%～60%，约为 4 800 万～5 700 万 t。在对亚速尔海域剑吻鲸的食性研究中，鱼类约占其总饵料的 99.3%，其中灯笼鱼科占主导地位。中层鱼类是企鹅的重要食物，Guinet 等曾估计克罗泽群岛的企鹅每年约消耗 745 000 t 灯笼鱼。在南印度洋凯尔盖朗群岛对海燕的研究中发现其捕食的鱼类大部分为中层鱼类，且中层鱼类和磷虾的生物量变动与海鸟胃含物中二者所占比例的变动相吻合。

中层鱼类可能会驱动甚至加速颗粒有机碳的垂直通量（Hudson et al.，2014）。这主要是由于其巨大的全球资源储量以及昼夜垂直移动等独特的生活习性所致。在中层鱼类昼夜垂直移动过程中，每日夜间大量的中层鱼类上升至200 m以上的水层捕食浮游生物并在昼间下潜至200～1 000 m，其间中层鱼类的排泄物、分泌物以及捕食过程中产生的尸骸等有机碳将下沉至深海，这个过程将很大一部分有机碳转移至深海。此外，中层鱼类在表层摄取深海排泄的大量物质可能解释了一部分深海微生物呼吸的物质来源，在一定程度上也刺激了深层水体中微食物环的循环。因此，由海洋生物的食物链而产生的海洋表层至中层的有机碳的输送可能有助于解释现有估计碳通量的差异。

对中层鱼类对深海碳循环的贡献鲜有定量研究。Hidaka等认为赤道太平洋海域的灯笼鱼类转移的颗粒态有机碳约为被动下沉的颗粒态有机碳的15%～28%（Hidaka et al.，2003）。而Davison等的研究认为灯笼鱼类的昼夜垂直移动转运的颗粒态有机碳约为被动下沉的颗粒态有机碳的8%（Davison et al.，2013）。Hudson等的研究认为北大西洋海域灯笼鱼类的昼夜垂直移动贡献了下沉颗粒态有机碳的8%（Hudson et al.，2014）。此外，中层鱼类昼间下降至深海被深海的鱼类捕食也将其生物能量通过食物网传递至深海。Trueman等估计英格兰至爱尔兰的陆坡海域500～1 800 m深水层的底层鱼类每年的碳捕获量相当于100万t CO_2（Trueman et al.，2014）。

（五）中层鱼资源开发利用技术

由于中层鱼类捕捞难度较大、加工技术不成熟等原因，目前世界各国尚未形成持续稳定的中层鱼类渔业。然而早在20世纪60年代中层鱼类就引起了人们的关注，苏联在20世纪70年代末曾对西南印度洋和南大西洋海域的中层鱼类资源进行调查和探捕，论证了相应海域中层鱼类的可利用性。1983年，FAO委托挪威国际开发机构在阿曼湾海域进行探捕。挪威调查船在探捕中使用的是中层拖网和经过改进的南极磷虾网，网目分为800 mm和1 600 mm。探捕结果显示，经过改进的南极磷虾网捕捞效果较好，平均每小时的产量在3 t左右，在夜间的捕捞作业中，曾有过0.5 h捕获50 t灯笼鱼的记录。1988—1990年，苏联的渔船在南大西洋使用围网捕捞灯笼鱼，每年的产量约为2万t，1991年产量曾达到7.84万t。1996年阿曼湾地区的一些国家开展过针对灯笼鱼科中层鱼类的生产性捕捞，大多数都未能持续经营下去。伊朗于2003年开始针对灯笼鱼的生产性捕捞而且一直持续至今，其产量总体低于预期，2009年的产量只5 700 t（Kiaalvandi et al.，2012；Valinassab et al.，2007）。

中层鱼类通常被加工成饲料鱼粉和鱼油，部分种类可供人类直接食用。多数中层鱼类富含蛋白质，可用于开发味精等食品添加剂、鱼肉饼及其他高附加值的产品。近年来，关于中层鱼类加工利用的公开报道非常有限。如伊朗的格什姆岛渔业加工公司，每天可以3 600 t灯笼鱼和植物为原料生产出700 t鱼油。近年来有研究认为某些灯笼鱼类，由于富含蛋白质、游离氨基酸及磷脂矿物质等功能成分，且蛋白水解产物有较高的抗氧化活性，是开发高蛋白抗氧化保健产品的理想原料。

南海水产研究所对南海3种典型中层鱼，金鼻眶灯鱼、条带眶灯鱼、颜氏眶灯鱼的营养进行组成分析，结果表明：其蛋白质、粗脂肪、氨基酸含量略低于其他几种常见的鳀、沙丁鱼等中上层海水鱼，与一般海水鱼的蛋白含量平均值（13%～17%）相当（黄卉等，2016）。该三种中层鱼中主要氨基酸含量与其他中上层海水鱼相当，必需氨基酸与总氨基酸的比值分别为 39.93%、41.38% 和 41.59%。中层鱼鱼粉中的质量指标为：粗蛋白 61.92%，粗脂肪 9.07%，水分 9.32%，盐分 2.59%，粗灰分 17.45%，鱼粉的胃蛋白酶消化率为 86.82%。根据《鱼粉》（GB/T 19164—2003）中的规定，灯笼鱼鱼粉的品质符合一级品的要求。与其他国产鱼粉及进口鱼粉相比，灯笼鱼鱼粉粗脂肪较低，胃蛋白酶消化率较高，粗蛋白含量相近，总体品质高于国产鱼粉，与进口鱼粉质量相当。

（六）深入开展灯笼鱼科学研究

2001 年 FAO 组织伊朗和阿曼渔业部门的专家召开灯笼鱼资源研讨会，会议讨论的主要议题有：探讨阿曼湾地区相关国家联合调查与开发灯笼鱼资源的可能性；进一步开展灯笼鱼的生物学、生态学研究；探讨灯笼鱼捕捞、加工设备和技术的研发；探讨开发灯笼鱼资源对其他鱼类的影响；探讨如何科学地确定灯笼鱼可捕量；如何处置和利用作为副渔获物的灯笼鱼等问题。2006 年，国际科学理事会（SCOR）海洋研究科学委员会也举行过类似的国际研讨会。

三、取得成效

中层鱼分布极其广泛，资源量巨大。近 50 年来，国际社会对中层鱼的研究和开发利用从未中断，在中层鱼资源量评估、群落结构和生物学、昼夜垂直迁移过程及机制、对中深层海洋生态系统和碳通量的贡献、捕捞和加工技术等方面的研究不断加深，为今后中层鱼研究和开发利用指明了方向。现阶段全球中层鱼研究主要取得了以下成果：

（一）中层鱼资源量巨大

随着技术进步和研究深入，以及评估方法和数据来源不同，各个时期不同研究者和科学组织所评估的全球中层鱼资源量均介于 10 亿～100 亿 t。尽管各种中层鱼资源量的评估结果之间存在较大差异，但毫无疑问全球中层鱼资源量是极其巨大的，这成为国际社会对中层鱼进行研究和开发利用的基础，也表明全球中层鱼资源量亟待重新评估。

（二）中层鱼种类多样性高，群落结构复杂

目前，主要中层鱼所归属的 30 个科中灯笼鱼科和钻光鱼科在数量和生物量上占有优势，因此从生态学和分类学的角度来讲他们都是中层鱼类最重要组成部分。生长速度快、性成熟早、生命周期短是中层鱼类的特征，能承受较大的捕捞压力。但对中层鱼类的繁殖生物学的研究还很薄弱，生殖力尚不明确。

（三）中层鱼具有独特的"昼沉夜浮"生态习性

大幅度的昼夜垂直移动是中层鱼的显著特征，该特征会因生命阶段、性别、纬度、水文条件、海底地势以及季节的不同而存在差异。灯笼鱼有 4 种迁移模式，即明显昼夜垂直迁移、半垂直迁移、被动迁移、完全不迁移。影响中层鱼昼夜迁移因素较多，目前认为主要有三类，即光照条件、食物因素、温度因素。但目前国际上关于中层鱼昼夜垂直迁移的机制尚未有令人信服的定论。

（四）中层鱼是深海中连接浮游动物和更高一级乃至顶级捕食者的关键生物类群

中层鱼是许多头足类、海洋哺乳类、海鸟、海洋鱼类重要的食物来源，是大洋中深层海洋食物网物质转换的枢纽。中层鱼会驱动甚至加速海洋颗粒有机碳的垂直通量。这主要是由于其巨大的全球资源储量以及昼夜垂直移动等独特的生活习性所决定的。由中

层鱼介导的食物链而产生的海洋表层至中层的有机碳的输送可能有助于解释现有估计碳通量的差异。中层鱼昼间下降至深海被深海的鱼类捕食，同时也将其生物能量通过食物网传递至深海。

（五）中层鱼具有优良的精深加工价值

由于中层鱼类捕捞难度较大、加工技术不成熟等原因，目前世界各国尚未形成持续稳定的中层鱼类渔业。然而早在 20 世纪 60 年代中层鱼类就引起了人们的关注，相关开发利用研究一直持续至今，从未中断。中层鱼类通常被加工成饲料鱼粉和鱼油，部分种类可供人类直接食用。多数中层鱼类富含蛋白质，可用于开发味精等食品添加剂、鱼肉饼及其他高附加值的产品。近年来，研究认为某些灯笼鱼类，由于富含蛋白质、游离氨基酸及磷脂矿物质等功能成分，且其蛋白水解产物有较高的抗氧化活性，是开发高蛋白抗氧化保健产品的理想原料。

1980 年，中国水产科学研究院南海水产研究所在南海大陆架斜坡水域进行底鱼资源调查时也捕到过灯笼鱼。1997—1999 年，在国家海洋勘测专项"126 专项"的支持下，南海水产研究所利用国际先进的渔业声学技术，首次对南海大陆架斜坡以及陆架外缘水域灯笼鱼资源进行了调查和评估。2014 年，中国国家重点基础研究发展计划项目"973 计划""南海陆坡生态系统过程与生物资源的可持续利用"正式启动，它是国际上第一个以灯笼鱼驱动深海生态系统作为核心的研究项目，使我国在灯笼鱼可持续利用研究这一前沿领域占据了一席之地。2012 年至今，在农业农村部调查专项的支持下，南海水产研究所利用"南锋"号调查船对南海深海区域的灯笼鱼资源进行了连续多年的持续调查，初步确定了南海灯笼鱼资源密集区，为我国下一步开展灯笼鱼探捕奠定了基础。南海中层鱼调查初步查明了该海域中层鱼种类组成及生物学特征，初步揭示了该海域中层鱼垂直分布和昼夜垂直迁移特征，评估了南海中层鱼资源量和开发潜力，开展了中层鱼加工适宜性研究，为南海中层鱼开发利用积累了重要基础数据。

四、经验启示

中层鱼类除部分可直接食用外，主要被用作生产饲料鱼粉和鱼油的原料。我国的养殖业对鱼粉的需求量较大，2015—2019 年，我国年平均进口鱼粉约 150 万 t，需支付 120 亿～150 亿元人民币。如果以保守的 10% 的转化率计算，仅开发利用南海 1 500 万～2 000 万 t 的中层鱼资源就可以满足国内养殖业对进口饲料鱼粉的需求。

此外，随着人们对鱼类中各种蛋白质成分和鱼油的研究不断深入，水产品加工设备与加工技术的不断更新升级，人们已经可以利用这些低值鱼类加工生产出价值较高的人类食品。因此，从经济和环境的角度来看，积极开发这些低值鱼类，不仅有利于海洋渔业资源的可持续利用，同时也可满足我国不断增长的人口对动物蛋白的需求。

科技创新是引领产业发展的第一动力。针对南海深海中层鱼资源开发利用全产业链的技术需求，根据"突出重点与全面发展结合、近期安排与长远部署结合、整体布局与分类实施结合"原则，以国家重点研发计划为载体，以增强南海生物资源自主创新能力为核心目标，从基础研究和应用研发两个方面进行科技攻关和协同创新研究，为确保水产品安全有效供给和保障我国海洋生态安全提供物质基础和科技支撑。

（一）中层鱼调查与评估关键技术

针对中层鱼昼沉夜浮的生态习性，全面突破声学单体目标强度检测、频差分析等关键技术，结合变水层拖网取样，全面开展南海深海中层鱼调查与评估，重点调查 18°N 线以南 200 m 以深海域中层鱼资源状况，分析评估中层鱼的资源分布、资源密度和生物资源量的区域及季节变动规律，摸清中层鱼类的渔业生物学与种群动力学特征。

（二）中层鱼对深海生态系统的影响及调控机制

针对中层鱼可持续生产机理不清的现状，以食物网研究为切入点，定量研究中层鱼与其饵料生物和捕食者间的食性关系，揭示中层鱼在食物网中连接低营养层浮游生物和高营养层渔业生物中的关键作用；构建中层鱼的生物-物理耦合生态模型，分析中层鱼类捕食和代谢习性对生态系统的调控机制及垂直生物能量通量的影响，并评估中层鱼对生态系统食物产出和食物网稳定性的贡献。

（三）中层鱼渔场形成关键过程、形成机制与预测

针对中层鱼渔场形成过程与形成机制的科学问题，从渔场形成基本物理要素、水化学要素、生物要素及气候条件要素等因子入手，利用卫星遥测、现场取样等技术，研究深海生态系统中碳、氮、磷、硅等重要元素的来源、形态转化、迁移及其归宿过程，阐明重要生源要素的生物地球化学循环特征；在此基础上，分析物理环境要素对不同区域渔场形成的影响及作用机制，并评估主要经济种类栖息地生境质量。

（四）中层鱼高效捕捞技术

针对中层鱼种类组成和数量分布规律，开展高效生态捕捞技术研究，研究变水层拖网、张网等不同渔具渔法对中层鱼作业性能和捕捞效率，研究捕捞对象群体对不同渔具与捕捞装置的逃逸行为及鱼群集群机制；同时，开展负责任捕捞机理研究，研究不同渔具材料、渔具结构与水动力性能的相互关系，阐明不同渔具结构、捕捞方法对捕捞对象的捕捞机理。

（五）中层鱼类精深加工及高值化利用

规模化是灯笼鱼加工业不能忽视的一个瓶颈问题。在 20 世纪 80 年代中期，由于鱼体含油脂太高造成加工困难，使得南非海域的大口珍灯鱼渔业被迫关闭。针对中层鱼开发的战略需求，初步开展促进南海深海中层鱼产业化利用技术的基础研究，研究影响中层鱼原料及其加工品营养成分与功效成分的因素与规律，重点开展中层鱼营养成分分析、加工适宜性研究、功能成分提取和安全性评价，逐步突破制约海洋低值鱼类的高效利用的关键技术，为大规模开发和高值化利用中层鱼提供技术储备。

参 考 文 献

陈雪忠，徐兆礼，黄洪亮，2009. 南极磷虾资源利用现状与中国的开发策略分析 [J]. 中国水产科学，16（3）：451-458.

黄卉，杨贤庆，李来好，等，2016. 南海灯笼鱼加工优质鱼粉的关键工艺研究 [J]. 南方水产科学，12（4）：103-109.

李永振，陈国宝，赵宪勇，等，2005. 南海北部海域小型非经济鱼类资源声学评估 [J]. 中国海洋大学学报（自然科学版），35（2）：206-212.

潘云鹤，唐启升，2017. 海洋强国建设重点工程发展战略 [M]. 北京：海洋出版社．

邱洁，刘勤，2018. 南极磷虾产业发展特色研究：以挪威阿克海洋生物技术股份有限公司为例 [J]. 渔业信息与战略，33（4）：284－290.

王荣，孙松，1995. 南极磷虾渔业现状与展望 [J]. 海洋科学（4）：28－32.

岳冬冬，王鲁民，2018. 中国南极磷虾渔业发展的微观解析与对策研究：以辽渔集团有限公司为例 [J]. 中国农业大学学报，23（7）：227－238.

张俊，江艳娥，陈作志，等，2017. 南海中南部中层鱼资源声学积分值及时空分布初探 [J]. 中国水产科学，24（1）：120－135.

赵宪勇，左涛，冷凯良，等，2016. 南极磷虾渔业发展的工程科技需求 [J]. 中国工程科学，18（2）：85－90.

Catul V，Gauns M，Karuppasamy，2011. A review on mesopelagic fishes belonging to family Myctophidae [J]. Reviews in Fish Biology and Fisheries（21）：339－354.

CCAMLR，2000. Report of the nineteenth meeting of the commission [R]. CCAMLR，Hobart，Australia.

CCAMLR，2015. CCAMLR statistical bulletin [DB].

CCAMLR，2010. Report of the Twenty－Ninth Meeting of the Commission [R]. CCAMLR，Hobart，Australia.

Choy C A，Davison P C，Drazen J C，et al，2012. Global trophic position comparison of two dominant mesopelagic fish families（Myctophidae，Stomiidae）using amino acid nitrogen isotopic analyses [J]. PLoS ONE，7（11）：e50133.

Davison P C，Checkley D M，Koslow JA，et al，2013. Carbon export mediated by mesopelagic fishes in the northeast Pacific Ocean [J]. Progress in Oceanography（116）：14－30.

Everson I，2000. Krill biology，Ecology and Fisheries [M]. Fish and aquatic resources series 6，Oxford：Blackwell Science.

FAO，2014. The State of World Fisheries and Aquaculture [R]. 223pp. Rome.

Fujino T，Goto T，Shimura T，Yasuma H，et al，2013. Decadal variation in egg abundance of a mesopelagic fish，*Maurolicus japonicus*，in the japan sea during 1981—2005 [J]. Journal of Marine Science and Technology，21（1）：58－62.

Gjøsaeter J，Kawaguchi K，1980. A review of the world resources of mesopelagic fish [M]. Rome：Bernan Press，193.

Hidaka K，Kawaguchi K，Tanabe T，et al，2003. Biomass and taxonomic composition of micronekton in the western tropical－subtropical Pacific [J]. Fisheries Oceanography，12（2）：112－125.

Hudson J M，Steinberg D K，Sutton T T，et al，Myctophid feeding ecology and carbon transport along the northern Mid－Atlantic Ridge [J]. 2014. Deep－Sea Research I（93）：104－116.

Irigoien X，Klevjer T A，Røstad A，et al，2014. Large mesopelagic fishes biomass and trophic efficiency in the open ocean [J]. Nature Communications，5（3271）：1－10.

Kiaalvandi S，Paighambari S Y，Valinassab T，et al，2012. Bycatch Composition of Myctophid Mid－water Trawls in Iranian Waters of the Oman Sea [J]. Caspian Journal of Applied Sciences Research，1（7）：33－39.

Lam V，Pauly D，2005. Mapping the global biomass of mesopelagic fishes [C]. Sea Around Us Project Newsletter 30：4.

SC－CAMLR，2011. Report of the Thirtieth Meeting of the Scientific Committee [R]. CCAMLR，Hobart，Australia.

Trueman C N，Johnston G，O'Heaand B，et al，2014. Trophic interactions of fish communities at midwater depths enhance long - term carbon storage and benthic production on continental slope [J]. Proceedings of the Royal Society B (281): 1 - 10.

Valinassab T, Pierce G J, Johannesson K, 2007. Lantern fish (*Benthosema pterotum*) resources as a target for commercial exploitation in the Oman Sea [J]. Journal of Applied Ichthyology (23): 573 - 577.

Zhang J, Wang X, Jiang Y, et al, 2019. Species composition and biomass density of mesopelagic nekton of the South China Sea continental slope [J]. Deep - Sea Research Part I - Topical Studies in Oceanography (167): 105 - 120.

第十四章　深远海工业化养殖案例

第一节　养殖工船

养殖工船是具有自主航行功能的浮式海上渔业生产平台（Floating Marine Production and Harvest），是一种综合的海上渔业生产平台，其生产功能以深远海封闭式、阶段式养殖为主体，兼具水产品加工与储运功能，可作为捕捞渔船的中转平台；其锚泊位置设定在不同海域，可根据季节的变化选择适宜的水温，也可以有效地躲避超强台风的正面袭击。大型养殖工船与深远海养殖网箱、陆上工厂化养殖设施相结合，可以形成效率最大化的陆海接力养殖模式；与捕捞渔船组成"渔业航母船队"，可远离大陆到远海、公海开展渔业综合生产，形成"养-捕-加"一体化、陆海统筹的新型渔业生产模式，用以开拓边远海疆，发展到世界沿海国家。

一、发展历程

基于船舶平台养殖系统的概念提出于 20 世纪 90 年代（丁永良，2006），发达国家提出了发展大型养殖工船的理念，包括浮体平台、船载养殖车间、船舱养殖以及半潜式网箱工船等多种形式，并进行了积极的探索，为产业化发展储备了相当的技术基础。

西班牙设计的半潜式金枪鱼养殖船，船长 189 m、宽 56 m、航速 8 kn、共有水体 120 000 m³，可至各渔场接运活捕金枪鱼 400 t，转运至适宜地育肥，最终运往销售地。美国 Seasteading 研究所提出的移动式养殖平台，采用电力推进，生产功能齐全。法国在布雷斯特背部的布列塔尼海岸与挪威合作改建了一艘长 270 m、总排水量 1×10^5 t 的养殖工船，计划年产鲑 3 000 t。挪威研制了长 430 m、宽 54 m 的巨型"船"，可容纳水体 10 000 m³，相当于 200 万条鲑。此外，法国、日本等也先后提出了大型的养鱼工船方案。

船上封闭式生产系统相当于将陆基工厂化养殖系统搬到了海上，可以节省水质净化、水温维持所耗能量，发挥工厂化养殖生产高效的优势，相较于定置的养殖系统，还有利于移动躲避恶劣海况的影响，选择性设置在能提供适宜水温的水域。渔业机械仪器研究所（2012）研发了"船载海洋养殖系统"（徐皓等，2013），利用船舱构建养殖鱼池和相应的净化与管控系统，改装了 3 000 t 级养殖工船（2017），如图 14-1 所示；研发了10 万 t 级大型养殖工船及船载舱养系统，该船长 249 m、型宽 45 m、型深 21.5 m、养殖水体 8 万 m³，年产量 3 000～4 000 t；青岛国信中船大型养殖工船即将建造（凤凰网，2019）；上海耕海渔业大西洋鲑养殖加工船已经启动（国际船舶网，2018）。

土耳其 Denizsan Maritime 公司利用 1.9 万 t 货船改装出 12 个养殖舱，进行鳟养殖，养殖密度为 101 kg/m³，平均月增重 334 g，饲料转化率为 1.1%，有研究认为只有更大的规模才有经济效益（Soner，2013）；荷兰 InnoFisk 公司开展了船载养殖系统可行性研究，围绕

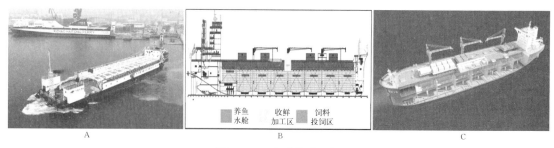

图 14-1 大型养殖工船

A. 3 000 t 级养殖工船 B. 10 万 t 级船功能区划 C. 10 万 t 级船设计模型

大西洋鲑孵化、繁育、养殖与加工，建立基于鱼池的海-淡水养殖系统，如图 14-2 所示，在船上繁殖幼鱼是可行的，适宜密度应控制在 20 kg/m³，养殖与加工过程未变质的废弃物排放是允许的，但就规模而言，1 000 t 以下的产量是没有效益的（InnoFisk，2005）；挪威 Marine Harvest 公司作为世界最大的大西洋鲑生产商，计划将集装箱运输船的船舱加载水泵系统，改造为养殖舱，旗下的 Mood Harvest 公司提出了 Mood FMPH（Floating Marine Production&Harvest）海上浮式生产平台设计方案，采用 15 万 t 船型，开展鲑循环水养殖，如图 14-3 所示，养殖密度为 60 kg/m³，年生产量达到 1 万～1.5 万 t。Francisco 提出了一种游弋式金枪鱼养殖平台（The Tuna Offshore Unit）的设想，设计一艘长 190 m、宽 56 m 的半潜式养殖船，养殖舱底可打开，以刚性网箱扩展养殖空间，最大至 19.5 万 m³，从地中海到几内亚湾、澳大利亚水域，最后到达日本海域，10 个月内将蓝鳍金枪鱼养成出售（Francisco，2005）。

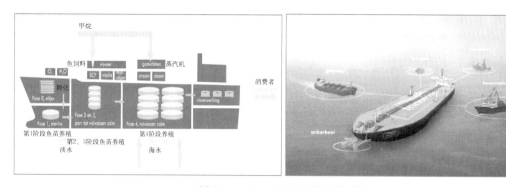

图 14-2 InnoFisk 船载养殖系统

大型养殖工船在欧美等发达国家虽有诸多实践，但一直以来未见形成主体产业，生产规模有限，究其原因，主要是还不具备产业发展条件。首先是养殖鱼产品需求有限，在良好的管理措施下，欧美发达国家海洋捕捞资源较为丰富，养殖产业规模较为稳定，缺乏大规模发展水产养殖的基本动力；其次是沿岸近海水域环境良好，养殖设施布局合理，并且没有污染与病害的侵扰，在许多沿海地区并无台风等自然灾害的侵袭，北欧独特的峡湾地貌适合开展大型网箱养殖；最为根本的是发展水产养殖的综合条件与第三世

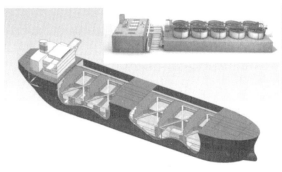
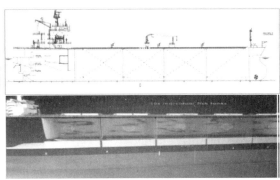

图 14 - 3　Mood Harvest 浮式海上生产平台（FMPH）船型

界国家相比，难以形成竞争力；这些因素可能导致了发达国家深远海养殖平台与大型养殖工船产业发展滞缓。

我国深远海养殖装备研发尚处在起步阶段。雷霁霖院士曾经绘制了"未来海洋农牧场"建设蓝图，展示了在我国建造养殖工船的初步设想。丁永良长期跟踪国外养殖工船研发进程，梳理总结技术特点，提出深远海养殖平台构建全过程中"完全养殖"，自成体系"独立生产"，机械化、自动化、信息化"养殖三化"，以及"结合旅游""绿色食品""全年生产""后勤保障"等技术方向。"十二五"期间，徐皓等开展了大型养殖工船系统研究，形成了自主知识产权，并与有关企业联合启动了产业化项目，设计方案建立在 10 万 t 级船体平台上，养殖水体 75 000 m³，可以形成年产 4 000 t 以上石斑鱼养殖能力及满足 50～100 艘渔船渔获物初加工与物资补给能力；提出了以大型养殖工船为核心平台的"养-捕-加"一体化深远海"深蓝渔业"发展模式。通过启动上海市科委"大型海上渔业综合服务平台总体技术研究"项目（15DZ1202100），重点围绕"平台总体研究与系统功能构建""平台能源管理系统研发与新能源综合利用"两大关键问题开展研究。目前国内，由中国水产科学研究院渔业机械仪器研究所和中国海洋大学联合研发设计，开展 3 000 t 级船舶改造为冷水团养殖船，改造工作已完成，并交付船东使用，已经投入示范生产，为养殖工船系统优化和技术推广积累养殖基础数据和工程经验。

二、主要做法

（一）土耳其的浮式海上渔场（floating fish farming unit）项目

土耳其在黑海养殖鲑的一大挑战是黑海夏季水表温度高。1992—1995 年在黑海采用传统浮式网箱进行试验性养殖，发现的问题是，为了让鲑在次年赶上快速生长期，需要让鲑养殖网箱下潜至少整整一个夏季。因此，养殖者转而选择养殖鳟。夏季海水表面温度高是制约土耳其鲑养殖的一大因素。一些研究尝试采用潜式网箱养殖鲑，但在网箱长期下潜期间鲑会遭受负浮力，可能影响其行为和生长。再加上其他一些如环境污染问题等，鲑科鱼类潜式养殖网箱并不是应对漫长夏季问题的一个解决方案。而船上养殖鲑则被认可为是一种环保的可持续的水产养殖创新方法，这种方法还可优化养殖环境，具有提高经济效益的潜力。这一理念付诸实施，由此提出了 floating fish farming unit（3FU）的方案（图 14 - 4）。

实施该方案旨在探索在土耳其海域养殖大西洋鲑和虹鳟的可行性，验证发展这一新养殖技术的可能性。

2011年土耳其的一家公司将一艘19 030 t载重吨位的散货船，在土耳其伊兹米特大学造船厂改造成一艘养鱼工船，该船长153.33 m、宽22.8 m、深12.5 m。除了将船舱改成多个养鱼池外，还在船艏舱建造了一个鱼品加工间。船上养鱼池共有12个，最小的222 m³，最大的3 445.08 m³。船上配有两套发电系统，一套系统为循环泵、氧气发生器以及其他养殖设备供电；另一套则为其他船用设备供电。改造后的养鱼池涂以特殊的Hempel环氧树脂，每一鱼池独立配备投饲、增氧、进排水管、照明设备和测量水温、pH、水位和循环水流速的仪器。

氧气系统由氧气发生器、空气过滤器、空气压缩机、空气干燥器、氧气扩散器等组成。为了富集水体中的溶解氧，使用了OxyMat O-800氧气净化器，使用Akuamaks氧气扩散器（30 cm）向池水中添加高纯度的氧气，水箱中的氧含量由PLC（programmable logical control）维持，并使用Ebro阀来控制水箱中的氧含量。

图14-4　浮式海上渔场

抽排水系统由抽水管、真空压缩机、船舷管阀、循环泵、布劳尔阀等组成，通过调节取水深度抽取温度最合适的海水。用两种不同的方法将水抽到鱼池中。首先，使用长60 m、直径1 m的吸水管，将所需深度的最佳温度的水输送到鱼池中；其次，在水面水温最适宜的时期，通过海水箱（kinistin）进行抽水，通过3台真空压缩机，水从吸管被吸出，再通过5台循环泵输送到水箱及甲板上，当直接从水箱抽水时，由于水箱阀门的入口在海平面以下8 m处，没有额外的操作，此时所有的循环泵都没有使用，循环泵的数量是根据用水量来决定的。罐体采用特殊的Hempel环氧树脂漆涂装，各罐体均有独立的投喂、供氧、进出水管道，并分别安装照明和探头，检测温差、pH、水位和循环速度。船上使用了两种不同类型的电子发电机，其中一种是 YANMAR 标志，它是由三台类似的发电机组成为船舶发电，另一种发电机是 CJ700P Perkins，功率为 708 kW。第二种发电机用于循环泵和氧气发生器及其他水产养殖设备。采用 ARENA 投饵系统和程序自动操作投喂。建造了 6 个容量为 40 t 的不同料仓，以储备饵料。

船上采用了可编程逻辑控制（PLC）。所有的水质参数、池水流量、生长因子和投饲都是由 PLC 操作。根据系统，每个水箱采用 Ebro 阀，以维持水体的氧含量，并采用 Brower 阀控制水箱的流量。氧气、CO_2 和 pH 由 PLC 用不同的探头进行操作。

2011—2012 年改装完后的养鱼工船，开展海上养殖试验。试验中使用的鱼是由 Fili 水产养殖有限公司（Filiz Su ürünleri Ltd.）提供的。虹鳟达到（25±2.7）g，通过混凝土滚道运到船上。投喂的饲料为蛋白质含量 42%，脂质含量 18% 的虹鳟商业饲料，分别储存在 6 个容量 40 t 的饲料储舱中。经过 11 个月的海上试验养殖，虹鳟最终体重达（3.7±0.4）kg，生长率（SGR）为（1.51±0.3）%，饲料转化率（FCR）为 1.1%。在一定的环境条件下，养殖工船是一种很有前景的养鱼方法，不会造成重大损失或损害鳟的福利。不过，在试验过程中也遇到了一些问题，这些问题主要是由于吸水系统和供氧系统的机械故障造成的，这些问题都与机械应用有关。同时还需要解决的问题有，巨大的柴油消耗量；缺乏有经验的船员；突发情况的应急处理。能源使用的高成本和供应不稳定，以及开展大规模养殖生产需要相配套的基础设施和人员等是制约在船上开展养殖的主要因素。由于这次在船上养殖鲑科鱼类在全球尚属首次，因此，鱼苗从陆地养殖场运输到养鱼工船，鱼在鱼池之间转移以及鳟的收获和加工等方面也遇到了一些问题。但是，养殖试验结果还是表明，如果船员费用和能耗成本能够降低，养殖工船是养殖鲑科鱼类的一种有前途的创新途径。

（二）挪威 Nordlaks 公司的"Havfarm"养殖工船项目

2015 年挪威 Nordlaks 公司与挪威 NSK 船舶设计公司合作，设计出了长 430 m、宽 54 m 的被称为"Havfarm"（海洋牧场）的新型养殖工船。该船使用近岸海洋产业的技术解决方案在海底固定锚泊，因而可以抵御海上极端恶劣的海况。此项目按设计方案顺利完成后，成为世界上最长的船舶。一艘"Havfarm"有能力容纳 1 万 t 鲑，相当于 200 多万尾鲑。该设施将有能力抵御高 10 m 的巨浪，海洋牧场本体将向下至海平面以下 10 m。在海面上，养殖场将由带有六个 50 m×50 m 网箱的钢结构构成，其养殖网箱深度可达水下 60 m。Nordlaks 公司打算建造三艘这样的养殖船，每艘造价在 6 亿～7 亿挪威克朗。

"Havfarm 1"深水养殖工船长 385 m、宽 59 m、高 65 m，包含 6 座深水网箱，养殖水体达 44 万 m^3，养殖规模可达 1 万 t 三文鱼。该深水养殖工船符合全球最严苛的挪威石油标准化组织标准，入级 DNV GL 船级社，能在挪威恶劣海况下运营。作为目前全球最大、最先进的深水养殖工船，"Havfarm 1"通过外转塔单点系泊的方式进行固定，同时装备全球最先进的三文鱼自动化养殖系统，建成后将能够解决挪威三文鱼养殖密度过大、养殖水面不足和三文鱼鱼虱病等问题，实现鱼苗自动输送、饲料自动投喂、水下灯监测、水下增氧、死鱼回收、成鱼自动搜捕等功能，改变了三文鱼水产养殖业方向，以可持续发展的方式满足全球对健康海产品日益增长的需求。

该项目于 2017 年成功获得了挪威渔业局颁发的 21 张开发许可证。挪威渔业局认为将开发许可证增发至 21 张将有助于这一创新理念变得经济可行。2018 年 5 月 23 日，中集集团旗下中集蓝海洋科技有限公司与挪威 Nordlaks Havfarm AS 公司在烟台中集来福士签署战略合作协议，共同开发建造新一代"Havfarm"系列养殖工船（图 14-5）。

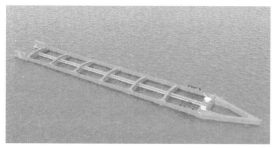

图 14-5　Havfarm 养殖工船

（三）西班牙的金枪鱼离岸养殖工船

金枪鱼离岸养殖工船是西班牙费内造船厂的两位海洋与造船工程师的设计创意，是将离岸技术引入全球渔业领域用于金枪鱼养殖业务的一个全新的概念装备，即金枪鱼离岸（养殖）单元，它长 190 m、宽 56 m，类似于具有双体船壳的一艘半潜式船舶。船体内部设计有一个容积达 9.5 m³ 的鱼池，当需要进行养殖作业时，这个装备有刚性网的养殖鱼池，可随着可升降船底向海中伸展，其体积也可扩大到 19.5 m³。可驾驶该船前往蓝鳍金枪鱼幼鱼销售点（如孵化场）购买金枪鱼，并用该船进行为期约 9 个月的育肥养殖，该船的金枪鱼育肥养殖总量可达 1 200 t（分批次销售）。当金枪鱼高需求季到来的时候，可视售价将该船育肥的金枪鱼运往金枪鱼交易点销售。而在历时约 9 个月的育肥养殖过程中，该船还能够机动灵活地选择停泊在海水温度有利于金枪鱼生长的海区进行养殖，而育肥金枪鱼的销售方向则为日本。该金枪鱼离岸养殖单元（TOU）是一种新颖的蓝鳍金枪鱼运输和育肥养殖系统（图 14-6）。

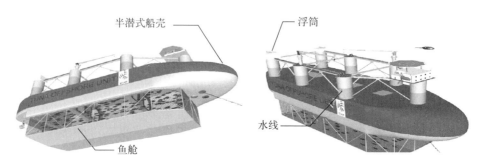

图 14-6　游弋式金枪鱼养殖平台（the tuna offshore unit）

大西洋北方蓝鳍金枪鱼的大体活动轨迹为六月到地中海产卵，其后游弋于北大西洋，最远至墨西哥湾，次年再返回地中海产卵。目前地中海的蓝鳍金枪鱼网箱育肥养殖期在每年的 7—12 月，由于地中海海水温度要高于野生金枪鱼游弋海域的温度，再加上充足的食物供应和增氧，因此，育肥养殖的金枪鱼生长率远高于野生金枪鱼，这大大缩短了金枪鱼达到适售体重所需的时间。由此，设计者提出可以使用配备动力或被牵引的船形装置离岸养殖金枪鱼，其优点在于机动灵活，可以前往购买接收将要进行育肥的金枪鱼幼鱼，可以边养殖边向最终销售地（日本）靠近，过程中可以选择在海水温度最有益于金枪鱼生长的海区从事养殖，设计者还设想在历时 9 个月的育肥养殖期间可多次销售。一个作业周期的基本业务线路是从地中海到日本。可选的其他线路是从马来西亚到日本，以及从澳大利亚到日本。

三、取得成效

国内深远海养殖设施可选择的形式众多，开放式养殖平台因设计建造门槛较低，现备受各船舶设计制造企业追捧，但其开放式的特性无法满足高密度、精细化、环境友好型养殖；养殖工船有针对性地解决了长期困扰传统的开放式水域养殖"听天由命"的痛点，将海产品养殖从近岸推向深远海，进入自动化、智能化、规模化、工业化的现代渔业生产阶段；其集众多功能于一身，是往更深更远海域拓展渔业养殖的趋势，且具有很好的复制性，具有更好的市场前景。封闭式养殖工船，是一种可走向更远、更深海域的新型养殖设施，主要有如下特点。

（1）养殖工船具有船式外形，自带动力，自行游弋，原则上可至全球任何海域。在遭遇台风或赤潮时，可机动躲避，避免造成对舱内养殖鱼类的影响。养殖工船内部水体与外界强制交换，换水率可控，平台内养殖密度较大，其设计养殖密度大于开放式养殖平台。养殖工船游弋的性能，原则上可满足所有海洋鱼类的养殖；借助深层取水装置获取适宜温度、盐度的海水进行养殖，保证养殖鱼类一直保持最佳生长状态，缩短养殖周期。

（2）养殖工船集成了多种功能，对岸基配套的依赖程度相对较低。配置繁育加工等系统，可实现养殖鱼苗的自我供给和渔获物的初级加工；可搭载海洋科学考察仪器，在工船游弋过程中收集海上气象环境、水文地貌等数据；为周边作业渔船提供油、水、食品等的补给，并对其捕捞而来的渔获进行收鲜，无须渔船经常性往返作业海域与码头之间，拓展渔船作业范围；在争议岛礁或海域中实现"屯渔戍边，宣示主权"。

（3）养殖工船因其机动性能适用于更深、更远的海域，更适合我国平缓而漫长大陆架地形的渔业走向深蓝。养殖工船游弋在大洋深海，并进行强制水流交换，对养殖水域环境影响较小；在必要的时候还可加装养殖水处理装置，净化养殖排放水，使之符合环境友好型的标准。因养殖水体和环境的可控性，养殖鱼类面临疾病、寄生虫等灾害的风险相对较小。

（4）平台造价相对较高，产量及产值也相对较高，技术难度也相对较高，同时风险也相对较高。

不同的养殖方式具有不同的生产力水平。图 14-7 所示为不同海水养殖方式工业化水平与灾害风险水平的分析，圆形的面积大小代表未来该种养殖方式可能的规模估计。水产养殖向深远海发展，离岸越远、水越深，所面临的生产风险就越大，就越需要现代化生产方式的保障，为更好的规模经济效益和投资回报创造条件。25~60 m 深的水域，应是深远海养殖产业发展的主要区域，在可预见的未来，大型养殖工船将是全面开发海洋资源、实现"以养为主"海洋农业的主力（图 14-7）。

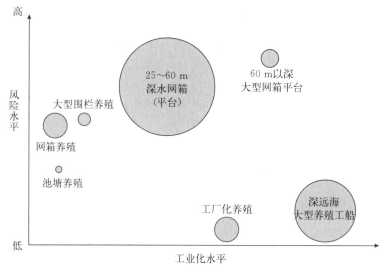

图 14-7　海水鱼养殖方式工业化与灾害风险及规模潜力分析

四、经验启示

(一) 合法性与企业设立

所有的生产行为必须要有法律的基础。在国家海洋专属经济区以内的合法生产行为，受到法律的保护与有关管理部门的服务与保障，也不存在关税的限制。根据有关法律，深远海养殖企业在领海以内使用特定的海域，必须依法获得海域使用权，海域使用必须按照国家海洋功能区划要求，养殖用海域使用权一般由县级以上地方人民政府审批，使用期限为 15 年。

(二) 水质条件与养殖品质

水质是开展水产养殖的基本条件。优良的水质可以确保养殖生物的生存与健康，更是生产高品质养殖产品的基本要素。《海水水质标准》(GB 3097—1997) 规定了各类使用功能海域的水质要求，一类水适用于海洋渔业，二类水适用于水产养殖区。《渔业水质标准》(GB 11607—89) 是为保护渔业资源、保证捕捞水产品质量而制定国家标准，以污染物控制、保障健康养殖环境为主要内容，是养殖水域选择的基本前提。《无公害食品　海水养殖用水水质》(NY 5052—2001) 规定了养殖用水水质要求，是养殖系统有效构建、保障产品食用安全的基本要求。

(三) 常年水温与适养品种

温度直接影响到养殖生物的代谢强度、生存和生长。在自然水域构建养殖系统，必须考虑该地区常年的水温变化规律与养殖对象的生物学特性，水域环境的极限水温必须在养殖生物可生存、能耐受的范围之内，其经常性水温变化范围应该最接近养殖生物生长最快的温度范围，否则就需要配备辅助的保障系统。

(四) 养殖平台工程经济性

在经常遭受恶劣海况风浪影响、无遮挡保护的水域开展规模化、集约化养殖，保障生命财产安全是第一位的，包括生产人员安全、生产物资安全和养殖生物的生存等。现代船舶与海洋工程装备为海上养殖平台的构建提供了可靠的技术支持，其有效性与生产系统构建的经济性、规模效应以及运行效率等密切相关，在建设前需要专业化的设计与评估。

（五）养殖水域选择与环境承载力

深远海养殖平台所在地的选择，一是以水质和水温为前提，前者关系到养殖存活率与产品品质，后者决定了适养品种及产品价值；二是尽量选择海况、水文环境相对稳定的水域，以保障生产系统的可靠性；三是必须考虑养殖排放对环境的影响，选择有海流作用、营养物质不易在局部聚集的水域，以保证生产环境的长期稳定。最重要的是建立基于环境承载力评估与控制的区域性规划，在产业发展之初就形成科学、规范的产业环境。

（六）陆海相连的生产保障系统

深远海养殖是规模化、工业化的生产方式，既要产出大量的产品，又需要消耗相当数量的生产物资，海上的运输系统是重要的组成部分。对应不同形态的运送物资，如鱼种、饲料、活鱼、加工产品等，需要建立专业化的物流系统，以提高工效。陆上养殖配套基地的设置尤为重要，其既是活鱼产品向市场配送的枢纽，也可能是一些品种在陆上的繁育基地，更是海上物资补给和产品精深加工的基地。

第二节　大陈岛围栏养殖

围栏养殖是在我国深远海临近岛礁的开放海域，以大型柱桩式围栏设施为养殖平台，开展大水面鱼类放养的一种新型生态养殖模式。围栏设施是以大规格混凝土桩或钢管桩作为固定支撑，连接高强度合成纤维网衣或铜合金网衣形成密闭网体，围栏较大区域水面（一般为1万 m^2 以上）形成的大型养殖平台，整体结构强度高，网衣抗海洋污损生物附着能力强，可适应深远海较为恶劣的海况条件，大大拓展了我国的海水养殖空间。围栏养殖设施上一般配有养殖平台，配套机械化与自动化的养殖装备及日常生活设施，可供养殖工作人员居住并开展养殖管理操作。围栏养殖养成的鱼类品质较高，已得到市场消费者的认可。围栏养殖最早在我国大陈岛海域建成并投入生产应用，目前在东海已陆续建成多例该类设施，同时在我国北方沿海也有相关的成功案例。本节主要以大陈岛围栏养殖设施作为代表案例展开介绍。

一、发展历程

围栏养殖（围网养殖）于20世纪20年代起源于日本，在50年代引入中国，开始主要为湖泊围网养殖，后逐步发展为利用滩涂和浅海等资源，采用围网与围栏等手段进行水产养殖作业。对比网箱和浮式养殖筏，围网养殖的养殖水体大，养殖密度低，且其底部是海底，是一种介于养殖与增殖之间，接近自然的生态养殖方式（徐君卓，2007）。早期的围栏养殖主要是用于滩涂低坝高网养殖及港湾围栏养殖，柱桩主要采用木棍或者竹竿，围栏养殖设施的结构强度不高，在选址时需要避开强潮流和台风等袭击，同时受到纤维渔网防污技术及金属网腐蚀等条件制约，因此早期的围栏养殖技术并未得到广泛的推广应用。

随着铜合金材料网衣在水产养殖业上的应用，结合海岸工程技术的发展，以早期围栏养殖设施结构为参照，2012年，我国首次采用柱桩连接铜合金构建大水面围网养殖设施——围栏养殖设施，于浙江台州大陈岛海域建成并投入使用（王磊等，2017）。

大陈岛围栏养殖设施选址于开放海域，利用钢筋混凝土桩或钢管桩作为固定桩支撑，围网网衣采用铜合金编织网结合超高强聚乙烯网衣，设施的整体强度高，抗风浪性能好，围栏养殖设施的养殖水体大、养殖鱼类的病害发生率低、品质好、附加值高，得到了市场的认可。

目前，在浙江大陈岛海域已建成 4 例围栏养殖设施并开展养殖生产（图 14-8），分别分布于上大陈岛 1 例，下大陈岛 3 例，自 2012 年发展至今已有 8 年，设施的构建技术不断进步，养殖模式不断完善，取得了良好的经济效益、社会效益和生态效益。

大陈岛隶属浙江省台州市，最近距大陆海岸线约 20 km，是台州列岛 106 个岛礁中的主岛，分上、下大陈岛，二岛仅相隔 2.5 km 水道，总面积 11.89 km²。大陈岛海域渔业发达，岛礁四周栖息着众多的石斑鱼、黑鲷、梭子蟹、七星鳗、虎头鱼等鱼类生物种群，是浙江省第二大渔场，其中浪通门养殖基地是浙江省以大黄鱼、鲈、真鲷等海珍品养殖为主的最大的深水网箱养殖基地。虽然远离海岸线，但依托上、下大陈岛的优良岛礁条件，当地养殖企业积极探索，勇于创新，以中国水产科学研究院等科研单位为技术支撑，研发建造了适合当地养殖生产的围栏养殖设施。目前在大陈岛的近岛礁海域，已陆续建成 4 例围栏养殖设施，以下分别进行介绍。

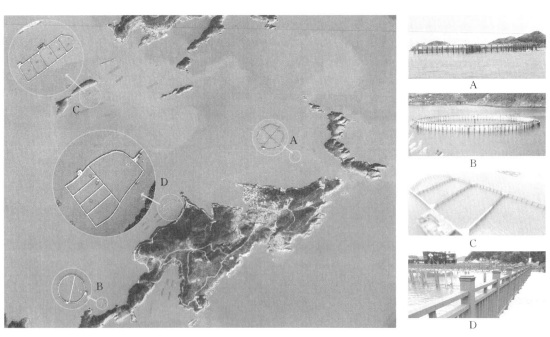

图 14-8　大陈岛已建成的 4 例围栏养殖设施位置分布图

A. 台州市椒江星浪海水养殖专业合作社建成的围栏养殖设施，2012 年
B. 台州市恒胜水产养殖专业合作社建成的围栏养殖设施，2013 年
C. 台州市大陈岛养殖有限公司建成的围栏养殖设施，2015 年
D. 台州广源渔业有限公司建成的围栏养殖设施，2016 年

（一）台州市椒江星浪海水养殖专业合作社建成的围栏养殖设施

2012 年，台州市椒江星浪海水养殖专业合作社建成首例围栏养殖设施（图 14-8-A），该设施位于浙江台州大陈镇下大陈岛的北部海域，距岛岸约 500 m，围栏设施以周长约为

360 m 的正八边形布局，所处海域水深约为 6 m，围栏水域面积约 1 hm²，可养殖大黄鱼 16 万尾以上。整个设施由 120 余根混凝土柱桩围绕支撑，围网上部采用合成纤维网衣，下部为铜合金编织网。

（二）台州市恒胜水产养殖专业合作社建成的围栏养殖设施

2013 年，在首例围栏养殖设施的西南海域约 4.5 km 处，台州市恒胜水产养殖专业合作社建成第二例围栏养殖设施（图 14-8-B），整体布局为圆形，周长约 380 m，所处海域水深约为 5 m，围栏水域面积约 1.2 hm²，可养殖大黄鱼 18 万尾以上。设施的固定桩为钢管柱桩，内外圈双排布局，外圈防护网衣为超高分子量聚乙烯网衣，内圈网衣由铜合金编织网与超高分子量聚乙烯网衣连接组成（陈恒等，2015）。

（三）台州市大陈岛养殖有限公司建成的围栏养殖设施

2015 年，台州市大陈岛养殖有限公司选址下大陈岛西部海域，建成第三例围栏养殖设施（图 14-8-C），该设施的整体布局为船型，周长约 700 m，所处海域水深约为 8 m，围栏水域面积约 2 hm²，采用网衣分隔为 5 部分开展养殖，可养殖大黄鱼 30 万尾以上。内部采用直径为 1 m 的钢管桩，相比前两例该设施提升了围栏设施的抗风浪性能。设施的网衣同样采取水下铜合金编织网，水上部分为合成纤维网衣。

（四）台州广源渔业有限公司建成的围栏养殖设施

2016 年，台州广源渔业有限公司在下大陈岛的中北部近岛海域，选址建成该区域最大的围栏养殖设施（图 14-8-D），整体布局形如手掌，围栏水域面积约 4 hm²，地处海域水深约为 6 m，可养殖大黄鱼 60 万尾以上。该设施采用钢管桩，网衣组成为铜合金编织网与合成纤维网衣。设施连接下大陈岛主岛，建有 3 000 m 的观光步道，游人可以直接步行游览设施，或于设施上进行垂钓。

大陈岛围栏养殖设施的设计建造以早期的养殖围栏建造技术为基础，结合了铜合金网衣抗海洋污损生物附着的特性以及海洋柱桩工程技术，同时，水产养殖的技术发展以及良好的市场需求都为此模式的成功提供了保证。大陈岛围栏养殖设施的建造与生产应用为企业创造了良好的经济效益，也因此得以推广和发展，其建造技术也在不断地改进和完善。

二、主要做法

大陈岛海域的围栏养殖设施虽然布局多样，但设施的建造结构与围网的连接布设技术基本相同。围栏养殖设施主要由柱桩与围网网衣组成，柱桩的种类主要有混凝土桩和钢管桩，围网网衣的水下部分采用铜合金编织网，水上部分采用合成纤维网，网衣间的连接与网衣与柱桩间的连接固定形成围栏养殖设施的围网养殖空间，另外，网衣在海底的连接固定也是养殖容体构成的重要技术环节。

（一）围栏养殖设施布局

围栏养殖设施布局根据养殖海域的使用规划及养殖管理需要设计制定，布局的整体形式没有固定参照，大陈岛围栏养殖设施都是建造于靠近岛岸的开放海域，受海域地理环境等局限较小，因此布局形式多样，有圆形、方形和多边形等，其布局形式主要是考虑养殖规划区的合理利用及养殖管理规划的需求，设施内部围网布设边界以圆形或椭圆形较好，方形布局及内部网栏隔断等折角处的围网布置宜平滑过渡，以适应鱼类沿网衣边界巡游。虽然布局形式多样，但总的布局结构主要划分为围栏养殖设施的外围框架，内部养殖区隔断以及养殖操作平台等，以圆形围栏设施为例，见图 14 – 9。

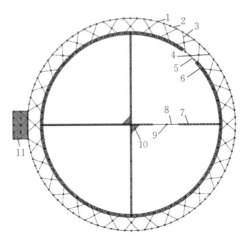

图 14 – 9　圆形围栏养殖设施整体结构示意图

1. 外圈固定桩　2. 外圈防护网　3. 内外圈支撑连接　4. 内圈固定桩　5. 内圈围网　6. 内圈步行道
7. 隔断栏步行道　8. 隔断拦网　9. 隔断固定桩　10. 中心养殖操作平台　11. 设施养殖管理平台

（二）围栏养殖设施柱桩建造

大陈岛海域围栏养殖设施的柱桩选型，除了首例围栏养殖设施采用混凝土桩之外，后续的设施建造主要以钢管桩为主。

混凝土桩即钢筋混凝土灌注桩，其特点是节省钢材，造价低，可根据强度需要塑筑不同规格的固定桩，但对海上建造技术要求较高，费时较长。钢管桩为预制桩，特点是强度高，挤土影响小，建造较为方便（刘振威，2016）。在钢管桩的内部浇筑混凝土可以进一步提高桩的强度（赵云霄等，2013）。

对于单根固定桩，以海底平面为基准可分为两部分，上部高度根据水深及养殖需求设计，大陈岛围栏养殖设施的柱桩，海底以上的高度在 15～25 m。泥下部分需要根据海底地质及施工要求确定深度。固定桩的建造参照各种类型海洋柱桩的施工方案和相关标准规范等进行建造施工，建造完成后由相关部门进行验收。

围栏养殖设施的柱桩建造布局需要参考海区的地理与海况等环境条件，结合审批的养殖用海区域分布等情况，合理规划，以有效利用、建造可行、安全养殖为前提，设计围栏养殖的柱桩布局，为围网网体的构建提供安全支撑。

（三）围栏养殖设施网体构建

大陈岛围栏养殖设施的围网网衣主要采用铜合金编织网与合成纤维网衣。其中海面以下部分的网衣采用铜合金编织网，网衣的水上部分采用合成纤维网。围网网体的构建技术主要可分为网衣之间的连接、网衣与柱桩的连接及网衣与海底的连接。以下分别说明各连接特点与技术要求。

1. 网衣之间连接

围网网体由合成纤维防逃网、水下防污铜合金编织网及海底埋置的合成纤维网组成（图

14-10），其中底部的合成纤维网主要用于埋置到海底进行密闭固定。因此，网衣之间的连接技术包括合成纤维网衣的网片拼接技术，铜合金编织网的网片拼接技术及合成纤维网衣与铜合金编织网的拼接技术。

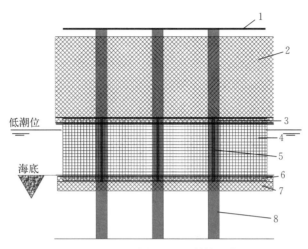

图 14-10　固定桩及围网结构示意图

1. 桩桥　2. 围网上部纤维网　3. 围网上中部连接　4. 铜合金编织网
5. 围网与固定桩的连接　6. 围网中下部连接　7. 底网　8. 柱桩

（1）合成纤维网连接。合成纤维是用一些化学元素或一些简单的基本物质，经化学合成的方法，制成完全新型的高分子化合物，再经过熔融抽丝而成的纤维。合成纤维的种类较多，常见的如聚酰胺（锦纶/尼龙纤维）、聚酯（涤纶）、聚乙烯（乙纶）、聚丙烯（丙纶）等，这些也是渔用网具与绳索使用最多的几种纤维（钟若英，1996）。UHMWPE 纤维，即超高分子量聚乙烯纤维，是由分子量相对较高（超百万）的聚乙烯材料利用冻胶纺丝技术高倍拉伸而形成的一种高性能纤维，是继碳纤维和芳纶之后出现的第三代高性能纤维，由于UHMWPE 纤维的卓越性能，其应用自 20 世纪 80 年代末开始迅速向渔业应用领域拓展，在丹麦、挪威、西班牙、荷兰、美国和中国等国家，UHMWPE 纤维被应用于拖网和海水养殖网箱等的加工制作（王磊等，2013）。

围栏养殖设施水上部分网衣采用的合成纤维网，主要是超高分子量聚乙烯（UHMWPE）纤维网衣，在强度要求不高的位置，如围网底部的合成纤维网，也有用尼龙纤维（PA）网和聚乙烯（PE）网代替，主要作用是防止鱼类在涨潮或浪高时逃出围栏养殖设施。网片的种类主要包括有结网和无结网，水上防逃网一般采用无结网，虽然成本较高，但强度也明显增强，海底连接用的网片可选取有结网，以节省成本。合成纤维网的网目

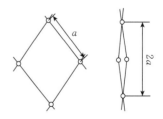

图 14-11　合成纤维网的网目尺寸

尺寸，一般用网目长度表示（图 14-11），即当网目充分拉直而不伸长时，其两个对角结或连接点中心之间的距离，简称"目大"，符号用"$2a$"表示。大陈岛围栏养殖设施根据放养鱼类的规格，合成纤维网衣的网目长度为 50～70 mm。

合成纤维网的网片拼接即网片缝合，根据网片边缘的连接要求，一般采用编结缝、绕缝和活络缝三种方法，其中围网网衣制作中最常用的是编结缝和绕缝。缝合的正确与否直接影响到网衣连接的密闭性与受力分布的均匀性，因此需要严格按照工艺要求进行。

（2）铜合金编织网连接。我国于 2009 年开始铜合金材料海水养殖的应用研发工作，由中国水产科学研究院东海水产研究所与国际铜业协会合作开展，主要从铜合金网衣的机械性能测试，在我国沿海各海区开展铜合金网衣抗海洋污损生物附着效果试验，及铜合金网衣网箱与配套技术的研发设计等方面开展研究工作（聂政伟等，2016）。对比传统的合成纤维网衣与其他金属网衣，铜合金网衣在海水养殖应用方面具有几点优势，优异的表面抑菌性能和防海洋污损生物附着性能；良好的防海水腐蚀性能；良好的物理机械性能；可循环利用（Andrew，2013；Maria，2014）。图 14 - 12 是东海水产研究所在开展的铜合金网衣海水养殖应用过程中的网衣情况。

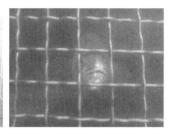

图 14 - 12　水下铜合金网衣

铜合金编织网是利用铜丝相互交叉织成网孔的筛面网，由于网片编织工艺及网片运输等问题，网片的制成尺寸受到限制，目前大陈岛围栏养殖设施使用的铜合金编织网的高度为6~8 m。根据铜丝的使用年限要求，大陈岛围栏养殖设施选用的铜合金编织网规格，丝径为 4.0~4.5 mm（大陈岛海域条件下使用，设计使用寿命为5~6 年）。

铜合金编织网的网目为正方形，因此其网目尺寸可采用目脚长度表示，即正方形的边长，符号用"a"表示（图 14 - 13）。网目尺寸的选取，主要依据是放养鱼苗规格，大陈岛围栏养殖设施养殖的鱼类是大黄鱼，采用接力养殖模式，即在每年的 4—5 月放养较大规格的大黄鱼鱼苗（150~300 g）。网目尺寸的选取与设施整体的强度设计及工程造价的经济性也有一定关系，需要根据设计要求综合考量。

大陈岛围栏养殖设施的铜合金编织网，方形网目的边长为40~45 mm，铜合金编织网网片之间的连接可以用如尼龙棒等棒材作为转接，即首先将两片铜合金编织网的边缘连接固定尼龙棒，再固定两根尼龙棒，可以避免铜合金编织网受力时造成铜丝变形，尼龙棒的规格为直径 30 mm，尼龙材料具有高强度和耐磨性，可以避免铜丝的磨损，尼龙棒之间通过尼龙绳或高强度聚乙烯网线进行缠绕捆扎，在海上安装时比较容易操作。

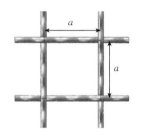

图 14 - 13　铜合金编织网的网目尺寸

（3）铜合金编织网与合成纤维网的连接。合成纤维网与铜合金编织网的连接需要分为 3 步，首先将合成纤维网的边缘缝合绳索（连接力纲），其次是将铜合金编织网的边缘进行绕扎处理并固定棒材或绳索，最后将合成纤维网的连接力纲与铜合金编织网边缘的绳索对接绕扎，即可实现合成纤维网与铜合金编织网的连接。

2. 网衣与柱桩的连接

在围网网衣组合连接完成后，需要进行网衣与柱桩的连接固定。围网网衣与固定桩的连接目前主要有两种方式：整体式围网网衣与固定桩的连接和分段式围网网衣与固定桩的连接。两种方式的技术原则都是保证围网网衣与固定桩之间的相对稳定性，即防止网衣移动造成网衣与柱桩的摩擦，并需要避免铜合金网衣变形。大陈岛围栏养殖设施桩网连接固定采取的方法是，在网衣内侧与柱桩之间插入一层软质的橡胶或塑料板来防止摩擦，网衣的外侧也用橡胶或塑料板贴附，再用绳索捆扎于柱桩上。

3. 网衣与海底的连接

围栏养殖设施的建造过程中，网衣的底部如何埋固于海底是一个重要的技术环节，在埋固网衣时，埋置深度较深会造成铜合金网衣的浪费，较浅则易在水流冲刷下形成漏洞致使鱼类逃逸。

大陈岛围栏养殖设施的网底固定是在铜合金编织网的下部连接合成纤维网衣，采用浅埋铜合金网衣，深埋合成纤维网衣的方式，即首先在网衣放置的海底处利用高压水枪冲刷出较平整的沟道，将下部连有合成纤维网的铜合金编织网放入一定深度，利用沙袋压住合成纤维网衣，然后推入海底泥沙将沟道填平，将网衣埋置于海底。设施在后期使用时建议在空闲期（阶段养殖间隔期）进行检查维护。

4. 养殖和管理

大陈岛围栏养殖的选址海域远离大陆海岸线，深远海的优良海域环境为养殖鱼类的生长提供了更为良好的基础，相比传统的深水网箱集约化养殖管理，大水面、低密度的围栏养殖，在环境控制、苗种规格及投喂管理等方面，需要有更为完善的养殖管理与配套技术体系。

（1）养殖海域。大陈岛的围栏养殖的特点是养殖水面大，宽阔的游泳空间及充分的水流交换，为养殖鱼类提供良好的生长环境。但在养殖过程中也需要监测水体的温度和盐度等水质参数的变化，特别在雨水较多的月份更要注意实施监测，避免水质变化造成鱼病的突发等状况。

（2）养殖苗种。围栏养殖的不同鱼种需要有针对性的养殖技术，围栏设施养殖作为一种较高投入和高风险的养殖模式，需要选择有较高经济价值的养殖品种。目前大陈岛围栏养殖的鱼类品种主要是大黄鱼，大黄鱼是一种越冬洄游性鱼类，其越冬的极限水温为 7 ℃，因此在浙江省及以北的沿岸海区很难满足大黄鱼养殖的越冬条件，一般养殖周期在每年的 5 月投苗，12 月起捕，苗种的规格为平均体重 300 g/尾，成鱼的规格为平均体重 600 g/尾（张千林，2003）。

（3）饵料投喂。围栏养殖鱼类的饵料和投喂等也与传统的网箱养殖分别有一定类似和区别。饵料主要以配合鱼饲料为主，配合鱼饲料是由工厂生产，虽然成本较高，但质量安全，容易控制，对鱼类生长有益，也利于海域环境和资源的保护（胡兵，2015）。

围栏养殖的投喂量应适当控制，建议在鱼类生长较快的 7—9 月每天投喂 1～2 次，其他时间应适当减少投喂次数，尽量利用围栏养殖的宽阔水域优势，使养殖鱼类觅食天然饵料，包括海藻和小鱼、小虾等，提高养殖鱼类的品质，并可降低养殖对该海域水体的环境压力。

5. 设施维护

由于围栏养殖设施多建于开放或半开放海域，并需要保证良好的水流交换，因此不可避免的需要经受风浪甚至台风的考验，设施的设计强度要求更高，对设施的日常维护也提出更高的要求。设施的围网网衣为金属网衣和合成纤维网，对比网衣的强度，网衣的连接处是较为薄弱的环节，因此管理或养殖工作人员需要经常检查网衣的连接处和磨损处，海水以下的网衣及海底布网处需要专业的潜水员进行检查和维护，尤其在预报的台风来临之前需要仔细检查并加固设施的相关部位，尽量避免损失。

三、取得成效

我国近岸海水养殖空间越来越小，同时面临着海水养殖环境恶化、病害频发、密度过大等一系列问题，为实现可持续发展，海水养殖产业由近岸向深远海转移已经成为必然选择。大陈岛海域离大陆海岸线约 30 km，海域资源与环境等条件优良，是大黄鱼等鱼类的产卵索饵洄游通道，具备发展深远海养殖的基础。

大陈岛海域发展的围栏养殖模式是一种生态养殖模式，可以很大程度避免养殖污染等问题，同时提升养殖鱼类的品质，得到市场和消费者的认可，也拓展了水产养殖业发展空间，具有良好的生态效益、经济效益和社会效益。

（一）生态养殖保证持续稳定的生态效益

大陈岛海域的地理与资源环境优良，自 20 世纪就有渔民开展水产养殖，但由于地处外海，普通的网箱养殖难以抵御台风等恶劣海况的袭击，大陈岛的水产养殖业没有得到良好的发展。围栏养殖设施的出现，为大陈岛水产养殖指明了方向，构建了具有抵御恶劣海况能力的养殖屏障。

围栏养殖采用大水体、低密度的养殖方式，控制投喂饲料的数量与种类，大大降低了养殖对海域环境的污染，在开展生态养殖的同时，联合研究单位积极探索鱼-贝-藻多层级立体养殖模式，构建稳定的水域生态系统，为该海域生物包括养殖鱼类的生存提供更好的可持续的栖息环境。

（二）养成高品质鱼类带来良好的经济效益

大陈岛围栏养殖利用天然水域开展大黄鱼围养，相比传统网箱养殖的大黄鱼，围栏养殖的大黄鱼品质优良，市场价值高，因此得以不断推广应用。以大陈岛建成的围栏养殖设施为例，周长为 360 m、水深为 6 m，则养殖水体约为 60 000 万 m³，年可养成鱼约 180 000 kg，参考近几年大陈岛围栏养殖的大黄鱼市场价格，为 120～150 元/kg，则纯销售收入可达2 000 多万元（表 14-1）。

表 14-1 大陈岛 360 m 周长围栏养殖设施大黄鱼预期成品鱼年收益

项　　目	数　　值
苗种规格（g）	300～500
预期单位体积年产出量（kg/m³）	3

（续）

项　目	数　值
360 m 周长围栏的养殖容量（m³）	60 000
预期年产出量（kg）	180 000
预期市场价格（元/kg）	120~150
预期销售收入（万元）	2 160~2 700

随着设施结构的完善，大陈岛围栏养殖设施可逐步用于开发休闲渔业，带动本区域旅游、观光、垂钓等产业的发展，其综合经济效益将十分显著。

（三）带动多产业共同发展产生良好的社会效益

大陈岛围栏养殖大黄鱼经过近几年的发展，其养殖模式日趋完善，养成鱼类品质较高，得到政府、企业及市场的认可，在我国其他省份的沿海区域也逐步建造发展。大陈岛目前共计 4 例围栏养殖设施，总养殖面积近 8 万 m²，年可养成鱼类达 1 000 多 t，为市场提供了优质大黄鱼，提高了水产养殖效益，在推动当地水产业健康持续发展的同时，也拉动了水产加工、旅游等相关产业的发展，具有良好的社会效益。

四、经验启示

大陈岛围栏养殖设施从首例建造，到后续的 3 例设施，企业之间互相借鉴，不断加强柱桩的规格强度，完善网衣的连接技术，但受限于其发展历程较短，关于围栏养殖设施的基础研究仍比较薄弱，在一些技术环节与配套装备方面还需要进一步研究。

（一）网体构建技术

在遭受强台风的袭击时，网衣仍会出现局部破损现象，增加了维修成本。需要开展网衣连接技术的优化研究，特别是合成纤维网与柱桩的连接，以及铜合金编织网与柱桩的连接，进一步完善高强度的大网面构建技术，以抵抗强风浪的冲击。

（二）围栏养殖设施柱桩建造标准化

围栏养殖设施柱桩的规格和整体布局没有相关规范，柱桩的强度设计和规格选取没有依据，还缺少充分的科学数据支撑围栏养殖设施的受力计算，因此还需要开展更多的科学实验与模拟运算，以完善围栏设施的结构强度设计理论，为设施整体和局部的强度设计提供依据，同时也为设施的强度布局提供依据，合理利用资源设计建造更为安全的围栏设施。

（三）完善养殖模式与养殖管理

大陈岛围栏养殖的定位虽然是生态养殖，但具体的操作仍在摸索阶段，养殖容量控制、病害预防、环境控制等问题仍是企业关注的焦点。开展生态养殖的前提，不应为追求经济效益盲目增加养殖密度和饵料投喂量，如此不仅降低了养殖鱼类的品质，增加鱼类病害发生概率，也对设施和环境造成了压力，是舍本逐末的不当做法。同时，也需要尽快研究确立围栏养殖的管理体系，为行业的规范发展提供指导。

（四）围栏养殖设施配套技术与装备

围栏养殖设施作为一种结合海工技术的深远海养殖设施，其配套的养殖技术与养殖装备也不同于普通网箱养殖，在大水面投喂、饲料定量、管道输送、养殖海域环境指标采集、安全监控、废弃物清除、网衣水下清洗和渔获集中起捕、信号传输、动力供给和装备操控技术等方面，需要不断研究完善，构建围栏养殖配套关键装备技术体系。

参 考 文 献

陈恒，程岩雄，茅宁宁，2015. 大陈岛铜网衣围海养殖技术 [J]. 科学养鱼（9）：42-43.

丁永良，2006. 海上工业化养鱼 [J]. 现代渔业信息（3）：4-6.

凤凰网，2019. 全球首艘 10 万 t 级智慧渔业大型养殖工船项目 [EB/OL]. http://qd.ifeng.com/a/20191220/8006930_0.shtml，2019/12/20.

国际船舶网，2018. 首个深远海智慧渔业工厂项目启动 [EB/OL]. http://www.eworldship.com/html/2018/NewShipUnderConstrunction_0621/140419.html? from＝singlemessage&isappinstalled＝0，2018/6/12.

胡兵，2015. 大黄鱼系列配合饲料的应用现状 [J]. 中国水产（3）：48-50.

刘振威，2016. 浅谈钢管桩沉桩施工技术的应用 [J]. 建筑工程技术与设计（14）：308.

聂政伟，王磊，刘永利，等，2016. 铜合金网衣在海水养殖中的应用研究进展 [J]. 海洋渔业（3）：329-336.

王磊，闵明华，石建高，等，2013. UHMWPE 纤维研发与生产现状 [J]. 材料科学，3（5）：192-198.

王磊，王鲁民，黄艇，等，2017. 柱桩式铜合金围栏网养殖设施的发展现状与分析 [J]. 渔业信息与战略，32（3）：197-203.

徐皓，陈军，倪琦，等，2013. 一种船载海洋养殖系统 [P]. 中国发明专利，102939917，2013/2/27

徐君卓，2007. 海水网箱及网围养殖 [M]. 北京：中国农业出版社.

张千林，2003. 大黄鱼深水网箱养殖技术 [J]. 渔业现代化（3）：8-13.

赵云霄，赖颖，2013. 钢管混凝土的应用 [J]. 商情（4）：267.

钟若英，1996. 渔具材料与工艺学 [M]. 北京：中国农业出版社.

Andrew D，Igor T，Judson D，et al，2013. Field studies of corrosion behaviour of copper alloys in natural seawater [J]. Corrosion Science（76）：453-464.

Francisco de Bartolomé，Abel Méndez，2005. The Tuna offshore unit：concept and operation [J]. Ieee Journal of Oceanic Engineering，30（1）：20-27.

InnoFisk，2005. Feasibility study into a new concept for sustainable aquaculture on board of a ship [EB/OL]. http://www.agro.nl/innovatienetwerk.

Maria l C，Jemimah D，Magdalena S，et al，2014. The study of marine corrosion of copper alloys in chlorinated condenser cooling circuits：The role of microbiological components [J]. Bioelectrochemistry（97）：2-6.

Soner Blien，Volkan Kizak，Asli Muge Bilen，2013. Floating fish method for Salmonid production [J]. Marine Science and Technology Bulletin（2）：8-12.

第十五章　大洋极地资源探测与捕捞案例

第一节　渔场探测

渔场是指鱼类或其他水生经济动物密集经过或栖息的具有捕捞价值的水域，随产卵繁殖、索饵育肥或越冬适温等对环境条件要求的变化，在一定季节聚集成群游经或滞留于一定水域范围而形成的在渔业生产上具有捕捞价值的相对集中的场所（陈新军，2008）。渔场形成是海洋环境与鱼类生物学特性之间统一的结果，全球海洋渔场渔业资源极为丰富、种类繁多。远洋渔业指远离本国渔港或渔业基地，在别国沿岸海域或深海从事捕捞活动的水产生产事业，一般可分为过洋性渔业和大洋性渔业，大洋性渔业主要是在公海进行的，由机械化、自动化程度较高，助渔、导航仪器设备先进、完善，续航能力较长的大型加工母船（具有冷冻、冷藏、水产品加工、综合利用等设备）和若干捕捞子船、加油船、运输船组成的捕捞生产活动（王小晴，2002）。大洋渔场渔业资源探测就是应用一种或多种技术手段与方法，在大洋中寻找、探查、识别、判断和预测中心渔场的位置以及主要渔业资源的时空分布情况。

一、发展历程

二战之后的 20 世纪 50—80 年代，全球海洋捕捞产量经历了一个高速增长期，然而进入 90 年代后，随着世界海洋捕捞压力的持续增加，渔业资源过度捕捞状况日益严重，导致海洋渔业资源不断衰退，海洋捕捞总产量进入"零增长"的徘徊期。当前世界海洋捕捞业呈现以下发展趋势，海洋渔业资源争夺日益激烈，海洋捕捞业管理制度日益严格，世界海洋捕捞业产业转移趋势日趋明显，对海洋捕捞业技术装备要求越来越高，国际社会越来越重视海洋捕捞业的可持续发展（史磊等，2018）。

除台湾地区外，我国大陆的远洋渔业起步于 1985 年，在国家大力支持下，30 多年来取得了飞速的发展。如图 15-1 所示为我国远洋渔业近十年来的渔获产量与投入渔船数量，2018 年产量达 225.75 万 t，产值达 262.73 亿元，全国作业远洋渔船 2 600 余艘。目前，我国远洋渔业产量与船队规模均已居世界前列，整体装备水平显著提高，现代化、专业化、标准化的远洋渔船船队初具规模。作业海域现已扩展到 40 个国家和地区的专属经济区以及太平洋、印度洋、大西洋公海和南极海域，公海渔业产量所占比例达到了 65%。捕捞作业方式有拖网、围网、刺网、钓具等多种类型；经营内容从捕捞向加工、贸易、综合经营转变，成立了 100 多家驻外代表处和合资企业，建设了 30 多个海外基地，建立了多个加工物流基地和交易市场，产业链建设取得重要进展（国小雨，2013；陈晔等，2019）。

目前中国远洋渔业处于巩固提高的发展阶段，远洋渔业装备设施参差不齐，渔业捕捞探测、深海捕捞等技术缺乏重大创新，经营管理水平较低等因素都极大地制约了远洋渔业产业的发展（史磊等，2009）。面对世界海洋捕捞业的发展趋势，一方面我国除了继续发展资源养护型的海洋渔业，从生态系统的角度考虑海洋捕捞业的管理措施外；另一方面要积极稳妥的发展远洋渔业，参与国际渔业资源的开发，增强我国国际渔业履约能力，重视海洋捕捞业装备技术水平的提高（刘芳等，2017）。

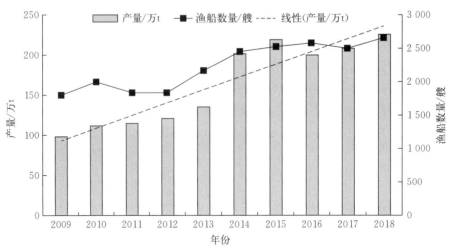

图 15-1　我国远洋渔业近十年来的渔获产量与投入渔船数量

二、主要做法

（一）渔场探测的发展需求

我国早期主要是针对高产渔场开展了资源探测与捕捞，曾于 20 世纪 90 年代初开展了北太平洋柔鱼、西非底层鱼类资源、白令海和鄂霍次克海狭鳕资源调查等活动。20 世纪以来，农业农村部累计开展远洋渔业资源探捕与调查项目 80 余项，以生产性探捕调查为主，获取了捕捞生产渔场的资源及环境信息，开展了初步的资源分析与评估。例如，我国先后开展了多次太平洋延绳钓金枪鱼渔场、大西洋和印度洋金枪鱼渔场资源探捕调查，由于是依托生产船只的资源探捕调查，相关调查数据及研究成果难以满足我国对金枪鱼类资源渔场开发的实际应用需求，也无法提供科学可靠的金枪鱼类资源评估结果，维护我国的国际渔业权益。

（二）主要做法与案例介绍

我国主要采取政府政策引导，捕捞企业与研究机构积极参与合作的方式开展大洋渔业资源探测与捕捞。大洋渔业资源探测与捕捞的主要方法如表 15-1 所示，从早期的利用海洋生物的生活习性、通过目测观察、根据海洋水文状况变化等方法，逐步发展为利用探鱼设备及运用模型模拟预报等方法，到现在利用先进的声学评估与遥感技术探测海洋生物资源。

表 15-1　大洋渔业资源探测与捕捞的主要做法介绍

序号	主要做法	关　键　词	案　　　例
1	传统常规鱼类生物学取样探测	鱼类行为、生物学特征、渔获量、资源状况、海洋环境	西北太平洋巴特柔鱼的灯光鱿钓方法

（续）

序号	主要做法	关 键 词	案 例
2	仪器设备渔场现场采样探测	渔具性能试验、声呐、浮标、浮游生物网、水质仪，获取环境要素信息、渔场生物要素信息、捕捞参数信息等	"蓝海101"和"蓝海201"两艘远洋渔业综合科考船
3	利用遥感信息技术与声学评估手段探测	渔场环境大范围的同步快速探测与声学评估结合	西南大西洋阿根廷滑柔鱼中心渔场栖息地指数模型
4	渔场预报及应用示范	地理信息系统（GIS）、交互式数据可视化工具的可视化分析与多维显示技术在渔场渔情分析预报领域应用	大洋渔业渔情预报系统、覆盖全球海洋环境及主要大洋渔场的预报

1. 传统常规鱼类生物学取样及探测

鱼类行为、生物学状况与环境条件之间的关系及其规律，以及各种实时的汛前调查所获得的渔获量、资源状况、海洋环境等各种渔、海况资料是大洋渔业资源探测与捕捞的基础。早期大洋渔业资源探测一般都是利用人工进行生物学取样，分析掌握渔业资源的生活习性来判断渔场和开展捕捞。如巴特柔鱼类属于大洋暖水性中上层头足类，广泛分布于南北半球温带水域，我国20世纪90年代开展西北太平洋巴特柔鱼钓捕方式的资源探捕和开发，通过中国水产科学研究院东海水产研究所、中国远洋舟山海洋渔业公司等产-学-研机构连续几年的探捕开发以及生物学调查，捕捞规模迅速扩大，柔鱼的资源探捕与调查不仅迅速为我国早期远洋渔业的发展打开了局面，也为我国西北太平洋鱿鱼钓渔业的持续发展提供了保障（樊伟等，2008）。

2. 渔场现场仪器设备采样与探测

渔业资源探测与捕捞仪器设备现场采样包括渔具性能试验、声呐、浮标、浮游生物网、CTD等众多助渔仪器及渔具装备等，主要用于现场监测海表温度、叶绿素、盐度、溶解氧等表层及栖息水层的环境要素信息；渔场浮游生物种类、数量以及鱼群大小等生物要素信息；渔具投网深度、数量等捕捞参数信息等（陈新军等，2019）。2019年中国农业农村部投入运行的"蓝海101"和"蓝海201"是目前中国最大的两艘远洋渔业综合科考船，调查船配备有海流仪等科考设备，具备海洋渔业资源、水文、物理、化学、声学、遥感等综合要素的同步探测处理能力，具备现场数据采集、样品取样和检测分析能力，能够开展渔业资源调查评估、渔业生态环境监测评价、渔业卫星遥感应用、渔具渔法研究与试验等科学任务，技术水平和调查能力达到国内外领先水平（图15-2）。

3. 利用遥感信息技术与声学评估手段探测

利用遥感信息技术可以实现渔场环境大范围的快速同步探测，便于掌握渔场环境宏观动态变化。随着中国渔业资源声学评估和极地遥感探测技术研究发展，逐步系统化，不断取得重大成果。但支撑中国极地等深远海渔业资源探测装备技术的研究严重滞后，适应现代远洋捕捞鱼群探测和资源评估的高端声学探测仪器，国内尚处于空白状态（崔雪森等，2003）。目前，中国南极磷虾资源探测仪器全部依赖国外探鱼仪或多波束科学探鱼仪。中国开展的南极磷虾探捕工作主要集中在渔场现场调查及探捕，极地生物资源的遥感探测还处于发展阶段

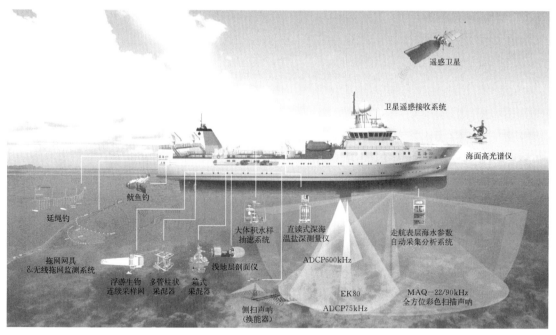

图 15-2　中国渔业设备装备最先进的远洋渔业综合科考船"蓝海 201"

（刘勤等，2015）。

4. 渔场预报及应用示范

渔场渔情分析预报的研究应用即对所获取的海洋环境要素及捕捞生产数据的可视化分析和分析预报结果的制图输出。计算机技术的发展使得地理信息系统（GIS）、交互式数据可视化工具的可视化分析与多维显示技术在渔场渔情分析预报领域应用广泛（杨文波等，2005）。目前我国主要远洋捕捞渔场的捕捞企业及渔船，通过接收获取相关机构发布的渔场海表温图、海表温度距平图、较差图以及渔船预报图等，根据冷暖流的强弱和水温走势，分析判断可能形成渔场的海域，用于指导捕捞船进行探捕或转移渔场进行捕捞作业。有条件的渔船或有经验的船长，还会进一步分析渔场温跃层的深度以及是否存在涡旋等（图 15-3）。

（三）延伸完善产业链

大洋渔业资源探测与捕捞是以远洋渔业捕捞为核心，关联和涉及多个行业。进一步完善和延伸远洋渔业产业链是促进与提高渔场探测及捕捞效率的基础和保障。远洋渔业不仅涉及捕捞船只及相关渔具、渔业机械的建造、维修和更新，涉及渔业码头、加工厂、冷库等渔业基础设施的建设和生产，还涉及水产品的加工、贸易、储运和物流、渔业科技和公共服务等多个环节，跨一二三产业，形成了完整的产业链（高小玲等，2018）。远洋渔业的发展带动了国内其他产业发展，以远洋渔船装备为例，远洋渔船建造产业在我国 18 个产业中排在第二。远洋渔业可以增加社会就业，一名远洋渔业船员能够带动近 20 人就业。以大洋鱿鱼捕捞产业为例，浙江舟山号称"鱿鱼之都"，其渔场捕捞、渔船建造、鱿鱼加工、市场销售等都是以国内为主，产业链较为完整，但深加工附加值仍有待提高。此外其他远洋捕捞种类产业链则存在一定的短板和劣势，还具有较大发展完善与改进的空间。

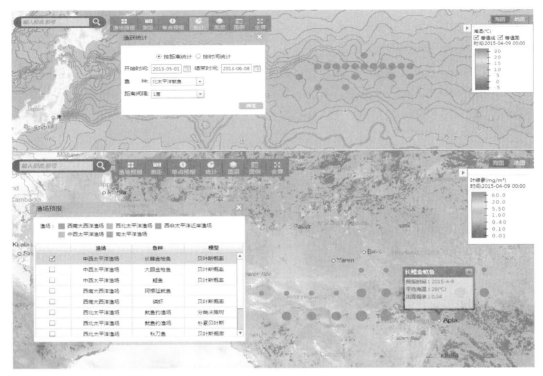

图 15-3　大洋渔场渔情信息服务系统的预报案例展示（北太平洋鱿鱼与中西太平洋金枪鱼）

三、取得成效

　　30 多年来的远洋渔业发展，我国远洋渔业企业资产总量迅速扩大、自身实力显著提升，同时也创造了良好的社会效益。2018 年全国远洋渔业总产量和总产值分别为 225.75 万 t 和 262.73 亿元，作业远洋渔船达到 2 600 多艘，船队总体规模和远洋渔业产量均居世界前列。公海鱿钓船队规模和鱿鱼产量居世界第一，金枪鱼延绳钓船数和金枪鱼产量居世界前列，南极磷虾资源开发取得重要进展，跨入第二集团。远洋渔船整体装备水平显著提高，现代化、专业化、标准化的远洋渔船船队初具规模。渔船和船用设备设施的设计、制造能力明显提升，我国自主设计建造的金枪鱼超低温延绳钓船、金枪鱼围网船、中上层渔业灯光围网船等进入投产，我国建造大型专业化远洋渔船水平上了新的台阶，并形成了海洋捕捞、海上加工补给运输、基地配套服务一体化的比较完整的现代远洋渔业生产体系，如表 15-2 所示为我国主要的大洋渔业探测与捕捞技术，通过努力不断探索同步取得显著成效。

表 15-2　大洋渔业主要探测技术取得的关键成效

分类	2018 年产量（万 t）	序号	探测成效的关键技术
大洋性鱿鱼渔业	45	1	取得探测大洋性鱿鱼渔场与资源认知新技术的突破
		2	取得大洋性鱿鱼资源综合高新技术的提升，研发了中心渔场速报系统，研发生态高效钓捕的新技术
		3	在评估大洋性鱿鱼资源与管理新方法上取得创新，创建了业务化运行的预测模型

（续）

分类	2018 年产量（万 t）	序号	探测成效的关键技术
远洋金枪鱼渔业	34	1	建立了不同金枪鱼渔场的三维环境特征模型及资源时空变动规律解析方法
		2	创建了基于贝叶斯概率原理的金枪鱼渔场预报模型，研发了金枪鱼渔场渔情信息应用服务系统，实现了中心渔场的速预报
		3	建立了金枪鱼延绳钓钓钩深度模型和可视化仿真软件，自主研发了高效生态型金枪鱼延绳钓钓具
公海围拖网渔业	34.2	1	掌握了探捕区的主捕鱼种以及可形成规模化商业捕捞的品种
		2	研究了主要品种的资源状况和渔场波动规律、提取了渔场海洋环境状况季节性变化特征
		3	研制了夜光遥感技术对印度洋渔场的船位监控和渔场分析技术
南极磷虾	4.07	1	创新了南极磷虾拖网生态友好型捕捞技术
		2	创建了高海况南极磷虾资源调查评估方法，揭示了资源时空分布变化规律
		3	创新了南极磷虾渔海况遥感信息融合、集成与应用技术，创建了渔场渔情速预报系统

（一）大洋性鱿鱼渔业

鱿鱼被联合国粮食及农业组织评估确定为具有持续性开发潜力的三个渔业种类之一（王尧耕等，2005）。目前全国 50 多家远洋鱿鱼捕捞企业，近三年累计产量约 150 万 t，产值 174.7 亿元，分别占我国远洋渔业总量的 24.8 ％和 25.1％，鱿鱼产量已连续 8 年居世界第一。通过远洋渔业资源探捕以及关键技术研发，在远洋鱿鱼渔场探测及捕捞技术等方面取得了一批国际领先的研究成果。大洋性鱿鱼的新渔场发现、资源开发、资源评估与可持续管理是做强和持续发展我国大洋性鱿鱼产业的三大核心关键技术。

大洋性鱿鱼渔场探测与资源认知新技术突破主要有，自主开展了大洋性鱿鱼资源的全球性调查，揭示了鱿鱼资源分布规律；先后探测开发了 9 个远洋鱿钓渔场，创建了基于多环境因子的栖息地模型，阐明了渔场形成机制，掌握了渔场年间分布差异的原因。大洋性鱿鱼资源综合高新技术的提升，研发了多源卫星遥感资料自动接收、实时处理与分发全球尺度的中心渔场速报系统；开创了集鱼灯的优化配置模型，研发高效诱集鱿鱼与生态高效钓捕的新技术，显著降低脱钩率10％以上。在评估大洋性鱿鱼资源与管理新方法上取得创新，在探究大尺度气候变化对鱿鱼资源补充量影响的基础上，创建了业务化运行的预测模型；建立了我国远洋鱿钓渔业生产统计时空基准，创建了鱿钓渔业单位捕捞努力量渔获量标准化和资源评估新方法；评估发现了北太平洋、东南太平洋和西南大西洋三大鱿鱼资源仍处在可持续开发状态的渔场，评估与管理新方法及研究结果被国际渔业组织采纳。

（二）远洋金枪鱼渔业

世界主要金枪鱼类的产量自 20 世纪 50 年代初呈不断增长的趋势。20 世纪 90 年代开始，为应对全球金枪鱼资源和海洋权益的争夺，我国经过不懈努力，研发了大洋金枪鱼渔场预报、高效捕捞等关键技术，探测与开发了三大洋的 7 个金枪鱼作业渔场。2018 年我国远洋金枪鱼捕捞渔船 575 艘，金枪鱼总捕捞量约 34 万 t，其中金枪鱼围网产量约 19 万 t。按远洋金枪鱼捕捞规模我国已经发展成为世界主要捕捞国家之一。

针对金枪鱼渔场资源分布、渔场预报及捕捞技术等关键问题，先后开展了三大洋金枪鱼资源与环境探捕调查，创建了不同金枪鱼渔场的三维环境特征模型及资源时空变动规律解析方法，为成功开发我国 7 个大洋性金枪鱼作业渔场奠定了技术基础。通过建立大洋金枪鱼渔业综合管理数据库，创建了基于贝叶斯概率原理的金枪鱼渔场预报模型，研发了具有自主知识产权的金枪鱼渔场渔情信息应用服务系统，实现了中心渔场的速预报。以流体力学、工程力学、鱼类行为学理论为基础，建立了金枪鱼延绳钓钓钩深度模型和开发了可视化仿真软件，自主研发了高效生态型金枪鱼延绳钓钓具，显著提高了金枪鱼捕捞效率。首次研发了我国大洋金枪鱼渔场环境信息接收获取与特征提取技术，创建了自主海洋卫星海表温度、叶绿素反演算法及特征提取算法模块，为金枪鱼渔场渔情分析提供了可靠的渔场环境信息。

（三）公海围拖网渔业

公海围拖网渔业是我国近几年来发展起来的新兴远洋渔业项目。2018 年获批准从事公海围拖网渔业项目的企业共计 26 家，获批准渔船共 161 艘，作业海域主要分布在北太平洋、西南大西洋、印度洋三大公海渔场。2018 年北太平洋、西南大西洋、印度洋三大公海渔场渔获总产量共计 34.2 万 t。其中北太平洋产量为 13.8 万 t；印度洋为 16.3 万 t；西南大西洋为 4.1 万 t。渔业产值达上亿元，经济效益可观，解决了国内数万人的就业问题。

目前中上层围拖网渔场集中在北太平洋渔场、印度洋北部公海渔场与西南大西洋渔场。随着研究深入和捕捞规模的扩大，在公海围拖网渔业捕捞上，逐渐掌握了探捕区的主捕鱼种以及可形成规模化商业捕捞的品种；研究了主要中上层渔业品种的资源状况和渔场波动规律；提取了主要渔场海洋环境状况季节性变化特征；研发了夜光遥感技术对印度洋渔场的船位监控和渔场分析技术。

（四）南极磷虾渔业

南极磷虾广泛分布于南极水域，资源储量非常丰富，约有 6.5 亿～10 亿 t，是全球海洋中最大的单种可捕生物资源，是人类重要的蛋白质储库，但开发利用水平低。2018 年中国磷虾捕捞量为 4.07 万 t，跻身南极磷虾渔业国第二集团，经过多年发展的积累，我国在南极磷虾的探测与捕捞技术上取得了重要突破。

创新了南极磷虾拖网生态友好型捕捞技术，使鱼类兼捕量小于同类船水平，对哺乳动物、海鸟实现零兼捕，满足了南极海洋生物资源养护委员会的履约要求。先后为我国 11 艘入渔南极磷虾渔船、18 种南极磷虾拖网渔具设施安装了生物逃逸装置，确保了我国南极磷虾入渔申请通过率达 100%。创建了高海况条件下南极磷虾资源调查评估方法，揭示了资源时空分布变化规律，精确评估了重点海域资源现存量。获得阐明了南极磷虾特定组分的基础特性，突破了加工利用、品质控制关键技术瓶颈，研发了相关产品并拓展了应用领域。提升了南极磷虾渔业海况遥感信息融合、集成与应用技术，创建了渔场渔情速预报系统，为南极磷虾渔业提供技术保障；创新了全天时南极磷虾拖网捕捞关键装备和技术，突破了制约我国南极磷虾商业性开发的技术瓶颈。

四、经验启示

我国在大洋渔业资源探测与捕捞行业中虽然在规模上已经具有一定优势，但在发展质量、综合效益、科研技术水平上与国外先进水平仍有差距。为推动中国远洋渔业向高质量发展，应以"海洋强国"战略和海上"一带一路"倡议为契机，加强科研投入与创新，探测开发新渔场、新鱼种，积极参与国际渔业管理，重视科研成果应用推广示范，建立并完善监管制度，树立负责任渔业大国形象。

（一）创新发展渔场探测新技术

当前以物联网、人工智能、大数据等为核心的新技术正引领着全球的产业换代升级。"智慧海洋""透明海洋"等概念的提出及发展为海洋渔业的创新提供了新的发展思路。我国远洋渔业的发展壮大已经表明掌握渔场探测等关键技术对渔业资源的开发和养护具有重要意义。通过集成或移植创新，发展渔业捕捞大数据挖掘、渔场自动化无线传感网络探测、精细化、智能化渔场预报新技术等，加强大洋新渔场、生物新资源、深海生物探测等技术研发，有望突破现有关键技术瓶颈，实现大洋渔业捕捞产业的升级，加快远洋渔业的高质量发展。

（二）增强远洋渔业履约能力建设

积极参与全球和区域性渔业组织，以及双边机构等的渔业管理规则及措施的制定，科学应对快速变化的国际渔业环境，增强中国在有关国际渔业公约制定中的话语权，对保障中国远洋渔业持续健康发展意义重大。应加强与FAO等国际组织的交流与合作，通过开展联合科学研究、主办学术交流和研讨会、参加工作会议等形式，广泛参与国际交流与合作，争取发挥引领作用。不断增强我国国际渔业履约能力，提升我国主导大洋渔场探测开发的话语权，提升我国在国际渔业合作中的地位和科研技术水平，树立负责任渔业大国形象。

（三）制定科学合理的大洋渔业探测规划

以往的以渔船捕捞为主的生产性跟踪调查，调查海域范围和时间都非常有限，长期的连续性调查少，受制于渔船条件，调查仪器、调查方法和调查要素等都受到一定影响，难以开展全面的、科学的渔场资源环境综合调查，造成我国无法开展和取得令人信服的大洋渔业资源评估结果，严重制约着我国参与国际渔业事务谈判和维护应有的国际渔业权益。应充分利用现有的专业渔业资源调查船，制定科学合理的大洋渔业探测规划，持续开展大洋渔业，尤其是深海渔业、后备渔场开发的渔业资源科学调查，为推动大洋渔业转型升级，强化规范管理，打击非法捕捞，适应国际管理规则，促进远洋渔业规范有序的可持续发展提供支撑。

（四）优化产-学-研紧密结合模式

由于远洋渔船长期在海上捕捞生产，造成科研机构等人员无法实时掌握捕捞生产一线情况，常常造成无法获取真实的海上捕捞信息数据等，给资源评估、渔场预报等科研工作造成很大被动。科研技术与生产实际有机结合，可发挥科研院所、水产院校、骨干企业的作用，形成产-学-研相结合的行业发展模式，可提高远洋渔业可持续发展能力（李涵等，2015）。完善和优化产-学-研紧密结合的模式，有利于开展远洋渔业数据资料的系统调查、收集与获取，执行生产应急调研和技术指导任务，参与多边国际技术交流与研讨，落实远洋渔业资源探捕和远洋渔业观察员计划任务执行等。通过产-学-研紧密配合，还可以提高对远洋渔业的科技支撑能力，提升产业创新与竞争力，有助于培育一批有国际竞争力的现代化远洋渔业企业。

（五）加强科研成果应用示范和推广

远洋渔业捕捞生产的主体是广大一线船长和渔民，由于受到通信条件、科学素养、技术培训、远离陆地等多方面的制约，导致远洋渔业资源探测、渔情分析、捕捞渔具渔法等相关技术成果的应用示范和推广难度较大。通过组织集中培训、技术应用试验、视频教学、模拟演练等多种形式，将海洋生物、海洋生态、海洋渔业遥感、渔业工程技术、渔具数值模拟、渔业资源评估与管理评价等专业的新理论、新技术进行普及，进一步加强大洋渔业探测与捕捞技术科技成果的应用示范和推广，可加快科研成果的转化，提高科技进步对大洋渔业产业发展的科技贡献率。根据中国远洋渔业协会等机构的调查，我国大洋鱿鱼、金枪鱼、竹筴鱼等主要远洋资源的开发和规模化发展，均不同程度的受益于渔场渔情预报信息产品、渔场海况图、自动化钓机、变水层拖网等相关科研成果的应用示范和推广，对我国整个远洋渔业船队捕捞生产效率的提高及渔场转移等起到了关键的推动与促进作用，从而实现了我国大洋渔业的突破性进展。

第二节　高品质捕捞

海洋捕捞业是传统渔业产业，是蓝色经济的重要组成部分。根据联合国粮食及农业组织统计，2016年全球海洋捕捞产量0.79亿t，占渔业总产量的46.20%（联合国粮食及农业组织，2018）。捕捞业也是我国海洋渔业的支柱产业之一，2018年我国近海捕捞产量1 000.15万t、远洋渔业产量217.02万t，捕捞业占海洋渔业总产量的37.08%（农业农村部，2019）。

随着绿色发展理念的贯彻落实，以及人民对优质水产品日益增长的需求，捕捞产业正在由产量型发展向质量型发展转变。大洋与极地捕捞产品，如金枪鱼、南极磷虾、秋刀鱼、鱿鱼等，具有营养价值高、污染少、品质优等特点，其市场价格与渔获品质密切相关。高品质捕捞是在渔业"转方式、调结构"的背景下，以绿色发展理念为指引，以获取优质渔获产品为目标，以现代捕捞装备和技术为核心，以冷链可追溯系统为保障，以船载加工为延伸的新型捕捞业发展模式。

一、发展历程

（一）高品质捕捞装备技术发展历程

捕捞渔业是人类最古老的生产行业之一，渔具等装备是捕捞渔业的生产工具，其技术水平对渔业发展至关重要，近年来，新的船舶技术、装备技术、信息技术、材料技术的应用推动了高品质捕捞模式的快速发展。在众多作业方式中，拖网渔业由于具有机动灵活、适应性强和生产效率高等特点，其捕捞产量约占海洋渔业总捕捞量的40%左右。拖网作业对象广，作业范围大，自20世纪30年代以来，世界各国针对拖网结构、网具材料等方面的优化开展了大量的研究，20世纪50年代以后，随着大型渔业机械设备的出现、渔场探测和网位监控技术的日益成熟，推动了大型中层拖网的广泛应用，成功地应用于南极磷虾、竹筴鱼、鳕、鳀等渔业经济种类的商业捕捞上，使捕捞产业得到迅猛发展，为铸就竹筴鱼、鳕等世界规模的产业提供技术支撑。但是拖网也存在选择性较差、能耗高等缺点，特别在远洋大型拖网生产中，由于产量常常达到数十吨，渔获在捕获后大量集中堆叠在网中，容易造成挤压损伤，影响渔获品质。

近年来，随着海洋装备技术的发展，以泵吸技术为核心的连续捕捞系统得到创新应用，不仅能提高捕捞的效率，还能大幅度的减少渔获损伤，极大地提升渔获物品质。美国、挪威等国研制的网囊无损鱼体传输系统，其设计目的是为从拖网和围网网囊中传输渔获。与传统拖网在起网后进行取鱼的方式相比，利用吸鱼泵连续泵吸取鱼可以极大简化作业流程，具有高效、省时和渔获质量高的优点（刘健等，2013）。近年来南极磷虾产业备受世界关注，由于南极磷虾特有的生物学特性，对于捕捞方式也有独特的要求，2005 年以前南极磷虾捕捞方式均为网板拖网，2006 年挪威研了南极磷虾连续捕捞系统，采用桁杆拖网配备泵吸设备实现南极磷虾连续捕捞和渔获实时输送，显著提高了生产机械化程度，降低了因虾体死亡后氟元素渗入、自溶腐败等对产品品质造成的负面影响，提高了产品质量（陈雪忠等，2009）。目前，泵吸技术不仅在南极磷虾捕捞中得到应用，挪威等国家通过泵吸装备的使用，实现了拖网捕捞与围网捕捞的兼作，应用于鲐、鲱等种类的商业捕捞，改变了传统的捕捞模式，成功地提高了捕捞对象的品质，降低了能耗和劳动强度。

除拖网作业以外，近年来围网、延绳钓等作业方式的捕捞装备也取得较大进展。作为一种高渔获量的作业方式，围网渔业普遍使用机械化和自动化的捕捞装备以替代高强度的人力劳动，其中以日本、美国、挪威较为先进（徐志强等，2019）。为了适应在太平洋、大西洋和印度洋等水域的金枪鱼围网捕捞作业，美国围网船安装了先进的渔捞设备，1 100 t 级船上配备有各种渔捞机械 16 种共 21 台，均采用液压传动和集中控制，整个渔捞过程只需 6 人。日本 116 t 级围网船上使用了各种机械 21~24 台，达到高度机械化。国外先进的金枪鱼围网捕捞设备主要包括双卷筒纲绞机、支索绞机、吊杆绞机、变幅回转吊杆、动力滑车、理网机等，通过中高压传动以及自动化系统，可实现围网设备协调作业、集成操作、吸捕转运，显著提高了围网捕捞效率与渔获品质。在超低温金枪鱼延绳钓作业中，鲨鱼、海龟及海鸟等海洋保护动物的兼捕问题是国际社会关注的热点，上钩的渔获物经常遭受鲸、豚类大型哺乳动物的啃食，导致渔获物品质下降，欧美和日本等研发了防海龟、防海鸟和防鲨鱼的智能型金枪鱼钓钩和声学驱赶装置，既降低了附带渔获物的比例，又显著提高了渔获品质（图 15 - 4 至图 15 - 6）。

图 15 - 4　爱尔兰 SeaQuest 系列吸虾泵

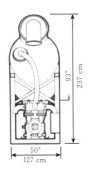 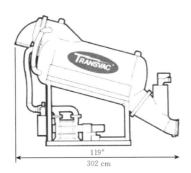 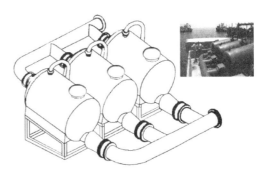

图 15 - 5　美国 Transvac 系列吸鱼泵

 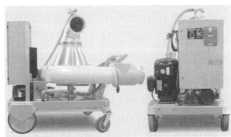

图 15 - 6　美国 AQUA - LIFE 系列吸鱼泵

（二）高品质捕捞渔场探测发展历程

渔场指的是鱼类密集经过或滞游的具有捕捞价值的水域，往往在大洋区域寒流和暖流交汇的辐聚区形成优良渔场。对渔场的掌握程度，决定着捕捞的效益和渔获的品质。我国对各大洋重要渔业资源状况的了解主要通过生产渔船获得，对重要经济种类优良渔场的掌握情况与发达国家和地区相比仍存在较大差距。例如，我国的金枪鱼类捕捞量仅占世界产量的5%～6%，即缺少对大洋金枪鱼渔场系统性、科学性的调查和研究，不够掌握其优良渔场分布。虽然目前我国公海鱿鱼捕捞量居世界首位，但对主要作业洋区鱿鱼的资源变动规律了解不足，增加了生产成本（贾敬敦等，2014）。东南太平洋竹筴鱼渔场，在开发 10 年后突然消失，至今也未能找到原因。在渔场探测发展方向，国外发达国家利用科学调查船，开展长期连续的资源科学调查与声学评估，整合卫星遥感技术，积累了大量调查数据与图件，直接为高品质捕捞渔场开发提供科学依据。如日本定期对三大洋金枪鱼、秋刀鱼、鱿鱼、狭鳕、深海鱼类等重要渔业资源进行科学调查，其拓展公海渔业资源开发的先期都是完全由国家资助进行渔业资源调查，将获得的调查资料及时反映给其国内的远洋渔业生产企事业及管理机构，为其远洋渔业资源开发提供科学依据；日本渔业研究机构根据调查评估结果，每年发布一本《国际渔业资源现状》的评价报告，包括金枪鱼类、柔鱼类、鲨鱼类、鲸类、南极磷虾等 67 个重要远洋渔业种类。国际上对智利竹筴鱼开展过众多研究活动，苏联、智利、韩国、新西兰等均对南太平洋竹筴鱼渔场进行拖网和水声调查。南极磷虾渔场调查最早始于 20 世纪 30 年代，美国、英国、德国以及挪威等国家经过连续多年的资源调查和商业性开发，对其优质渔场分布有深入的认识。南极磷虾脂肪含量与季节变化关系十分显著，而虾油是南极磷虾捕捞业最重要的产品。国外研究表明，拉扎列夫海的成体南极磷虾的脂肪含量，春季显著低于秋季与冬季，秋季最高，冬季仍处于较高水平；德尔海南极磷虾总脂肪含量从晚冬或早春的极低水平经过夏季积累在秋季达到最大值；南极半岛海域夏季早期仅比冬春之交的脂肪含量略有增长；在秋季中期或末期到春季中期或末期，维德尔海和拉扎列夫海南极磷虾的脂肪含量减少了 70%。此外，还有相关研究表明食物组成、年龄、性别、季节以及捕捞海域的不同都可能是造成南极磷虾生化成分不同的原因（聂玉晨，2015）。我国对于不同渔场的南极磷虾营养组成的研究，还处于起步阶段，对于大规模商业开发尚缺少指导作用。

（三）高品质捕捞船载加工发展历程

渔获物的船载加工是决定产品品质、实现产品增值的关键环节，是渔业商品化价值实现的主要途径。例如在超低温金枪鱼延绳钓作业中，如果渔获不能及时进行冷冻处理，就会增大渔获变质的可能性，或者招来大型掠食动物，直接影响渔获的品质，因此船载加工的效率与质量十分重要。船载加工由最初简单的切割、冷冻、蒸煮，向智能化、集成化、信息化方向发展。目前，美国、德国、日本等国水产品加工装备和技术比较先进，已经形成较完整的生产体系。相关装备的单机生产能力高、自动化程度高、兼容性好、产品稳定可靠，产品生产线正在向模块化、自动化、智能化方向发展，以满足水产品加工业可靠、安全、高质的要求。目前，全球涉及水产品加工装备的公司主要有 BAADER（德国）、Marel（爱尔兰）、Sunwell（加拿大）、AEWDelford（英国）、3X‐Technology（爱尔兰）、CretelNV（比利时）、Dantech（丹麦）和 Scanvaegt（丹麦）等。2006 年，加拿大 Sunwell 公司生产了全球第一套渔获物快速冷却用船载低盐度深冷冰浆系统；2008 年，瑞典 ArencoVMK 公司开发的船载全自动鱼类处理系统能够实现产品加工精确定位、自动操作（陈勇等，2017）。挪威通过磷虾专业捕捞加工船，可直接进行海上虾粉、虾油加工，日本、波兰等国船上配备了冷冻原虾、熟虾、整形虾肉、虾粉等多种加工生产设备。国内起步较晚，主要是借鉴陆基渔获物的加工装备与技术；自动化、信息化程度较低，生产效率较低，维护成本较高，兼容性较差，系统集成能力弱；自主创新能力弱，关键、核心部件依赖进口，零部件制造精度、标准化和整机精度、可靠性、兼容性亟待提高；终端产品使用寿命较短，可靠性较差。

（四）高品质捕捞冷链物流发展历程

捕捞渔获具有易腐性高的特点，在捕捞后的海上与岸上运输过程通过冷链物流保持在合适的低温状态，是渔获高品质的基础保障。如金枪鱼产品对于温度的要求非常严格，冷藏和保鲜技术对于质量的保证至关重要，超低温产品则需要 -60 ℃的储存环境，普通的冷库不能满足要求，金枪鱼渔获的捕捞、运输、冷藏、加工等都必须严格符合全程冷链的要求。目前，欧美、日本、韩国等国家已经形成了完整的生鲜食品的冷链物流体系，建立"从产品源头到餐桌"的一体化冷链物流体系，积极采用自动化冷库技术，包括储藏技术自动化、高密度动力存储（HDDS）电子数据交换及库房管理系统应用，其储藏保鲜期比普通冷藏延长 1～2 倍。在运输技术与装备方面，先后由公路、铁路和水路冷藏运输发展到冷藏集装箱多方式联运，而节能和环保是运输技术与装备发展的主要方向。欧洲于 20 世纪 70 年代开始实行冷藏集装箱与铁路冷藏车的配套使用，克服了铁路运输不能进行"门到门"服务的缺点；加拿大最大的第三方物流企业 Thomson Group 除具有容量大、自动化程度高的冷藏设施外，还拥有目前世界上最先进的强制供电器（PTO）驱动、自动控温与记录、卫星监控的"三段式"冷藏运输车，可同时运送三种不同温度要求的货物。在信息技术方面，通过建立电子虚拟的海洋食品冷链物流供应链管理系统，对各种货物进行跟踪、对冷藏车的使用进行动态监控，同时将各地需求信息和连锁经营网络联结起来，确保物流信息快速可靠的传递，并通过强大的质量控制信息网络将质量控制环节扩大到流通和追溯领域。荷兰作为食品物流的典型代表，其在发展海洋食品物流过程中，注意优化供应链流程，减少中间程序，实现物流增值。通过收集、鲜储、包装等标准化生产程序，将来自全国乃至欧盟各地的产品集散到世界各国。同时，注重发展电子商务，信息化程度较高。产品销售有先进的拍卖系统、订货系统，可以通过电子化食品物流配送中心向全球许多国家的消费者提供服务。我国水产冷链物流近年快速发展，企业引进国际先进的冷链物流技术，从加工、冷却、冻结等环节实施低温处理起步，逐渐向储藏、运输、批发和零售环节延伸，向着全程低温控制的方向快速发展（贾敬敦等，2014）。

二、主要做法

（一）南极磷虾高品质捕捞

南极磷虾是世界各国广泛关注的远洋渔业新资源，其资源蕴藏量非常丰富，据估算年可捕量达 0.6 亿～1 亿 t，而目前年产量仅 30 万 t 左右，开发潜力巨大。但由于南极磷虾栖息于遥远的南大洋，渔场海况条件非常恶劣，其生产、运输等成本均较高；且为了避免虾体死亡后氟元素在虾体可食部分的渗入和体内分解酶活性引起的肉质腐败，南极磷虾在起捕后 1～3 h 内必须完成加工处理，产品对于加工技术、效率等方面的要求较高，因此如何实现南极磷虾低成本生产和运输、高品质控制，是南极磷虾产业可持续发展的瓶颈所在（陈雪忠等，2009）。

目前国际上南极磷虾的捕捞主要为大型艉滑道拖网单船作业方式，主要捕捞技术包括传统拖网、连续捕捞系统、泵吸清空网囊技术和桁架拖网 4 种。传统拖网作业是利用网板实现网具的扩张，在拖曳结束后必须先起网，将网囊卷起至甲板后取鱼。为避免南极磷虾在网内被挤碎，传统拖网作业时只能适度控制拖曳时间，控制网次产量；连续捕捞拖网是在拖网过程中无须起网，将吸鱼泵软管直接与网囊相连，从网囊处直接将磷虾泵吸至甲板加工车间；泵吸清空网囊技术是在拖曳结束后，待网具卷起至海表面，将吸鱼泵软管伸入网具当中抽取磷虾，网具无须卷起至甲板，也不必拖曳吸鱼泵软管；桁架拖网是利用桁架实现网具的扩张，既可通过传统拖网方式在起网后进行取鱼，也可通过连续捕捞系统进行取鱼（刘健等，2013）。

以泵吸装备为核心的连续捕捞系统主要包括吸鱼泵、桁杆拖网、输送软管、浮子和选择性装置等，在船舶尾部两舷分别布置一个悬臂支架用以分别支开一顶网具，在增加扫海面积的同时避免网具及吸虾软管在水下发生缠绕，采用固定于网囊端的深水电动离心泵将处于网囊里的南极磷虾连续输送上船，可实现连续捕捞生产作业 1 个月甚至更长时间。2019 年新建的"Antarctic Endurance"号，同样设置了位于船中位置的桁杆式臂架，桁杆长度达到 30 m，极大地增大了网具的扫海面积。而其捕捞系统则采用了真空连续泵吸的方式，将真空泵系统置于船体内，每套真空泵系统设置两个真空罐及四台压缩机，每个罐由两台压缩机分别进行抽吸和压排，两个罐形成连续的输送作业（图 15-7）。我国江苏深蓝远洋渔业公司投资建造的国内首艘专业南极磷虾捕捞加工船"深蓝"号也采用了桁杆连续泵吸技术，在船舶尾部布置两个悬臂支架，但将吸虾泵体置于船舶附近的吸虾管上而不是距离船体最远端的网囊端位置（王万勇，2018）。磷虾泵吸系统使磷虾在捕获后几分钟内即可到达加工车间等待处理，使得磷虾制品原料的质量得到保证。结合在船舶上配备的船载虾粉、冻虾加工生产线，可实现对磷虾加工过程中产生的虾油进行分离和封装保存，并建立全自动化控制系统，操作人员仅需要 3～4 名，采用真空干燥技术，实现高质虾粉的生产（图 15-8）。

图 15-7　挪威"Antarctic Endurance"号南极磷虾专业捕捞加工船

（二）金枪鱼高品质捕捞

金枪鱼类属高度洄游鱼类种群，广泛分布在三大洋海域，具有较高的营养价值和经济价值。从商业性渔业角度来看，金枪鱼类一般指经济价值较高的 7 种金枪鱼，即蓝鳍金枪鱼（3 种）、大眼金枪鱼、黄鳍金枪鱼、长鳍金枪鱼和鲣。2017 年金枪鱼和类金枪鱼总产量约为790 万 t，近 68％的产量捕自太平洋，23％捕自印度洋，9％捕自大西洋和地中海。销售的 7种主要金枪鱼占 510 万 t，其中鲣占 55％，黄鳍金枪鱼和大眼金枪鱼分别占 29％和 9％。2017 年，我国大陆在三大洋捕捞作业的金枪鱼渔船数为 800 艘左右（部分延绳钓船跨洋区作业，统计时有重复），总产量约 26 万 t。金枪鱼延绳钓总产量约 8.2 万 t，渔船数为 750 余艘，其中，大西洋超低温渔船 36 艘，产量为 5 895 t；印度洋超低温渔船 32 艘，产量为8 773 t；中西太平洋超低温渔船 76 艘，产量为 13 091 t；东太平洋超低温渔船 66 艘，产量

图 15-8　中国"深蓝"号南极磷虾专业捕捞加工船

为 6 544 t。金枪鱼围网总产量 18.1 万 t，渔船数约 30 艘。

　　由于金枪鱼本身活动能力强，鱼体内源蛋白酶活性强，捕获后经过剧烈挣扎，很快进入鱼体自溶阶段，因此渔场探查、生产捕捞、船载保鲜加工等技术十分关键。不同种类、不同品质的金枪鱼市场价值差异巨大，在国际市场上对金枪鱼实行严格的按质论价，价格可相差数倍，劣质的渔获甚至会影响到该批次金枪鱼的整体价格。高品质的蓝鳍金枪鱼等主要通过超低温渔船捕捞。2013 年一尾重 222 kg 的蓝鳍金枪鱼在日本筑地水产品拍卖市场以 15 540 万日元的价格成交，创下了拍卖纪录。

　　金枪鱼围网的主捕对象鲣游速快、行动敏捷，围网渔船快速包围鱼群后，网具必须快速下沉，同时通过收绞括纲使底环聚拢形成立体包围，迫使鱼群集中于取鱼部，并避免鱼群逃逸，以此达到捕捞目的。在大型围网工业化发展中，围网绞机、理网机、液压动力滑车等设备的发展大大提升了围网作业效率和自动化程度，海鸟雷达、电浮标、直升机等先进设备的出现又大大提高了对鱼群的侦察能力（徐志强等，2019；贺波，2012）。金枪鱼延绳钓的主捕对象是大眼金枪鱼、黄鳍金枪鱼和长鳍金枪鱼等经济价值比较高的金枪鱼。延绳钓渔具的基本结构是在一根干线上系结许多等距离的支线，末端装配钓钩和饵料，借助浮子的浮力使支绳悬浮在水中，并通过控制浮标绳的长度和沉降力的配备，将钓具沉降至所需要的捕捞水层。渔具周围水流态及水动力会影响其形状和钓钩深度，最终决定渔具对目标鱼种的捕捞效率和选择性。与捕获量高的围网作业不同，延绳钓的作业方式可以降低在捕捞过程中鱼体本身的损坏，同时减少造成对于其他鱼种和金枪鱼幼鱼的捕捞脆弱性。金枪鱼延绳钓捕捞渔船一般可分为常温捕捞、冰鲜捕捞和超低温捕捞 3 类。超低温延绳钓是目前公海作业中常用且较为科学的一种捕捞方式，一是其具备更高的自动化程度，更加节能环保且机械能效利用率高；二是通过超低温保鲜技术，金枪鱼被捕捞上船之后经过处理迅速放入−55 ℃的冻仓内储存，能够直接速冻，保质保鲜（图 15-9）。

图 15 - 9　金枪鱼围网捕捞作业

三、取得成效

随着捕捞产业的发展，以及人民对优质水产品日益增长的需求，集成渔场探查、生态高效捕捞、船载加工、低温冷链物流等装备技术的高品质捕捞已成为发展趋势。

（一）高品质捕捞带来经济效益

高品质捕捞为企业发展带来了良好的经济效益。率先使用泵吸高品质捕捞系统的挪威 Aker Biomarine 公司，成立于 2006 年，经过几年发展，其产量已占全球产量的 60%，并建立了南极磷虾捕捞加工行业标准，于 2018 年欧洲商业大奖评选中被评为欧洲最具创新力企业（邱洁等，2018）。

浙江大洋世家股份有限公司超低温金枪鱼渔业也具有一定代表性，"十一五"以来，该公司利用国家扶持政策建造超低温金枪鱼渔船，发展到拥有大型超低温金枪鱼延绳钓船 18 艘，是我国拥有该类作业船数最多的企业。拥有 4 000 t 级的超低温冷藏加工基地，同时该公司开发建立了国内超低温冷链物流配送项目，使金枪鱼从捕捞、生产、储藏、销售直至终端消费的各个环节全过程均处于超低温环境下，最大限度地保留产品原始品质，从根本上解决金枪鱼在储运过程中品质劣变的问题。公司 2018 年实现营业收入 32.76 亿元、进出口总额 3.46 亿美元，综合效益在国内同行业中名列前茅。

（二）高品质捕捞带来生态效益

渔业资源虽然属于可再生资源，但面临全球资源的持续减少，实现生态水平的高品质捕捞至关重要，有助于在全球范围内推动渔业的可持续发展，并保障未来的水产品供应。根据 2019 年 10 月国际海产品可持续基金委员会（ISSF）的评估报告，在全球商业性金枪鱼捕捞总量中，81％的产量来自"健康"水平的种群，15％来自过度捕捞的种群，4％来自中等水平的种群。此外，所有四个主要捕捞区域的长鳍金枪鱼和鲣种群均被评为"健康"水平，另有几个金枪鱼种群被认为处于过度捕捞状态。延绳钓捕捞虽然不会破坏鱼类繁殖的海底栖息地，但捕获目标鱼种的同时存在其他种类的误捕，包括部分保护性种类（如海鸟、海龟、鲨鱼等）。近年来，科研人员通过对生态友好型渔具和生态捕捞技术的研究，合理设置网目尺寸和逃逸装置，有效减少了拖网网囊幼鱼比例和兼捕生物；开展金枪鱼智能钓钩的研究，降低了海鸟和海龟等的误捕率；在南极磷虾渔业中，严格执行《南极生物资源养护公约》，在网具上设置惊鸟绳或彩带等装置，防止鸟类误捕。

高品质捕捞以负责任捕捞为前提，以"使捕捞鱼种的数量维持在或恢复到能够持续生产最高产量的水平"为目的，以"防止或消除过剩的捕捞能力，确保捕捞的努力程度符合渔业资源的可持续利用"为主要手段，实现生物资源的最适度利用，维护海洋渔业可持续发展。一是通过瞄准捕捞，将目标物种渔获量增至最大，同时又可将非目标物种的误捕量降至最低，减少兼捕、抛弃渔获，如连续泵吸捕捞系统由于是直接在囊网中泵吸，可以避免对哺乳动物和大型水生动物的误捕，降低对其他渔获的兼捕；二是通过选择性捕捞，严格控制可捕标准，避免渔获物中经济鱼、虾类幼体所占比例超过阈值；三是通过大数据捕捞，加强捕捞数据、渔船档案收集，构建远洋渔业数据库，实现捕捞、加工、销售全链条数据可查询、可追溯，利用数据积累定量化分析海洋捕捞区域演变、预测中心渔场位置、评估渔业资源量变动，有助于鱼类种群的长期养护和可持续利用。

（三）高品质捕捞推动全产业链发展新模式

高品质捕捞的核心是通过内在品质的提升，带动现有产业向更高水平转型升级。以南极磷虾捕捞为例，南极磷虾渔业始于20世纪60年代早期，之后经过了近10年的小规模调查后，苏联于1972年开始在南极水域进行商业捕捞，随后产量逐年上升，至1982年达到历史峰值52.8万t。1991年苏联解体后，南极磷虾渔业规模骤减至10万t左右，主要由日本捕获，此阶段各国沿用的捕捞方式均为网板拖网，产品加工以冷冻为主，日本捕捞生产船中也配备了先进的虾粉加工链；围绕南极磷虾高品质捕捞，2006年，挪威斥巨资打造的5 000～9 000 t级专业捕捞加工船"Atlantic Navigator"和"Saga sea"进入南极磷虾渔业，船上均配备了创新性的水下连续泵吸捕捞设备和船上虾粉、水解蛋白粉、虾油提取等精深加工设备，集优质渔场判别、泵吸连续捕捞装置、船载真空干燥虾粉加工生产线、全程冷链保鲜储运为一体，实现捕捞方式、产品加工等全方位的技术革新，使得挪威的南极磷虾年捕捞量显著提升，长时间占全世界磷虾产量的50％以上，垄断了高品质冷冻原虾、饲料级虾粉、食用级虾粉、虾油等产品国际市场，获得了高额回报；2019年造价达11亿挪威克朗的"Antarctic Endurance"号又投入生产，配备了更先进的桁杆真空泵吸系统。随着新型南极磷虾捕捞加工模式的建立，南极磷虾捕捞量迅速回升，2010年产量超20万t，2019年又达39万t，南极磷虾渔业已进入一个全新的发展期。

联泰渔业投资公司是一家业务涵盖金枪鱼捕捞、基地运作、加工、包装以及运送的具有初步完整供应链的企业。联泰渔业利用其拥有航空公司和货运航线的优势，开始发展金枪鱼渔业。近几年，通过其全资子公司亚太航空公司在西太平洋独一无二的货运航线及合资的马里亚纳航空公司的优势，以物流服务的理念，将太平洋各岛国及各基地的物资供应、后勤补给、渔获运输串联在一起，服务于金枪鱼渔业，其冰鲜金枪鱼船队得到迅速发展，在中西太平洋有较大影响力。公司基于物流网概念，将现代信息技术、遥感技术、GIS系统应用于每艘金枪鱼渔船，记录和收集渔场环境信息、中心渔场、渔获物钓获位置、鱼舱的冷藏温度以及对鱼产品使用条形码系统，使客户能够清楚地了解每条金枪鱼的原产地、捕捞时间以及捕获渔船的编号，从而实现对整个产业链的实时监控、产品追溯等，并为开展渔场渔情预报打下良好的基础。

四、经验启示

(一)增强高品质捕捞科技支撑能力

高品质捕捞涉及渔场探查、船舶建造、捕捞装备、船载加工、冷链流通等多个领域，科技含量高，要密切跟踪国际先进技术发展动态，突破关键核心技术。渔情预报方面要充分利用卫星遥感大面积、长时间、近实时获取海洋环境数据的优势，提高对高品质捕捞对象高度集群的水域位置和时间进行预测预报的准确性。渔船建造方面要体现专业化、标准化，按照"安全、节能、环保、经济"的思路，使渔船跟上新时代的发展步伐。捕捞装备方面要解决渔业装备研发落后、老龄化严重、高端装备主要依赖进口、作业类型仍以拖网渔船为主等诸多问题，特别要加强渔具基础技术研究、新型渔具创新，提高渔具性能与作业效率。船载加工方面要充分利用物联网技术，提高各环节的作业效率与质量，实现标准化、信息化、自动化，降低货损率、提高渔获品质。冷链流通环节要运用"互联网＋"思维，加快培育订单式渔业健康、快速、有序发展。

(二)培育高品质捕捞产业集群

远洋渔业的产业链长，整合了造船业、制造业、加工业、信息业、物流运输业等诸多行业，需要密切跟踪打造涵盖高值利用各主要环节的新兴产业链，促进高品质捕捞渔业的结构调整与产业升级。目前国内产业链局限在捕捞环节且缺乏与市场有效对接，装备科技水平低、捕捞方式较为落后。一是要加强基地建设，选择国内资源开发基础好、捕捞能力强的地区建设专业园区或基地，加强功能集聚并提高资源要素配置效率，形成一批创新能力强、发展潜力大、经济效益高的高品质捕捞产业集群。二是要加快培育具有全球竞争力的骨干企业，以大洋性公海渔业为重点，提高产业组织化程度、经营管理水平和国际竞争能力，积极获取更多国际渔业资源和拓展海洋权益，以增强远洋渔业产业的综合实力和竞争能力为目标。三是加强在生产组织、渔获销售、后勤补给等方面的相互协作，加强与远洋渔业发展相关的国际、国内问题的研究工作，促进企业积极开展双边和多边国际交流合作。

(三)积极参与国际渔业管理

当前，全球性国际组织、区域性渔业管理组织及沿海合作国等三个层次的资源与生态系统管理措施各有侧重。公海渔业管理制度向全面管理时代转变，在控制总可捕量的前提下，期望通过有限准入、配额分配等机制实现公海渔业资源的永续利用。与此同时，各区域性海洋渔业组织管理不断加强，并趋向有利于沿海国家的方向发展。远洋渔业国一方面要积极加入国际渔业组织并增强其在国际渔业组织中的政策决策影响力，在国际渔业管理中争取国家权益。另一方面，要加强与沿海国家密切合作，承担《南极公约》所规定的养护生物资源的义务，才能确保远洋渔业生产的持续稳定发展。高品质捕捞秉承绿色渔业的理念，实行环境友好型捕捞方式，以提升渔获价值为目标，是未来国际渔业管理的趋势。

（四）加强高品质捕捞人才队伍储备

现代渔业是技术、人才密集型产业。高品质捕捞涉及专业广、领域多，横跨了航海技术、轮机管理、捕捞技术、制冷与空调、网络技术、遥感信息、电子技术等多个专业，同时还需要管理、外贸、法律和科研等多方面的专业化、综合型人才。随着渔业产业的不断发展，必须不断加大渔业科技创新力度和加强渔业人才队伍建设。一方面构建"科教兴渔"人才高地，培养满足现代远洋渔业发展要求的经营管理人员和技术人才。专业技术人员要深入一线实践，发现并解决问题，开展科技创新研究，提升技术指导能力；另一方面要加强远洋渔业船员基本技能和船员业务培训，对渔民进行技术指导和知识更新，培养技术创新模式引领的高素质、多技能复合型人才。

参 考 文 献

陈新军，钱卫国，刘必林，等，2019. 主要经济大洋性鱿鱼资源渔场生产性调查与渔业概况 [J]. 上海海洋大学学报，28（3）：344-356.

陈新军，2008. 渔业资源与渔场学 [M]. 北京：海洋出版社.

陈雪忠，徐兆礼，黄洪亮，2009. 南极磷虾资源利用现状与中国的开发策略分析 [J]. 中国水产科学（3）：147-154.

陈晔，戴昊悦，2019. 中国远洋渔业发展历程及其特征 [J]. 海洋开发与管理（3）：88-93.

陈勇，陈雪忠，刘志东，等，2017. 远洋渔业船载加工装备与技术研究进展 [J]. 安徽农业科学（9）：90-93.

谌志新，王志勇，欧阳杰，2019. 我国南极磷虾捕捞与加工装备科技发展研究 [J]. 中国工程科学，21（6）：48-52.

崔雪森，樊伟，沈新强，2003. 西北太平洋柔鱼渔情速报系统的开发 [J]. 水产学报，27（6）：600-606.

樊伟，崔雪森，沈新强，2008. 西北太平洋巴特柔鱼渔场与环境因子关系研究 [J]. 高技术通讯（10）：84-89.

房熊，毛文武，沈佳斌，等，2019. 一种南极吸虾泵的研究设计与探索 [J]. 机电设备（5）：63-66.

高小玲，龚玲，张效莉，2018. 全球价值链视角下我国远洋渔业国际竞争力影响因素研究 [J]. 海洋经济，8（6）：26-39.

国小雨，2013. 中国远洋渔业发展现状及趋势研究 [J]. 海洋经济，3（5）：25-31.

贺波，2012. 世界渔业捕捞装备技术现状及发展趋势 [J]. 中国水产（5）：48-50.

贾敬敦，蒋丹平，杨红生，等，2014. 现代海洋农业科技创新战略研究 [M]. 北京：中国农业科学技术出版社.

李涵，韩立民，2015. 远洋渔业的产业特征及其政策支持 [J]. 中国渔业经济，33（6）：68-73.

联合国粮食及农业组织，2018.2018 年世界渔业和水产养殖状况报告 [R].

刘芳，于会娟，2017. 我国远洋渔业发展阶段特征、演进动因与趋势预测 [J]. 海洋开发与管理，34（9）：59-64.

刘健，黄洪亮，李灵智，等，2013. 南极磷虾连续捕捞技术发展状况 [J]. 渔业现代化（4）：57-60.

刘健，钱晨荣，黄洪亮，等，2013. 国内外吸鱼泵研究进展 [J]. 渔业现代化（1）：57-62.

刘勤，黄洪亮，刘健，等，2015. 南极磷虾渔业管理形势分析 [J]. 中国海洋大学学报（2）：7-12.

刘世禄，冯小花，陈辉，2014. 关于加快发展我国远洋渔业的战略思考 [J]. 渔业现代化（4）：63-67.

聂玉晨，2015. 南极磷虾（*Euphausia superba*）脂肪与蛋白含量的季节变化 [D]. 上海：上海海洋大学.

邱洁，刘勤，2018. 南极磷虾产业发展特色研究：以挪威阿克海洋生物技术股份有限公司为例 [J]. 渔业信息与战略，33（4）：284-290.

史磊，高强，2009. 我国远洋渔业发展的困境及支持政策研究 [J]. 中国渔业经济（2）：69-73.

史磊，秦宏，刘龙腾，2018. 世界海洋捕捞业发展概况、趋势及对我国的启示 [J]. 海洋科学（11）：126-134.

宋利明，刘海阳，马骏驰，2014. 金枪鱼延绳钓钓钩和起重机吊钩材料及力学性能研究进展 [J]. 渔业现代化，41（4）：54-57.

王鲁民，王振忠，董文，等，2017. 远洋渔业资源与捕捞新技术 [M]. 北京：中国农业科学技术出版社.

王万勇，2018. "深蓝"号南极磷虾捕捞加工船的设计 [J]. 船舶工程，40（S1）：7-9，103.

王伟，2017. 大型远洋围拖网渔船吸鱼泵设计与研究 [D]. 舟山：浙江海洋大学.

王小晴，2002. 远洋渔业法规 [M]. 上海：上海科学技术文献出版社.

王尧耕，陈新军，2005. 世界大洋性经济柔鱼类资源及其渔业 [M]. 北京：海洋出版社.

徐志强，刘平，纪毓昭，等，2019. 远洋围网捕捞装备的自动化集成控制 [J]. 渔业现代化，46（5）：62-67.

杨文波，李继龙，罗宗俊，2005. 海洋遥感技术在海洋渔业及相关领域的应用与研究 [J]. 中国水产科学（3）：362-370.

远洋渔业资源与捕捞新技术项目组，2017. "十二五"科技支撑计划项目"远洋渔业资源与捕捞新技术"验收报告 [R].

岳冬冬，王鲁民，黄洪亮，等，2015. 我国南极磷虾资源开发利用技术发展现状与对策 [J]. 中国农业科技导报，17（3）：159-166.

张勋，张禹，周爱忠，等，2013. 我国远洋渔业渔具发展概况 [J]. 中国农业科技导报（6）：16-19.

第十六章　海陆联动加工案例

第一节　船载加工

船载加工是指渔获物捕捞后在较短的时间内在船上进行的保鲜与加工，其目的是从源头上保障水产品的品质。主要是保鲜、预处理和初加工，优势是加工原料的新鲜度高，最大限度地保持了渔获物的营养价值和品质，是提高渔获物及加工产品附加值的主要手段，是改变远洋渔获物初级形态、决定终端产品特性、实现增值的关键环节。船载加工装备与技术水平也是一个国家远洋渔业综合实力的重要标志（陈勇等，2017）。

一、发展历程

船载加工的目的是从源头上保障水产品的品质，主要是保鲜、预处理和初加工。在船载加工技术与装备方面，日本比较成功，早在 20 世纪 70—80 年代就开始了鳕的船上去脏、清洗加工，鲭的去鳞、去骨加工，后来又研发了鳗、毛虾等小型水产品的船上低温干燥和鲭罐头加工，国际上对南极磷虾的开发利用始于 20 世纪 70 年代，已有超过 40 年的历史。目前从事南极磷虾渔业的国家主要有挪威、韩国、中国、乌克兰、波兰、智利等。南极磷虾特殊的理化特性决定了磷虾加工产业是一种海陆接力型产业。磷虾壳中氟含量很高，需脱壳处理才能规避食品劣变风险；磷虾中消化酶系发达，易自溶，须在捕捞后尽快加工，日本和波兰在船上用滚筒脱壳法对南极磷虾脱壳，效率较高，1 h 能加工 500 kg 虾，日本渔船生产南极磷虾虾仁的同时，其废料用来生产饵料，并在废水中回收蛋白质；德国渔船通过嚼碎、脱壳、离心、压榨、速冻、包装冷藏得到南极磷虾虾肉糜。

中国的船载加工起步比较晚，2007 年，浙江瑞安市华盛水产有限公司率先打造了第一艘海上加工船——"渔加 1"号，将捕获的鲜活鱼虾，在海上直接加工成成品，其低温干燥生产线等加工关键技术与装备大多从日本引进。渔业机械仪器研究所研发了清洗机、蒸煮机等配套设备，并进行生产线的总体布局和设计；加工工艺和技术方面，浙江工业大学和南海水产研究所等根据渔获物的特点进行了优化；2012 年，"渔加 2"号又投入生产，船上配备了全自动水产品加工流水线和大容量冷藏库，可以一次性将 120 t 新鲜渔获物加工成干制品；2013 年，浙江宏利水产有限公司投资建造的"浙苍渔冷 00888"号海上水产干制品加工船在宁波江东造船厂下水，船上配套建有三条全自动流水线加工设备，能在海上直接进行丁香鱼、虾皮等的加工，船上加工队伍逐渐壮大，加工技术和装备水平也逐渐提高；海南也于 2012 年引进了集捕捞、冷冻、生产加工等为一体的"海南宝沙 001"号综合鱼品加工船，该船是海南三家渔业企业与希腊 RESTIS 集团共同投资 15 亿元组建的现代化海洋渔业生产船编队中的一艘，船上拥有 4 间工厂，14 条生产线，可容纳 600 余名工人生产生活，可连续在外海工作 9 个月左右。船上拥有不同鱼种作业加工生产线，配备不同标准质量检测仪器，每天可加工处理 2 100 t 渔获物,生产 35 万听罐头,660 t 低温速冻鱼,70 t 鱼粉等,还可与小渔船互补,收购鲜鱼进行加工,未来还将运用水上飞机保障联络运输。

二、主要做法

国内的船载加工主要有两种形式,一种是专业的加工船,主要用于近海捕捞,将加工船游弋在海上,附近的捕捞船捕获的渔获物直接通过运输船运送到加工船,统一进行加工,如鳀、毛虾等的船上低温干燥,可以确保水产品的鲜度和质量,同时也节约了能源消耗和时间,为渔民增加了可观的经济效益,船载加工具有一定的特殊性。船载加工的原料新鲜度高,因此对加工产品的品质要求也越高,但由于船上空间有限、人员少、设备简陋、卫生条件较差,加工条件远远不如陆上加工,在船上有限的条件下,保证船载加工产品的质量安全和控制潜在的风险,是船载加工需要重点解决的问题;另一种是捕捞加工一体船,主要用于远洋捕捞,在捕捞船上安装有加工生产线,捕捞的渔获物直接加工成产品,如船载南极磷虾加工,船载金枪鱼预处理与分割加工等。

(一)专业加工船模式的船载加工

2007 年,浙江瑞安市华盛水产有限公司率先打造了第一艘海上加工船——"渔加 1"号,将捕获的鲜活鱼虾,在海上直接加工成成品。

在加工工艺和技术方面,浙江工业大学、南海水产研究所、渔业机械仪器研究所等根据渔获物的特点进行了优化;为满足企业生产需求,开发船上原料鱼保鲜储运工艺及设备,结合生产调研数据确定了船上原料鱼储运路线及条件:(1)鳀由捕捞船捕获后,需经运输船转运及暂存,送到加工船进行干燥加工,累计储存时间为 3～4 h。(2)鳀集料高度一般限制在 300～400 mm,防止堆压造成鱼体损伤;集料孔隙率约为 42.6%。(3)运输船甲板面可储存约 4 t 原料鱼,水舱空间约 2.5 m³;加工船主甲板船艉可储存约 16 t 原料鱼。(4)原料保鲜时间应包括配套的多条捕捞船产生的转运时间及加工船上的待加工时间(图 16 - 1)。

图 16 - 1 船上原料鱼储存

通过计算,为补偿 4 t 鳀原料从 20 ℃冷却至 10 ℃的耗冷量 1.49×10^8 J,运输船需耗费 3.4 t 的 -1 ℃冷海水,而补偿在 10 ℃下保鲜 1 h 的耗冷量 4.44×10^6 J,每小时仅需提供 0.1 t 的 -1 ℃冷海水。为补偿 16 t 鳀原料在 10 ℃下保鲜 1 h 的耗冷量 1.78×10^7 J,加工船每小时需耗费 0.4 t 的 -1 ℃冷海水或 0.9 t 的 5 ℃冷海水。综合考虑保鲜要求及实际条件,选择使用－2～0 ℃冷海水浸泡预冷与喷淋冷却两种方式，将原料保鲜温度控制在5～10 ℃范围内。预计保鲜时间超过3 h时，混合冷海水与臭氧形成臭氧水，在预冷阶段对原料鱼进行杀菌、减菌，臭氧浓度为1.0～2.0 mg/L。在确保原料品质的前提下，还可开展以加盐海水为冷却介质、增加单位海水携冷量的研究；集成设计了处理能力每天4 t保鲜储运工艺流程。如图16－2所示，在运输船上采用冷海水浸泡预冷结合喷淋冷却方式，降低并保持原料温度在10 ℃左右，浸泡及进排水时间控制在0.5 h以内。在加工船上采用喷淋冷却方式，维持原料温度在10 ℃或10 ℃以下。

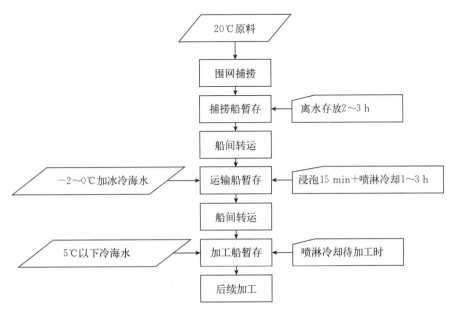

图16－2 鳀原料船上保鲜储运工艺流程

通过试验确定了船载干燥加工关键工艺参数：（1）选用低温干燥工艺，使物料水分含量从82%左右降至35%以下。（2）为防止丁香鱼在干制过程中因脂肪氧化褐变，物料干燥温度应控制在45～55 ℃范围内。（3）考虑成品品质、干燥效率、能耗等因素，选定干燥介质温度为60～70 ℃，干燥时间为1～1.5 h，堆料厚度为1～1.5 cm。（4）除干燥温度及时间外，空气风速、风量、热交换面积、料层孔隙率（针对小型鱼体）等，都直接影响干燥效率及能耗。

加工装备方面，渔业机械仪器研究所研发了冷海水喷淋预冷设备、蒸煮设备、分选设备、分选去杂设备等船载加工配套设备，并对船载低温干燥生产线进行总体布局和设计。冷海水喷淋预冷装置主要由喷淋水箱、冷却水槽及制冷系统构成，制冷系统采用R22制冷剂，能够获得－2 ℃以上冰温海水。喷淋水箱内部空间被均分为四个小的喷淋室，由保温层隔开互不影响。水循环系统分成两大回路，一个是冷却回路，用以降低并控制冷却水槽中的海水温度；另一个是喷淋回路，每个小喷淋室均设有单独的喷淋、溢流及回水管道、流量调节阀和转子流量计，便于进行平行或对比实验（图16－3、图16－4）。

为满足船上海产品灭酶、灭菌的需要，针对丁香鱼加工特性及海上作业的特殊条件，设

图 16-3　冷却海水循环喷淋保鲜装置

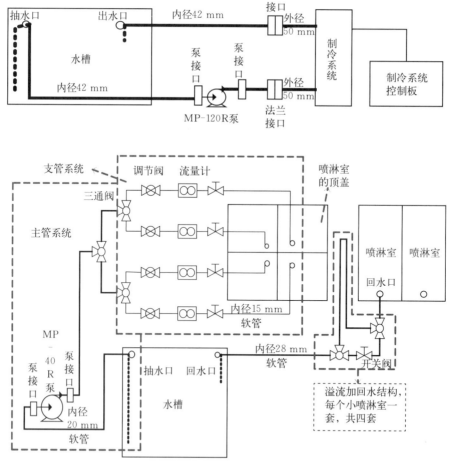

图 16-4　冷却海水循环喷淋保鲜试验装置系统图

计开发了具有桨叶推进水流、全自动可控的连续蒸煮设备，设备主要由 S 形蒸煮水槽、水埋入式螺旋桨叶推进系统、蒸汽加热管路系统、提升出料机构等组成。在底板上由两侧金属板作为隔板形成以环绕底板轮廓的轨迹和以S形直线往复的蒸煮水槽，即相邻的蒸煮水槽可共用一块隔板；在隔板壁上排布多根蒸汽管；在最外圈蒸煮水槽的外侧，设置高出蒸煮水槽的防护拦板与具有过滤网板的溢水孔。在蒸煮水槽的入口处设置进补水口、循环水回水口、水流推进桨叶及进料输送带；在蒸煮水槽的出口处设置出料区、循环水出水口及出料输送带。出料输送带倾斜向上，低端浸在出料区内，高端伸入后续干燥工段。循环水出水口与回水口之间由循环水管路连接。设备工作时，预先在蒸煮水槽内配制净化淡水添加食盐的蒸煮液，清洗后的物料通过进料输送带，连续进入S形蒸煮水槽入口端，由旋转桨叶推动水流，冲散并带动物料沿水槽轨迹前进；同时在蒸汽管路中通入170 ℃高温蒸汽，间接加热蒸煮液。物料经过充分蒸煮后进入出料区，再由筛网输送带出料，完成蒸煮工序。蒸煮液则透过筛网，经循环水管路回到入口处，重新加热后进入下一个循环。蒸汽冷凝水由管路汇集后，通过疏水阀排出（中国水产科学研究院渔业机械仪器研究所，2012），见图16-5。

图16-5 连续蒸煮设备

分选去杂设备的振动部分主要由机架（包括支撑弹簧、减震垫片等）、多层筛选盘（包括支架、筛孔板、筛孔调节片、定位螺栓等）、废料盘、振动源传动系统等组成，利用重力对物料进行分选。在机架的上方配置倾斜状筛选机构，机构下部与固定在机架上的振动源铰支连接，四角由支撑弹簧支撑在机架上。筛选盘以至少两层的形式上下平行配置，每层铺设复式筛孔板，并在低侧端设置出料斗；复式筛孔板由两片开孔一致的筛孔片错位重叠而成，通过改变重叠程度调节筛孔大小。上层筛孔板的筛孔尺寸应大于下层筛孔尺寸。在底层筛选盘的下部配置废料盘，低侧端设置向一边倾斜的废料集料槽（中国水产科学研究院渔业机械仪器研究所，2012），如图16-6。

图16-6 分选去杂设备

低温干燥设备主要由干燥室、筛网输送带及其电机、回风道、循环风机、热交换器及蒸汽管路、除湿装置、顶排风机等组成。考虑充分利用舱内空间，采用七层四段带式结构，有效减小设备占地面积。设备工作时，热空气从设在各层筛网输送带间的进风口吹入干燥室，在顶排风机的负压作用下穿透筛网与物料充分接触，带走多余水分，再从干燥室顶部排出。进入最终减速干燥阶段后，物料水分蒸发量减少，经换热后的空气温度高、相对湿度低，因此配置可调式回风结构，使部分空气在除湿后回流与新鲜空气混合，再由循环风机抽入热交换器加热后循环使用，降低了能耗及物料损耗。低温干燥设备采用蒸汽间接加热方式，蒸汽由锅炉产生后，被分配到若干组热交换器内使用，为进一步提高干燥效率，在干燥前段增加了除湿装置，其结构为在输送机上下网带之间，中段设置一排向下吸气的负压管，在末段设置一排正压管，向上吹出柔和风力。其工作原理是通过负压吸气，使物料在筛网输送带上沥干多余水分，减少干燥过程中的水分蒸发量及能耗；同时通过正压吹气分散物料，防止物料抽湿后黏附在筛网上，不能顺利出料进入后续加工。在进行干燥前吹气布料，还能防止丁香鱼结团、受热不均，从而提高成品品质（图16-7）。

图16-7　除湿装置

品质控制方面，危害分析和关键控制点（hazard analysis and critical control point，HACCP）体系应用于船上加工鳀干的生产管理中，以确保海产品在生产、加工、制造、储藏和食用等过程中的安全，该体系在危害识别、评价和控制方面是一种科学、合理和系统的方法。国内有学者以日本鲭为例，将HACCP体系应用在船载加工中，分析船载加工工艺条件和船上加工生产流程，对原料、关键生产工序及影响产品安全的人为因素进行分析，确定加工过程中的关键环节，建立安全监控制度，将船载加工过程中可能存在的潜在危害的因素降低到最低程度，以保证产品的质量和安全，该研究率先提出HACCP体系在船上加工日本鳀的应用研究，为船上其他海产品加工建立HACCP质量安全控制体系提供理论和实践依据（魏涯等，2011）。

（二）捕捞加工一体船模式的船载加工

以南极磷虾船载加工为例，国外先进的专业磷虾船除生产小部分冻磷虾外，还在海上直接进行不同程度的加工，主要产品为提取虾油用磷虾粉和饲用磷虾粉，以及少量磷虾磷脂粉、水解蛋白等产品。以海上船载加工初级产品为原料再进行陆基精深加工，优质磷虾粉用于提取磷虾油，脱壳磷虾肉是优质蛋白食品原料可制成多种畅销食品，饲料级磷虾粉用于生产优质水产养殖饲料。

随着深加工技术的不断成熟和进步，国际上南极磷虾的开发产品呈现多元化、高附加值化发展的趋势。保健品及医药生物制品是拉动南极磷虾产业发展的强大驱动力，以高品质南极磷虾粉为基础开发磷虾油、磷虾蛋白作为膳食营养补充剂和功能性食品，最大程度实现南极磷虾的高值化综合利用。目前世界范围内对南极磷虾开发进入高附加值南极磷虾保健品及药品开发阶段，国际上已形成多个知名的磷虾油品牌，如挪威阿克公司（Aker BioMarine）的 Superba 以及挪威奥林匹克公司（Olympic）的 RIMFROST 等，磷虾油胶囊或以磷虾油为主要原料的高值保健品已进入全球各大洲市场，挪威阿克公司的南极磷虾油产品已占据世界市场70%的份额（缪圣赐，2008）。另外，南极磷虾蛋白制剂产品也已完成开发；磷虾提取物的多种医疗功效也已被发现，相关制品正在研发之中（缪圣赐，2009）

高附加值磷虾油产品的出现以及成功销售给部分企业带来了可观的利润，也给此前一度低迷的磷虾产业带来了希望。国际南极磷虾产业已形成集高效捕捞技术支撑、高附加值产品拉动、海上捕捞与船载加工结合陆上精深加工于一体的全新型海洋生物资源开发利用产业。随着南极磷虾开发的不断深入，开发生物药品、保健品等具有高附加值的产品已经成为南极磷虾加工的发展趋势，未来船载加工装备也将朝着虾油提取和精制方向发展（图16-8）。

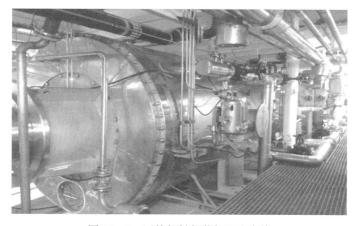

图16-8　国外虾粉船载加工生产线

我国于2009年末进入南极磷虾渔业。在南极磷虾船载加工方面，国内南极磷虾船载加工装备与生产工艺落后，生产线不成套、不匹配，仅能生产饲用虾粉、冻虾等低端产品；通过购买日本的上一代二手专业磷虾捕捞加工船实现了由兼作渔业向专业磷虾渔业的升级，其船载加工设备可生产高品质磷虾粉，为南极磷虾油的提取生产提供原料，并可生产脱壳虾肉（陈雪忠等，2009）。

目前国内也开发出了磷虾脱壳设备。虾粉加工方面，我国已有企业以磷虾或饲料级磷虾粉为原料生产水产养殖饲料但规模尚小；利用脱壳磷虾肉开发的食品已上市，磷虾风味制品和调味料等产品也已开发成功,但食品加工业尚待培育。高值产品研发方面,由于食品安全基础研究不足,氟、砷等指标科学阐释不明,建立质量标准后,使得磷虾产品作为食品与保健品上市受到限制(图 16-9)。

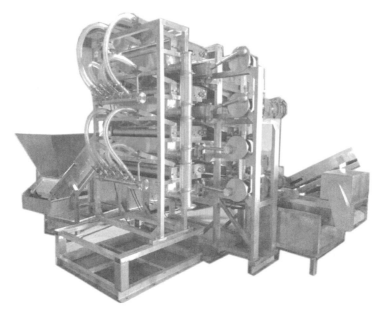

图 16-9 国产南极磷虾船载脱壳生产线

我国在磷虾油的提取等高值化利用方面也已取得突破,目前已建成的磷虾油生产企业至少有 6 家,磷虾油也已获批成为"新食品原料"。但南极磷虾油提取与精制整体加工利用技术水平与国外发达国家相比尚有差距,特别是由于我国保健品标准中有关总砷指标的限制,纯粹以磷虾油为原料的保健品尚无法上市,仅能作为食品原料进行销售,不能升级制成具有更高附加值的保健食品上市(刘建君,2011)。

我国专业化南极磷虾捕捞加工船的研究设计也已起步,在船型总体方案设计、甲板设备合理布局、船型经济与技术论证等方面开展研究,关键技术体系仍需攻关。目前我国在南极从事捕捞生产的渔船中仅 1 艘为从日本进口的船龄 40 余年的专业磷虾捕捞加工船,其余均为经过改造的拖网渔船。

国内磷虾加工以冻虾和虾粉等初级产品为主,缺少专业化船载虾粉加工装备;已研制船载磷虾脱壳设备;建立了陆基虾油提取技术;开发了磷虾油、磷虾蛋白肽、风味制品等产品,但品质较国外同类产品仍存在差距,且成熟产品较少;建立了氟、砷等危害因子的分析检测技术,但其迁移机制与毒理学尚不明确,相关控制技术亟待建立。

三、取得成效

(一)专业加工船模式

原先被渔民称为"离水烂"的丁香鱼,在过去或被废弃,或作为鱼粉饲料的原料,造成宝贵资源的严重浪费。海上专业加工船的出现,使捕捞、收购、加工、冷藏实现无缝对接,为华盛水产加工走出了一条全新的路子。它不仅有效解决了丁香鱼、毛虾陆上加工存在的原料来源受季节性、区域性限制等问题，实现了从东海到黄海，从黄海到渤海，我国三大海域哪里有渔汛，就到哪里去，变"无米下锅"为"米草充足"。同时解决了陆上加工原料远距离、长时间运送难以保鲜的难题，现场收购、鲜活加工，产品原生态、无污染、绿色自然、鲜美营养、安全健康。不仅使水产加工的产量、质量、效益上了一个新台阶，而且产生了很好的社会效益。海上加工母船的出现，实现了在捕获现场直接应用先进加工技术与设备，使被起捕离水的丁香鱼产品资源，立即在完全可控的范围之内完成集中、清洗、分类、蒸煮、烘干、包装、仓储、运输等后期保鲜与加工程序，从原料到成品时间只需 90 min，使资源直接食用利用率接近 100%，确保了产品鲜度与质量，加工产品质量完全可控和可追溯，且对这些传统和低值大宗水产品进行海上加工后，价值成倍翻番成为可出口的优质产品，并以其丰富的蛋白质营养，成为国人日渐推崇的健康食品。依托专业加工船，可带领上百艘渔船随船作业，创造了上千个就业岗位。渔民边捕捞边销售，不需将捕获的丁香鱼、毛虾送往远离捕捞点的陆上销售，节约了往返航程和耗油量，延长了海上作业时间，使得成本降低、收益增加，深受沿海各地政府和渔民的欢迎。此外，把加工厂建在海上，大量节约了在陆上建厂所需要的宝贵土地资源，为合理开发利用我国丰富的海洋上层生物资源，低值鱼类加工增值，减轻主要经济鱼类捕捞强度，创造了可靠的条件。从实践运行情况看，海上移动加工厂"华盛渔加 1"号、"华盛渔加 2"号带领近海渔船出海作业，将丁香鱼捕捞产品边收购、边加工，直接创造了 600 多个就业岗位，间接带动数千人就业，不仅减少渔船返港补给销售的中间环节，节省往返时间及燃油，降低了生产成本，而且延长了海上有效作业时间，使捕捞渔民的收入成倍增加，带动了沿海渔民的增收致富，深受当地渔民的一致好评和欢迎。同时，丰富了国内市场的"菜篮子"，为消费者提供了宝贵的蛋白源。"大船带小船""加工在海上"的经营模式为渔业产业化、渔民增收与海洋资源可持续利用，为产业转型升级提供了切实可行的尝试与创新，创出了一条近海渔民可持续增收和蛋白源有效利用的路径，具有较大的推广和借鉴意义。

（二）捕捞加工一体船模式

辽渔集团和上海水产集团有多艘远洋渔船具备南极磷虾捕捞和加工于一体的能力，配备有冷冻虾生产线和虾粉生产线，为了进一步开发南极磷虾资源，2012 年，辽渔集团又从日本购进了具有世界一流水平的大型专业磷虾捕捞加工船——"福荣海"号，配备南极磷虾冷冻原虾、熟虾、整形虾肉、饲料级虾粉和食品级虾粉等多套加工生产设备，填补了我国在南极磷虾专业性捕捞及加工技术上的空白。在南极磷虾船载加工关键装备的开发上，依托国家"863 项目"、国家重点研发计划项目等一批科研项目，形成了一批具有自主知识产权的科研成果，中国水产科学研究院渔业机械仪器研究所研发的专业化南极磷虾虾肉加工设备，单机最高处理量达到 1 000 kg/h，脱壳虾肉平均得率 20%，形成的南极磷虾脱壳生产线为国内首创，填补了我国在南极磷虾专业化加工装备研制领域的空白，并成功应用在国内正在建造的最先进的南极磷虾专业捕捞加工船"深蓝 1"号上，为我国南极磷虾捕捞船的专业化改造和装备提升提供技术支持，迈出了实现磷虾加工装备国产化重大突破的关键步伐，在南极磷虾虾糜加工方面，渔业机械仪器研究所开展了高品质磷虾虾糜加工技术研究，发明专利"一种南极磷虾虾糜制取方法"获得了专利许可，首次实现了加工技术的推广应用，为磷虾加工企业提供了技术支撑；在船载虾粉加工技术与装备方面，研发了南极磷虾梯度蒸煮设备，开展了陆上中试试验，通过专家验收，可实现南极磷虾的快速蒸煮，保证蒸煮后南极磷虾的品质，目前正在进行海上试验，为我国南极磷虾捕捞船的专业化改造和装备提升提供技术支持。

四、经验启示

（一）船载加工模式和工艺需要不断创新

随着人们对水产品营养和品质要求的日益提高，船载加工的比例将会逐年提高，目前船载加工的模式还比较单一，加工工艺也以借鉴陆基加工工艺居多，因此，船载加工的发展，需注重加工模式与技术的革新，针对船上空间条件、原料特性和产品要求，不断创新和应用新工艺，开发船载加工新产品，提升产品的多样性和附加值；构建新的船载加工模式，创新和完善大型加工专用船、大型养殖工船加工平台等模式，提高船载加工的效率和产能，使之更好地与上游的捕捞和下游的陆基加工匹配和衔接。

（二）船载加工装备需要与加工模式和工艺相融合

新的加工模式和工艺的实现，离不开加工装备的发展，两者是一个有机统一的整体，相辅相成，相互影响，船载加工未来的发展趋势将是加工工艺与加工装备的更紧密结合，通过加工工艺来引领加工装备，针对创新研发的新模式和新工艺对加工装备的要求，研发与之匹配的船载加工专用装备，集成船载加工生产线，提高加工装备的精度与可靠性，减少设备故障率，提升船载加工装备的性能与效率，促进加工装备的更新换代，使船载加工向更先进、更专业的方向发展。

（三）船载加工将向标准化、自动化和信息化方向发展

我国远洋渔业船载加工装备与技术必将向着标准化、自动化和信息化的方向发展。根据我国远洋渔业船载加工发展的重大需求，按照"由点到面、系统推进、构建体系"的发展思路，结合现有的工业基础和能力，统筹国家层面实施远洋渔业船载加工装备从设计、建造、集成到新材料、新技术的应用，发挥国家优势集智攻关，突破关键部件设计、制造核心技术。稳健推进远洋渔业船载加工装备与技术的更新、改造和升级，提高生产效率和产品质量。鼓励和支持科研机构按照国际标准化的要求设计、制造、选用新的远洋渔业船载加工装备与技术。通过国家政策的引导和资金的扶持支持企业自主创新，培育创新性、专业化、规模化的市场主体。通过集成创新，实现技术跨越，提升我国远洋渔业船载加工装备与技术的自主创新能力，开发安全可靠、性能优良、节能环保的船载加工技术与装备。

第二节　陆基加工

陆基加工的主要目的是提升水产品的附加值，如初加工、精深加工和综合利用等，加工产品主要有冷冻品、鱼糜制品、腌/干制品、罐制品、鱼粉、鱼油以及保健食品等。据统计，2016 年，我国海水产品产量达 3 270.9 万 t（藻类除外），是海洋食品产业发展最重要的原料基础，也是我国"蓝色粮仓"建设的重要内容，为保障国家粮食安全发挥重要的战略作用。因此，水产品陆基加工的发展，特别是大宗水产品的加工和综合利用，是渔业生产可持续性发展的重要保障（朱蓓薇等，2016）。

一、发展历程

国外海洋食品经历了从初加工到精深加工，岸上加工到船上加工，干燥、腌制、冷冻到鲜活流通，资源的部分利用到全利用，一般食品到保健食品的生产等发展过程。加工产品中，其中鱼糜及制品的消费量最多。国外鱼糜制品的大量出现是从20世纪50年代鱼肉香肠的研究开发开始的，之前鱼肉的加工主要以干制和腌制等传统水产加工为主；60年代中期由于冷冻鱼糜的成功开发，将对鱼肉蛋白质的生化学研究推向高潮，大大促进了鱼糜加工技术的发展；70年代日本研究者研究开发了判断肌原纤维蛋白质变性程度的ATPase活性测定方法；80—90年代鱼糜加工和鱼肉蛋白的研究迎来了发展高峰期，在日本和美国的共同倡议下，冷冻鱼糜的制造规范和品质标准通过了国际法典委员会认定。鱼糜品质分析和加工设备也不断推陈出新，调温黏弹性测定仪、测定特殊物性的质构仪、通电加热等技术应用于鱼糜生产中。大型鱼糜加工企业开始与科研院所合作进行鱼糜制品的营养、消化吸收率、预防生活习惯性疾病等方面的研究。到了90年代末开始由于分子生物学研究的兴起，不同鱼糜原料的来源、鱼糜蛋白质的一级结构、鱼肉蛋白质的生物学信息等加工所需的关键数据也随时可以获得，加快了鱼糜制品向高品质、富营养化发展的进程（朱蓓薇等，2016）。

水产品加工的研究始于20世纪50年代末，80年代以前重点开展的是海水鱼、虾的保鲜加工与储藏、干、腌、熏等传统加工技术研究，80年代开始，水产品加工得到了迅速的发展，从国外引进吸收了一批水产品加工技术，如水产罐头（包括软罐头）、鱼糜制品、烤鳗、藻类加工（海带化工、紫菜加工等）、冷冻小包装、冷冻调理食品、调味干制品（烤鱼片、鱿鱼丝等）、熟食品和各种复配型食品（与其他食物混合加工）、各种风味小吃等；90年代后，在水产食品和综合利用产品开发研究方面，也取得了一批实用性成果，先后开发了利用生物化学和酶化学技术，以低值水产品和加工废弃物为原料研制出的一大批综合利用产品，如水解鱼蛋白、蛋白胨、甲壳素、水产调味品、鱼油制品、水解珍珠液、中华鳖精、紫菜琼胶、河豚毒素、海藻化工品等。大部分综合利用研制成果也都已投入生产，创造了巨大的经济效益，其中不少产品属于世界首创。我国的水产品加工业主要分布于主要沿海省份（山东、广东、福建、浙江、辽宁等）。这些沿海省份水产加工企业的数量达8 378家，占全国的86.4%，规模以上加工企业2 286家，占全国的84.0%，加工产值达3 323.1亿元，呈现高度的产业区域集中趋势。

二、主要做法

以综合利用为例，目前，全世界的水产品总产量虽已超过1.5亿t，但每年至少有12%的水产品变质，36%的低值水产品经加工成为动物饲料，真正供给人类食用的仅为总产量的50%左右。因此，对水产品进行深度开发，在当今渔业资源日渐衰竭的情况下便显得尤为重要和迫切。在水产品加工发达国家，生物技术、膜分离技术、微胶囊技术、超高压技术、无菌包装技术、新型保鲜技术、微波能及微波技术、超微粉碎和真空技术等高新技术在水产品生产中均得到了广泛的应用，使水产品原料的利用率不断提高。根据水产加工资源现状，开发多层次、多系列的水产食品，提高产品的档次和质量，来满足不同层次、品味消费者的需求。如日本早在1998年就实施了"全鱼利用计划"，2002年开始积极推进实施水产品加工的"零排放战略",形成了低投入、低消耗、低排放和高效率的节约型增长方式。目前,日本的全鱼利用率已达到97%~98%(郭雪霞等,2015)。

随着养殖水产总量和加工需求的不断增大,水产品加工废弃物给环境带来的压力也日益显著,目前利用这些下脚料虽然也开发生产了一些如胶原蛋白质、鱼粉、鱼油等产品,但受限于技术和成本问题,水产品加工综合利用率依旧不高,大量下脚料被直接废弃,造成资源浪费和环境污染。近年来,国内开展了罗非鱼加工副产物综合利用技术研究,开发出罗非鱼加工副产物高值化利用的系列产品,促进了罗非鱼加工产品的多元化发展,提高了罗非鱼资源的利用率,减少环境污染,开拓了罗非鱼加工"零废弃"的新途径,全面提升我国罗非鱼产业的经济效益;开展了水产品加工副产物与植物蛋白复合发酵制备高品质饲料的技术与装备研究,形成了加工生产线,技术日益成熟(邢贵鹏等,2020);开展了虾头高效利用关键技术研究,设计虾头营养素提取分离方案,建立了虾头的微生物发酵清洁生产工艺,该工艺中微生物以虾废弃物作为唯一的碳源和氮源进行发酵转化,利用其生长过程中所产生的蛋白酶脱去虾头的蛋白质来生产甲壳素,目标科学合理,便于工业化大量生产,避免了环境污染(李娇等,2018);开展了水产加工副产物与植物蛋白复合发酵技术与装备研究,建立了以水产品内脏与大豆蛋白的复合发酵工艺,完成了以水产品加工副产物中的复合内源酶与外加菌种协同作用对植物蛋白——豆粕中的抗营养因子进行半固态发酵工艺的探索,发酵时间缩短至48 h以内,研究成果已经在生产企业进行应用与示范(谈佳玉,2012)。

三、取得成效

(一)基于内源酶精准调控的品质提升技术取得重要进展

海洋生物多样、所处环境独特,在起捕后、储藏或加工过程中,内源酶仍保持较高活性,易导致自溶、褐变等品质下降问题。如何实现针对内源酶的高效调控是动物源海产品在加工、储藏过程中普遍面临的技术瓶颈问题。近年来,基于特定海产品的系统酶学研究建立的内源酶精准调控技术取得重大进展。针对海参自溶问题,国内科研团队通过调控温度、时间、pH等条件,并使用金属离子及射线照射等手段,可以实现对海参自溶的有效控制和双向调节。以此为核心,形成了一整套海参自溶酶控制技术,开辟了一条具有高科技含量的海珍品加工新途径,并获得国家科技进步奖二等奖("海参自溶酶技术及其应用")。

(二)现代生物技术在副产物高值化利用领域得到广泛应用

水产加工副产物占原料总重量的1/3以上。副产物中鱼、贝类的内脏含有丰富的蛋白质、多糖、脂类,但其加工方式仍以低值产品(鱼粉、饲料)为主,部分则直接废弃处理。近年来,酶解技术在水产品副产物高值化利用方面取得可喜进展。与传统压榨、溶剂提取、淡碱水解等方法相比,酶解提取过程简单、条件温和、能耗低、污染少,可以有效地实现蛋白质和油脂、多糖等成分的分离,高效提取有效成分,提高产品的附加值,对实现我国海洋食品绿色加工具有重要意义。利用蛋白酶水解蛋白副产物,联合膜组合分离等技术在以胶原蛋白肽为代表的产品制备方面已取得显著成效。海洋食品的脱腥效果决定了最终产品的市场接受度,亦是当前副产物加工利用遇到的关键技术难题。通过复合微生物工程手段,可有效去除水产品的腥臭等不良风味,其效果已得到明确验证。此外,通过生物工程手段联合连续美拉德反应从副产物中高效制备呈味基料与天然调味品共性关键技术亦取得重大突破,为大宗低值副产物的综合利用提供了有效解决办法。该领域的研究获得国家科技进步二等奖 2 项（"海洋水产蛋白、糖类及脂质资源高效利用关键技术研究与应用""大宗低值蛋白资源生产富含呈味肽的呈味基料及调味品共性关键技术"）。

（三）非热加工技术的组合应用初见成效

非热加工是一类新兴食品加工技术，最初主要应用于食品的杀菌和钝酶。食品非热加工具有杀菌温度低，能更好地保持食品固有营养成分、质构、色泽和新鲜度等特点。同时，非热加工对环境污染小、能耗低，已成为国际食品加工业的新的增长点。在水产品产业中应用的食品非热加工技术主要有超高压、高压二氧化碳、高压脉冲电场、高压均质、超声波等技术。目前，食品非热加工技术在水产品加工中的应用研究越来越广泛。例如：超高压技术用于贝类脱壳、虾/蟹脱壳、生食牡蛎杀菌、钝化虾类多酚氧化酶、钝化蛋白酶类、水产蛋白的凝胶化、辅助提取海洋生物活性物质、超高压快速冷冻和解冻水产品等。高密度二氧化碳技术主要用于海洋食品杀菌、钝化甲壳类多酚氧化酶、水产蛋白的凝胶化、分离水产蛋白、提取海洋生物活性物质（虾青素、鱼油等）、水产品的干燥等。高压脉冲电场主要用于海洋食品杀菌、辅助酶解水产蛋白、提取生物活性物质（鱼油、鱼骨钙、硫酸软骨素等）等。超声波技术主要用于海洋食品的杀菌和钝酶、水产蛋白辅助酶解、辅助水产蛋白的凝胶化、提取海洋生物活性物质、冻结和解冻水产品等。单一的食品非热加工技术各有其优缺点，为了充分利用每一种非热加工技术的优点并弥补其缺点，将多种非热加工技术联合应用，提高其应用效果已成为研究的主流方向。例如，超高压与高密度二氧化碳联合、超高压与超声波联合、高密度二氧化碳与超声波联合等。虽然食品非热加工技术在海洋食品领域的应用研究前景良好，但是非热加工技术目前还存在杀菌不稳定、不彻底、规模小、设备成本相对较高等缺点，尚未得到广泛的工业化推广应用。

（四）风味调控技术取得重大突破

风味是评价水产品品质的一种重要指标，风味主要是由挥发性风味物质和非挥发性滋味物质组成，其中挥发性风味物质是指能由嗅觉感觉到的物质，主要包括香气、异味以及具有挥发性但无明显气味的物质；滋味是由一些呈味物质（游离氨基酸、多肽、核苷酸、有机酸等）组成。"十一五"和"十二五"期间，高校和研究机构十分重视对水产品风味物质的鉴别、组成、含量以及不同养殖、加工方式对挥发性风味物质影响的研究，包括让人愉悦的特有挥发性风味成分和鲜味物质，让人排斥的"鱼腥味""腥臭味""胺味"等不良风味。目前，针对卵形鲳鲹、大黄鱼、草鱼、鲢等主要鱼类，凡纳滨对虾、南极磷虾、中国明对虾、刀额新对虾等主要虾类，牡蛎、扇贝、贻贝、珍珠贝等主要贝类，鱿鱼、墨鱼等头足类的挥发性风味成分均可被鉴别出来，其特征性成分可以用作感官评价和鉴别真伪的指标。在风味调和技术方面，近年来涌现出一批具有重要意义的科技成果，如"大宗低值蛋白资源生产富含呈味肽的呈味基料及调味品共性关键技术"获得 2009 年度国家科学技术进步奖二等奖。该项目通过利用内源性蛋白酶激活，结合商品酶制剂的协同增效作用，降低低值鱼、虾、贝酶解酶制剂用量 2/3 以上。通过在酶解液中接种耐热性植物乳杆菌，解决了酶解过程中防腐和祛除腥异味的技术难题，并利用连续美拉德反应增香技术实现产品风味的系列化，开发出系列富含呈味肽的呈味基料及系列高档调味品。这些技术已经在多家企业得到示范应用，大大地丰富了风味产品的品种。重视生物催化风味技术在海产品加工中的应用。针对传统腌制/干制鱼类产品、天然海鲜调味料（如鱼露、蚝油、虾酱）作坊式生产，加工时间长，质量安全隐患多的问题，采用具有中国地方特色的传统水产品加工工艺结合生物催化的快速风味成熟技术，即利用微生物如乳酸菌、戊糖片球菌、酵母菌、杆状孢子内壁形成菌等食用类微生物及蛋白酶，开发了包括咸鱼、腌腊鱼、糟醉鱼、鲊鱼、腌干鱼等传统腌制鱼类产品和海鲜调味料的新加工工艺技术。在缩短传统腌制时间的同时，利用特定微生物和酶的作用，迅速提升了这些产品的特征风味，并丰富了香味物质，抑制了不良风味成分的产生。目前这些技术已部分在产业中进行应用，有利于保护和创新我国传统水产品腌制工艺，也有利于一大批地方特色水产腌制加工企业的产品生产和市场推广。

（五）组合干燥技术得到广泛应用

"十二五"以来，食品的现代化干燥技术研究得到进一步发展，随着对微波真空干燥技术、冷冻干燥技术、红外干燥技术、真空干燥技术等一批更高效、低能耗的高新干燥技术在海洋动物源食品加工应用中的理论基础研究不断深入，传统热风干燥技术中存在的营养物质流失严重、品质变化大、能耗高等技术问题得到有效解决。现代化干燥技术的推广与应用进一步推动了传统海洋干制食品的工业化升级与产业模式转变，得益于现代干燥设备的智能化调控技术，动物源食品干制进一步向标准化、规范化与规模化迈进。随着"十三五"对海洋食品绿色加工、低碳化制造与产业核心竞争力等方面提出更高要求，基于水产品原料自身多样性以及现代干燥技术的自身特点，建立新型的多干燥技术有机结合的组合干燥技术，不仅极大地提高干燥效率，有效防止品质劣化，更能解决单一干燥技术带来的干燥不均、效率低等问题，目前已成为海洋食品干燥领域的研究热点，并取得进展。利用以上技术组合，国内学者先后对罗非鱼、鲣、竹筴鱼、鲭、小黄鱼、鱿鱼、海鳗、对虾、海参、牡蛎、巴非蛤、鲍鱼、扇贝等开展系统研究，在实验室水平成功证实组合干燥技术在水产品加工中的可行性与应用前景。

（六）物联网、智能化与信息化技术崭露头角

人工智能技术对水产品产业的发展起着至关重要的作用，可以说水产品的科技创新离不开计算机技术的应用与辅助，具体表现在以下几个方面，随着"中国制造2025"的全面推进，智能装备、自动化技术、大数据与云计算技术在食品工业中的优势日益凸显。利用智能化可编程控制器（PLC）及其网络架构所构成的计算机集成制造系统（CIMS）可实现食品工业高度自动化、定量化与精细化，能完成水产品在生产过程中的智能控制、状态监控与故障保障等任务。同时，智能化系统还可提供良好的人机对话，使工艺控制与操作更加简单易行。另一方面，实验室研发的新型食品，可利用云计算技术虚拟出实际的生产环境与加工参数，使开发者能在该环境中策划、设计产品生产工艺及设备并预测产品的最终品质。例如，模拟鱼肉在微波加热过程受热情况，鱼肉在冷冻过程中冰晶的形成规律等，可以极大缩短新产品开发及其生产线设备与工艺设计所需的时间周期与成本。此外，充分利用互联网大数据统计，可以实时把握最新产品市场动态与消费者宏观需求趋向，为新产品的设计方向与市场定位提供直接、有效的参考。

四、经验启示

（一）水产品陆基加工技术和装备水平亟须提升

近年我国在海产品高值化利用、贝类精深加工、海参自溶调控关键技术、副产物风味物

高效制备、高值鱼类、头足类精深加工技术与质量安全保障等关键技术领域取得重大突破，但由于水产品原料存在着品种繁多、个体差异巨大、品质易变等特点，在不同加工技术与流通条件下的品质变化内在机理具有多样性，亟须多因素、多角度、多学科理论融合的系统研究，为技术的开发与应用提供重要的理论依据；另外我国水产品的加工率虽有所提高，但精深加工产品所占比例较低，加工层次不明显，水产品的初级加工依旧依赖于大量人力，自动化设备的投入与应用不足，限制了产业的发展空间；还有水产加工副产物利用率低，综合利用的产业化生产成本高，企业缺乏自主创新能力，副产物加工关键技术瓶颈问题依然存在，因此亟须提升我国水产品加工技术与装备水平，缩小与国外的差距，促进产业发展。

（二）传统水产品加工产业现代化转型与升级是必然趋势

传统海洋食品是指各地根据地方加工工艺、调味技术、气候环境等制备的具有地方特色的加工食品，是民间经验和智慧的结晶。我国地域辽阔，海岸线长，传统海洋食品种类丰富，大部分具有良好的地方特色风味及营养价值。典型的产品有腌干制品、熏制品、发酵制品等。但是，传统海洋食品目前仍以作坊式、家庭式手工制作、凭经验加工为主，加工条件不规范，工艺参数模糊，生产设备简陋，缺少包装或包装简易，产品质量不稳定，部分产品存在安全性问题，难以被年轻消费群体认同，制约着传统海洋食品文化的传承和市场开拓。在食品工业全面机械化、自动化、智能化的大趋势下，对传统海洋食品加工企业加大科研投入，重视技术创新，全面推进全产业链的现代化转型与升级已成为必然趋势。

（三）机械化与智能化将成为产业现代化升级的重要目标

我国经济发展进入新时代，水产品产业发展也面临新挑战。海洋资源和环境约束不断强化，沿海省市的劳动力等生产要素成本不断上升，投资和出口增速明显放缓。依靠资源要素投入、规模扩张的粗放发展模式难以为继，调整结构、转型升级、提质增效成为工业经济转型发展的必然要求，国际海洋食品产业也正进行着新一轮的科技革命和产业变革，对以出口为主的海洋食品产业而言，必然要求其做出相应的产业结构调整与升级以适应国内外社会与经济格局的需求。在此背景之下，国务院印发《中国制造2025》，开启了我国工业发展战略新序幕。智能制造是中国工业转型升级的核心所在，"互联网＋"和机器人技术则是实现制造业智能化的有效手段和工具。西方发达国家在智能制造领域已走在前列，我国智能制造尽管起步较晚，尚存在诸多问题，但其在海洋食品产业的发展前景和市场潜力令人瞩目，也必将成为国家智能制造发展的重要领域。因此，只有进一步加强对传统海洋食品加工成套装备核心部件与设备的自主研发能力，着力开展海洋食品加工设备在高效化、智能化和低碳化的全面转型与升级，才能实现我国传统海洋食品的工业化和现代化，为水产品产业创新发展带来革命性的改进和实现可持续发展。

参 考 文 献

陈雪忠，徐兆礼，黄洪亮，2009. 南极磷虾资源利用现状与中国的开发策略分析［J］. 中国水产科学，16（3）：453-457.

陈勇，陈雪忠，刘志东，等，2017. 远洋渔业船载加工装备与技术研究进展［J］. 安徽农业科学，45（9）：90-93.

谌志新，王志勇，欧阳杰，2019. 我国南极磷虾捕捞与加工装备科技发展研究［J］. 中国工程科学，

21 (6)：48 - 52.

郭雪霞，张慧媛，刘瑜，等，2015. 中国农产品加工副产物综合利用问题研究与对策分析 [J]. 世界农业 (8)：119 - 123.

贾敬敦，2015. 我国食品物理加工科技创新的机遇与挑战 [J]. 中国农业科技导报，17 (5)：1 - 5.

李娇，李奇缘，王伟平，2018. 生物法利用虾壳及虾头废弃物的研究进展 [J]. 中国调味品 (12)：164 - 167.

刘建君，2011. 加速开发南极磷虾资源，打造战略性新兴产业 [J]. 辽宁经济 (1)：80 - 84.

缪圣赐，2008. 最近挪威又将四艘大型船转向南极捕捞南极磷虾 [J]. 现代渔业信息，23 (9)：30.

缪圣赐，2009. 挪威新型南极磷虾拖网加工船的改装工程已完工 [J]. 现代渔业信息，24 (1)：31.

谈佳玉，2012. 扇贝加工下脚料发酵生产优质蛋白饲料菌种的筛选 [J]. 现代食品科技，28 (11)：1530 - 1534.

魏涯，吴燕燕，李来好，等，2011. 船上加工日本鳀的质量安全管理研究 [J]. 南方水产科学，7 (2)：61 - 67.

邢贵鹏，黄卉，李来好，等，2019. 罗非鱼加工副产物脱腥工艺及其腥味物质分析 [J]. 食品工业科技，40 (20)：140 - 145.

朱蓓薇，薛长湖，2016. 海洋水产品加工与食品安全 [M]. 北京：科学出版社.

朱蓓薇，2016. 聚焦营养与健康，创新发展海洋食品产业 [J]. 轻工学报，32 (1)：1 - 6.

第十七章　海上物流通道与信息保障案例

第一节　物流船队

海洋渔业的发展离不开海上物流通道的保障和支撑，海上物流通道的主要运输者是物流船队，物流船队是一种用于港口与港口、海上渔业作业基地等之间用于冷冻、冷却和鲜活等海产品物流运输的专用性船舶，物流船队具备了货物在实体流动过程中涉及的运输、储存、装卸搬运、包装、流通加工、配送、信息处理等所有功能。

一、发展历程

海洋渔业是国民经济的重要产业，是农业农村经济的重要组成部分。中华人民共和国成立70多年来，我国海洋渔业发展取得了历史性变革和举世瞩目的巨大成就，在保障农产品供给和国家食物安全、增加农民收入和农村就业、维护国家海洋权益、加强生态文明建设等方面发挥了重要作用，我国的海洋渔业从资源获取角度可以划分为海水养殖渔业和海洋捕捞渔业，进一步按作业海域分布划分，其中海水养殖渔业可以划分为近岸与近海养殖渔业和深远海养殖渔业（又称为"深蓝渔业"）；而海洋捕捞渔业可以划分为沿岸捕捞渔业、近海捕捞渔业、远海捕捞渔业（包括大洋捕捞渔业和过洋捕捞渔业）和极地捕捞渔业。无论海水养殖渔业的发展还是海洋捕捞渔业的发展，都离不开专业化渔业物流船队的保障和支撑（乐家华等，2016）。渔业物流船队按用途可以分为两大类，即养殖渔业物流船队和捕捞渔业物流船队，针对不同的服务对象，其中养殖渔业物流船队又可划分为近岸与近海养殖渔业物流船队和深蓝养殖渔业物流船队；而捕捞渔业物流船队又可划分为海上收鲜渔业物流船队、海上加工渔业物流船队、过洋捕捞渔业物流船队、大洋捕捞渔业物流船队和极地捕捞渔业物流船队。我国的渔业物流船队伴随着我国海洋经济的发展，从小到大、由弱到强不断发展壮大，已经成为海洋渔业发展的重要组成部分。

（一）养殖渔业物流船的发展历程

我国养殖渔业物流船的发展与海水养殖产业密切相关，海水网箱养殖是海水养殖的主要形式之一，海水网箱养殖是一种大水域、集约化的养殖方式，它通过网箱内外水体的自由交换，在网箱内形成一个适宜鱼类生长的生态环境，并进行高密度养殖。我国的近海海水网箱养殖最早开展于广东省，始于20世纪70年代末（李纯厚等，2001），深水网箱养殖最早于1999年在海南开展（郭根喜，2005）。近海海水养殖和深海海水养殖都需要近岸与近海养殖渔业物流船提供物资保障，我国的近岸与近海养殖渔业物流船主要功能是为海上养殖基地提供运送人员、生活物资、养殖饲料和运输鲜活海产品等服务，其中活鱼运输船也是近岸与近海养殖渔业物流船队的重要成员，虽然我国近岸与近海养殖物流船数量较多，但功能简单、t位较小、设施也较为落后。

近年来，受近岸和近海渔业资源衰退、水域环境恶化、生产方式粗放等多重因素影响，近岸和近海养殖渔业的发展空间受到严重压缩，水产品质量安全问题日益突出，向深远海拓展新空间、挖掘优质蛋白迫在眉睫，发展深蓝渔业是实现海洋经济的可持续健康发展，促进渔业转型升级，推进海洋强国战略的必然选择。目前深蓝养殖渔业才刚刚开始发展，因此深蓝养殖渔业物流船仍处于规划阶段，但已经被列入国家相关发展战略规划（刘晃等，2018）。规划中的深蓝养殖渔业物流船队主要功能是为深远海养殖设施和大型养殖工船等提供人员、生活物资、生产物资保障支撑，并提供海产品保活保鲜、冷藏流通服务。

（二）捕捞渔业物流船的发展历程

从 20 世纪 50 年代开始，我国开始组建国营海洋渔业捕捞公司，渔业捕捞公司大部分使用的是木质渔船和极少量的钢壳渔船，我国渔船在 50 年代主要作业渔区是在我国黄渤海和东海的内海区域，渔业公司拥有的渔船仅有 200 余艘，主要从事底拖网和围网捕捞作业，那时候渔业资源十分丰富，船只出海当天就满载返港，渔船既是捕捞船又是物资和人员运输船，当时并没有专业的捕捞渔业物流船。在 70 年代末，为了增加渔船实际作业时间，提高捕捞鱼产量，我国出现了专业化的捕捞物流渔船即海上收鲜物流船，1976 年我国设计的 Q84452A 型 200 t 沿海收鲜船，分别在辽宁省营口市渔轮厂和浙江省海东船厂试制成功（姜伯祥，1980），海上收鲜船的出现标志着海洋捕捞渔业物流船队开始走向专业化。1985 年我国开始发展远洋捕捞渔业，同年 3 月 5 日第一批赴西非作业的 12 艘 600~900 hp* 拖网渔船由福建马尾港起航，从此开启了我国远洋渔业发展的历程，过洋捕捞渔业物流船和大洋捕捞渔业物流船也随之开始发展，经过 30 多年的艰辛努力，过洋捕捞渔业物流船队和大洋捕捞渔业物流船队得到了长足的发展。目前我国从事过洋捕捞渔业的物流船队和大洋捕捞渔业的物流船队遍及太平洋、印度洋、大西洋公海及欧洲、美洲、非洲附近海域的 30 多个国家和地区管辖水域（杨瑾，2012）。2007 年 4 月 3 日，"华盛渔加 1"号在瑞安东山渔港码头启航作业（陈一新等，2008），船内设 3 条达到国际先进水平的自动水产干制品加工流水线，可带领 47 对渔船出海作业，日处理捕获物 15 t，年设计加工能力 3 000 t。"华盛渔加 1"号不仅是一座移动的海上水产品加工车间，而且具备运输、储藏、补给、救生等多种功能，船上配备冷藏库 300 t、油库 50 t 和清水仓 500 t，能够为海上作业船提供物资补给。"华盛渔加 1"号的出现标志着我国海上加工渔业物流船队的出现。目前沿海渔业经济大省都有数个海上渔业物流船队，海上加工渔业物流船队实现了水产加工陆海一体化，实现捕捞作业与水产加工实时联结，有效降低水产加工物流成本，提高渔船生产效率。

2010 年 4 月，所属辽渔集团的"安兴海"轮等在南极历经 3 个多月的艰苦努力，捕捞磷虾 1 000 余 t，圆满完成了我国首次南极海洋生物资源探捕任务，标志着我国的极地捕捞渔业的开端（腾讯新闻网，2010）。我国的极地捕捞船多是引进的或改造的二手大型拖网渔船，效率不高，船载加工能力与捕捞能力不匹配，缺乏专业加工装备。2019 年 12 月，我国首制南极磷虾船"深蓝"号完成首次海上试航（新浪新闻网，2019），该船是我国目前在建的最大远洋渔业捕捞加工一体船，配有目前最先进的捕捞设备、连续泵吸捕捞系统，以及冻虾、虾粉等智能化船载加工生产线，可实现连续加工处理和自动包装运输作业。以南极磷虾

---

* hp 为非法定计量单位，1 hp≈735 W。

捕捞科考船为代表的旗舰式高端渔船的建造，将为我国远洋渔业的健康发展及我国建设海洋强国发挥重要的作用。

总体来说，我国的渔业物流船队发展时间相对较短，整体实力还不够强，与我国的综合实力不匹配，渔业物流船的自动化水平较低，信息化手段缺失严重，渔业物流船亟待升级更新，通过精准攻关，融合现代信息技术，尽快建立现代化的渔业物流船队，服务于全面建设小康社会和社会主义现代化建设。

二、主要做法

渔业物流渔船主要功能都是为渔业生产提供人员、物资、渔获物流通物流服务，但是不同的渔业物流船队的作业方式还是存在一定的差异，具体如下：

（一）养殖渔业物流船队的主要做法

近岸与近海养殖渔业物流船队主要由中小型渔业辅助船组成，近岸与近海养殖物流渔船队在海上养殖基地至渔港码头之间往返，近岸与近海养殖渔业物流船队主要负责生产、生活物资和渔获物的运输，一般从渔港码头运输人员和生产、生活物资（包括鱼饲料、渔具、食品）等前往海上养殖基地，给海上养殖基地提供物质补给，再从海上养殖基地运送渔获物回渔港码头。渔获物的流通方式主要是鲜活法和冰鲜法，鲜活法流通时渔业辅助船上设置有鱼舱或鱼池，并具有常温或带制冷系统的保活系统，渔获物到岸时，通过输送装置输送到码头；冰鲜法流通时通常在渔业辅助船上携带冰块，将冰块打碎后把渔获物包裹起来，隔绝空气快速降温，再通过保温箱或者保温仓装载，一般装、卸货由人工或输送装置完成。

规划中的深蓝养殖渔业物流船队主要由大型养殖加工船和物资保障运输船组成，大型养殖加工船集养殖、加工、科考和海上物流补给等多种功能于一体，采用游弋式作业方式，可解决近海养殖的发展瓶颈问题，减少对海洋环境的影响，拓展养殖新空间；而物资保障运输船主要为大型养殖加工船提供人员、渔业物资、燃油、渔获物运输等服务。

（二）捕捞渔业物流船队的主要做法

海上收鲜渔业物流船队主要由收鲜船和活鱼运输船组成，在海上至渔港码头之间往返，收鲜船与一般的冷藏运输船相似，但吨位不大，鱼舱容量数十至数百吨，船长约 $30\sim60$ m，主要负责收集海上小型捕捞渔船的渔获物，并将渔获物运送到渔港码头，渔获物的流通方式一般为鲜活法、冰鲜法或冷藏法。鲜活法流通时物流运输船上设有常温或者带制冷系统的运输系统，将收集的鲜活海产品放入保活运输箱（仓）内，利用船载的保活系统维持海产品的存活；冰鲜法流通时通常在船上携带冰块或者制冰设备，将收集的渔获物和碎冰一起装载到保温箱或者保温仓；冷藏法流通时物流船上配置有速冻库或冷藏库等，渔获物通过人工或机械分级、分拣后装盘，送入速冻库或冷藏库内保存。活鱼运输船一般包括鱼舱、海水循环系统、活鱼装卸系统，海水循环系统设有海水循环泵、气水混合装置、海水过滤装置和二氧化碳剥离装置等；活鱼装卸系统设有活鱼装卸装置、计鱼器、鱼水分离器、真空卸鱼装置等。

海上加工渔业物流船队主要由大型加工母船、中小型捕捞渔船和冷藏运输船组成，海上加工渔业物流船队在海上和渔港码头之间往返。大型加工母船配备数艘中小型捕捞船，中小型捕捞船捕捞到的渔获直接使用输送装置抽送到母船上加工、速冻、冷藏、包装。大型加工母船常年漂浮在海上进行加工作业，并不常回到岸边、其生产生活物资和渔获物等由冷藏运输船提供流通保障，冷藏运输船具备两个功能，一是把远洋渔船上已经速冻好的渔获运回到岸上加工或销售；二是给长期在海上作业的渔船和加工船提供食物、燃油等补给。

过洋捕捞渔业物流船队一般都为中小型捕捞渔船，通常在沿岸国家相关港口建立保障基地，过洋捕捞渔业物流船队在保障基地至捕捞海域之间往返，过洋捕捞渔业物流船队一般在保障基地进行燃油、食物、生产物资等的补给，物流船队的渔船一般都有速冻装备和冷藏冷库，捕获的渔获物利用速冻装备冻结，冻结后转入冷藏冷库存放，等捕捞结束后将冷藏的水产品运回保障基地。

大洋捕捞渔业物流船队与极地捕捞渔业物流船队的做法基本相同，一般由大型捕捞渔船、冷藏运输船和燃油保障船组成，大型捕捞船一般常年在各大洋或极地海洋开展捕捞生产，其生产生活物资保障由冷藏运输船和燃油保障船等提供。冷藏运输船和燃油保障船在大型捕捞渔船所在海域和渔港码头之间往返，冷藏运输船主要为大型捕捞渔船提供渔获物转运、生活物资补给，燃油保障船主要为大型捕捞渔船提供燃油、淡水等关键物资补给。

三、取得成效

经过几十年的发展，我国的渔业物流船队已经形成了较大的渔业物流船队规模，足迹遍布各大洋，取得了举世瞩目的成效，具体如下

（一）养殖渔业物流船开始跨进了自动化时代

2016年10月，国内第一台、亚洲最先进的自动投料船——"海丰海壹"号（海口网，2016）在海南正式下线并投入运营。散装配送车运来鱼料后，通过全自动化操作，鱼料从运输车通过管道精准运输到"海丰海壹"号自动投料船上，在海上操作员通过电子系统操作，详细掌控每个网箱当天的投料用量，通过自动化投放设备播撒，将鱼料均匀地分布在网箱的各个角落。"海丰海壹"号自动投料船投产后，不仅节省出时间和人力，通过数据系统还可以精细地计算出海鱼的产出比，使得近岸与近海养殖渔业物流船迈入了机械化、自动化生产的高效能时代。

2008年中国第一艘长60 m、容量1 200 m³活鱼运输船"SEIKAPP"在番禺岭南造船厂顺利下水（百度文库，2013）。"SEIKAPP"活鱼运输船是国内建造的第一艘新型活鱼运输船，它的保活设备采用的是目前世界最先进的技术。该船安装的自动装卸鱼装置采用虹吸式原理设计，装卸系统由真空泵、自动计数称重器和吸口组成，自动计数器安装在主甲板上且位于抽吸软管与鱼舱抽吸管之间，可以用来计算经过该装置的鱼的重量和数量，并可直接将测量到的数据传输到驾驶室的电脑打印出来，方便、科学、快捷；该船配有一套完善的海水循环系统，可大大提高活鱼运输船的装卸效率，实现装卸全自动化处理；供氧和消毒系统是该船的又一大特色设计，该供氧系统是为了防止鱼舱海水含氧浓度低而影响鱼的存活率而设计的，可及时向舱内海水补充氧气，以保证活鱼正常的生存环境；消毒系统的杀菌、消毒作用是通过臭氧发生器及臭氧发生器冷却器实现的，有利于保证运输过程中鱼的质量及有效降低鱼皮的损伤概率。

2017年，广东新船重工为智利船东建造的"1900活鱼运输船"（中国船舶网，2017）成功试航，该船设有循环水活鱼舱，采用MAK主机和CFLOW公司生产的整套活鱼运输设备，用于维持鱼舱内水循环，配有增氧、降温等装置，且能够自动装卸活鱼、称重计数，监

测运输舱内水质，进行清洁和消毒处理，可最大限度提高鱼类存活度，该船配备较为先进的自动化设施，极大地提高了生产效率。

（二）海上加工渔船实现了水产加工海陆一体化

2018年8月，福建省最大的海上水产加工船"闽连渔冷62999"完成主体建造并下海（搜狐网，2018），该船总长78.90 m，宽14.00 m，深5.25 m，总吨位3 200 t，丁香鱼和虾皮等水产品的日加工能力可达120 t，年产值2亿元。"闽连渔冷62 999"配备自动清洗车间、冷却机、燃油锅炉、两条水煮烘干生产线、速冻间、冷藏库，冷藏能力达350 t。"闽连渔冷62999"加工船出海后可以根据海上资源和海上捕捞的实际情况，在海上跟随捕捞渔船边收购边加工，确保水产品鲜度，作业范围可覆盖全国沿海海域。

2019年7月，"浙苍渔加08888"海上直接水产加工船从霞关镇渔港水域出发（仓南新闻网，2019），开往舟山海域试航成功。该船为双甲板、尾机型、双机、双桨钢质船舶，总长73.87 m、宽14.00 m、深5.25 m，高14.20 m，主机总功率为1 596 kW，总吨位约3 500 t。船舱分为四层，船内设两条达到国际先进水平的自动水产品加工流水线，一套海水淡化设备，400 t储藏冷库，可以对30～50条捕捞渔船的渔获物在海上进行收购、加工，社会效益和经济效益十分明显。"浙苍渔加08888"不仅是一座移动的海上水产品加工车间，而且具备运输、储藏、补给、救生、娱乐等多种功能，可为海上作业渔船和渔民提供全方位的生产、生活服务。

海上加工渔船具备强大的加工能力，可以吸引附近捕捞渔船加入，形成海上水产加工"航母编队"。渔民们收网后，毛虾、丁香鱼可立即卖给加工船，即时进行蒸煮、烘干、冷却、包装等加工处理，直接加工成水产干制品。海上加工渔船实现了水产加工陆海一体化，实现了捕捞作业与水产加工实时联结，有效降低了水产加工物流成本，提高了渔船生产效率，实现了渔民和企业利益的"双赢"。

（三）新建的大洋、极地捕捞渔船达到国际同类船舶的先进水平

2017年11月，我国自主建造的超低温金枪鱼冷藏运输船"平太荣冷1"号从东太平洋、中西太平洋延绳钓捕捞渔区归来，顺利完成首航任务（中国质量新闻网，2017），它是国内首艘远洋超低温冷藏运输船，"平太荣冷1"号的总吨位6 000 t，总长116.00 m，设计吃水6.70 m。"平太荣冷1"号运输船航行期间，它在海上转载了所属公司船队的28艘金枪鱼延绳钓渔船及11艘国内其他远洋渔业兄弟公司所属的金枪鱼延绳钓渔船的渔获，共转载渔获3 900 t。它是国内第一艘专门的超低温金枪鱼冷藏运输船，舱内温度全部达到了−50 ℃。"平太荣冷1"号运输船的顺利运营，延长了金枪鱼延绳钓渔船的生产时间，大大提高了捕捞船队的生产能力，同时还能为作业渔船补充生产饵料、生活物资，并兼带船员的补给，建立起一条集捕捞、运输、生产加工、销售和餐饮服务于一体的金枪鱼全产业链，全面提升行业的综合竞争力。

2015年8月12日，上海水产集团投资建造、开创公司承租的新型远洋渔业冷藏运输船"开创101"号顺利下水（卓创资讯网，2015）。这是迄今为止我国自行设计建造的最大的渔业冷藏运输船。该船总长115 m，垂线间长105 m，宽16.5 m，深9.75 m，设计吃水6.8 m，载重量为5 200 t，具备航速快、油耗低、抗风性高和稳定性强等优点，达到了国际同类船舶的先进水平。

2019 年 5 月 18 日，我国首制南极磷虾船"深蓝"号在中船黄埔文冲船舶有限公司下水，"深蓝"号总长约为 120 m，型宽为 21.60 m，设计吃水 7.3 m，设计航速 15 kn，可满足 ICE - A 冰区（冰厚度为 0.8 m）及 -25 ℃低温环境的运行要求。"深蓝"号配有目前世界最先进的连续泵吸捕捞系统和全自动磷虾产品生产流水线，可以完成虾肉、冻虾、虾粉及虾油等产品的连续加工处理和自动包装运输作业，预计年鲜虾捕捞及处理能力可达数万 t。"深蓝"号是我国第一艘新造专业南极磷虾捕捞加工船，建成后将是国内最大、最先进的远洋渔业捕捞加工一体船，可填补我国在高端渔船建造领域的空白，有力提升我国在南极磷虾科考、捕捞、加工等领域的技术水平，有利于我国远洋渔业的健康发展，更好地助力海洋强国建设。

四、经验启示

我国的渔业物流船大多船龄大，且多是由捕捞渔船改造而成（陈晔等，2019），相关装备陈旧、自动化程度差和信息化水平低，这些问题严重制约着我国渔业物流船的科技水平，即使是新建的渔业物流船，其装备自动化程度、综合信息化水平，与国外先进船舶相比仍存在一定的差距，因此迫切需要全面推进渔业物流船队的专业化建设、推动渔业物流船装备自动化革新、提升渔业物流船的信息化水平，增强国际竞争力，满足我国的社会主义现代化建设需求，实现渔业现代化。

（一）全面推进渔业物流船队的专业化建设

随着深蓝渔业的快速发展，对现有的冷藏运输船的航速、安全、适航、转运等性能提出了更高的要求，特别是关键的货舱制冷系统，不仅要求功率大、自动化程度高，还要具备先进的计算机监测和控制系统，能够对独立冷藏舱的温度和湿度进行调节、预警等。同时，要注重发展多用途渔业物流船，具备燃油、淡水、备件、日用品的综合补给能力，其温度可调的冷藏舱可装载不同渔获；沿途靠港时，其甲板面可运载集装箱。近年来，我国远洋渔船业建造了一批专业化、标准化、现代化的远洋渔船，同时，自主设计与建造了金枪鱼围网船、秋刀鱼舷提网船、超低温冷藏运输船等大型专业化远洋渔船，这些远洋渔船达到国际同类先进水平，大部分船载关键设备和部件实现国产化。但是新建的专业化的渔业物流船数量较少，现有的渔业物流船大多是国外购进的旧船和国内由其他船型改造的船舶，必须进行专业化改造才能在无限航区航行，以满足渔业物流的功能需求，同时我国的物流渔船如活鱼运输船、冷藏运输船等大多装备较为陈旧，专业化水平较低，因此亟须推动新建或者改造一批专业的物流渔船，全面推进渔业物流船队的专业化建设。

（二）推动渔业物流船的装备自动化革新

当前世界先进渔船正向以高技术化、信息化为主要特征的大型化、网渔具精准化、捕捞加工设备自动化方向发展。我国渔业物流船技术的主要差距在于尚未掌握核心技术，产品结构单一，装备自动化程度低，国产化率低，系统配套不完善，船型设计水平落后。要实现我国渔船装备自动化，必须依靠科技进步，积极推进渔船装备现状根本性转变。一要加强渔船装备技术发展战略研究，按照工业化道路发展要求，提出振兴发展渔船装备现代化的规划措施，推动渔船装备列为国家经济发展战略性产业，研究出台渔船装备技术现代化发展规划，提高合理利用全球海洋生物资源的技术水平；二要加大科研投入，坚持科技兴渔，依靠科技造船，不断提升渔船装备产业的研发能力，攻克高新技术新型渔船设计、建造关键技术，加快开展新能源、新材料、新技术、新装备等在渔船上的应用研究；加强对渔船设计、建造、检验技术标准和检验规范的研究，解决制约我国渔船装备性能提升的重大关键技术问题，全面提高我国渔船装备的科技支撑能力。三要积极推进渔船标准化改造工作，严格执行技术标准，保证新建渔船质量，提高渔船防灾减灾能力，全面提高我国渔船装备安全水平。

（三）提升渔业物流船的信息化水平

运用互联网、物联网、云计算及大数据等的相关技术，建立渔业物流船队的物资与渔获物供应信息的供应链管理平台，提供的渔获物流通、生活物资等综合性的供需信息服务。提供渔船生产物资管理和渔获物冷链物流仓储配送的综合信息服务，连接渔业供求链上、下游商户，实现渔船物流供需信息与岸上海产品经销商、冷库以及生鲜平台的数据信息融合，最终实现对综合物资供应商、生鲜平台、食材餐饮配送、O2O 等的供应信息综合管理。同时还需加强物流船队中冷链设施的实时动态监测技术研究，针对渔获物冷藏流通过程中水产品品质和微生物变化等问题，研发适合物流船队的实时动态监测技术，开发基于物联网的水产品追溯平台，通过无线网络实现海上养殖、捕捞、加工、流通全过程的质量安全监控，开发物流船队物流流通动态监测及高效低温物流技术，构建基于大数据的全链预警技术体系，全面提升渔业物流船队设施的信息化水平。

第二节　渔业船联网

中国提出并正在实施"海洋强国战略"和加快"21世纪海上丝绸之路"建设，并正在大力发展海洋经济。海洋渔业是经略海洋、发展海洋经济的重要组成部分。智能海洋渔业是开发海洋、实现智慧海洋体系、保障蓝色生物资源安全、实施"海洋强国战略"的重要抓手。世界各国对海洋权益的争夺，很多情况下表现为对渔场、捕鱼权的争夺。截至2017年底，中国海洋渔业机动渔船24.47万艘，其中有2 491艘远洋渔船，16万多艘近海机动捕捞渔船（张显良，2017）。若能结合利用现代信息技术，在全海域布局海洋信息安全网，构建智能海洋渔业系统，为渔业生产、管理和科研服务，还可以实现国门信息预警，形成三维一体的探测系统，提升海洋渔业资源管控能力，促进海洋渔业走向极地、走向深海。

一、发展历程

随着信息技术的发展和移动终端的普及，信息时代由户户相连的"互联网时代"跨越到物物相连的"物联网时代"。近年来，物联网受到学术界和工业界的极大关注，成为新兴热点研究领域。物联网的研究已经涵盖市政、交通、物流运输、医疗、教育、工农业生产等诸多领域。物联网在水面船舶领域的重要分支即为船联网（Internet of vessels，IoV）。船联网按船舶的用途又可以分为海运船联网、河运船联网、军用船联网、工程船联网和渔业船联网等（Andrzej S，2017）。目前，国内外对于前4种船联网的研究和应用报告较多，对其需求的分析、系统架构的设计、网络的实现和应用研究均有所开展，但针对渔业船舶的船联网研究几乎是空白。

渔业船联网（fishery Internet of vessels，FIoV）是以海洋渔业船舶为网络基本节点，以船舶、船载仪器和设备、航道、陆岸设施、浮标、潜标、海洋生物等为信息源，通过船载数据处理和交换设备进行信息处理、预处理、应用和交换，综合利用海上无线通信、卫星通信、沿海无线宽带通信、船舶自组网和水声通信等技术实现船-岸、船-船和船-仪等的信息交换，在岸基数据中心实现节点各类动、静态信息的汇聚、提取、监管与应用，使其成为具有导航、通信、助渔、渔政管理和信息服务等功能的网络系统。

渔业船舶因其特有的广布性、灵活性、群众性和低敏感性。相比其他民用和军用船舶联网，渔业船联网可为渔业船舶航行和作业提供更加智能化的保障，在获取海洋信息、发展海洋经济、维护海洋权益方面具有其不可替代的优势。

根据 2016 年《中国物联网白皮书》定义，物联网是通过感知设备，按照约定协议连接物、人、系统和信息资源，实现对物理和虚拟世界的信息进行处理并作出反应的智能服务系统。渔船船联网是一个新概念，目前尚无明确的定义和标准，可以认为渔船船联网属于渔船信息的感知和服务系统，因此其体系结构应符合物联网标准，其技术实现应嵌入现有的互联网框架。渔船船联网有一个与之相似的名词是船联网，目前船联网的定义为内河智能交通物联网，其具体实现特指欧洲内河航运综合信息服务系统（RIS）和计划建设的类似系统，属于智能交通领域。显然渔业船联网和船联网不是同一个概念，渔船船联网和船联网之间有交集，但不是船联网的子集，渔业船联网标准建设可以参考物联网和船联网的标准，同时需要围绕渔业生产过程，突出渔船要素。

1999 年，MIT（美国麻省理工学院）Auto‐ID 中心的 Kevin Ashton 和他的同事首次提出 Internet of things 的概念，强调物联网用来标识物品的特征（Ioannis F，2017）。2005年，国际电信联盟（ITU）在《The Internet of Things》报告中对物联网概念进行扩展，提出任何时刻、任何地点、任何物体之间的互联，无所不在的网络和无所不在的计算的发展愿景（Srivastaval et al.，2005）。2009 年，欧盟第七框架下 RFID 和物联网研究项目簇（european research cluster on the Internet of things）发布了《物联网战略研究路线图》的研究报告，提出物联网是未来 Internet（互联网）的一个组成部分，可以被定义为基于标准的和可互操作的通信协议且具有自配置能力的动态全球网络基础架构。近年来，技术和应用的进展促使物联网的内涵和外延有了很大拓展，物联网已经表现为信息技术（information technology，IT）和通信技术（communication technology，CT）发展的融合，是信息社会发展的趋势。欧洲内河流域广阔，覆盖欧洲多个国家和地区，在欧洲综合运输体系中占有重要的地位。为了保障跨国、跨区域内河航运的高效、经济、环保与安全，促进欧洲内河航运业整体发展，欧盟提出构建统一的欧洲内河航运综合信息服务（River Information Service，RIS）系统。RIS 是内河航运跨区域、跨部门、跨系统业务协同与资源整合的一个概念体系，将先进的信息技术、通信技术、电子控制技术和计算机处理技术等集成应用于传统的内河航运体系，通过异构系统的互联互通、资源共享，实现海量航运信息的采集、传输和处理，建立起大范围内协同、实时、准确、高效的内河航运信息服务综合系统（陈春燕等，2012）。欧洲 RIS 系统主要涵盖交通信息、航道信息、交通监管、应急救援、运输物流信息、执法信息、统计信息和规费征稽等 8 大服务功能领域，代表了当前世界上最先进、最完整的内河航运信息系统。

2009 年开始，众多标准组织加入物联网标准建设，物联网标准成为国外标准化组织工作的热点（杨伟等，2020）。从电子标签（radio frequency identification，RFID）、机器类通信（machine to machine，M2M）、传感网（sensor network，SN）、物联网（Internet of things，IoT）到泛在网（ubiquitous networking，UN），国外标准化组织开展了大量的物联网相关标准研究工作。主要的国际标准化组织包括 IEEE、ISO、ETSI、ITU－T、3GPP、3GPP2 等。ISO 主要针对物联网、传感网的体系结构及安全等进行研究；ITU－T 与 ETSI 专注于泛在网总体技术研究，但二者侧重的角度不同，ITU－T 从泛在网的角度出发，而 ETSI 则是从 M2M 的角度对总体架构开展研究；3GPP 和 3GPP2 针对通信网络技术方面进行研究；IEEE 针对设备底层通信协议开展研究。欧洲内河航运综合信息服务标准体系的建设从建立参考模型出发，经历了 6 年的漫长发展过程。从 1998 年到 2002 年再到 2004 年，欧盟分别启动了 INDRIS（inland navigation demonstrator for river information services）项目、COMPRIS（consortium operational management platform river information services）项目、IRIS（master plan of implementation of RIS in europe）项目，依次建立了参考模型、构建了 RIS 组织结构、技术体系和标准体系，并最终形成《RIS 指南》，给出了正式并且全面的 RIS 标准规范。RIS 标准体系包括五大部分，术语及定义标准、数据分类及交换标准、信息服务规范、分系统标准和通用性标准规范。其中，分系统标准中的电子船舶报告标准、船长通知标准、内河电子航道图显示与信息系统标准、船舶跟踪与追踪标准构成了 RIS 的四大关键技术标准，为推进 RIS 项目的开展起到了重要的作用。

中国物联网应用起步较晚，但由于我国政府高度重视，当前国内物联网发展迅速，开展了多个领域示范应用工程，初步形成了示范应用引领产业发展的态势。2011 年，国家发改委联合相关部委，推进 10 个首批物联网应用示范工程，2012 年又批复在智能电网、海铁联运等 7 个领域开展国家物联网重大应用示范工程。2012 年，工业和信息化部《物联网"十二五"发展规划》指出"要在工业、农业、物流、家居等 9 个重点领域开展应用示范工程。"住房和城乡建设部下发《关于开展国家智慧城市试点工作的通知》，计划"十二五"期间，国家开发银行投资 800 亿元扶持全国智慧城市建设，总投资规模将达到 5 000 亿元。地方政府也根据当地产业状况制定了具体的物联网应用发展计划。我国初步形成环渤海、长三角、珠三角，以及中西部地区等四大区域集聚发展的总体产业空间格局，重点区域物联网产业集群初具规模。2011 年 4 月，《公路水路交通运输信息化"十二五"发展规划》要求"紧密跟踪现代新兴信息技术发展趋势，围绕感知识别、网络传输、智能处理和数据挖掘等关键环节，开展在交通运输领域的应用攻关"（董耀华等，2012）。"十二五"期间，经济发展迅速，水路货运量逐年攀升，利用信息化手段，对已形成资产进行充分利用和潜力挖掘，以装备设施运行状态监测、船货状态感知、信息服务提升为突破口，通过提高交通基础设施及运输装备运行效率，提供优质航运综合信息服务，实现水路运输畅通、高效、平安、绿色，成为迫在眉睫的重要任务。2011 年 8 月 29 日，国家发改委和财政部正式批复，在长三角航道网及京杭运河水系建设智能航运服务系统，工程名称确定为"长三角航道网及京杭运河水系智能航运信息服务应用示范"简称"船联网"（戴明，2016）。船联网将物联网技术引入内河航运，在内河航运信息化建设已有的技术基础之上，采用射频识别、传感网等相关物联网技术，对内河航运中的船舶、货物、航道、桥梁、船闸、港口、码头等对象的相关属性进行感知，构建内河水上智能交通物联网（郭曼等，2016）。内河航运过程中所感知到的信息，经整合、分析、处理和发布，最终又为内河水上交通参与者所利用。

    渔业船联网各种应用场景由于技术实现难度和需求迫切程度的不同，导致实现的时间也不同，尤其是有些应用场景需要多种技术进行融合实现，如宽带卫星技术、无线 5G 技术、大数据处理技术等，有些技术目前还不够完善和成熟，船联网需要结合这些技术的发展程度逐步实现，如图 17-1 所示，其发展必然呈现一个阶段性的过程。

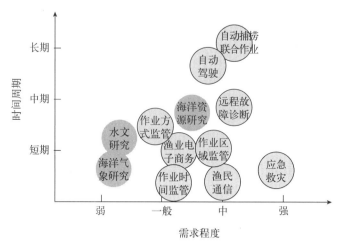

图 17-1   预期各应用场景实现时间和需求程度

二、主要做法

    针对渔业船联网大容量、稳定通信保障、降低通信资费等现实需求，及海上通信信道条件变化不定的问题，如图 17-2 所示，拟采用岸上 Internet、岸基无线通信、多船共享卫星通信、自组网通信等通信方式相互融合的解决方案，发挥各种通信方式的优势特点，例如，利用 Internet 网络陆域覆盖广、通信容量大、成本低的特点，采用其作为渔业相关数据在陆域的传输方式；利用岸基无线通信系统稳定、通信容量大、覆盖面积较小、通信成本较低的特点，采用其作为近海渔船的船-岸通信方式；利用多船共享卫星通信覆盖区域广、通信速率较低、成本较高的特点，采用其作为远海渔船的岸-船通信方式；利用自组网通信速率大、覆盖面积有限、通信费用低的特点，采用其作为船-船通信的方式，也可以作为实现岸-船通信多跳的节点，大幅度增加基于无线通信的岸-船通信覆盖范围和提高岸-船通信的可靠性。

    该系统在渔业船舶上加装渔业全息感知系统与数据处理设备，来完成渔业相关信息的感知、数据预处理和数据通信链路的选择。在岸基系统设置数据处理中心，来满足各项渔业相关科研应用的需求。最终通过组建推广船队进行渔业船联网的小规模应用，并开展针对性的测试，验证系统的功能和性能，为渔业船联网在全国范围内的大规模实施打下基础。

    针对船联网系统的构建提出了多样的需求，主要集中在以渔船为中心的信息采集类型的需求，船-岸、船-船、船-仪等不同通信能力的需求，船载数据中心和岸基数据中心存储和处理能力的需求，及对系统信息安全的需求等几个主要方面，这些需求是开展船联网关键技术研究和系统设计的依据。

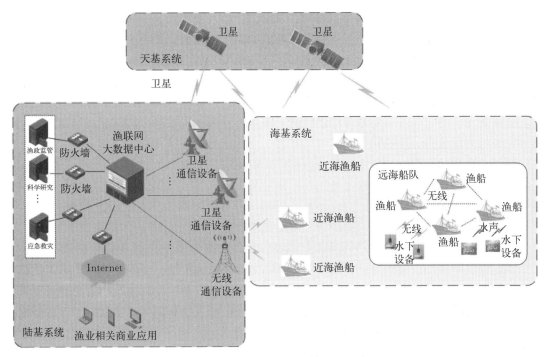

图 17-2　船联网系统总体实施方案

综上所述，根据对渔业船联网未来应用场景和各场景对信息采集、传输、存储和处理能力的需求分析，可以总结渔业船联网系统架构设计中采用以下方案。

（一）多元异构化渔业相关信息采集

渔业船联网应用场景呈现多样化，这势必需要对渔业相关信息有全面的获取，包括：水质、水文、气象、生物、渔船生产信息（船位、气象、渔具、渔获物、物资、人员以及重要设备运行参数等）、渔船进出港动态信息、渔业渔政管理信息等，这些信息存在较大的差异性，呈现异构化特点。多元异构化的渔业相关信息感知是渔业船联网进行多样化应用的基础。

（二）低成本通信

通信成本包括通信设备费用、通信资费、通信设备运行和维护费用等。目前中国渔业还是薄弱行业，广大渔民还属于收入较低的人群，对通信成本的高低较为敏感。传统卫星通信设备昂贵、资费偏高，限制了卫星通信在渔业中的应用，即便有部分的船舶安装卫星通信设备，也会限制船上人员的使用时长和频次。渔业船联网只有发挥其在渔业领域的作用，起到服务于渔业、服务于渔民的作用，才会被纳入渔业生产作业环节中，才会为渔民所接受和使用，渔业船联网其他领域的应用也才可能结合渔业应用实施。从渔民的角度来说，通信低成本是渔业船联网在渔业辅助生产、渔业多媒体等渔业自身应用能够开展的最迫切需求。

（三）稳定、可靠的无缝实时通信覆盖

渔业船联网中应急救助、远程故障诊断以及渔政监管等应用场景，对稳定、可靠的实时通信有了极大的需求，也对全球海域无缝的通信覆盖有一定的需求。同时渔民语音通信应用场景对通信的时延提出了要求。对稳定、可靠的无缝通信覆盖的需求满足是渔业船联网能够应用到远洋渔船的前提条件。

（四）近岸和船-船宽带通信

通过对渔业船联网场景的分析可见实时通信的需求多为数据量小、要求稳定可靠传输的场景。如海洋科研相关的应用需要采集较多种类的信息，如图像、视频、声学等信息数据量大，通过卫星传输，或是窄带通信传输不现实，也没有必要，会给单一通信系统带来极大的容量压力，甚至导致传输系统堵塞和崩溃。考虑到渔业作业船舶船上物资的补给和船舶的维护，会周期性回港，可以利用渔业作业的这一特性，发挥近岸或港内陆基无线宽带通信的作用，完成对大量数据信息的回传。

同时，在自动驾驶或联合作业的应用场景，船与船之间需要低时延宽带通信的支持。海上渔业船舶呈现离岸由近到远的密度递减的离散分布形态，也可以通过船与船之间的多跳通信完成与陆基宽带系统的连接，实现陆基宽带更大的海面覆盖。因此，海上船-船之间的宽带自组网系统成为渔业船联网建设的一个重要需求。

（五）大数据处理

渔业船联网感知信息和中间处理的数据规模庞大，数据级从 2^{50} B 增长到 2^{60} B。数据包括大量的文本、图像、视频、音频等非结构化数据。渔业船舶设备的运行状态、渔政监管信息、应急减灾信息等方面要求快速地对数据进行处理。渔业船联网所产生数据的这些特性决定了采用常规数据处理方式无法满足多样化应用的需求，必须进行基于大数据的数据处理、存储、管理、分析等的研究，为后续多样化的应用提供支撑。

三、取得成效

渔业船联网是一个依托海洋渔业的全新系统性工程，在其系统构建之初就应充分考虑渔业相关领域的应用，同时也需要考虑满足海洋相关科研领域的应用。随着相关技术的发展，特别是以物联网为代表的信息化和智能化技术的发展，也会影响和推动渔业船联网不断演进和完善，促进船联网在新领域的应用，因此，渔业船联网对未来应用场景的考虑需要有一定的前瞻性。通过多方调研和分析，总结渔业船联网未来主要的应用场景包括，辅助渔业生产、海洋相关科研、渔业监管、应急救助和渔民的常规通信等方面，如图 17-3 所示。

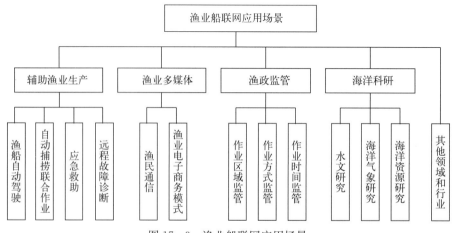

图 17-3　渔业船联网应用场景

（一）辅助渔业生产

渔业船联网建设和运行的最基本作用应立足于"服务渔业，服务渔民"。信息化和智能化是现代海洋渔业发展的重要方向，渔业船联网技术是信息化、智能化在现代渔业中实施的主要手段，可以为高效和安全渔业生产活动提供保障。

渔船自动驾驶。轮船自动驾驶技术在中国及欧美国家得到了大量的资金和技术投入，并取得了极大的进展，但中国渔船的自动化水平相对比较落后（谌志新等，2017），目前正面临逐级改造的迫切需求。自动驾驶技术在渔船的普及上，面临着渔船大小规格多样化、航行轨迹不规律等诸多制约因素（胡庆松等，2016）。渔业船联网的实施，可以在航行条件监测、渔船操作监视、决策支持、船舶及其周围环境和其他安全方面的监测上为渔船进行自动驾驶与管理提供技术保障，促进自动驾驶技术在渔业船舶上应用尽早实现。

自动化捕捞和联合作业。中国中、小近海机动渔船捕捞作业的自动化水平相对低下（黄一心等，2015），大型的声呐探测设备或者自动化捕捞仪器由于其成本高，无法在中、小型渔船得到普及，即便在自动化程度较高的大型远洋渔船上，人力成本也逐年上升（张铮铮等，2015）。因此，无论是远洋渔业还是近海捕捞，实施自动化捕捞是渔船升级换代的必经之路（韩杨，2015）。

渔船上的作业装备主要包括助渔仪器和捕捞设备。助渔仪器中的探鱼仪、网位仪、通导设备等通过船联网实现互联互通，进而接入互联网，实现对渔场信息和鱼群洄游信息的共享。捕捞设备通过船联网实现设备的智能控制和无人操作，最终通过船联网的联通实现单船或多船助渔仪器和捕捞设备自动协同工作，实现渔业自动化捕捞和联合作业，大幅度提高生产效率，促进海洋渔业的精准捕捞和高效捕捞。

应急救助。渔业安全生产作业和运行是关系到渔民的生命财产安全和渔业经济健康发展的大事。海上渔船安全生产作业和运行的威胁主要有自然灾害、船舶间的碰撞、船舶自身事故和火灾等因素（王军，2017）。海上渔业生产时空跨度大、个体分散、通信不畅是造成事故多发的重要因素，也给后续救助工作的开展带来较大困难（江开勇，2008）。渔业船联网可以发挥其在无缝实时通信、全方位的船舶状态监控等方面的作用，在防范海上渔船碰撞事件，实时掌握海上渔业船舶动态运行信息，科学防台避灾，减少渔民伤亡和财产损失，提高渔船突发事件的应急处置能力及船只互助救援等方面发挥不可估量的作用。

远程故障诊断。海洋渔业生产作业环境的复杂性和恶劣性决定了其具有较高风险，因此对生产相关数据的跟踪极为重要，尤其是渔船的船舶运行和生产作业数据，包括船舶推进系统、电力系统、安全系统等关系到船舶安全的数据（李韬，2016）。渔业船联网的构建有助于实现渔船和渔业节点的信息互通与共享，并由此衍生出庞大的渔业船舶运行和生产相关大数据池，大数据池可以及时分析并预测潜在的不稳定和危险信号，并准确而及时的实施远程诊断和追踪，保证渔船运行和生产作业的安全。

（二）渔业多媒体

基于无线移动通信技术发展起来的陆上多媒体应用正在进行着日新月异的变革，而由于海洋环境的复杂多变，海洋通信的发展明显滞后于陆地通信，海洋渔业通信情况相较于其他的海洋相关行业更加薄弱，导致渔业多媒体应用发展更加滞后（田诚，2005）。另一方面，渔业从业人员众多，渔业生产作业环境相对隔绝，更需要通过渔业多媒体的应用满足广大渔民通信、娱乐及渔业电子商务发展的需要。

渔民通信。渔业船舶在海上作业周期往往有数月，在茫茫大海，长时间高强度体力劳作之余，渔民渴望与家人进行沟通，了解外部信息。与外界通信的不畅，易导致渔民内心的焦虑，甚至出现心理障碍和罹患疾病。船联网提供低成本的语音通信和数据通信，支持语音、文字聊天、网页浏览，甚至是视频传输的功能，可以满足广大渔民海上作业期间精神生活的需要。

渔业电子商务模式。在电子商务带动商品产销模式革命性变革的大环境下，水产品以及相关服务正在转战线上营销领域（马晓迪等，2017）。由于水产品本身的特殊性，商品信息的发布始终存在一定的滞后，这就为水产品的销售带来非预期的隐患。如何构建新型的渔业产品销售模式，需要进行买卖双方的商品交易匹配度及其计算方法研究，构建水产品交易匹配模型以最大化双方的加权匹配度等工作（周超等，2017）。渔业船联网的构建有利于实现水产品信息的采集与发布零延迟，通过水产品大数据分析能够极大提高买卖双方匹配度，提高生产销售的时效性，为渔业产品在线销售提供条件，实现海洋优质蛋白捕获即销售的目标。

（三）渔业监管

多年以来，渔业科研与管理投入严重滞后于渔业生产的快速发展，渔业资源衰退、生态环境恶化已经使得中国专属经济区的食物供给和生态服务功能大大降低（朱文斌等，2016），而生态认知能力的不足和渔业监管手段的落后则严重制约了专属经济区的生态修复和双边渔业管理的主动性（水柏年，2001）。可以发挥渔业船联网对信息获取的实时性和精准性优势，为渔业监管有效落实和巩固提供可靠的技术手段。

作业区域监管。针对非法捕捞，传统的渔船作业区域监管很难落实，不仅作业区域合法性难以评估，执法区域本身也难以区分。渔业跨界和越界捕捞现象时有发生，特别是涉及敏感水域，造成了一定的国际影响（张晗，2015）。通过计算机技术与网络技术有机融合的渔业船联网解决方案，可以实现对作业渔船的精准定位与跟踪、实时信息（船位、报警、短信等）的采集、处理、存储、分析、展示、传输及交换，从而为渔业管理部门实施全面的、自动化的监管提供有力保障。

作业方式监管。渔业监管部门制定了详尽的渔具准用目录（农业部，2013），明确了渔具最小网目尺寸，以及渔船携带渔具的数量、长度和灯光强度等标准，引导渔民采用资源节约型、环境友好型的作业方式，但依然无法杜绝违规作业渔具对幼鱼和珍稀濒危水生野生动物的危害和影响，原因还是缺少对渔船作业方式实时监管的有效手段（张玲玲，2017）。通过船联网将渔船的空网拖拽作业数据、网目实时图像数据及渔获物实时图像与称重数据传送至渔业船联网数据中心进行大数据对比分析和图像识别后即可快速判断渔船作业方式是否违法，并及时实施对应监管措施。

作业时间监管。中国实施的伏季休渔制度对恢复海洋生态功能、保证海洋资源可持续发展、提高渔获物产量等均起到决定性作用（潘澎等，2016），但"偷捕"现象屡有发生，破坏了休渔效果。船联网监管端的设备监控节点可以在休渔季节对船载动力设备、导航设备以及捕捞设备进行远程监测，甚至实施有选择性的远程强制控制，从而让渔船不再出现"休渔季，不休息"的违法乱纪行为。

（四）科研功能

海洋科考涉及地质、海洋地球物理、海洋化学、海洋生物、物理海洋、海洋水声等多个学科，海洋科考船能承担海底地形和地貌、重力和磁力、地质和构造、综合海洋环境、海洋工程以及深海技术装备等方面的调查和试验工作（李慧青，2011）。但由于科考船总体数量无法和中国分布在世界各大洋的渔船数量相比，采集的数据与分析结论多为对一定区域的局部认知与推论。可以在大范围分布的渔船作业之余充分发挥中国的渔船数量优势与地理分布优势、充分挖掘渔船的潜在信息感知能力，为中国海洋科学研究提供更多的海洋基本环境要素数据。因此，渔业船联网可以在众多海洋科考领域发挥作用，这里仅以水文研究、海洋气象研究和海洋生物资源研究三个学科为例分析其与船联网相结合的可行性。

水文研究。对海洋的各层级温度、盐度以及区域深度等水文数据进行有效采集，可以获得水环境演变中各种复杂的物理、化学、生物等过程的客观变化规律（吴立新等，2013）。这些基本的数据采集任务，渔船可以在作业过程中利用自身配置的传感器设备进行不间断的采集与存储，并在合适的网络条件下将数据传输至船联网大数据中心实现科研共享。较之于科考船，这些基本的数据来源更广、分布更均匀、持续时间也更长，对未来海洋水文研究的贡献不可小觑。

海洋气象研究。地球表面的绝大部分为海洋所覆盖，而海洋环境又具有和陆地迥然不同的物理、化学性质，这就决定了海洋气象学研究的重要地位，其与捕捞业、盐业、海水养殖业、航运、海洋资源勘探、国防建设以及其他各种海上作业有着密切的关系（王辉等，2015）。据统计，自20世纪70年代以来，每天可以从世界各大洋获得9 000多组实时的天气报告，但这种观测在时间上是不连续的，在空间上是分布不均匀的，采集参数的时间连续性和空间分布均匀程度对气象研究起着至关重要的作用，而基于渔船联网的大量传感器节点可以有效解决上述问题，将海洋气象研究所需数据及时汇总至大数据中心，为海洋气象研究提供必要的基础数据。

海洋生物资源研究。地球上生物资源的80%多都在海洋，海洋中的生物种类多、数量大，有69纲，20多万种（朱晓东，2005）。在不破坏水资源的条件下，每年海洋中最多可以提供30亿t的水产品。目前而言，人们在海洋资源的利用方面还比较局限和盲目，大量捕捞使得海洋中的食物链发生变化，进而使得海洋中的生态关系发生变化。海洋生态的一些缓慢性变化能否及时得到感知，需要对大量的生态与资源数据进行跟踪比对，仅仅靠离散的、局部的海洋水域环境跟踪调查是无法准确还原真实的海洋生物链变化情况的（赵红萍等，2013）。渔业生产作业的主要目的就是为了获取海洋生物资源，渔业船舶分布广，作业时间持续，因此渔业生产作业过程中所获取的信息对于海洋生物资源的研究具有重要的意义，可以利用渔业船联网完成上述信息的采集、传输和处理过程，达到渔业相关信息服务于海洋资源研究的目的。

四、经验启示

渔业船联网技术的发展将是实现传统海洋渔业捕捞向现代海洋渔业捕捞转变的助推器，也是实现依托海洋渔业开展多领域、多样化应用的聚集和资源共享平台。我国渔业船联网的发展面临着关键技术不成熟、产业化程度低、标准规范缺失、相关政策不到位等一系列的挑战，建议海洋渔业有关部门采取有效措施，加大支持力度，推动和发展渔业船联网技术研究、试验、组网和应用。

（一）系统规划，长线布局，鼓励自主技术创新

在海洋信息技术快速发展的背景下，渔业船联网面临前所未有的重大发展机遇，应该从渔业及海洋相关学科需求的角度出发，不仅限于渔业船舶的联网，应着眼于整个渔业船舶、设施、仪器和对象的全过程物联网来考量，系统规划，作长期发展的统筹布局。渔业船联网技术与其他行业物联网在其应用场景、需求、关键技术及技术难点等方面存在极大的差异，就是与军事船舶和商业运输等船联网相比较，也是存在极大的不同，大多数技术解决方案不可能直接拿来应用，应积极鼓励关键技术攻关及核心设备研制，针对技术发展的瓶颈与障碍，组织团队自主研究创新逐一攻克，为渔业船联网的系统组网创造条件。

（二）分步实施，标准明确，实现产研相济发展

整个渔业船联网系统规模巨大、需求多样、技术实现难度也存在显著差别，尤其是相关技术还在逐步成熟和完善中，因此，在系统性规划的基础上按照进行关键技术研究、小规模组网测试、局部应用示范、大规模建设等步骤来实施是渔业船联网发展的可行方案。国内还没建立完整的物联网技术标准体系，使得物联网技术在渔业领域规范化应用发展受到制约，相关传感器标准化程度也不够，多采用自定义传输协议，随意性较大；感知数据的融合应用和上层应用系统的开发也没有标准可循，无法互联共享，不利于船联网技术产业化发展，应加快制定符合我国渔业船联网发展需求的技术标准，构建开放架构的标准体系，尽早引进产业力量参与船联网建设，推动船联网分步实施、产业化运行及应用，实现整个系统的良性运转、逐步完善。

（三）依托渔业，军民融合，促进多领域应用

渔业船联网的应用方向呈现多样化，涉及的领域众多，但其作为以渔船为基本节点的物联网的一种具体应用，应首先以提升渔业生产效率、提高渔船及人员安全保障水平、提供渔业监管技术手段等渔业、渔民和渔业管理部门的需求为出发点，才能调动渔业管理者、渔业公司、船东和渔民的积极性，保障渔业船联网组建和运行具有持续的动力。军民融合可以促使渔业船联网加速发展，提供更多政策和经费支持，提升科技含量，对于渔业船联网发展至关重要。此外，在有"取舍"的基础上考虑其他涉海相关领域的需求，提高船联网投入产出比，提升船联网应用过程中产业链的整体价值，将有效加速系统组网及产业化应用。

（四）管理保障，人员培养，逐步壮大队伍

加强针对船联网行业规划与管理措施的制定，通过管理机制、扶持政策，保障渔业船联网走过发展初期阶段并步入良性发展的轨道。重视人才培养，渔业船联网技术既是多学科相融合的交叉学科，又是一门与实践相结合的具体领域应用学科，专业人才培养周期长。人才短缺问题将会严重制约渔业船联网的健康发展，大力培养专业人才、精心打造"匠才能手"刻不容缓，并且要坚持不懈、持之以恒，不断优化人员结构、扩大规模、壮大队伍。

渔业船联网作为一个具有一定探索性的新兴概念，是智慧海洋、智能渔业的重要实现方式，在辅助渔业生产、海洋相关科研、渔业监管、应急救灾和渔民的常规通信等场景应用会给相关行业带来创新性的技术提升和巨大的益处。同时这些多样化的应用场景对整个系统信息采集和处理、通信、数据存储和处理、信息安全等关键技术提出了不同的要求。通过分析，明确了船联网各种场景未来应用的可行性，进而分析了满足不同应用场景在系统设计上的需求，为下一步开展船联网关键技术研究和系统方案设计打下基础。

参 考 文 献

陈春燕，田池，2012. 内河航运综合服务系统（RIS）应用现状分析 [J]. 中国水运（12）：31-32.

陈晔，戴昊悦，2019. 中国远洋渔业发展历程及其特征 [J]. 海洋开发与管理（3）：88-93.

谌志新，胡佩玉，沈熙晟，等，2017. 我国渔船节能技术发展状况及节能渔船示范应用 [J]. 中国科技成果（7）：35-38.

戴明，2016. 长三角地区船联网信息感知与交互关键技术研究 [D]. 西安：长安大学.

董耀华，孙伟，董丽华，等，2012. 我国内河"船联网"建设研究 [J]. 水运工程，469（8）：145-149.

郭根喜，2005. 我国深水网箱养殖产业化发展存在的问题与基本对策 [J]. 水产科技（3）：6-11.

郭曼，魏峰，2016. 船联网信息融合关键技术研究 [J]. 舰船科学技术，38（6）：103-105.

海口网，2016. 国内首台深海网箱养殖自动投料船在临高投入运营 [EB/OL]. [2016-10-27]. http://www.hkwb.net/news/content/2016-10/27/content_3078773.htm.

韩杨，张溢卓，孙慧武，2015. 中国南海海洋捕捞渔业发展趋势分析 [J]. 农业展望，11（11）：51-55.

胡庆松，王曼，陈雷雷，等，2016. 我国远洋渔船现状及发展策略 [J]. 渔业现代化，43（4）：76-84.

黄一心，徐皓，刘晃，2015. 我国渔业装备科技发展研究 [J]. 渔业现代化，42（4）：68-74.

江开勇，2008. 我国海洋渔业安全通信现状及发展对策 [J]. 渔业管理（1）：16-19.

姜伯祥，1980. 200t沿海收鲜船 [J]. 渔业机械仪器（2）：37-38.

乐家华，陈新军，王伟江，2016. 中国远洋渔业发展现状与趋势 [J]. 世界农业（7）：226-229.

李纯厚，林钦，贾小平，2001. 我国海水网箱养殖可持续发展对策初步研究 [J]. 湛江海洋大学学报，21（2）：72-76.

李慧青，2011. 欧洲国家的海洋观测系统及其对我国的启示 [J]. 海洋开发与管理，10（1）：1-5.

李韬，2016. 云计算在舰船设备远程故障诊断中的应用 [J]. 舰船科学技术，38（2）：178-180.

刘晃，徐皓，徐琰斐，2018. 深蓝渔业内涵与发展理念 [J]. 渔业现代化，45（5）：1-5.

马晓迪，马尚平，李蔚薇，2017. 水产品电子商务发展的制约因素及其对策：基于浙江水产品电子商务销售模式调查的研究 [J]. 农村经济与科技（9）：110-114.

农业部，2013. 农业部关于实施海洋捕捞准用渔具最小网目尺寸制度的通告 [J]. 北京：中华人民共和国农业部公报（12）：44-46.

潘澎，李卫东，2016. 我国伏季休渔制度的现状与发展研究 [J]. 中国水产（10）：36-40.

水柏年，2001. 浙江海洋渔政管理现状及存在问题 [J]. 浙江海洋学院学报，18（2）：13-16.

田诚，2005. 面对发展迟缓的海洋渔业通信 [J]. 海洋管理（6）：79-80.

王辉，刘娜，逄仁波，等，2015. 全球海洋预报与科学大数据 [J]. 科学通报，60（5/6）：479-484.

王军，2017. 小型渔船安全状况分析与对策建议 [J]. 齐鲁渔业（6）：55-56.

吴立新，陈朝晖，2013. 物理海洋观测研究的进展与挑战 [J]. 地球科学进展，28（5）：542-551.

新浪新闻网，2019. 黄埔文冲建造的首制南极磷虾船下水 [EB/OL]. [2019-05-27]. http://news.sina.com.cn/o/2019-05-27/doc-ihvhiqay1748436.shtml.

杨瑾，2012. 大力发展远洋捕捞业，振兴海洋经济 [J]. 海洋开发与管理（11）：97-99.

杨伟，汪浩，万亚东，等，2020. IETF 6TiSCH 工业物联网研究综述：标准、关键技术与平台 [J]. 计算机科学与探索，14（3）：361-376.

张晗，2015. 中俄边境水域越界捕捞问题对策研究 [J]. 湖北警官学院学报，164（5）：45-47.

张玲玲，2017. 海洋捕捞渔具最小网目尺寸新规对海洋捕捞业的影响［J］. 齐鲁渔业（9）：5 2 - 53.

张铮铮，李胜忠，2015. 我国远洋渔业装备发展战略与对策［J］. 船舶工程，37（6）：6 - 10.

赵红萍，方松，2013. 我国海洋渔业资源环境科学调查船发展现状与对策建议［J］. 中国渔业经济，31
（1）：160 - 163.

中国船舶网，2017. 广东新船重工 1900 活鱼运输船成功试航［EB/OL］.［2017 - 07 - 03］. http://
www. cnshipnet. com/news/13/61772. html.

中国质量新闻网，2017. 国内首艘自主建造超低温金枪鱼冷藏运输船顺利返航［EB/OL］.［2017 - 12 - 11］.
http://www. cqn. com. cn/pp/content/2017 - 12/11/content _ 5192012. htm.

中华人民共和国农业农村部网站，2018. 中国海洋捕捞渔业发展历程.［EB/OL］.［2018 - 08 - 26］. http://
www. moa. gov. cn/xw/bmdt/201910/t20191022 _ 6330354. htm.

周超，陈明，王文娟，2017. 水产品线上交易匹配模型及算法研究［J］. 山东农业大学学报（自然科学版），
48（3）：459 - 463.

朱文斌，陈峰，郭爱，等，2016. 浙江省远洋渔业发展现状与探讨［J］. 渔业信息与战略，31（2）：
112 - 116.

朱晓东，2005. 海洋资源概论［M］. 北京：高等教育出版社.

卓创资讯网，2015. 国内最大渔业冷藏运输船下水［EB/OL］.［2015 - 08 - 19］. https://steel. sci99. com/
news/18730483. html.

Andrzej S，2017. Sensors in river information services of the Odra River in Poland：current state and planned
extension［C］. Baltic Geodetic Congress（BGC Geomatics），Gdansk，Poland：［IEEE］，301 - 306.

Ioannis F，Georgios S，2017. Collecting and using vessel's live data from on board equipment using "Internet
of Vessels（IoV）platform"［C］. 2017 South Eastern European Design Automation，Computer Engineer-
ing，Computer Networks and Social Media Conference（SEEDA - CECNSM），Kastoria，Greece：
［IEEE］，1 - 6.

附录　专利检索式

一、海水养殖

IPC：(a01k61 or a01k63) and (海水 or 海洋 or 大海 or 深海 or 近海 or 远海 or 远洋 or sea or ocean or coast* or seawater or brine or marine or saltwater or Mariculture or inshore or "marine culture" or "marine aquaculture" or "seawater culture" or "seawater aquaculture" or "sea farming" or "marine culture" or marineland or offshore or seafood or "sea food" or seashell or "marine products" or pescado or Algae or seaweed or seawood or alga or kelp or "Laminaria japonica" or porphyra or laver or "sea cucumber" or "sea slug" or trepang or holothurian or langostino or lobster or shellfish or Salmon or singmon or Oncorhynchus or Tuna or maguro or thunnus or "Thunnus obesus" or "Thunnus alalunga" or "Katsuwonus pelamis" or "Thunnus thynnus" or "Thunnus maccoyii" or "Katsuwonus pelamis" or "Euphausia superba" or "Antarctic krill" or "Antarktischer Krill" or 海鲜 or 海产 or 海藻 or 海带 or 海菜 or 紫菜 or 海参 or 三文鱼 or 撒蒙鱼 or 萨门鱼 or 鲑鱼 or 鳟鱼 or 三文鳟 or 金鳟 or 太平洋鲑 or 大西洋鲑 or 北极白点鲑 or 银鲑 or 大麻哈鱼 or 金枪鱼 or 鲣鱼 or 鲔鱼 or 吞拿鱼 or 亚冬鱼 or 磷虾 or krill or euphausid or euphausiid or "recirculating aquaculture system" or "RAS" or 海水池塘 or 海水养殖池塘 or "mariculture pond" or (pond ＄W8 cultur*) or (工厂化 ＄W3 养殖) or 循环水养殖 or (Industrial ＄W5 culture) or "recirculating aquaculture system" or 滩涂养殖 or 海滩养殖 or "shoaly culturing" or "beach culturing" or 筏式养殖 or "raft culture" or 网箱养殖 or (culture ＄W4 cage) or (离岸 ＄W4 养殖) or (offshore ＄W8 (aquaculture or fish)) or 深远海养殖 or "Deep sea" ＄W5 aquaculture or 养殖平台 or Platform ＄W5 aquaculture) or (ipc：a01g33) or (TAC：((海藻 or 海带 or 海菜 or 紫菜) ＄W15 (cultur* or aquaculture or farming or Aquiculture or "breed aquatics" or "breeding aquatics" or 养殖 or 培育 or 繁殖)) or TAC：(海水养殖 or 海产养殖 or 海鲜养殖 or Mariculture or "marine culture" or "marine aquaculture" or "seawater culture" or "seawater aquaculture" or "sea‐farming" or "marine culture" or marineland or 海水池塘 or 海水养殖池塘 or "mariculture pond" or (pond ＄W8 cultur*) or (工厂化 ＄W3 养殖) or 循环水养殖 or (Industrial ＄W5 culture) or "recirculating aquaculture system" or 滩涂养殖 or 海滩养殖 or "shoaly culturing" or "beach culturing" or 筏式养殖 or "raft culture" or 网箱养殖 or (culture ＄W4 cage) or (离岸 ＄W4 养殖) or (offshore ＄W8 (aquaculture or fish)) or 深远海养殖 or "Deep sea" ＄W5 aquaculture or 养殖平台 or Platform ＄W5 aquaculture)) not MIPC：C12

二、海洋捕捞

(((IPC：(A01K69 or A01K71 or A01K73 or A01K74 or A01K75 or A01K77 or

A01K79 or A01K8 or A01K91 or A01K93 or A01K96 or A01K97 or A01K99 or B63B35/14 or B63B35/16 or B63B35/18 or B63B35/20 or B63B35/22 or B63B35/24 or B63B35/26） AND（DESC：（海 or 远洋 or sea or ocean or seawater or brine or marine or coast* or saltwater or Mariculture or "marine culture" or "marine aquaculture" or "seawater culture" or "seawater aquaculture" or "sea farming" or "marine culture" or marineland or offshore or inshore or seafood or "sea food" or seashell or "marine products" or pescado or Algae or seaweed or seawood or alga or kelp or "Laminaria japonica" or porphyra or laver or "sea cucumber" or "sea slug" or trepang or holothurian or langostino or lobster or shellfish or Salmon or singmon or Oncorhynchus or Tuna or maguro or thunnus or "Thunnus obesus" or "Thunnus alalunga" or "Katsuwonus pelamis" or "Thunnus thynnus" or "Thunnus maccoyii" or "Katsuwonus pelamis" or "Euphausia superba" or "Antarctic krill" or "Antarktischer Krill" or 海鲜 or 海产 or 海藻 or 海带 or 海菜 or 紫菜 or 海参 or 三文鱼 or 撒蒙鱼 or 萨门鱼 or 鲑鱼 or 鳟鱼 or 三文鳟 or 金鳟 or 太平洋鲑 or 大西洋鲑 or 北极白点鲑 or 银鲑 or 大麻哈鱼 or 金枪鱼 or 鲣鱼 or 鲔鱼 or 吞拿鱼 or 亚冬鱼 or 磷虾 or krill or euphausid or euphausiid) Or TAC：（海 or 远洋 or sea or ocean or coast* or seawater or brine or marine or saltwater or Mariculture or "marine culture" or "marine aquaculture" or "seawater culture" or "seawater aquaculture" or "sea farming" or "marine culture" or marineland or offshore or seafood or "sea food" or seashell or "marine products" or pescado or Algae or seaweed or seawood or alga or kelp or "Laminaria japonica" or porphyra or laver or "sea cucumber" or "sea slug" or trepang or holothurian or langostino or lobster or shellfish or Salmon or singmon or Oncorhynchus or Tuna or maguro or thunnus or "Thunnus obesus" or "Thunnus alalunga" or "Katsuwonus pelamis" or "Thunnus thynnus" or "Thunnus maccoyii" or "Katsuwonus pelamis" or "Euphausia superba" or "Antarctic krill" or "Antarktischer Krill" or 海鲜 or 海产 or 海藻 or 海带 or 海菜 or 紫菜 or 海参 or 三文鱼 or 撒蒙鱼 or 萨门鱼 or 鲑鱼 or 鳟鱼 or 三文鳟 or 金鳟 or 太平洋鲑 or 大西洋鲑 or 北极白点鲑 or 银鲑 or 大麻哈鱼 or 金枪鱼 or 鲣鱼 or 鲔鱼 or 吞拿鱼 or 亚冬鱼 or 南极磷虾 or 大磷虾)) or （IPC："G01S15/96" or （(Fishing or Fishery or fish or shoal or 鱼群 or 渔场) ＄W8（信息 or 探测 or 定位 or 算法 or 分析 or 分布 or information or distribution or analyze or analysis or detect* or sonar or search* or locat* or position or orientate or Algorithm or "AFSA") and （海水 or 海洋 or 大海 or 深海 or 近海 or 远海 or 湖 or lake or 远洋 or sea or ocean or seawater or brine or marine or coast* or saltwater or Mariculture or "marine culture" or "marine aquaculture" or "seawater culture" or "seawater aquaculture" or "sea farming" or "marine culture" or marineland or offshore or seafood or "sea food" or seashell or "marine products" or pescado or Algae or seaweed or seawood or alga or kelp or "Laminaria japonica" or porphyra or laver or "sea cucumber" or "sea slug" or trepang or holothurian or langostino or lobster or shellfish or Salmon or singmon or Oncorhynchus or Tuna or maguro or thunnus or "Thunnus obesus" or "Thunnus alalunga" or "Katsuwonus pelamis" or "Thunnus thynnus" or "Thunnus maccoyii" or "Katsuwonus pelamis" or

"Euphausia superba" or "Antarctic krill" or "Antarktischer Krill" or 海鲜 or 海产 or 海藻 or 海带 or 海菜 or 紫菜 or 海参 or 三文鱼 or 撒蒙鱼 or 萨门鱼 or 鲑鱼 or 鳟鱼 or 三文鳟 or 金鳟 or 太平洋鲑 or 大西洋鲑 or 北极白点鲑 or 银鲑 or 大麻哈鱼 or 金枪鱼 or 鲣鱼 or 鲔鱼 or 吞拿鱼 or 亚冬鱼 or 南极磷虾 or 大磷虾) and ipc：(g06 or a01k79 or g01s or g01c or g01v or b63b or g06q or h04n or g01p) not (ipc：(c12q or c12n or a63f or a61b or c40b or g09b or a61 or g06f17) or all _ an (flir or carrier))

三、水产品加工

IPC：(A23L1/015 or A23L1/325 or a23l1/025 or a23l1/025 or a23l1/326 or a23l1/327 or a23l1/48 or a23l3 or B65D or B67B or B65B or a22c25) and TAC：(seafood or "sea food" or seashell or "marine products" or pescado or Algae or seaweed or seawood or alga or kelp or "Laminaria japonica" or porphyra or laver or "sea cucumber" or "sea slug" or trepang or holothurian or langostino or lobster or shellfish or Salmon or singmon or Oncorhynchus or Tuna or maguro or thunnus or "Thunnus obesus" or "Thunnus alalunga" or "Katsuwonus pelamis" or "Thunnus thynnus" or "Thunnus maccoyii" or "Katsuwonus pelamis" or "Euphausia superba" or "Antarctic krill" or "Antarktischer Krill" or 海鲜 or 海产 or 海藻 or 海带 or 海菜 or 紫菜 or 海参 or 三文鱼 or 撒蒙鱼 or 萨门鱼 or 鲑鱼 or 鳟鱼 or 三文鳟 or 金鳟 or 太平洋鲑 or 大西洋鲑 or 北极白点鲑 or 银鲑 or 大麻哈鱼 or 金枪鱼 or 鲣鱼 or 鲔鱼 or 吞拿鱼 or 亚冬鱼 or 磷虾 or krill or euphausid or euphausiid or 鱼粉 or 鱼饵 or 鱼饲料 or 鱼食 or "fish meal" or feedstuffs or" fish protein concentrate "or FPC or fishmeal) NOT ipc：(a23l2 or a23l33) or (TAC：(鱼粉 or 鱼饲料 or 鱼食 or "fish meal" or feedstuffs or" fish protein concentrate "or FPC or fishmeal) and ipc：(A23K30 or A23K40 or A01K85))

图书在版编目（CIP）数据

深蓝渔业科技创新战略 / 刘永新主编 . —北京：
中国农业出版社，2021.12
ISBN 978 - 7 - 109 - 27670 - 3

Ⅰ.①深⋯ Ⅱ.①刘⋯ Ⅲ.①渔业—科学技术—技术
发展—研究—中国 Ⅳ.①F326.43

中国版本图书馆 CIP 数据核字（2020）第 265674 号

深蓝渔业科技创新战略

SHENLAN YUYE KEJI CHUANGXIN ZHANLÜE

中国农业出版社出版

地址：北京市朝阳区麦子店街 18 号楼
邮编：100125
责任编辑：杨晓改　郑　珂
版式设计：杨　婧　责任校对：沙凯霖
印刷：北京通州皇家印刷厂
版次：2021 年 12 月第 1 版
印次：2021 年 12 月北京第 1 次印刷
发行：新华书店北京发行所
开本：787mm×1092mm　1/16
印张：18.25
字数：500 千字
定价：158.00 元